KARIN STURM

FORMEL 1

# KARIN STURM

# FORMEL 1

HERBIG

# Inhalt

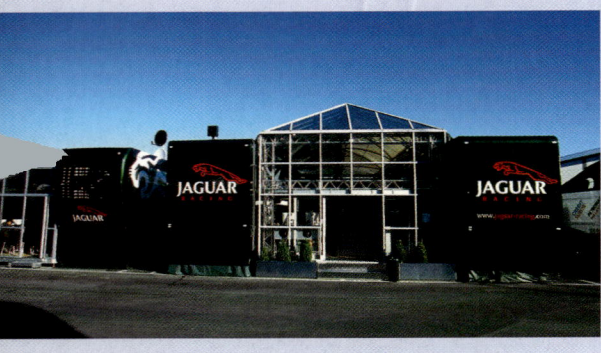

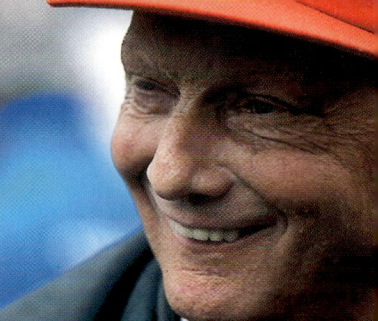

# Vorwort von Niki Lauda

Die Formel 1 in ihrer jetzigen Form ist inzwischen über 50 Jahre alt, aber deswegen sicher noch keine »alte Dame«. Im Gegenteil – ich glaube, sie ist heute aktueller und jünger denn je – und mindestens genauso faszinierend wie in den alten Zeiten.

Natürlich hat sich viel verändert, auch seit dem Ende meiner aktiven Zeiten 1985. Aber eines wird die Formel 1 immer bleiben: eine faszinierende Erfahrung für alle, denen es gelingt, Autos, die die jeweilige Spitze des technisch Machbaren repräsentieren, im Grenzbereich zu beherrschen, mit ihnen um Hundertstel, ja Tausendstel von Sekunden, um Siege, um Punkte, um Weltmeistertitel zu kämpfen. Und faszinierend bleibt sie auch für jene, die denen, die das können, dabei zuschauen.

Egal, ob mehr oder weniger technische Hilfsmittel eingesetzt werden, ob mit Turbo- oder Saugmotoren, Slicks oder Rillenreifen gefahren wird – sobald man sich hineinsetzt und die Power dieser Autos spürt, ist die Faszination wieder da. Das habe ich gemerkt, als ich im Winter 2002 den Jaguar getestet habe – und wenn es auch nur für eine fliegende Runde war. Kaum sitzt man drin, schaltet sich sofort alles aus, man denkt nicht mehr an mögliche Probleme, sondern wird wieder zum Autonarren.

Sicher sind die heutigen Autos in mancher Hinsicht leichter zu fahren, zumindest was die reine Bedienung angeht. Da helfen Dinge wie Traktionskontrolle und automatisches Getriebe natürlich sehr. Andererseits ist es viel schwieriger, sich mit einem solchen Fahrzeug wirklich im absoluten Grenzbereich zu bewegen. Denn der war zu meiner Zeit – dank der breiten Reifen, die viel mehr Grip aufgebaut haben – deutlich breiter, das Risiko, das Auto zu verlieren und abzufliegen, viel geringer als heute.

Apropos Risiko – auch das ist ein Bereich, in dem sich die Formel 1 sehr zum Positiven verändert hat. Die Sicherheitsstandards sind viel höher geworden, und ich bin auch ein wenig stolz darauf, dass ich dazu zumindest in den Anfängen einen gewissen Beitrag leisten konnte.

Die Formel 1 von heute ist natürlich nicht nur Sport, sondern vor allem auch ein gigantisches Wirtschaftsunternehmen. Das ist einerseits positiv, weil es der Formel 1 weltweit eine riesige Bedeutung einbringt, allerdings auf der anderen Seite natürlich nicht ganz unproblematisch. Das gilt vor allem für die kleineren Teams, die keine großen Hersteller hinter sich haben und vor allem von Sponsorgeldern leben müssen. Für sie ist die Situation in der gegenwärtigen Rezession natürlich sehr schwierig geworden. Aber solche Dinge haben sich in der Formel 1 wie in der realen Welt bis jetzt immer selbst geregelt. Wer weniger Geld hat, kann auch weniger ausgeben, das ist eine Art natürliche Auslese. Doch selbst wenn der ein oder andere aufgeben muss – es werden sich immer wieder andere finden, die sich dieser sportlichen, technischen und organisatorischen Herausforderung stellen wollen.

Die Formel 1 fasst viele Aspekte, Qualitäten, Emotionen und Anforderungen der »normalen Welt« immer wieder wie in einem Mikrokosmos zusammen. Das ist es, was ihren Reiz ausmacht und wohl immer ausmachen wird – ich hoffe, auch beim Lesen dieses Buches.

Viel Spaß dabei und herzliche Grüße

Linke Seite: Niki Lauda 1984 im McLaren-TAG-Porsche, mit dem er seinen dritten Weltmeistertitel gewann

- Vom Kutschwagen zum Silberpfeil

- Die Formel-1-Chronik

- Die Teams der Formel 1

- Die Strecken

- Top Ten — die zehn Besten der Formel 1

- Die Weltmeister der Formel 1

- Stars ohne Titel

# FORMEL 1
## GESTERN UND HEUTE

# Vom Kutschwagen zum Silberpfeil

Das Automobil war kaum erfunden, da kamen bereits die ersten Dandys der Oberschichten Europas auf die Idee, dass sich dieses neumodische mechanische Spielzeug hervorragend als Sportgerät eignete. Inzwischen sind die primitiven Kutschwagen zu mit Elektronik voll gestopften High-Tech-Boliden gereift, aber die alte Faszination, schneller zu sein als die anderen, ist die gleiche geblieben.

## Die Anfänge in Frankreich

Als der Verbrennungsmotor in Deutschland erfunden wurde, war England die führende Industrienation der Welt. Aber Frankreich darf den Ruhm für sich beanspruchen, den Automobilrennsport entdeckt zu haben. Dort fand im Jahr 1894 der erste Wettbewerb mit Automobilen statt. Die Fahrt von Paris nach Rouen, organisiert von Pierre Giffard, einem Journalisten der Zeitung »Le Petit Journal«, war noch kein Rennen im heutigen Sinn. Am 22. Juli nahmen 21 Fahrzeuge die 126 Kilometer lange Strecke unter die Räder. Sieger sollte sein, »wessen Fahrzeug ungefährlich, für die Insassen leicht zu handhaben und im Unterhalt nicht zu teuer« sei. Außerdem musste die Strecke in achteinhalb Stunden zurückgelegt werden. Den »Sieg« teilten sich schließlich die Peugeot und die Panhard-Levassor mit Daimler-Motoren, die damals drei bis vier PS leisteten. Auch der einzige gestartete Benz erreichte das Ziel.
1895 folgte die Fahrt Paris–Bordeaux–Paris, das erste offizielle Rennen der Geschichte. Die 1200 Kilometer lange Strecke musste in maximal 100 Stunden zurückgelegt werden. Der Sieger Levassor auf einem Panhard-Levassor schaffte es in

48 Stunden und 48 Minuten. Bei diesem Rennen feierte eine Erfindung ihr Debüt, die sehr bald nicht nur aus dem Automobilsport, sondern aus der gesamten Automobiltechnologie nicht mehr wegzudenken war. Ein gewisser Monsieur Michelin erprobte auf seinem Peugeot den ersten Luftreifen.
Bald fanden auch in anderen Ländern, etwa in Italien, derartige Rennen statt. In England rief im Jahr 1900 der amerikanische Zeitungsmillionär John Gordon Bennett eine Art Meisterschaft für Nationalteams ins Leben, die jeweils aus maximal drei Autos pro Land bestehen durften, den Gordon-Bennett-Cup. Er wurde bis 1905 ausgetragen, 1903 erstmals nicht als Fernfahrt, sondern auf einem Rundkurs und 1904 zum ersten und einzigen Mal auch in Deutschland. Es war die erste Rennserie der Geschichte, für die man auch ein eigenes Reglement geschaffen hatte.
Der Schritt hin zu den Rundkursen war eine bittere Notwendigkeit. Inzwischen hatte die Technik große Fortschritte gemacht, die Geschwindigkeiten waren so hoch geworden, dass die immer noch sehr beliebten Straßenrennen ohne Absperrungen zahlreiche Opfer forderten, und das nicht nur unter den Teilnehmern, sondern auch unter den Zuschauern, die schon damals zahlreich die Straßen säumten. Die Regierungen sahen sich zum Eingreifen veranlasst. In Frankreich versuchte man schon 1901, den Rennsport zu verbieten, nachdem beim Rennen Paris–Berlin ein Kind von einem Auto erfasst und tödlich verletzt worden war. Doch unter dem Druck der schon damals recht mächtigen Automobilindustrie zog man das Verbot wieder zurück. Zwei Jahre später ein ähnliches Bild: Beim Rennen Paris–Bordeaux–Madrid sorgten zahlreiche schwere Unfälle dafür, dass die Regierungen von Frankreich und Spanien gemeinsam eingriffen

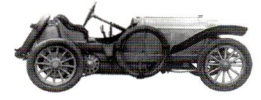

Fast 30 Jahre Rennsportgeschichte am Beispiel des Hauses Daimler-Benz:
1900 – Daimler Phoenix 23 PS »La Turbie«
1903 – Mercedes 90-PS-Rennwagen
1907 – Mercedes-Grand-Prix-Rennwagen
1924 – Mercedes-Targa-Florio-Rennwagen
1929 – Mercedes SSK

Start zum Vanderbilt-
Cup 1937. Bernd
Rosemeyer auf Auto
Union ging vom Start
weg in Führung und
siegte mit 51 Sekun-
den Vorsprung vor
dem englischen
Mercedes-Fahrer
Richard Seaman.

und der Fahrt bereits in Bordeaux ein vorzeitiges
Ende bereiteten.

Die Durchschnittsgeschwindigkeiten hatten bei
derartigen Veranstaltungen inzwischen 100 km/h
erreicht. Sollte der Automobilrennsport eine
Zukunft haben, musste er unter Umständen
ablaufen, die das Risiko zumindest überschaubar
machten. Da an ein generelles Verbot nicht mehr
zu denken war, verlangten die Behörden, dass die
Rennen in Zukunft auf abgesperrten Straßen und
in dünn besiedelten Gebieten stattzufinden hätten. So war es nur noch ein Schritt von den
Straßenrundkursen bis zum Bau von permanenten Rennstrecken.

## Die ersten Grand-Prix-Rennen

Nachdem der Gordon-Bennett-Pokal 1905 endgültig an Frankreich gegangen war, musste man
sich eine neue Rennform – oder Rennformel –
überlegen. Der Automobilclub von Frankreich
beschloss daher, den ersten »Grand Prix« der
Geschichte abzuhalten. Organisator war der
»Automobil Club de l'Ouest«, der später durch
die Austragung der 24 Stunden von Le Mans
weltberühmt wurde. Auch dieser erste Grand
Prix fand in der Nähe von Le Mans statt. Auf
einem 103 Kilometer langen Rundkurs mussten
in zwei Tagesetappen insgesamt 1236 Kilometer
zurückgelegt werden. Maximal 1000 Kilogramm
durften die Grand-Prix-Fahrzeuge der damaligen Zeit wiegen. Sie mussten mit zwei Personen
besetzt sein, wobei sich Fahrer und Beifahrer am
Steuer abwechseln durften. Es gewann der aus
Ungarn stammende Ferencz Szisz mit seinem
Beifahrer Marteau auf einem Renault, der damals
bei 990 Kilo Gewicht, vier Zylindern und über

zwölf Liter Hubraum immerhin einen Durchschnitt von 101,195 km/h schaffte.

Auch andere Rennen mit großen Namen wurden
in jenen Jahren aus der Taufe gehoben, so etwa
1906 die Targa Florio auf Sizilien und die Tourist
Trophy auf der Insel Man, 1911 in den USA das
500-Meilen-Rennen von Indianapolis. In England wurde 1907 in Brookland die erste nur zu
diesem Zweck gebaute Rennstrecke eröffnet.

In dieser Zeit änderte sich das Reglement ständig, man wechselte zwischen Gewichts- und
Verbrauchsformeln hin und her, die Franzosen
verloren ihre Dominanz und zogen sich 1909
komplett aus dem Grand-Prix-Sport zurück.
Aber schon 1908 begann die Zeit der Deutschen
und der Italiener. Christian Lautenschlager
gewann 1908 auf einem Mercedes den französischen Grand Prix in Dieppe.

Hatte in den Jahren 1909 und 1910 der Rennsport unter der wirtschaftlichen Flaute gelitten,
so blühte er bis 1914 noch einmal auf, ehe er
durch den Ersten Weltkrieg zumindest in Europa
vollständig zum Erliegen kam. Es dauerte bis
1921, ehe in Frankreich und Italien wieder die
ersten Grand-Prix-Rennen ausgetragen wurden.
1922 wurde eine neue Zwei-Liter-Formel eingeführt, die bis einschließlich 1925 galt, außerdem
wurde eine Rennstrecke eröffnet, die noch bis
heute, wenn auch immer wieder leicht umgebaut,
in den Veranstaltungskalendern auftaucht: Monza. 1923 setzte FIAT dort technische Akzente
durch den ersten Sieg eines Kompressor-Renn-
wagens, und in Indianapolis tauchten in diesem
Jahr zum ersten Mal einsitzige Rennwagen auf,
die Vorläufer der heutigen Formel-Autos.

In den Jahren 1925–28 gab es sogar eine Markenweltmeisterschaft, organisiert interessanterweise
nicht vom damaligen internationalen Verband,
dem A.I.A.C.R., einem Vorgänger der heutigen
FIA, sondern vom italienischen Automobilclub.
Der erste Titel ging denn auch an Alfa Romeo,
obwohl der Spitzenfahrer der Italiener, Antonio
Ascari, der Vater des zweimaligen Weltmeisters
Alberto Ascari, in Montlhéry beim Großen Preis
von Frankreich tödlich verunglückte.

Aber schon 1926 begann die einsetzende Weltwirtschaftskrise auch den Rennsport zu beeinträchtigen. Als erstes Team zog sich Alfa Romeo
aus Kostengründen zurück. Die Franzosen über-

nahmen wieder die Vorherrschaft, der Titel ging 1926 an Bugatti, 1927, als der Grand Prix von Deutschland erstmals auf dem neu erbauten Nürburgring ausgetragen wurde, an Delage. Die Weltmeisterschaft 1928 ging im Chaos der weltweiten Depression unter, ein offizielles Ergebnis wurde nie veröffentlicht.

## Die 30er-Jahre – zwischen Sport und Politik

Ende der 20er-, Anfang der 30er-Jahre bestimmte zwar immer noch die Weltwirtschaftskrise auch die Rennsportszene, aber dennoch konnten sich in dieser Zeit einige Fahrer profilieren, deren Namen in die Rennsportgeschichte eingegangen sind: Tazio Nuvolari und Achille Varzi aus Italien, der Monegasse Louis Chiron und der Deutsche mit dem italienischen Namen, Rudolf Caracciola, duellierten sich auf ihren Alfas, Mercedes und Bugattis, und das nicht nur auf den Grand-Prix-Strecken, sondern vor allem auch bei den großes Straßenklassikern wie der Targa Florio und der Mille Miglia.

Doch mit der Machtübernahme der Nationalsozialisten in Deutschland 1933 änderte sich auch das Bild auf den Rennstrecken. Die NSDAP erkannte schnell, dass der Sport und insbesondere der Rennsport ein vorzügliches Forum war, um aller Welt das gewünschte Deutschland-Bild zu demonstrieren. Der Grand-Prix-Sport wurde in Deutschland zur nationalen Angelegenheit. Daimler-Benz und Auto Union, wo man mit hilfe des bei Daimler ausgeschiedenen Ingenieurs Dr. Ferdinand Porsche ebenfalls einen Grand-Prix-Rennwagen auf die Beine gestellt hatte, konnten auch auf finanzielle Unterstützung aus öffentlichen Mitteln rechnen.

Mit der neuen 750-Kilo-Formel, die 1934 in Kraft trat, begann die große Zeit der Deutschen auf den Rennstrecken der Welt. Zum ersten Mal trafen Auto Union und Mercedes beim Eifelrennen auf dem Nürburgring aufeinander. Der Sieg ging an Manfred von Brauchitsch im Mercedes W25, dafür siegte beim Großen Preis von Deutschland an gleicher Stelle Hans Stuck für Auto Union. In Frankreich gab es zwar noch einmal einen Dreifachsieg für Alfa Romeo, aber

auch die italienischen Piloten merkten bald: Um in Zukunft gewinnen zu können, würde man ein deutsches Auto fahren müssen. Achille Varzi kam bei Auto Union unter, neben Hans Stuck, und da das Mercedes-Team bereits besetzt war, versuchte auch Nuvolari, zu Auto Union zu wechseln. Doch weder Varzi noch Stuck wollten den Italiener, der vielfach als der talentierteste Fahrer seiner Epoche angesehen wurde, im Team haben. Also musste sich Nuvolari erneut mit dem von der Scuderia Ferrari eingesetzten Alfa Romeo begnügen.

Gewicht sparen war in dieser Zeit überall angesagt, um jedes Gramm wurde gerungen, um das Limit von maximal 750 Kilo einzuhalten, auch noch 1935, als beide Teams ihre Autos noch einmal überarbeiteten. Auch die legendären Silberpfeile verdankten 1934 ihre »Geburt« der Suche nach der ultimativen Gewichtsersparnis. Als die Mercedes trotz aller Bemühungen immer noch nicht das Gewichtslimit erfüllten, kam Rennleiter Alfred Neubauer auf die Idee, den weißen Lack abkratzen zu lassen, sodass das blanke Metall zum Vorschein kam. Das Ergebnis gefiel – auch optisch – und wurde beibehalten …

1935 war der Mercedes nicht nur auf dem Papier das überlegene Auto. Caracciola gewann damit auch die neu eingeführte Fahrer-Europameisterschaft. Trotzdem mussten die sieggewohnten Deutschen ausgerechnet beim für sie prestigeträchtigsten Rennen des Jahres, dem Großen Preis von Deutschland auf dem Nürburgring, eine bittere Niederlage einstecken. Dort kämpfte Tazio Nuvolari mit dem schon als veraltet geltenden Alfa Romeo P3 die gesamte deutsche Elite nieder, die mit einigen technischen Problemen zu kämpfen hatte. Dieser Sieg war nicht nur eine besondere Genugtuung für Nuvolari, den die Deutschen verschmäht hatten, sondern bis zu einem gewissen Grad auch ein Politikum. Schließlich sahen auch die italienischen Faschisten unter Mussolini in den Grand-Prix-Rennen mehr als nur sportliche Auseinandersetzungen. Das Jahr 1935 erlebte aber auch den Aufstieg eines neuen Stars am Rennsporthimmel. Im Auto Union machte ein blonder junger Mann aus Lingen im Emsland auf sich aufmerksam, der sehr schnell die Herzen der Rennsportfans eroberte und zum ganz großen Idol aufstieg: Bernd Rose-

**Grand-Prix-Stars der 30er-Jahre (von oben): Manfred von Brauchitsch, Rudolf Caracciola, Luigi Fagioli , Bernd Rosemeyer und Richard Seaman**

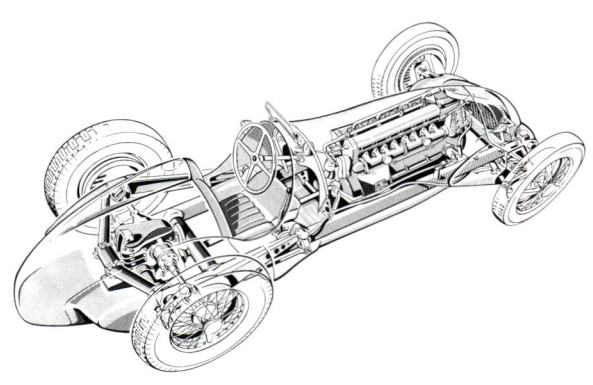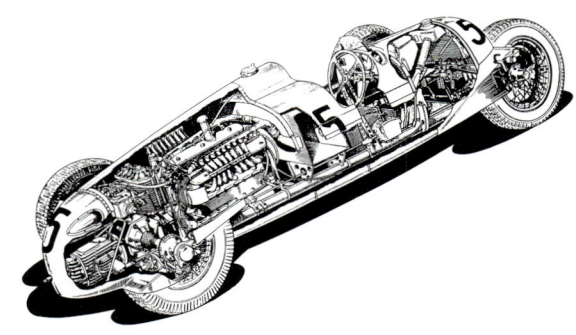

Die Silberpfeile domi-
nierten die Renn-
sportszene der
30er-Jahre. Links der
Mercedes-Benz
W125 mit Achtzylin-
der-Frontmotor,
rechts der Auto
Union mit 16-Zylin-
der-Heckmotor.

meyer. Dazu trug neben seiner Persönlichkeit, seinem Talent und seinen Erfolgen natürlich auch die Hochzeit mit der populären Fliegerin Elly Beinhorn bei, die er nach seinem Sieg auf dem Masarykring bei Brünn kennen gelernt hatte. Rosemeyer war derjenige Fahrer, der mit den sehr schwierig zu fahrenden Heckmotor-Autos der Auto Union von Anfang an ganz besonders gut zurechtkam. Denn so ähnlich sie sich in ihren Leistungen und Erfolgen waren – konstruktionstechnisch unterschieden sich die Erfolgsmodelle von Mercedes und Auto Union ganz wesentlich: Bei den Schwaben ein Achtzylinder-Reihenmotor in konventioneller Anordnung, bei der Auto Union das Heckmotor-Konzept von Dr. Porsche mit dem V16-Motor. 1936 wurde Rosemeyers großes Jahr. Auto Union hat-

te mit dem Typ C einen nochmals modifizierten Wagen mit auf sechs Liter vergrößertem Hubraum und gesteigerter Leistung an den Start gebracht. Rosemeyer gewann damit die wichtigsten Grand Prix und auch den Europameistertitel, Mercedes musste sich mit zwei Siegen begnügen. Kein Wunder, dass das deutsche Traumpaar Rosemeyer–Beinhorn von der Nazi-Führung, die die Grand-Prix-Rennen inzwischen regelmäßig für Propaganda-Auftritte nutzte, mit Begeisterung für ihre Zwecke vereinnahmt wurde. Zu gut passten die beiden in das Bild, das die Gewaltherrscher von Deutschland zu zeichnen versuchten – auch wenn sich der jungenhafte Rosemeyer manchmal kleine Eskapaden erlaubte, die an seiner absoluten Linientreue zweifeln ließen. Und sei es auch nur, dass er einer von

Er war der absolute
Liebling der Motor-
sportfans und einer
der Vorzeigesportler
der Nationalsozialis-
ten: Bernd Rosemeyer
beherrschte den
schwer zu fahrenden
Auto-Union-Rennwa-
gen wie kein Zweiter.

einem Nazibonzen bei einer Siegerehrung überreichten Statue zum Gaudium des Publikums eine Zigarette in den Mund steckte …

Nach den Niederlagen von 1936 blies Mercedes in der Saison 1937 zur großen Attacke. Mit dem legendären Typ W125 hatten die Techniker in Stuttgart-Untertürkheim die 750-Kilo-Formel optimiert. Ein Achtzylindermotor mit Kompressor brachte es bei 5660 ccm Hubraum auf eine Leistung von 646 PS. Einer der wichtigsten Konstrukteure war schon damals Rudolf Uhlenhaut, der bis 1955 an der Entwicklung aller Mercedes-Grand-Prix-Fahrzeuge beteiligt war. Rudolf Caracciola konnte mit dem W125 vier Siege verbuchen und wurde damit zum zweiten Mal Europameister. Hermann Lang und Manfred von Brauchitsch holten je einen Sieg, für Bernd Rosemeyer blieben nur zwei Erfolge. Es war seine letzte Grand-Prix-Saison. Am 28. Januar verunglückte er bei einem Rekordversuch auf der Autobahn Frankfurt–Darmstadt tödlich.

Diese Rekordjagden zwischen Mercedes und Auto Union um die absolute Höchstgeschwindigkeit auf der Straße waren seit 1934 ein beliebtes »Spiel«, wobei die Geschwindigkeiten von über 300 allmählich auf über 400 km/h gesteigert wurden. Rosemeyer bewegte sich im Bereich von 420, als, wie es hieß, eine Windböe das Auto erfasste und von der Straße schleuderte. Möglicherweise hatte das Auto aber auch durch – damals noch weitgehend unerforschte – aerodynamische Effekte die Bodenhaftung verloren. Nach dem Tod ihres Spitzenfahrers hatte die geschockte Auto-Union-Truppe den Mercedes zunächst nicht viel entgegenzusetzen. Erst als Mitte der Saison Tazio Nuvolari nun doch zu den Zwickauern wechselte, stellten sich mit zwei Siegen wieder neue Erfolge ein.

Das neue Reglement, das 1938 in Kraft trat, sah Motoren bis maximal drei Liter Hubraum mit und 4,5 Liter ohne Kompressor vor, dazu war das Mindestgewicht je nach Hubraum proportional zwischen 400 und 850 Kilo gestaffelt. Mercedes hatte mit dem W154 ein Auto an den Start gebracht, das sich im Grundkonzept an die Vorgängermodelle anlehnte. Allerdings sorgte ein tieferer Schwerpunkt für noch bessere Fahreigenschaften. So kamen Caracciola und Lang zu je zwei, von Brauchitsch und der Engländer

Richard Seaman zu je einem Sieg. Caracciola holte sich seinen dritten Europameistertitel. Auch 1939 blieb die Dominanz der Stuttgarter unangefochten, der letzte Meistertitel vor dem zweiten Weltkrieg ging an Hermann Lang.

## Die ersten Nachkriegsjahre

Zwar hatte es in den Jahren 1945 und 46 schon wieder vereinzelte Autorennen gegeben, aber der organisierte Rennsport hielt erst wieder Ende 1946 Einzug. Da entschied sich die neu gegründete FIA (Fédération Internationale de l'Automobile) für eine neue Grand-Prix-Formel, für die erstmals in der Geschichte der Name Formel 1 aufkam. Zugelassen waren Wagen mit 1,5-Liter-Kompressor- oder 4,5-Liter-Saugmotoren ohne Gewichtslimit.

Die italienischen Alfa Romeo dominierten 1947 genauso wie 1948, einem Jahr, das mit einigen Ereignissen fast symbolisch war für die Wende von der alten zur neuen Zeit: Italiens Rennlegende Tazio Nuvolari fuhr bei der Mille Miglia, schon schwer lungenkrank, sein allerletztes Rennen, im Training zum Grand Prix der Schweiz im Berner Bremgarten verunglückte Achille Varzi tödlich. Dafür stand beim Großen Preis von Frankreich in Reims ein Argentinier erstmals in Europa am Start, der mit 37 Jahren für einen Grand-Prix-Debütanten schon ein recht gesetztes Alter aufwies, der aber trotzdem noch eine große Karriere vor sich hatte: Juan-Manuel Fangio. 1949 war dann ein echtes Übergangsjahr – Alfa Romeo zog sich für ein Jahr zurück, Ferrari, Maserati und Talbot machten die Siege unter sich aus, während man sich bei Alfa Romeo schon auf das vorbereitete, was kommen sollte: die erste offizielle Formel-1-Weltmeisterschaft – 1950.

Der Mercedes-Rennwagen der Drei-Liter-Formel von 1939 war einer der letzten Vorkriegs-Silberpfeile. Der Zwölfzylinder leistete 483 PS. Mit diesem Typ gewann Mercedes-Benz das Europa-Championat 1939.

# Die Formel-1-Chronik

Das Jahr 1950 ist der Beginn der offiziellen Formel-1-Geschichte: Zum ersten Mal schrieb der Automobil-Weltverband FIA eine Fahrerweltmeisterschaft aus. In den 20er-Jahren hatte die FIA bereits ähnliche Wettbewerbe durchgeführt, die aber nie als offizielle Meisterschaften gewertet wurden. Das Reglement sah ein Punktesystem von 8 Zählern für einen Sieg, 6 für Platz zwei, 4 für Platz drei, 3 für Platz vier und 2 für Platz fünf vor. Dazu gab es einen Punkt für die schnellste Rennrunde. Außerdem zählten bei sieben Rennen nur die besten vier Ergebnisse. Auch das 500-Meilen-Rennen von Indianapolis zählte bis 1960 noch zur Formel-1-Weltmeisterschaft. Das technische Regelwerk sah in den beiden ersten Jahren Autos mit 1500-ccm-Kompressor- oder 4500-ccm-Saugmotoren vor, es gab noch kein Gewichtslimit. In Indianapolis wurde nach den amerikanischen Regeln gefahren.

## Die erste Weltmeisterschaft

Der erste offizielle Formel-1-Weltmeisterschaftslauf fand am 13. Mai 1950 im britischen Silverstone statt. 21 Autos gingen vor den Augen der königlichen Familie an den Start. Der erste Sieger wurde später auch der erste Weltmeister der Geschichte: Dr. Giuseppe Farina aus Italien, der sich mit Juan-Manuel Fangio bei den sechs europäischen Rennen die Siege teilte. Nur in Indianapolis, wo keiner der europäischen Formel-1-Stammpiloten teilnahm, gab es mit dem Amerikaner John Parsons einen anderen Sieger. Ein großer Name fehlte 1950 noch in der Siegerliste: Ferrari. Dort war man dabei, nach Jahren

mit Kompressormotoren auf Zwölfzylinder-Saugmotoren umzustellen, aber erst beim letzten Rennen der Saison, dem Großen Preis von Italien in Monza, war die endgültige 4,5-Liter-Version einsatzbereit. Das Triebwerk leistete etwa 350 PS, und Alberto Ascari deutete damit an, dass mit Ferrari künftig zu rechnen sein würde. So wurde 1950 zum großen Jahr von Alfa Romeo. Die italienische Traditionsmarke gewann mit Ausnahme von Indianapolis alle Rennen und stellte mit Farina, Fangio und Luigi Fagioli auch die drei Erstplatzierten in der Weltmeisterschaft. Die Entscheidung fiel erst beim Finale in Monza. Fangio ging als Führender mit 26 Punkten in das letzte Rennen, dahinter Fagioli, der sehr konstant gepunktet hatte, mit 24 und Farina mit 22. Doch ein Getriebedefekt raubte dem Argentinier die Chance, auch als erster Weltmeister in die Geschichte einzugehen. Farina gewann das Rennen und damit auch den Titel. Fagioli nutzte sein dritter Platz nichts mehr. Die vier Punkte wurden zum Streichresultat*, sodass ihm nur der dritte Rang blieb.

Das erste Jahr der Formel 1 war das Jahr von Alfa Romeo. Mit ihren Fahrern Farina, Fangio und Fagioli (unten) ließen sie den übrigen Wettbewerbern keine Chance.

* In den Statistiken steht die Punktzahl incl. der Streichresultate in Klammern.

### ENDSTAND

| | | | | |
|---|---|---|---|---|
| 1. | Giuseppe Farina | (ITA) | Alfa Romeo | 30 Punkte |
| 2. | Juan-Manuel Fangio | (ARG) | Alfa Romeo | 27 Punkte |
| 3. | Luigi Fagioli | (ITA) | Alfa Romeo | 24 (28) Punkte |

Die Kombination Juan-Manuel Fangio (oben) und Alfa Romeo (ganz unten) war auch 1951 noch nahezu unschlagbar. Aber Ferrari stand bereits in den Startlöchern.

# Fangios erster Titel

In dieser Saison fehlte der klassische Große Preis von Monaco im Kalender, dafür zählte zum ersten Mal der Grand Prix von Deutschland auf dem Nürburgring zu den Weltmeisterschaftsläufen. Neu im Programm war auch die Strecke von Pedrables im spanischen Barcelona, wo das Finale im Titelkampf stattfinden sollte. An technischen Neuerungen brachte die Saison 1951 vor allem deutliche Steigerungen der Motorleistung. Bei Alfa sprach man in der höchsten Entwicklungsstufe des Tipo 159 von 430 PS. Diese Leistungen konnten nur durch die Verwendung spezieller Benzinmischungen erreicht werden, denen zur Kühlung ein nicht unbeträchtlicher Prozentsatz an Alkohol beigemischt wurde. Und noch eine entscheidende technische Neuerung tauchte in diesem Jahr auf – wenn auch nicht bei den europäischern Rennen, sondern beim 500-Meilen-Rennen von Indianapolis, das ja noch zur Weltmeisterschaft zählte: Dort kamen erstmals Scheibenbremsen in Formel-Autos zum Einsatz.

Sportlich begann die Saison mit dem verregneten Grand Prix der Schweiz, bei dem Juan-Manuel Fangio einen überlegenen Sieg feierte. In Belgien machte allerdings ein klemmendes Rad beim Reifenwechsel alle Chancen des Argentiniers zunichte, doch in Frankreich stand er wieder ganz oben auf dem Treppchen, wenn auch zusammen mit seinem Teamkollegen Fagioli allerdings, dessen Auto er übernommen hatte, nachdem er selbst erneut mit einem Defekt ausgefallen war. Die Möglichkeit, das Auto eines Teamkollegen zu übernehmen und sich dann mit ihm die Punkte zu teilen, war bis 1957 im Reglement vorgesehen.

Ein historisches Datum wurde der 14. Juli: Da besiegte beim britischen Grand Prix in Silverstone Froilan Gonzales mit seinem Saugmotor-Ferrari erstmals die sieggewohnten Alfas. Es war der erste Sieg von Ferrari bei einem Weltmeisterschaftslauf. Und schnell zeigte sich, dass das Konzept der Italiener aufging: Gleich beim nächsten Rennen auf dem Nürburgring gelang einem weiteren Ferrari-Piloten, Alberto Ascari, der erste Sieg – auf der extrem schwierigen Strecke, die ja eine besondere Herausforderung für Mensch und Material darstellte, ein viel beachtetes Ergebnis.

Und ebenso erfolgreich ging es weiter: Die italienischen Tifosi beim Heimrennen in Monza bekamen sogar einen Ferrari-Doppelsieg zu sehen. Nachdem Juan-Manuel Fangio erst durch einen Reifendefekt zurückgeworfen wurde und seine Aufholjagd dann durch einen Motorschaden gestoppt wurde, setzte sich am Ende Ascari deutlich vor Gonzales durch.

Dennoch führte Fangio mit drei Punkten Vorsprung vor dem Finale in Spanien, und mit einem überzeugenden Sieg sicherte er sich dort den ersten von fünf Titeln seiner Karriere.

Am Ende der Saison zog sich Alfa Romeo aus finanziellen Gründen aus dem Grand-Prix-Sport zurück. Nicht zuletzt als Reaktion darauf beschloss die FIA, in den beiden kommenden Jahren die Weltmeisterschaft nach dem Formel-2-Reglement auszutragen, da man sich davon niedrigere Kosten und eine größere Vielfalt versprach. Bei einem Hersteller erreichte man damit allerdings genau das Gegenteil: Bei Mercedes wurde die bereits beschlossene Rückkehr in den Rennsport im Rahmen der 1,5-Liter-Formel wegen dieser Reglementsänderung einstweilen zurückgestellt.

**ENDSTAND**

| | | | |
|---|---|---|---|
| 1. Juan-Manuel Fangio | (ARG) | Alfa Romeo | 31 (37) Punkte |
| 2. Alberto Ascari | (ITA) | Ferrari | 25 (28) Punkte |
| 3. Froilan Gonzalez | (ARG) | Ferrari | 24 (27) Punkte |

# Der Durchmarsch von Ferrari und Ascari

Die neue Formel für die Weltmeisterschaft – Zwei-Liter-Motoren ohne Kompressor oder 500-ccm-Kompressor-Triebwerke – sollte eigentlich unter anderem die befürchtete Dominanz der Ferrari verhindern. Doch obwohl mit dem neuen Reglement einige neue Teams und Autos kamen, so aus Frankreich die Gordinis von Jean Behra und Robert Manzon, aus England unter anderem der Cooper-Bristol mit dem jungen Mike Hawthorn am Steuer, waren die Italiener nicht zu stoppen. Immerhin war Hawthorn, der bei seinem Heimrennen in Silverstone den dritten Platz belegte, die Überraschung der Saison. Ferrari aber hatte schon in den Jahren zuvor große Erfahrungen in der Formel 2 gesammelt, die man jetzt perfekt umsetzte. Ein großer Konkurrent für Ferrari fehlte freilich: Juan-Manuel Fangio, der nach dem Alfa-Rückzug zu Maserati gewechselt war, hätte eigentlich den neuen Maserati A6GCM zum Erfolg führen sollen. Doch als das Auto im Juni bei einem nicht zur Weltmeisterschaft zählenden Rennen in Monza debütierte, erlitt Fangio den einzigen wirklich schweren Unfall seiner Karriere. Nach einem Start bei einem Rennen in Belfast am Vortag, einem Flug nach Paris und einer langen Nachtfahrt nach Monza ging er dort völlig übermüdet und ohne Training aus der letzten Reihe an den Start. Nach einer Runde lag er bereits auf Platz sechs, doch dann kam er von der Strecke ab, überschlug sich mehrfach und zog sich dabei einen Halswirbelbruch zu, der ihn für den Rest der Saison außer Gefecht setzte. Immerhin konnte Maserati auch ohne Fangio das Auto gegen Saisonende so gut weiterentwickeln, dass sein argentinischer Landsmann Froilan Gonzales beim Finale in Monza den Ferrari annähernd Paroli bieten und den zweiten Platz belegen konnte. Damit deutete sich bereits an, dass es für Ferrari in der Zukunft wohl nicht mehr ganz so einfach werden würde. Alberto Ascari hatte beim Saisonauftakt in der Schweiz gefehlt, da er für Ferrari bereits in Indianapolis fuhr. Er kam aber dann im Juni zum Großen Preis von Belgien nach Europa zurück, und dort, in Spa, begann eine einzigartige Siegesserie: Ascari gewann bei typisch verregnetem Ardennen-Wetter auf Anhieb und holte sich anschließend auch bei allen restlichen Großen Preisen dieser Saison – Frankreich, England, Deutschland – mit einer grandiosen Aufholjagd nach einem zusätzlichen Boxenstopp – Holland und Italien den Sieg.

Bereits beim vorletzten Rennen auf dem Dünenkurs von Zandvoort in der Nähe von Amsterdam, das anstelle des Grand Prix von Spanien neu in den Weltmeisterschaftskalender gekommen war, stand er als Champion fest. Das Finale in Monza war dann »nur« noch die Krönung eines glanzvollen Jahres.

*1952 hieß der neue Star Alberto Ascari. Zwar trat er erst beim dritten Saisonrennen zum Kampf um die Weltmeisterschaft an, aber dann rollte er das Feld von hinten auf.*

| | | | | |
|---|---|---|---|---|
| **ENDSTAND** | | | | |
| 1. | Alberto Ascari | (ITA) | Ferrari | 36 (52,5) Punkte |
| 2. | Giuseppe Farina | (ITA) | Ferrari | 25 (28) Punkte |
| 3. | Piero Taruffi | (ITA) | Ferrari | 22 Punkte |

## Ascari zum Zweiten

Große technische Neuerungen gab es in der Saison 1953 nicht mehr – schließlich wussten alle, dass die Zwei-Liter-Formel im folgenden Jahr durch ein neues Reglement abgelöst werden würde. Trotzdem wurden zu diesem Zeitpunkt mit den Saugmotoren beachtliche Literleistungen erreicht: Der Sechszylinder von Maserati soll es im Renneinsatz bei 7500 Umdrehungen pro Minute auf 200 PS gebracht haben – Werte, die auch Ferrari erreichte, allerdings nur auf dem Prüfstand.

Der Saisonauftakt – erstmals schon im Januar in Argentinien – brachte neben einem erneuten Sieg von Alberto Ascari im Ferrari vor allem die erste große Tragödie in der Geschichte der Formel 1: Bei einem Unfall von Giuseppe Farina starben neun Zuschauer, 40 wurden verletzt. Lokalmatador Fangio sah – noch mit dem Vorjahres-Maserati – die Zielflagge nicht.

*Juan-Manuel Fangio (rechts) war mit dem Maserati zwar schnell, hatte wegen zahlreicher Defekte aber gegen den Ferrari-Piloten Ascari (unten) keine Chance.*

Beim Europa-Auftakt in Zandvoort war der neue Maserati dann endlich fertig, doch technische Defekte brachten das argentinische Fahrertrio aus Fangio, Gonzales und dem jungen Onofre Marimon zunächst um zählbare Erfolge. Immerhin landete Gonzales zusammen mit dem Italiener Bonetto in Holland auf Platz drei. In Belgien führten Fangio und Gonzales das Feld an, ehe sie mit Problemen aufgeben mussten,

sodass ein erneuter dritter Platz, diesmal durch Marimon, wieder das beste Ergebnis für Maserati war. Ascari hingegen konnte sich erneut zwei Siege auf seine Fahnen heften.

Zwei Rennen in dieser Saison sind unvergesslich geblieben, und zwar die Großen Preise von Frankreich und Italien. In Frankreich schien Fangio schon auf dem Weg zum ersten Maserati-Sieg der Geschichte, ehe sein Auto in der letzten, langsamen Kurve vor der Zielgeraden wegen Getriebeproblemen etwas ausbrach, sodass Mike Hawthorn in letzter Sekunde noch an ihm vorbeigehen konnte. Er war damit der erste Brite, der einen Formel-1-Grand-Prix gewann.

Doch in Monza war es dann für Fangio endlich so weit. Zwar hatte der Argentinier beim letzten Weltmeisterschaftslauf des Jahres, zugleich dem letzten Rennen der alten Zwei-Liter-Formel, schon keine Titelchancen mehr. Denn Ascari hatte sich bereits im vorangegangenen Rennen in der Schweiz seinen zweiten Titel in Folge geholt. Aber der Abschluss war versöhnlich. Das ganze Rennen über hatten sich die Maserati-Piloten Fangio und Marimon mit den Ferrari-Fahrern Ascari und Farina eine sensationelle Windschattenschlacht geliefert, in der die Führung fast ununterbrochen wechselte. Dann musste Marimon wegen eines Kühlerdefekts einen Boxenstopp einlegen, reihte sich aber mit einer Runde Rückstand wieder in der Spitzengruppe ein. Kurz vor dem Ziel sah Ascari schon wie der Sieger aus, doch bei dem Versuch, einem Überrundeten auszuweichen, drehte er sich, Marimon berührte ihn, beide landeten dabei in der Wiese. Auch Farina musste weit ausweichen, und in dem allgemeinen Durcheinander behielt Fangio am besten die Übersicht und fuhr schließlich als Sieger über die Ziellinie – sein erster Triumph seit 1951.

**ENDSTAND**

| | | | | |
|---|---|---|---|---|
| 1. | Alberto Ascari | (ITA) | Ferrari | 34,5 (46,5) Punkte |
| 2. | Juan-Manuel Fangio | (ARG) | Maserati | 28 (29,5) Punkte |
| 3. | Giuseppe Farina | (ITA) | Ferrari | 26 (32) Punkte |

# Mercedes kam, sah und siegte

Die Saison 1954 war für die Formel 1 eine Art Neuanfang. Die 2,5-Liter-Formel hat die nächsten Jahre bis 1960 geprägt. Für die zweite zugelassene Motorenvariante, ein 750-ccm-Triebwerk mit Kompressor, entschied sich kein Team. Die neue Formel, sie brachte vor allem eines mit sich – die Rückkehr von Mercedes in den Grand-Prix-Sport. Dazu gab es noch eine eher unbedeutende Neuerung: Ab 1954 zählten nicht mehr nur die besten vier, sondern die besten fünf Ergebnisse einer Saison zur Weltmeisterschaftswertung.

Zum ersten Mal standen die neuen Silberpfeile, die Mercedes-Benz W196 mit ihren Achtzylindermotoren beim Großen Preis von Frankreich in Reims am 4. Juli am Start – unter anderem natürlich mit Juan-Manuel Fangio am Steuer. Der hatte zwar schon die ersten beiden Rennen des Jahres mit einem Maserati gewonnen, aber für ihn war es immer klar, dass er zu Mercedes wechseln würde, sobald die Silberpfeile fertig waren.

Und es blieb dem Argentinier auch vorbehalten, für den ersten Sieg der schwäbischen Marke in der Nachkriegszeit zu sorgen. Es wurde sogar ein Doppelerfolg, denn der Deutsche Karl Kling, bereits in der Startaufstellung Zweiter hinter Fangio, brachte diesen Rang auch ins Ziel.

In England musste Mercedes zwar einen Rückschlag hinnehmen, als man mit den stromlinienverkleideten Autos auf dem Flugplatzkurs nicht zurechtkam – dafür gab es dann auf dem Nürburgring einen erneuten Sieg für Fangio. Es war freilich ein bitterer Triumph. Denn im Training war sein Freund und Landsmann Onofre Marimon ums Leben gekommen – der erste Formel-1-Pilot, der im Rahmen eines offiziellen Grand Prix tödlich verunglückte. Fangio war zutiefst erschüttert, startete aber trotzdem und fuhr ein beeindruckendes Rennen. Die Tränen kamen bei der Siegerehrung. Sein Landsmann Froilan Gonzales reagierte anders. Er konnte das Rennen nicht zu Ende fahren, bei Halbzeit übergab er seinen Ferrari Mike Hawthorn.

Auch in der Schweiz – beim, was man damals noch nicht wusste, letzten Grand Prix auf der traditionsreichen Bremgarten-Strecke – und in Italien hieß der Sieger Fangio. Auf dem Weg zum Weltmeistertitel war er nicht aufzuhalten. In Monza ging neben den Mercedes-Sternen auch der Stern eines Fahrers auf, und er würde in Zukunft hell leuchten: Es war der Stern von Stirling Moss. Der junge Engländer führte auf einem

Maserati, bis ihn neun Runden vor Schluss ein defekter Öltank um alle Chancen brachte. Beim Saisonfinale in Spanien war die Weltmeisterschaft bereits entschieden. Bemerkenswert war es dennoch, weil Lancia mit einem viel versprechenden Auto debütierte. Alberto Ascari sicherte sich damit die Pole-Position und fuhr die schnellste Rennrunde, musste dann allerdings, in Führung liegend, mit einem Defekt aufgeben. Sollten die Silberpfeile etwa bald Konkurrenz bekommen?

Beim großen Preis von Deutschland sind sowohl unverkleidete als auch Stromlinien-Silberpfeile am Start. Mercedes-Benz gewann mit diesen Autos bereits im Jahr seines Formel-1-Debüts die Weltmeisterschaft.

**ENDSTAND**

| | | | | |
|---|---|---|---|---|
| 1. | Juan-Manuel Fangio | (ARG) | Maserati/Mercedes | 42 (57) Punkte |
| 2. | Froilan Gonzalez | (ARG) | Ferrari | 25 (26,5) Punkte |
| 3. | Mike Hawthorn | (GBR) | Ferrari | 24,5 Punkte |

# Im Schatten der Tragödie von Le Mans

Die Saison 1955 stand im Schatten der Tragödie von Le Mans – auch wenn der folgenschwerste Unfall in der Rennsportgeschichte nicht in der Formel 1, sondern in einem Sportwagenrennen passierte. Der Franzose Pierre Levegh flog mit seinem Mercedes in die Zuschauer, über 80 Menschen starben. Auch Fangio und Mike Hawthorn waren in den Unfall verwickelt, der über den momentanen Schock hinaus langfristige Auswirkungen auf den Motorsport hatte. Die Weltmeisterschaftsläufe in Deutschland, der Schweiz, Frankreich und Spanien wurden abgesagt, in der Schweiz war die Tragödie von Le Mans sogar der Anlass für ein generelles Verbot von Rundstreckenrennen, das bis heute gilt.

Mercedes war mit großem Optimismus in die neue Saison gestartet – schließlich hatte Rennleiter Alfred Neubauer neben Juan-Manuel Fangio mit dem jungen, aufstrebenden Engländer Stirling Moss einen weiteren Siegfahrer ins Team geholt. Der Auftakt in Argentinien in einer dreistündigen Hitzeschlacht, die Mensch und Material über alle Maßen forderte – war dann auch gleich viel versprechend. Dabei war Sieger Fangio einer von nur zwei Fahrern, die ihr Auto allein über die Distanz brachten. Alle anderen wechselten sich unter den mörderischen Bedingungen zu zweit oder sogar zu dritt ab.

Beim zweiten Saisonrennen in Monaco fielen Fangio und Moss freilich mit Defekten aus. Der Sieg ging überraschend an den Franzosen Maurice Trintignant in einem Ferrari. Die ganz großen Schlagzeilen machte aber der Unfall von Alberto Ascari, der, in Führung liegend, mit seinem Lancia von der Strecke abkam und ins Hafenbecken stürzte. Diesen Unfall überstand der Italiener fast unverletzt, doch vier Tage später verunglückte er bei einem Sportwagen-Test für Ferrari in Monza tödlich.

Lancia steckte damals in finanziellen Schwierigkeiten, und so nahm man Ascaris Tod zum Anlass, sich nach kurzem Gastspiel wieder aus dem Grand-Prix-Sport zurückzuziehen. Das gesamte Material schenkte man Ferrari, und auch Fahrer Eugenio Castellotti wechselte zu diesem Team.

Es war eine wahre Unglücksserie, die 1955 über den Rennsport hereinbrach. In Indianapolis starb der zweimalige Sieger Bill Vukovich, dann folgte die Katastrophe von Le Mans. Doch die Show musste weitergehen. Schon eine Woche später stand in Zandvoort der nächste Grand Prix auf dem Programm. Wie schon in Belgien siegte Fangio vor Moss. Beim britischen Grand Prix war die Reihenfolge umgekehrt, wobei immer wieder vermutet wurde, dass Fangio seinem Teamkollegen bei dessen Heimrennen den Sieg überlassen hat – schließlich hatte er den Weltmeistertitel schon in der Tasche.

Noch ziemlich unbemerkt stand in Aintree eine Kombination am Start, die später berühmt wurde: Jack Brabham, ein junger Australier, mit einem Cooper. Beim Finale in Monza feierte Mercedes noch einmal einen Doppelsieg, doch dann gab man bekannt, dass man sich aus dem Grand-Prix- und Sportwagenrennsport zurückziehen werde.

**Zweimal Mercedes-Superstar Juan-Manuel Fangio:** mit dem unverkleideten Monoposto beim Großen Preis von Argentinien (unten) und mit dem Mercedes-Stromlinien-Rennwagen beim Großen Preis von Italien (rechts)

**ENDSTAND**

| 1. Juan-Manuel Fangio | (ARG) | Mercedes | 40 (41) Punkte |
|---|---|---|---|
| 2. Stirling Moss | (GBR) | Mercedes | 23 Punkte |
| 3. Eugenio Castellotti | (ITA) | Lancia | 12 Punkte |

# Eine große Geste

Nach dem Rückzug von Daimler-Benz wurde die Formel-1-Weltmeisterschaft zunächst wieder zu einer inneritalienischen Angelegenheit, ausgetragen zwischen Ferrari und Maserati. Doch allmählich begann sich abzuzeichnen, dass in Zukunft auch die Briten ein ernsthaftes Wort mitreden würden. BRM und Vanwall zeigten bereits viel versprechende Ansätze, die britischen Fahrern mit Moss, Peter Collins und Mike Hawthorn zählten ohnehin zur Weltspitze.

Die Mercedes-Stars von 1955, Fangio und Moss, gingen nun getrennte Wege. Fangio hatte sich Ferrari angeschlossen, wo er eben jenen Peter Collins als Teamkollegen hatte, zusammen mit den beiden Italienern Luigi Musso und Eugenio Castellotti. Moss entschied sich für Maserati. Ihm zur Seite stand der Franzose Jean Behra. Gerade für Fangio spielten seine Teamkollegen in der Saison 1956 eine entscheidende Rolle. Schon beim Saisonauftakt in Argentinien konnte er seinen Sieg nur dadurch sicherstellen, dass er nach einem Defekt an seinem eigenen Wagen den Ferrari von Musso übernahm. Ein ähnliches Bild bot sich beim Großen Preis von Monaco, als Stirling Moss einen überzeugenden Sieg feierte, Fangio aber einen zweiten Platz sichern konnte, indem er diesmal das Auto von Peter Collins übernahm, nachdem er sein eigenes zuvor beschädigt hatte.

Doch auch Collins kam noch zu seinen Erfolgen: Er gewann in Spa und in Frankreich, wurde in England Zweiter hinter Fangio und lag so in der Weltmeisterschaftswertung sogar vor seiner Nummer eins in Führung, als die Formel 1 zum Nürburgring kam. Doch dort feierte der immerhin schon 45-jährige Argentinier einen souverä-

nen Sieg, während Collins die Segel streichen musste. Nach einem Defekt übernahm er zwar das Auto des spanischen Marquis de Portago, der inzwischen auch zur Ferrari-Truppe gestoßen war – doch es sollte an diesem Tag einfach nicht sein. Nach einem Unfall schied der Engländer auch mit diesem Auto aus.

So kam Fangio doch mit acht Punkten Vorsprung auf Collins und den Maserati-Fahrer Behra zum Saisonfinale nach Monza. Die Ausgangslage war klar: Mit einem Sieg und schnellster Rennrunde konnten die beiden Fangio noch abfangen, sollte der keine Punkte holen. Es wurde ein dramatisches Rennen mit vielen Zwischenfällen. Fangio musste mit Lenkungsdefekt aufgeben, doch dann übergab ihm Collins sein Auto, obwohl er zu diesem Zeitpunkt selbst noch gute Titelchancen gehabt hätte – eine wirklich bemerkenswerte sportliche Geste aus der Zeit der »Herrenfahrer«.

Am Ende gewann Stirling Moss, obwohl er kurz vor Schluss ohne Sprit liegen geblieben war – aber sein Markengefährte Piotti hatte ihn noch zum Nachtanken an die Box schieben können. Trotz des Zeitverlustes reichte es zum Sieg, weil der führende Luigi Musso drei Runden vor Schluss mit Lenkungsdefekt ausfiel. Doch der Weltmeister hieß – dank der Großzügigkeit von Collins – zum dritten Mal hintereinander, zum vierten Mal insgesamt, Juan-Manuel Fangio.

Juan-Manuel Fangio im Cockpit des 1956er-Ferrari (unten links) und zusammen mit seinem Teamkollegen Peter Collins (rechts), dessen nobler Haltung er seine vierte Weltmeisterschaft verdankte: Der Engländer überließ Fangio sein Auto, nachdem dessen Ferrari ausgefallen war.

**ENDSTAND**

| 1. | Juan-Manuel Fangio | (ARG) | Ferrari | 30 (33) Punkte |
| 2. | Stirling Moss | (GBR) | Maserati | 27 (28) Punkte |
| 3. | Peter Collins | (GBR) | Ferrari | 25 Punkte |

Die Formel-1-Chronik ● 23

## Fangios fünfter Titel

In diesem Jahr gewann Juan-Manuel Fangio seinen fünften Weltmeistertitel – ein bis heute unerreichter Rekord.

Vor Saisonbeginn 1957 wurden die Karten neu gemischt: Juan-Manuel Fangio wechselte von Ferrari zu Maserati, Stirling Moss, der unbedingt einmal ein britisches Auto fahren wollte, schloss sich Vanwall an. Dafür wechselte mit Mike Hawthorn ein anderer britischer Spitzenfahrer zurück zu Ferrari.

Fangio begann die Saison dann auch schon in fast gewohnter Manier mit einem Sieg in Argentinien. Maserati feierte bei diesem Rennen einen Vierfachsieg, während Ferrari der Konkurrenz aus dem eigenen Land in keiner Weise Paroli bieten konnte. Und es kam noch schlimmer für das Team aus Maranello. Bei einem Testunfall starb Eugenio Castellotti, dann verunglückte der spanische Marquis Alfonso de Portago bei der Mille Miglia tödlich und riss dabei auch einige Zuschauer mit in den Tod – es war das Ende dieses traditionsreichen italienischen Straßenrennens. In Monaco blitzte ein neuer Stern auf: Jack Brabham lag mit dem leichten, nur 370 Kilo wiegenden Mittelmotor-Cooper, einem neuen Konzept, das eine Revolution im Rennwagenbau einleitete, schon auf Platz drei, als ihn Probleme mit der Benzinpumpe noch auf die sechste Position zurückwarfen. Wieder hieß der Sieger Fangio, wie auch im nächsten Rennen im französischen Rouen. Doch dann kam der große Tag der Briten.

Beim Heim-Grand-Prix am 20. Juli in Aintree siegte zum ersten Mal in der Formel-1-Geschichte ein britischer Fahrer auf einem britischen Wagen: Stirling Moss übernahm, nachdem er sein eigenes Auto wegen eines Defekts hatte abstellen müssen, den Vanwall seines sechstplatzierten Teamkollegen Tony Brooks, kämpfte sich wieder nach vorn und fuhr am Ende den von den Fans so heiß ersehnten Sieg nach Hause. Es war ein Vorgeschmack auf die Souveränität, mit der die Briten am Ende der Saison die Szene beherrschen würden – doch zuvor schlug noch einmal Fangios große Stunde: Am Nürburgring fuhr der Argentinier – wie viele Experten meinen und wie auch er selbst immer wieder bestätigt hat – das beste Rennen seines Lebens. Trotz eines zusätzlichen Tankstopps düpierte Fangio die gesamte Konkurrenz und fuhr bei seiner Aufholjagd mit 9:17,4 Minuten in der 20. Runde einen für die damalige Zeit sensationellen Rundenrekord. Dabei gelang es ihm, den fast eine Generation jüngeren Engländern Hawthorn und Collins in einer Runde über elf Sekunden abzunehmen. Fangio schien sich in einer anderen Welt zu bewegen.

Mit seinem vierten Saisonsieg hatte der Argentinier seinen fünften Weltmeistertitel praktisch in der Tasche, auch wenn bei den beiden letzten Rennen in Italien, in Pescara und Monza, die Vanwall und Stirling Moss dominierten. Dieser Titel war auch das Abschiedsgeschenk für Maserati. Aus finanziellen Gründen zogen sich die Italiener am Ende des Jahres aus dem Rennsport zurück.

**ENDSTAND**

| | | | | |
|---|---|---|---|---|
| 1. | Juan-Manuel Fangio | (ARG) | Maserati | 40 (46) Punkte |
| 2. | Stirling Moss | (GBR) | Vanwall | 25 Punkte |
| 3. | Luigi Musso | (ITA) | Ferrari | 16 Punkte |

# Weltmeister mit einem Sieg

Einige wesentliche Neuerungen markierten den Beginn der Saison 1958: Maserati hatte sich aus der Formel 1 zurückgezogen, und auch Fangio war im Begriff, sich vom Rennsport zu verabschieden. Er fuhr nur noch zwei Rennen – zu Hause in Argentinien und in Frankreich.
Auch beim Reglement gab es eine einschneidende Änderung; denn fortan war es nicht mehr erlaubt, dass sich mehrere Fahrer in einem Rennen ein Auto teilten.
Beim Saisonauftakt in Argentinien fehlten die meisten britischen Teams, auch Vanwall. So übernahm Stirling Moss den privaten Cooper-Climax des Teams von Rob Walker von Maurice Trintignant und gewann prompt. In Monaco steuerte der Franzose sein Auto dann selbst zum Sieg. Trotz ihrer nur rund 175 PS konnten die kleinen, leichten Mittelmotor-Autos ihre zum Teil über 100 PS stärkeren, konventionell gebauten Frontmotor-Konkurrenten besiegen – nicht nur weil sie wesentlich leichter waren, sondern vor allem dank der besseren Gewichtsverteilung und des dadurch neutraleren Fahrverhaltens.
Doch die »Großen«, Vanwall und Ferrari, schlugen noch einmal zurück. Ferrari hatte seit 1956 auf einen Sieg warten müssen, Mike Hawthorn holte ihn schließlich beim Großen Preis von Frankreich in Reims – wie schon erwähnt Fangios letztes Rennen, bei dem er noch einmal einen vierten Platz belegte. Doch so richtig feiern konnten Hawthorn und seine Crew diesen Triumph nicht. Denn der Teamkollege des Briten, Luigi Musso, verunglückte in diesem Rennen tödlich – ausgerechnet im Zweikampf mit Hawthorn.

Mike Hawthorn (links) wurde auf seinem Ferrari (links unten) mit nur einem Grand-Prix-Sieg Weltmeister. Erschüttert über die vielen Opfer, die der Rennsport in dieser Saison gefordert hatte, zog er sich nach seinem Triumph aus der Formel 1 zurück.

Die neue Siegesserie der Italiener ging in Silverstone weiter, wo Peter Collins sich vor Hawthorn durchsetzte, doch 14 Tage später am Nürburgring ereignete sich bereits die nächste Katastrophe, als Collins tödlich verunglückte – Ferrari hatte in einem Monat zwei seiner Top-Fahrer verloren.
Die Titelentscheidung fiel am Ende erst im letzten Lauf in Casablanca. Stirling Moss gewann zwar das Rennen und fuhr auch die schnellste Rennrunde, aber der Ausfall seines Teamkollegen bei Vanwall, Tony Brooks, brachte Hawthorn den zweiten Platz und damit den Weltmeistertitel. Obwohl Vanwall die erstmals ausgetragene Konstrukteursweltmeisterschaft gewann, war man in England enttäuscht. Vier Siege für Moss gegenüber nur einem für Hawthorn hatten nicht zum Titel in der Fahrerwertung gereicht. Noch schlimmer: Im Rennen in Casablanca war Vanwall-Pilot Stewart Lewis-Evans, ein guter Freund des späteren Formel-1-Chefs Bernie Ecclestone, schwer verunglückt. Eine Woche später starb er an seinen Brandverletzungen.
Für Weltmeister Hawthorn gab die Unfallserie den Anlass, sich auf dem Höhepunkt seiner Karriere vom Rennsport zu verabschieden. Seinem Schicksal konnte der blonde Brite damit freilich nicht entgehen: Im Januar 1959 starb er bei einem Verkehrsunfall auf einer englischen Landstraße.

**ENDSTAND**

| | | | | |
|---|---|---|---|---|
| 1. | Mike Hawthorn | (GBR) | Ferrari | 42 (49) Punkte |
| 2. | Stirling Moss | (GBR) | Cooper/Vanwall | 41 Punkte |
| 3. | Tony Brooks | (GBR) | Vanwall | 24 Punkte |

## Das neue Konzept setzt sich durch

Trotz geringerer Motorleistung fuhren die kleinen Cooper (unten) dem Feld nicht selten davon. Der Grund war das Mittelmotor-Konzept, das sich in den folgenden Jahren durchsetzte. Jack Brabham (oben) wurde damit Weltmeister.

Der britische Motorsport musste im Winter 1958/59 neben dem Tod von Mike Hawthorn noch einen weiteren Schlag verkraften. Kaum, dass man richtig konkurrenzfähig geworden war, zog sich Vanwall aus der Formel 1 zurück. Doch Cooper, BRM und das Lotus-Team von Colin Chapman, das bereits im Jahr zuvor sein Debüt gefeiert hatte, hielten die britische Fahne hoch. Stirling Moss versuchte einen neuen, unkonventionellen Weg zum Erfolg. Er band sich an kein Team, sondern wechselte zwischen Cooper und BRM hin und her, eine Taktik, die ihm aber auch nicht den schon so lange ersehnten Weltmeistertitel einbrachte.

Der Saisonauftakt 1959 fand ausnahmsweise in Monaco statt, denn das Rennen in Argentinien war abgesagt worden. Ausfälle von Behra im Ferrari und Moss im privaten Rob-Walker-Cooper-Climax machten den Weg frei für Jack Brabhams ersten Sieg. In Holland musste sich der Werks-Cooper-Pilot allerdings mit Platz zwei begnügen – hinter einem echten Überraschungssieger: Der Schwede Joakim Bonnier steuerte seinen BRM zum ersten Grand-Prix-Triumph dieser Marke.

**ENDSTAND**

| | | | |
|---|---|---|---|
| 1. Jack Brabham | (AUS) | Cooper-Climax | 31 (34) Punkte |
| 2. Tony Brooks | (GBR) | Ferrari | 27 Punkte |
| 3. Stirling Moss | (GBR) | BRM/Cooper-Climax | 25,5 Punkte |

Auf schnellen Strecken konnte sich allerdings noch einmal die hohe Motorleistung der Ferrari durchsetzen. Tony Brooks gewann in Frankreich und auf der Berliner Avus, wo in jenem Jahr – in zwei Läufen übrigens – der Große Preis von Deutschland ausgetragen wurde. Das Rennen in Berlin wurde überschattet vom tödlichen Unfall Jean Behras. Der Franzose, seit Beginn der Formel-1-Weltmeisterschaft dabei, hatte sich kurz zuvor im Streit von Ferrari getrennt und war auf der Avus im Rahmenprogramm in einem Sportwagenrennen gestartet.

Stirling Moss musste 1959 lange auf seine ersten Siege warten, die ihm seine Weltmeisterschaftschance offen hielten – in Portugal und Monza war es endlich so weit.

Zwischen Monza und der Titelentscheidung in den USA in Sebring lagen sage und schreibe drei Monate, und es wurde ein dramatisches Finale. Moss sah bereits wie der sichere Champion aus, da fiel er, überlegen in Führung liegend, mit einem Getriebedefekt aus. Jack Brabham reichte der vierte Platz zum Titelgewinn – aber was für ein vierter Platz! Er erreichte ihn mit knapper Not, indem er seinen Cooper, dem 800 Meter vor dem Ziel das Benzin ausgegangen war, über die Ziellinie schob. Ganz oben auf dem Siegerpodest stand sein Teamkollege, ein 22-jähriger, noch unbekannter Mann aus Neuseeland, dessen Name in der Formel 1 noch heute einen großen Klang hat: Bruce McLaren, übrigens bis heute der jüngste Grand-Prix-Sieger aller Zeiten. Eines war in dieser Saison jedenfalls klar geworden: Dem Mittelmotor-Konzept gehörte die Zukunft. Das hatte man auch bei BRM erkannt und war in Monza im Training erstmals mit einem Mittelmotor-Auto angetreten.

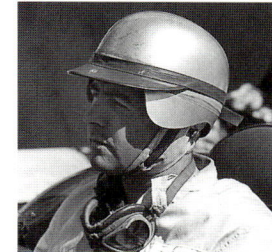

# Brabham zum Zweiten ...

1959 hatten viele den Australier Jack Brabham noch als »Zufallsweltmeister« angesehen, der hauptsächlich von den Problemen der anderen profitiert habe. Doch in der Saison 1960 strafte Brabham die Zweifler Lügen und bestätigte, dass er sich zu einem Top-Star der Formel 1 entwickelt hatte. Inzwischen hatte sich das Mittelmotor-Konzept weitgehend durchgesetzt. Ferrari war bei der alten Bauweise geblieben und gewann prompt nur noch einen einzigen Grand Prix durch Phil Hill. Dieser konnte in Monza triumphieren, weil die englischen Teams das Rennen aus Sicherheitsgründen boykottierten. Die vom Veranstalter gewählte Kursvariante mit den gefährlichen Steilkurven schien ihnen nicht mehr akzeptabel.

Generell bedeutete das Jahr 1960 den Abschied von der 2,5-Liter-Formel, während es auf dem Fahrermarkt nur wenige Wechsel gegeben hatte. Graham Hill kam als Teamkollege von Joakim Bonnier von Lotus zu BRM, Stirling Moss begann das Jahr noch mit dem Cooper-Climax von Rob Walker, wechselte dann aber zu Lotus, dem Team von Colin Chapman, das nach zwei relativ erfolglosen Jahren nun mit dem neuen Lotus 18 erstmals andeutete, zu welchen Leistungen es in Zukunft fähig sein würde. Der Lotus 18 überraschte vor allem durch seine extreme Leichtbauweise – ein Markenzeichen Chapmans. Trotz des 2,5-Liter-Motors brachte er nur 390 Kilo auf die Waage. Der Cooper-Climax wog damals 435 Kilo, der herkömmliche Frontmotor-Ferrari sogar 590. Bei Lotus debütierte in diesem Jahr ein junger Schotte, der zu einem der größten Formel-1-Stars aller Zeiten wurde – Jim Clark.

In den beiden ersten Saisonrennen, die Bruce McLaren und Stirling Moss gewannen, blieb Jack Brabham noch ohne Punkte, doch dann begann für ihn eine Siegesserie. Nacheinander gewann er die Großen Preise von Holland, Belgien, Frankreich und England. Der Erfolg in Spa war freilich von Tragik überschattet – es war eines der schwärzesten Wochenenden in der Geschichte der Formel 1. Schon im Training hatte Stirling Moss wegen einer gebrochenen Hinterachse am Lotus einen schweren Unfall erlitten, bei dem er sich Beinbrüche zugezogen hatte. Im Rennen fanden dann die beiden jungen Briten Chris Bristow und Alan Stacey auf dem schwierigen und gefährlichen Ardennenkurs den Tod. Bristow hatte ein Vogel an der Scheibe getroffen, und man vermutete, dass er deswegen die Kontrolle über das Auto verlor. An Staceys Lotus war wohl, ebenso wie an dem von Moss, ein Aufhängungsteil gebrochen. Nachdem im Training auch noch ein dritter Lotus-Pilot, Henry Taylor, wegen einer gebrochenen Lenkung von der Strecke geflogen war, geriet Chapmans extreme Leichtbauweise zum ersten Mal heftig in die Kritik.

Oben: 1960 bewies Jack Brabham, dass sein Weltmeistertitel aus dem Vorjahr kein Zufall war.
Unten: Start zum Großen Preis von Holland

Schon in Portugal, drei Rennen vor Saisonende, sicherte sich Brabham mit seinem fünften Saisonsieg den zweiten Weltmeistertitel. Auch Stirling Moss, der wegen seiner Verletzungen zwei Rennen lang hatte pausieren müssen, war nun wieder mit dabei und konnte zu Saisonende in Sebring in den USA sogar den letzten Sieg in der alten 2,5-Liter-Formel feiern.

**ENDSTAND**

| | | | | |
|---|---|---|---|---|
| 1. | Jack Brabham | (AUS) | Cooper-Climax | 43 Punkte |
| 2. | Bruce McLaren | (NZL) | Cooper-Climax | 34 (37) Punkte |
| 3. | Stirling Moss | (GBR) | Lotus/Cooper-Climax | 19 Punkte |

Wolfgang Graf Berghe von Trips (oben und unten) sah schon wie der sichere Weltmeister aus, als er in Monza tödlich verunglückte.

# Tragische Entscheidung in Monza

Sehr vieles war neu zum Saisonbeginn 1961, in erster Linie natürlich das technische Reglement: Statt der 2,5-Liter- gab es nun eine 1,5-Liter-Formel. Der Hubraum war auf 1300 bis 1500 ccm festgelegt, Kompressoren waren verboten. Dazu wurde aus Sicherheitsgründen ein Mindestgewicht von 450 Kilogramm eingeführt, um der extremen Leichtbauweise à la Chapman Grenzen zu setzen. Der Sicherheit dienen sollte auch die Ausstattung mit automatischem Anlasser, Stromkreisunterbrecher, doppeltem Bremssystem und Überrollbügel. Außerdem wurden frei stehende Räder vorgeschrieben.

Nach der Katastrophe von Monza wurde der Amerikaner Phil Hill, ebenfalls auf Ferrari, Weltmeister.

Auch das Punktesystem, 1960 bereits durch einen Punkt für Platz sechs und den Wegfall des Zählers für die schnellste Rennrunde modifiziert, wurde erneut geändert: Statt acht gab es nun neun Punkte für einen Sieg – die weitere Staffelung mit sechs, vier drei, zwei und eins blieb erhalten. Bis 1990 blieb dieses Wertungssystem in Kraft.

Ferrari war auf das neue Reglement, das sich stark an den früheren Formel-2-Bestimmungen orientierte, am besten vorbereitet. Aber auch Porsche als Neueinsteiger kam gut zurecht – hier konnte man ebenfalls auf umfangreiche Formel-2-Erfahrung zurückgreifen. Problematisch dagegen war die Situation der englischen Teams, die über ihren Versuchen, die Reglementänderungen auf diplomatischem Weg zu verhindern, versäumt hatten, sich darauf vorzubereiten. Es sprach Bände, dass allein Stirling Moss dank seiner Fahrkunst mithalten konnte – obwohl ihm nicht einmal der neueste Lotus 21 zur Verfügung stand, sondern er sich noch mit dem Vorgängermodell, dem Lotus 18, begnügen musste.

Kein Wunder also, dass sich der Titelkampf sehr schnell zum Duell der Ferraris des Deutschen Wolfgang Graf Berghe von Trips und des Amerikaners Phil Hill entwickelte, auch wenn Moss auf den Fahrerstrecken Monaco und Nürburgring noch zweimal gewinnen konnte.

Nach zwei Siegen in Holland und England, zwei zweiten Plätzen und einem vierten Rang kam von Trips als Weltmeisterschaftsfavorit zum Heim-Grand-Prix des Teams nach Monza und sicherte sich dort auch die Pole-Position. Doch was die Krönung im Titelkampf werden sollte, endete in einer Tragödie: Der Lotus von Jim Clark und Trips' Ferrari berührten sich beim Anbremsen der Parabolica, von Trips flog mit seinem Auto in die Zuschauer, mit ihm starben 13 Zuschauer. Über die »Schuldfrage« wurde endlos debattiert – letztlich ohne Ergebnis. Phil Hill gewann das Rennen und damit auch den Titel. Zum letzten Grand Prix in den USA trat Ferrari nicht mehr an. Innes Ireland gewann auf einem Lotus, was seinen Chef Colin Chapman aber nicht daran hinderte, ihn nach Saisonende vor die Tür zu setzen.

**ENDSTAND**

| | | | |
|---|---|---|---|
| 1. Phil Hill | (USA) | Ferrari | 34 (38) Punkte |
| 2. Wolfgang Graf Berghe von Trips | (D) | Ferrari | 33 Punkte |
| 3. Stirling Moss/Dan Gurney | (GBR/USA) | Lotus/Porsche | 21 Punkte |

# Die Briten schlagen zurück

War 1961 noch das Jahr der Ferrari, so zeigte die Saison 1962 genau das umgekehrte Bild: Die Briten schlugen zurück. Die Katastrophe von Monza lastete auf dem italienischen Team, dazu waren einige technische Schlüsselpositionen seit Winter 1961/62 unbesetzt. Allen voran hatte der Technik-Chef der Rennabteilung, Carlo Chiti, gekündigt. Sein Nachfolger wurde der junge, noch unerfahrene Mauro Forghieri – ein Mann, der später lange Zeit die Entwicklungsabteilungen bei Ferrari dominierte. Auch Chiti tauchte Ende der 70er-Jahre wieder in der Formel 1 auf – als Chef des Alfa-Romeo-Teams.

Die Briten beherrschten die Formel 1, obwohl der stärkste Vertreter der englischen Fahrerriege schon vor dem eigentlichen Saisonstart die Segel streichen musste. Stirling Moss verunglückte am Ostermontag bei einem nicht zur Weltmeisterschaft zählenden Rennen im englischen Goodwood so schwer, dass er seine Rennkarriere beenden musste. Nach einem langen Krankenhausaufenthalt und zahlreichen Operationen konnte er nie wieder an seine einstige Leistungsfähigkeit anknüpfen. Reaktionsvermögen und Sehkraft hatten stark nachgelassen, wie er bei einem Test 1963 selbst feststellte. Daraufhin beendete er seine Rennsportkarriere.

1962 stand so im Zeichen zweier junger, aufstrebender britischer Fahrer, Graham Hill und Jim Clark. Hill im BRM mit einem neuen Achtzylindermotor und Clark im neuen Lotus 25 mit dem Cooper-Climax V8 im Heck, der seit seinem Debüt Mitte 1961 deutlich verbessert worden war, schienen lange Zeit gleichwertig.

Der Lotus 25 war ein Meilenstein im Rennwagenbau: das erste Formel-1-Chassis in Mono-

coque-Bauweise, bestehend aus genieteten Leichtmetallblechkästen, ohne den bis dahin üblichen Gitterrohrrahmen.

Aber auch Porsche kam im letzten Jahr vor dem Formel-1-Ausstieg am Saisonende noch zu einem Sieg: Dan Gurney gewann den Grand Prix von Frankreich in Rouen.

Die Entscheidung zwischen dem Engländer und dem Schotten fiel erst im Finale, das 1962 erst am 29. Dezember beim Grand Prix von Südafrika in East London stattfand. Clark sicherte sich die Pole-Position und sah mit mehr als einer halben Minute Vorsprung schon wie der sichere Sieger und neue Weltmeister aus, ehe er in der 63. von 82 Runden mit Motorschaden aufgeben musste: Ölverlust wegen einer kleinen Schraube, die sich gelöst hatte – Hill erbte den Sieg und hatte damit auch den ersten Weltmeistertitel seiner Karriere in der Tasche.

Ferrari hingegen klebte weiter das Unglück an den Reifen. Die sportliche Bilanz fiel schlecht aus, und darüber hinaus bescherte 1962 den Italienern am Ende noch eine weitere Tragödie. Beim Großen Preis von Mexiko, der in jenem Jahr noch nicht zur Weltmeisterschaft zählte, verunglückte der viel versprechende Nachwuchsfahrer Ricardo Rodriguez, ein erst 20-jähriger Mexikaner, tödlich.

**ENDSTAND**

| | | | |
|---|---|---|---|
| 1. Graham Hill | (GBR) | BRM | 42 (52) Punkte |
| 2. Jim Clark | (GBR) | Lotus-Climax | 30 Punkte |
| 3. Bruce McLaren | (NZL) | Cooper-Climax | 27 (32) Punkte |

## Das große Jahr des Jim Clark

Jim Clark und sein Lotus 25 – 1963 eine unschlagbare Kombination. Unten ist der Coventry-Climax-Motor gut zu sehen. Der kleine 1500 ccm-Achtzylinder leistete etwa 200 PS.

Selten hat ein Fahrer eine Weltmeisterschaftssaison so eindeutig beherrscht wie der Schotte Jim Clark das Jahr 1963. Das überragende Fahrtalent seiner Zeit war in dieser Saison in seinem Lotus 25 mit dem Coventry-Climax-Motor, der es inzwischen auf etwa 200 PS brachte, kaum zu schlagen, wenn ihn nicht technische Defekte stoppten. Am Ende standen sieben Siege in zehn Grand Prix zu Buche.

Weder Graham Hill im BRM noch John Surtees, der ehemalige Motorrad-Weltmeister, der sich bei Ferrari zum Top-Piloten entwickelte, konnten der Kombination Clark und Lotus ernsthaft Paroli bieten. Aber immerhin gelang es ihnen, die Siege in den restlichen drei Rennen unter sich aufzuteilen.

Hill siegte beim Saisonauftakt in Monaco, als Clark, in Führung liegend, mit Getriebedefekt ausfiel. Es war der erste von fünf Siegen des Engländers auf dieser Strecke. Doch dann begann die erste große Siegesserie von Jim Clark. Im Regenrennen von Spa triumphierte er ebenso wie in Zandvoort, im französischen Reims und im britischen Aintree.

Erst auf dem Nürburgring gelang es ausgerechnet einem der seit über einem Jahr sieglosen Ferrari, die Serie zu unterbrechen. John Surtees ließ Clark in der Eifel überraschend deutlich hinter sich und deutete an, dass mit Ferrari nach der sehr enttäuschenden Saison 1962 in Zukunft wieder zu rechnen sein würde.

In Monza stand Surtees dann bereits ein neues Chassis zur Verfügung, das in Anlehnung an die bahnbrechende Konstruktion von Lotus eine Mischung aus Rohrrahmen- und Schalenbauweise darstellte. Beim Ferrari 156 Aero war eine dünne Rohrkonstruktion innen und außen mit aufgenieteten Blechen verkleidet. Dieses Chassis war bereits für den Achtzylindermotor konzipiert, der 1964 kommen sollte, doch auch mit dem Sechszylinder konnte Surtees mit Clark um die Führung kämpfen, ehe ihn der Motor im Stich ließ und Clark seinen fünften Saisonsieg nach Hause fuhr.

In Watkins Glen in den USA musste Clark wegen einer defekten Batterie von ganz hinten starten, kämpfte sich aber mit einer tollen Aufholjagd noch bis auf den dritten Platz nach vorne. Der Sieg aber ging an Graham Hill. Die beiden letzten Rennen in Mexiko und Südafrika waren dann wieder eine klare Angelegenheit für Clark, den überlegenen Weltmeister, der neben seinen Formel-1-Triumphen in dieser Saison beinahe auch noch den US-Klassiker, die 500 Meilen von Indianapolis, gewonnen hätte. Der führende Parnelli Jones hätte in den letzten Runden eigentlich aus dem Rennen genommen werden müssen, da sein Auto viel Öl verlor, doch die Sportkommissare drückten beide Augen zu, sodass Clark nur der zweite Platz blieb.

| ENDSTAND | | | |
|---|---|---|---|
| 1. Jim Clark | (GBR) | Lotus-Climax | 54 (73) Punkte |
| 2. Graham Hill | (GBR) | BRM | 29 Punkte |
| 3. Richie Ginther | (NZL) | BRM | 29 (34) Punkte |

# Ein unglaubliches Finale

Dominierten Jim Clark und Lotus die Saison 1963 fast bis zur Langeweile, so brachte das Jahr 1964 sehr viel Spannung. Clark und seine britischen Landsleute Graham Hill im BRM und John Surtees im Ferrari lieferten einander einen äußerst interessanten Dreikampf, der erst in einem aufregenden und viel diskutierten Finale in Mexiko entschieden wurde.

Graham Hill erwischte den besten Start und gewann das Auftaktrennen in Monaco. In Holland und Belgien war dann Clark an der Reihe, ehe in Frankreich Dan Gurney mit seinem Brabham-Climax frischen Wind in die Siegerliste brachte. Es war der erste Sieg für das Team des zweimaligen Weltmeisters Jack Brabham, auch wenn ihn der Chef nicht selbst herausgefahren hatte.

Der britische Grand Prix fand zwar zum ersten Mal in Brands Hatch statt, hatte aber trotzdem den üblichen Sieger. Denn wieder einmal gewann Jim Clark sein Heimrennen. Doch dann begann am Nürburgring, wo mit Honda erneut ein großer Hersteller sein Formel-1-Debüt feierte, mit dem Sieg von Surtees die große Zeit der Ferrari. Der nächste Grand Prix war eine echte Premiere: Zum ersten Mal gab es einen Grand Prix von Österreich auf dem Flugplatzkurs von Zeltweg und zum ersten Mal gewann der Ferrari-Nachwuchspilot Lorenzo Bandini einen Grand Prix – zahlreiche Ausfälle der Top-Favoriten hatten ihn nach vorne gebracht. Und zum ersten Mal stand in einem Brabham-Climax ein junger Mann am Start, für den dieses Rennen ein echtes Heimrennen war, hatte er seine Jugend doch im benachbarten Graz verbracht – ein Fahrer, der noch Motorsportgeschichte schreiben würde: Jochen Rindt.

Mit einem weiteren Sieg im Ferrari-Heimrennen in Monza und Platz zwei hinter Hill in Watkins Glen hatte Surtees gute Titelchancen, als es zum Weltmeisterschaftsfinale nach Mexiko ging. Die Ausgangssituation versprach einige Spannung: Hill führte mit 39 Punkten, Surtees brachte es auf 34, aber auch Jim Clark hatte mit 30 Punkten bei einem Sieg noch theoretische Titelchancen. Als Erster musste Hill die Segel streichen. Nach einer »Feindberührung« mit dem Ferrari Loren-zo Bandinis touchierte er die Leitplanken. Der notwendige Boxenstopp zerstörte alle Hoffnungen auf ein gutes Resultat. Nach 60 von 65 Runden sah der führende Clark bereits wie der sichere Sieger und neue Weltmeister aus, doch es kam anders.

Drei Runden vor Schluss braute sich an Clarks Lotus Unheil zusammen, in der vorletzten musste er den späteren Sieger, Dan Gurney, passieren lassen. Schließlich blieb der Lotus ganz stehen, und der Schotte wurde nur als Fünfter gewertet. Lorenzo Bandini, der zuvor bereits Hill aus dem Rennen befördert hatte, winkte nun, an zweiter Stelle liegend, seinen Teamkollegen John Surtees vorbei, der damit Hill den Titel wegschnappte – sehr zum Leidwesen zumindest der englischen Rennsportwelt, die ob dieser »Ferrari-Machenschaften« schäumte.

Etwas überraschend wurde John Surtees (oben) Weltmeister. Mit Ronnie Bucknum gab Honda sein Formel-1-Debüt (unten).

| 1. | John Surtees | (GBR) | Ferrari | 40 Punkte |
| 2. | Graham Hill | (GBR) | BRM | 39 (41) Punkte |
| 3. | Jim Clark | (GBR) | Lotus-Climax | 32 Punkte |

Start zum Großen Preis von Mexiko (ganz unten). In diesem Rennen siegten Richie Ginther, Honda und Goodyear. Sonst aber war Jim Clark (oben, unten) der Champion.

## Wieder ein Jahr für Clark

Nach dem für ihn so unglücklichen Weltmeisterschaftsfinale 1964 revanchierte sich Jim Clark 1965 auf seine Weise. Er drückte der Saison seinen Stempel auf, wie er das bereits 1963 getan hatte. In technischer Hinsicht war 1965 das letzte Jahr der 1,5-Liter-Formel, und von Anfang an war klar, dass es ab 1966 ein neues Reglement geben würde. So ist es nicht verwunderlich, dass sich die technischen Neuerungen 1965 in sehr engen Grenzen hielten. Es lohnte sich einfach nicht, in eine auslaufende Formel zu investieren. Lediglich Climax brachte noch einmal eine neue Motorenversion des bewährten Achtzylinder mit vier Ventilen pro Zylinder, der ein besseres Leistungsspektrum und ein paar PS mehr als der alte 16-Ventiler aufwies und nur Lotus und Brabham für je ein Auto zur Verfügung stand.

Beim Saisonstart in Südafrika war allerdings auch Jim Clark noch mit dem alten Triebwerk unterwegs, was ihn nicht daran hinderte, souverän zu gewinnen. Den nächsten Grand Prix in Monaco ließen Clark und Lotus aus – man startete lieber beim 500-Meilen-Rennen in Indianapolis, wo der Schotte als erster Europäer seit über 50 Jahren den Siegerpokal in Empfang nehmen durfte.

In Abwesenheit Clarks konnte Graham Hill in Monaco seinen dritten Sieg in Folge feiern, doch dann dominierte nur noch Clark. Hintereinander gewann er in Belgien, Frankreich, England, Holland und endlich auch einmal am Nürburgring. Mit seinem sechsten Saisonsieg hatte er dort – da ja nur die sechs besten Resultate für die Titelwertung zählten – seinen zweiten Weltmeistertitel bereits in der Tasche. Noch einer hatte in der Eifel Grund zur Freude: Jochen Rindt, in einem Cooper-Climax unterwegs, sicherte sich mit Platz vier seine ersten Weltmeisterschaftspunkte überhaupt.

Doch nach dem Gewinn des Weltmeistertitels schien es, als habe Clark von einem Tag zum anderen das Glück verlassen. In den letzten drei Rennen erzielte er tatsächlich keinen einzigen Punkt mehr. In Monza schied er mit einem Defekt an der Benzinpumpe aus. Den Sieg holte sich der junge Schotte Jackie Stewart, der in seinem ersten Formel-1-Jahr als Teamkollege von Graham Hill im BRM bereits eine sehr gute Figur machte. Er hatte einige zweite Plätze belegt und damit bewiesen, dass er alle Anlagen hatte, zu einem ganz Großen der Formel 1 zu werden.

In den USA ließ Clark dann sein Motor im Stich. Diesmal war es Graham Hill, der davon profitierte und den insgesamt dritten Erfolg der Saison für das Team von BRM holte.

In Mexiko verabschiedete sich die 1,5-Liter-Formel, die vier Jahre lang gegolten hatte, mit einem Überraschungssieger. Der Amerikaner Richie Ginther holte sich den einzigen Sieg seiner Grand-Prix-Karriere, und auch für Honda und den Reifenhersteller Goodyear war es jeweils der erste Erfolg.

**ENDSTAND**

| | | | |
|---|---|---|---|
| 1. Jim Clark | (GBR) | Lotus-Climax | 54 Punkte |
| 2. Graham Hill | (GBR) | BRM | 40 (47) Punkte |
| 3. Jackie Stewart | (GBR) | BRM | 33 (34) Punkte |

# Die neue Drei-Liter-Formel

Welches Team würde sich über den Winter am besten und am schnellsten auf das neue Formel-1-Reglement einstellen? Das war die Frage Nummer eins vor dem Saisonstart 1966. Drei-Liter-Motoren ohne oder 1,5-Liter-Motoren mit Kompressor, dazu ein auf 500 Kilogramm erhöhtes Mindestgewicht, das waren die neuen Vorgaben. Erstens erschien Technikern und Verantwortlichen eine hubraumstärkere Formel attraktiver, zweitens hatte sich die Auffassung durchgesetzt, dass mehr Leistung nicht unbedingt ein höheres Risiko bedeuten müsse, sondern dass sich ein höheres Leistungspotenzial im Gegenteil in kritischen Situationen sogar als hilfreich erweisen könne.

Für die englischen Teams war die Lage besonders kritisch, da sich Climax Ende 1965 ganz aus der Formel 1 zurückzog. Trotzdem war es der zweimalige Weltmeister Jack Brabham, dem es mit seinem eigenen Team am besten gelang, sich der neuen Herausforderung zu stellen. Er konnte auf einen neuen Achtzylindermotor des australischen Herstellers Repco zurückgreifen, während Lotus und BRM auf aufgebohrte Zwei-Liter-Versionen der alten 1,5-Liter Maschinen zurückgreifen mussten. Ferrari entschied sich für einen Drei-Liter-V12, Cooper ebenfalls für einen Zwölfzylinder von Maserati.

Beim Saisonstart in Monte Carlo, wo die Motorleistung noch keine so entscheidende Rolle spielte, konnte sich Jackie Stewart mit dem Zwei-Liter-BRM noch einmal den Sieg sichern. BRM experimentierte mit einem sehr gewagten Motorenkonzept, dem H16, zusammengesetzt aus zwei 1,5-Liter-Triebwerken. Doch wirklich erfolgreich und zuverlässig wurde dieser Motor nie, und Ende 1968 gab BRM die Idee schließlich auf. Wie schon so oft geriet auch in diesem Jahr der Grand Prix von Spa zum Chaosrennen. Schon in der ersten Runde überraschte ein Wolkenbruch das Feld. Nach zahlreichen Unfällen waren in der zweiten Runde nur noch sieben Autos im Rennen. Bei einer dieser Kollisionen brach sich Jackie Stewart das Schlüsselbein, ein Unfall, der ihn dazu bewog, für mehr Sicherheit im Rennsport einzutreten.

Auf dem Podium stand hinter John Surtees zum

ersten Mal Jochen Rindt, der sich immer eindrucksvoller in die Elite der Formel 1 hineinfuhr. Es war Surtees' letzter Sieg für Ferrari. Kurz darauf trennte sich der Engländer von den Italienern und wechselte noch vor dem Großen Preis von Frankreich zu Cooper-Maserati.

Dort begann die Siegesserie von Jack Brabham, der auch in England, Holland und am Nürburgring ganz oben stand. In Monza fiel er zwar durch einen Defekt aus, aber nachdem fast alle Top-Favoriten das gleiche Schicksal ereilte und am Ende Ferrari-Newcomer Ludovico Scarfiotti ein temperamentvoll gefeierter Heimsieg gelang, reichte es für den Australier doch schon zwei Rennen vor Saisonende zum dritten Weltmeistertitel seiner Karriere.

Die Jahre 1966 und 1967 dominierte das Brabham-Team mit Jack Brabham und dem Neuseeländer Denny Hulme am Steuer (links). Im ersten Jahr führte der Teamchef (unten) und wurde Weltmeister, im Folgejahr hatte Hulme die Nase vorn.

| | ENDSTAND | | |
|---|---|---|---|
| 1. Jack Brabham | (AUS) | Brabham-Repco | 42 (45) Punkte |
| 2. John Surtees | (GBR) | Ferrari/Cooper-Maserati | 28 Punkte |
| 3. Jochen Rindt | (AUT) | Cooper-Maserati | 22 (24) Punkte |

## Solide Zuverlässigkeit siegt über Genialität

Zuverlässigkeit und solide Bauweise gegen Genialität mit Kinderkrankheiten – das war das Motto der Saison 1967. Auf der einen Seite das Brabham-Team mit dem amtierenden Weltmeister Jack Brabham und dem Neuseeländer Dennis Hulme, auf der anderen Lotus mit Jim Clark, einem neuen Chassis, dem Lotus 49 und dem neuen Ford-Cosworth-Motor.

Bereits 1966, bei der Einführung der Drei-Liter-Formel, hatte Lotus-Chef Colin Chapman alle Hebel in Bewegung gesetzt und dabei sogar Regierungsstellen eingeschaltet, um den britischen Teams, allen voran natürlich sich selbst, einen konkurrenzfähigen Motor für die Zukunft zu sichern. So entstand schließlich bei einem privaten Abendessen mit dem Vizepräsidenten von Ford Europe, Walter Hayes, die Idee des Projektes Ford-Cosworth.

Dieser Motor, der für die folgenden 15 Jahre in der Formel 1 Maßstäbe gesetzt hat und das mit Abstand meistverwendete Triebwerk war, wurde von Ford finanziert und bei Cosworth in England von dem genialen Motoren-Ingenieur Keith Duckworth gebaut. 1967 wurde Lotus exklusiv mit diesem Motor ausgestattet, später konnten ihn dann auch alle anderen Teams zu relativ moderaten Preisen erwerben.

Doch Lotus und Clark mussten bis zum dritten Grand Prix des Jahres in Zandvoort warten, ehe das neue Triebwerk einsatzfähig war. In Südafrika hatte der Lotus daher noch den BRM-Motor im Heck. Clark schied aus, der Sieg ging etwas überraschend an den Mexikaner Pedro Rodriguez, den Bruder des 1962 tödlich verunglückten Ricardo Rodriguez. In Monaco fiel Hill durch einen Unfall aus, es gewann Dennis Hulme, doch das Rennen stand ganz im Schatten des tödlichen Unfalls des Ferrari-Starpiloten Lorenzo Bandini, der ausgangs der Schikane in die mit Strohballen gesicherte Leitplanke krachte. Das Auto fing Feuer, die unzureichend ausgerüsteten Strecken-

posten konnten dem Italiener nicht zu Hilfe kommen. Bandini starb vier Tage später an seinen schweren Verbrennungen – eine Tragödie, die den Ruf nach verbesserten Sicherheitsmaßnahmen in der Formel 1 wieder lauter werden ließ.

Am 4. Juni 1967 feierte der Lotus 49 mit dem neuen Cosworth-Achtzylinder in Zandvoort ein historisches Debüt – Clark gewann aus der Pole-Position. Doch obwohl dem Schotten im Verlauf der Saison noch drei weitere Siege gelangen, reichte es am Ende nicht zur Titelverteidigung. Zahlreiche Ausfälle hatten zu viele Punkte gekostet. So machten am Ende in Mexiko die beiden Brabham-Piloten Dennis Hulme und Jack Brabham, die beide zwar nur je zwei Rennen gewonnen, aber regelmäßig Punkte gesammelt hatten, die Weltmeisterschaft unter sich aus. Clark nützte sein Sieg nichts mehr, und am Ende hatte »Schüler« Denny Hulme gegen seinen Lehrmeister und Teamchef Jack Brabham das bessere Ende für sich. Der dritte Platz im Finale hinter Clark und Brabham reichte dem stillen Neuseeländer zum Titelgewinn.

**ENDSTAND**

| | | | |
|---|---|---|---|
| 1. Dennis Hulme | (NZE) | Brabham-Repco | 51 Punkte |
| 2. Jack Brabham | (AUS) | Brabham-Repco | 46 (48) Punkte |
| 3. Jim Clark | (GBR) | Lotus-BRM/Climax/Ford | 41 Punkte |

# Dramen, Tragödien und die ersten Flügel

Viele neue Impulse sorgten dafür, dass 1968 ein wichtiges Jahr in der Formel-1-Geschichte wurde, doch in der Erinnerung bleiben wird es immer auch als das Jahr der Tragödien: allen voran natürlich der Tod von Jim Clark im April in Hockenheim. Doch die Unglücksserie ging weiter. Mike Spence starb in Indianapolis, Jo Schlesser beim französischen Grand Prix in Rouen und der italienische Ferrari-Pilot Ludovico Scarfiotti bei einem Bergrennen am Rossfeld.

Angesichts dieser Dramen rückten viele andere Neuerungen und Entwicklungen, die für die Formel 1 große Bedeutung erlangen würden, erst einmal in den Hintergrund, so etwa der Einstieg des englischen Holzhändlers Ken Tyrrell als Teamchef. Tyrrell setzte auf eine Kombination aus Matra-Chassis und Ford-Motor und auf einen Fahrer, der für ihn schon in der Formel 3 und in der Formel 2 große Erfolge herausgefahren hatte.

Technisch begann die Zeit der aerodynamischen Hilfsmittel, der »Flügel«, die bis heute aus der Formel 1 nicht mehr wegzudenken sind. Zunächst gerieten sie recht klein und unauffällig, dann wuchsen die abenteuerlichsten Konstruktionen in den Himmel – oft weniger auf der Basis exakter Daten konzipiert, sondern nach dem Prinzip »trial and error«. Mehrere Unfälle waren die Folge. Dazu kam 1968 eine Regeländerung, die die Formel 1 mittel- und langfristig nicht nur optisch verändert hat: Sponsorenwerbung auf den Autos war nun offiziell erlaubt. Das erste Team, das sein Erscheinungsbild daraufhin radikal änderte, war Lotus. Statt im traditionellen

British Racing Green mit den gelben Streifen stand Lotus in Monaco in Rot, Weiß und Gold am Start – den Farben von Zigarettensponsor Gold Leaf.

Beim Saisonauftakt in Südafrika hatte Jim Clark noch den 25. und letzten Grand-Prix-Sieg seiner Karriere gefeiert und sich damit in der ewigen Bestenliste vor Juan-Manuel Fangio an die Spitze gesetzt. Doch am 8. April starb der Schotte bei einem für hin eigentlich relativ unbedeutenden Formel-2-Rennen in Hockenheim. Ob ein Aufhängungsdefekt oder ein Reifenschaden den Lotus von der Strecke und in den Wald schleudern ließ oder ob es andere Gründe für den Tod des besten Rennfahrers jener Zeit gab – es wurde nie geklärt. Clarks Tod hinterließ eine riesige Lücke, nicht nur im Lotus-Team, sondern in der gesamten Formel 1.

Immerhin gelang es Graham Hill, die geschockte Lotus-Truppe mit Siegen in Spanien und Monaco so weit zu motivieren, dass diese nicht aus dem Tritt kam. So konnte Hill am Ende des Jahres sogar den Weltmeistertitel erringen – vor Jackie Stewart, der vor allem mit seinem grandiosen Sieg am Nürburgring unter katastrophalen Wetterbedingungen Aufsehen erregt hatte. Noch zwei Neulinge standen in dieser Saison zum ersten Mal ganz oben auf dem Treppchen. In Frankreich setzte sich der erst 23-jährige Belgier Jacky Ickx auf seinem Ferrari durch, in England gewann der im Fahrerlager sehr beliebte Schweizer Jo Siffert mit seinem privaten Rob-Walker-Lotus seinen ersten Grand Prix.

Jim Clark auf dem Weg zu seinem letzten Grand-Prix-Sieg beim Großen Preis von Südafrika 1968.

Graham Hill führte nach Clarks Tod das Lotus-Team zur Weltmeisterschaft (links und oben).

| | ENDSTAND | | | |
|---|---|---|---|---|
| 1. | Graham Hill | (GBR) | Lotus-Ford | 48 Punkte |
| 2. | Jackie Stewart | (GBR) | Matra-Ford | 36 Punkte |
| 3. | Dennis Hulme | (NZE) | McLaren-Ford | 33 Punkte |

## Jackie Stewart, der neue Superstar

Schon 1968 hatte sich angedeutet, dass Jackie Stewart aus der neuen Fahrergeneration wohl derjenige war, der am ehesten das Erbe von Jim Clark als neuer Superstar der Formel 1 würde antreten können. 1969 wurde dann sein erstes ganz großes Jahr, ein Jahr, in dem der Ford-Cosworth-Motor das eindeutig dominierende Triebwerk war, während die Zwölfzylinder von Ferrari und BRM kaum eine Rolle spielten.

Die beiden Lotus-Fahrer Graham Hill (links) und Jochen Rindt (rechts) verunglückten beide wegen misslungener Flügelkonstruktionen.

Stewart gewann auf seinem Matra-Ford gleich den Saisonauftakt in Südafrika und auch den Großen Preis von Spanien in Barcelona, der allerdings vor allem als das Rennen der »Flügel-Unfälle« in die Geschichte einging. Vor allem bei Lotus hatte man die Flügel-Manie inzwischen bis zum Exzess getrieben und bekam die Quittung in Form schwerer Unfälle von Hill und Rindt, beide Male verursacht durch einen weggebrochenen Heckflügel. Vor allem der Österreicher hatte Glück, dass er bei einem dramatisch aussehenden Crash mit relativ leichten Verletzungen davonkam. Berühmt geworden ist seine Antwort – noch im Krankenhaus in Barcelona – auf die Frage, ob er denn nun sein Vertrauen zu Lotus und Chapman verloren habe: »Ich habe zu Lotus nie Vertrauen gehabt.« Das war nicht ganz verwunderlich – kannte er doch Chapmans Methode »Erst bauen, dann schauen« nur zu gut. Nach den Unfällen von Spanien räumte der Lotus-Chef zerknirscht ein: »Ich habe das jetzt nachgerechnet, es konnte nicht halten.«
Rindt musste aufgrund seiner Gehirnerschütterung den Großen Preis von Monaco auslassen, bei dem Graham Hill seinen historischen fünften Sieg feierte und bei dem zum ersten Mal ein Mann einen großen Erfolg als Teamchef feierte, dessen Name die Formel 1 bis heute prägt: Frank Williams. In einem von ihm eingesetzten Brabham belegte der Brite Piers Courage einen überraschenden zweiten Platz.
Als Folge der Unfälle von Barcelona wurde in Monte Carlo auch die FIA aktiv. Mit sofortiger Wirkung wurde die Verwendung von Flügeln verboten – zumindest bis zum Grand Prix von Holland. Danach sollte das Thema neu verhandelt werden.
Die Lösung, die man nach dem Rennen in Zandvoort, das einen weiteren Sieg Jackie Stewarts brachte, fand, verbot bewegliche sowie direkt an den Aufhängungen montierte Flügel und begrenzte Höhe und Breite der starren, am Chassis montierten Abtriebshilfen.
Auch unter den neuen Regeln setzte Stewart seine Siegesserie fort. Er gewann sowohl in Frankreich als auch in England und musste sich am Nürburgring nur Jacky Ickx geschlagen geben, der dem Brabham-Team den ersten Sieg seit 1967 bescherte. Mit einem weiteren Erfolg in Monza war der Schotte bereits vorzeitig Weltmeister. In den letzten drei Rennen der Saison konnte er dann nicht mehr glänzen, dafür kam Jochen Rindt in Watkins Glen zum ersten Sieg seiner Karriere, in einem Rennen freilich, das von einem schweren Unfall seines Teamkollegen Graham Hill überschattet war, der sich an beiden Beinen schwere Brüche zuzog – Hill konnte danach keinen einzigen Grand Prix mehr gewinnen.

| ENDSTAND | | | |
|---|---|---|---|
| 1. Jackie Stewart | (GBR) | Matra-Ford | 63 Punkte |
| 2. Jacky Ickx | (BEL) | Brabham-Ford | 37 Punkte |
| 3. Bruce McLaren | (NZE) | McLaren-Ford | 26 Punkte |

# Weltmeister posthum: Jochen Rindt

Viele neue Namen tauchten 1970 auf, allen voran March als Team mit den Fahrern Jo Siffert und Chris Amon, aber auch als Chassis-Lieferant für Tyrrell und Jackie Stewart sowie für einige Privatiers wie Mario Andretti und den jungen Schweden Ronnie Peterson. Dieser gehörte ebenso zu den aufstrebenden Formel-1-Debütanten wie Emerson Fittipaldi, Clay Regazzoni oder François Cevert. Aber es war vor allem auch ein tragisches Jahr. Neben Jochen Rindt, der sogar posthum Weltmeister wurde, starben auch Bruce McLaren und Piers Courage.

Jack Brabham gewann nach fast drei Jahren beim Saisonauftakt in Südafrika endlich wieder einmal einen Grand Prix, der amtierende Weltmeister Jackie Stewart war dann in Spanien dran, in Monaco holte sich Jochen Rindt in der letzten Kurve nach einem Fehler von Jack Brabham den Sieg. Dann aber begann die schwarze Serie 1970 mit dem Tod von Bruce McLaren in Goodwood bei Testfahrten mit einem CanAm-Auto.

In Zandvoort feierte der von Colin Chapman und Maurice Philippe konstruierte Lotus 72 sein Debüt, jenes Wunderauto mit keilförmigem Monocoque, seitlich neben dem Cockpit angebrachten Kühlern, Drehstabfederung, extrem guter Aerodynamik und sehr viel Grip, das jahrelang Maßstäbe gesetzt hat. Doch Jochen Rindts Premierensieg – der Auftakt einer großen Serie für den Lotus-Piloten – wurde vom Tod seines Freundes Piers Courage überschattet, der in seinem Auto verbrannte. Rindt weinte bei der Sie-

gerehrung, dachte ans Aufhören, beschloss dann aber doch weiterzumachen – zumindest bis zum Saisonende.

Rindt gewann auch in Frankreich, in England und nach einer spannenden Windschattenschlacht mit Jacky Ickx in Deutschland auf dem Hockenheimring. Aus Sicherheitsgründen hatten sich die Fahrer in diesem Jahr geweigert, auf dem Nürburgring zu starten, sodass das Rennen ins Badische verlegt wurde. Ausgerechnet bei seinem Heimrennen in Österreich riss Rindts Siegesserie aber durch einen Ausfall ab – und im nächsten Rennen schlug das Schicksal zu. Im Training zum Großen Preis von Italien in Monza verunglückte Rindt tödlich. An seinem Lotus war beim Anbremsen der Parabolica eine Bremswelle gebrochen. Um Gewicht zu sparen, hatte Chapman dieses Teil hohl konstruiert – wohl war seinen Fahrern dabei nie gewesen … Jacky Ickx im Ferrari hatte noch die Chance, den führenden Jochen Rindt in der Punktewertung zu überflügeln. Der Belgier gewann in Kanada, wo Lotus nicht am Start war, doch in Watkins Glen sicherte der junge Brasilianer Emerson Fittipaldi, durch Rindts Tod plötzlich zur Nummer eins bei Lotus geworden, seinem verunglückten Teamkollegen durch einen Sieg posthum den Weltmeistertitel. Ickx war darüber nicht böse: »Ich hätte den Titel unter diesen Umständen nicht gewollt.«

Jackie Stewart konnte im March-Ford nicht an die Siegesserie des Vorjahres anknüpfen (oben).
Der Weltmeistertitel ging an Jochen Rindt (links unten im Gespräch mit Bernie Ecclestone), der seinen Triumph freilich nicht mehr erleben durfte.

| | ENDSTAND | | |
|---|---|---|---|
| 1. Jochen Rindt | (AUT) | Lotus-Ford | 45 Punkte |
| 2. Jacky Ickx | (BEL) | Ferrari | 40 Punkte |
| 3. Clay Regazzoni | (SUI) | Ferrari | 33 Punkte |

Jackie Stewart und der Tyrrell 003 – das war auch 1971 wieder die Erfolgskonstellation.

# Ein großes Jahr für Jackie Stewart

Ein großer Name fehlte im Starterfeld 1971. Jack Brabham hatte sich nach 126 Grand Prix aus dem aktiven Rennsport zurückgezogen und trat nur noch als Teamchef in Erscheinung – mit sehr mäßigem Erfolg allerdings. Ganze sieben Punkte holten seine Fahrer Tim Schenken und Graham Hill 1971.

Auch das Lotus-Team erlebte nach dem Tod Jochen Rindts 1970 ein für seine Verhältnisse sehr schlechtes Jahr. Zum ersten Mal seit 1960 gab es keinen Sieg. Dafür wurde das March-Werksteam mit dem jungen Schweden Ronnie Peterson zu einer festen Größe, doch die Maßstäbe setzte Tyrrell mit Jackie Stewart und François Cevert.

Viele hatten ja nach den starken Vorstellungen zum Saisonende 1970 Ferrari an der Spitze erwartet, und der Saisonauftakt hat diese Erwartungen zunächst bestätigt. Denn Mario Andretti,

der von March zu Ferrari gekommen war, gewann in Südafrika den ersten Grand Prix seiner Karriere. Doch danach wurde es schwierig für die »Roten«. Die für Ferrari von Chefkonstrukteur Mauro Forghieri entwickelten Autos hatten immer wieder mit Vibrationen zu kämpfen. So gab es nur noch einen einzigen Sieg in Holland durch Jacky Ickx. Dazu traf die Italiener auch noch der tödliche Unfall von Pedro Rodriguez in einem privaten Ferrari-Sportwagen in Nürnberg auf dem Norisring.

Nach Siegen in Spanien und Monaco legte Jackie Stewart im Tyrrell im Sommer mit Erfolgen in Frankreich, England und Deutschland, wo der Grand Prix nach einem einjährigen Gastspiel in Hockenheim wieder auf die traditionelle Nürburgring-Nordschleife zurückgekehrt war, bereits den Grundstein zu seinem zweiten Weltmeistertitel.

In Österreich gab es ein überraschendes Podium. Jo Siffert gewann vor Emerson Fittipaldi und Tim Schenken. Stewart war durch einen Unfall ausgeschieden, nachdem er ein Rad an seinem Tyrrell verloren hatte. Bei diesem Rennen debütierte ein junger Österreicher, der sich ins March-Team eingekauft hatte. Kaum jemand schenkte ihm Beachtung, hielt man ihn doch für den typischen Spross aus reichem Hause, der seine Qualifikation eher dem Scheckheft des Vaters als eigener Begabung verdankte. Doch in Niki Lauda hatte sich die Szene gründlich getäuscht. Monza, wo Lotus nicht antrat, weil Teamchef Colin Chapman juristische Konsequenzen aus dem Vorjahresunfall von Jochen Rindt befürchtete, sah eine der für diese Strecke typischen Windschattenschlachten mit dem knappsten Ergebnis der Formel-1-Geschichte. Die ersten Fünf von Sieger Peter Gethin bis zu Howden Ganley lagen innerhalb von 0,61 Sekunden. Doch dann war wieder Tyrrell an der Reihe: In Mosport siegte Stewart, in Watkins Glen gewann sein junger französischer Teamkollege François Cevert seinen ersten Grand Prix.

Doch die Saison endete tragisch: Den Großen Preis von Mexiko hatte die FIA aus Sicherheitsgründen abgesagt – und dann starb in Brands Hatch bei einem Ersatzrennen, das gar nicht zur Weltmeisterschaft zählte, Jo Siffert in seinem BRM …

| ENDSTAND | | | |
|---|---|---|---|
| 1. Jackie Stewart | (GBR) | Tyrrell-Ford | 62 Punkte |
| 2. Ronnie Peterson | (SWE) | March-Ford | 33 Punkte |
| 3. François Cevert | (FRA) | Tyrrell-Ford | 26 Punkte |

# Lotus ist wieder da – mit Fittipaldi

Den Lotus 72 kannte man ja schon seit 1970 – aber im Jahr 1972 wurde er in überarbeiteter Form zum Auto des Jahres. In erster Linie natürlich durch die Erfolge. Denn der junge Brasilianer Emerson Fittipaldi wurde mit dem Lotus Weltmeister, aber auch durch die unvergleichliche Optik. Ganz in Schwarz-Gold, den Farben des neuen Sponsors John Player's Special, avancierte er zum »Formel-1-Klassiker«.

Auch ansonsten gab es einige Neuerungen im Starterfeld. Das Brabham-Team wurde von einem englischen Geschäftsmann aufgekauft, der Ende der 50er-Jahre schon einmal mit Stewart Lewis-Evans in der Formel 1 aufgetaucht war und zum engeren Freundeskreis um Jochen Rindt gehört hatte: Bernie Ecclestone. Für den freilich war die Rolle als Teamchef nur der Einstieg für seinen Aufstieg zum Chef der Formel 1. March konnte den Höhenflug von 1971 nicht fortsetzen – kein Problem für Ronnie Peterson, der sich schon so etabliert hatte, dass er zum Ende der Saison den Absprung zu Lotus schaffte – aber umso schwieriger für den jungen Niki Lauda, der erneut einiges Geld zu March getragen hatte, sich mit dem schlechten Auto aber kaum profilieren konnte.

Zu Saisonbeginn dominierten noch Stewart im Tyrrell und Denny Hulme im McLaren, der dem Team in Südafrika sogar den ersten Sieg seit 1969 bescherte. Doch in Spanien kam dann Emerson Fittipaldi zu seinem ersten Saisonsieg, dem weitere in Belgien, England und Österreich folgten. Eine große Überraschung gab es in Monaco – Jean-Pierre Beltoise holte im strömenden Regen

den letzten Sieg für BRM – eine Marke, die in der Vergangenheit Rennsportgeschichte geschrieben hatte, die Anfang der 70er aber einen unaufhaltsamen Niedergang erlebte.

In Monza sicherte sich der erst 25-jährige Emerson Fittipaldi dann mit einem weiteren Sieg den ersten Weltmeistertitel seiner Karriere – bis heute der jüngste Champion aller Zeiten. Bei diesem Rennen wurde auf einer durch zwei zusätzliche Schikanen entschärften Strecke gefahren – die gefährlichen Windschattenschlachten sollten verhindert werden, und größere Streckenumbauten waren im königlichen Park von Monza nicht möglich, da dort keine Bäume gefällt werden durften.

Von tödlichen Unfällen blieb die Formel 1 selbst 1972 zwar verschont, aber mit Joakim Bonnier verlor sie einen der dienstältesten Piloten. Der Schwede verunglückte beim 24-Stunden-Rennen von Le Mans tödlich. Ebenfalls in Frankreich beendete ein aufgewirbelter Stein die Grand-Prix-Karriere des Österreichers Dr. Helmut Marko, der damals als mindestens genauso talentiert eingeschätzt wurde wie Niki Lauda: Er durchschlug das Visier und verletzte den Grazer so schwer am linken Auge, dass er den Rennsport aufgeben musste.

Nach Optik und Leistung die Attraktion von 1972: Fittipaldis Lotus 72 im schwarz-goldenen Dekor der Zigarettenmarke John Player's Special

Im weit unterlegenen March konnte Niki Lauda noch nicht zeigen, was in ihm steckte (links).

**ENDSTAND**

| | | | | |
|---|---|---|---|---|
| 1. | Emerson Fittipaldi | (BRA) | Lotus-Ford | 61 Punkte |
| 2. | Jackie Stewart | (GBR) | Tyrrell-Ford | 45 Punkte |
| 3. | Dennis Hulme | (NZE) | McLaren-Ford | 26 Punkte |

# Tyrrell gegen Lotus und Stewarts dritter Titel

Lotus und Tyrrell dominierten die Saison 1973. Am ehesten konnte noch McLaren mithalten, ohne aber um den Titel zu fahren. Zunächst schien es, als könne Emerson Fittipaldi an seine Erfolge aus dem Vorjahr anknüpfen: Er gewann den Saisonauftakt in Argentinien und 14 Tage später auch sein Heimrennen, den erstmals ausgetragenen Großen Preis von Brasilien in Interlagos am südlichen Stadtrand von São Paulo. In Südafrika feierte dann Jackie Stewart seinen ersten Saisonsieg, doch die Schlagzeilen gehörten dem ehemaligen Motorrad-Champion Mike Hailwood, der den Schweizer Clay Regazzoni nach einem Unfall aus seinem brennenden BRM rettete.

Fittipaldi und Stewart – schnell wurde klar, dass diese beiden den Titel 1973 unter sich ausmachen würden. Der Brasilianer war in Spanien an der Reihe, in Belgien und Monaco dann wieder der Schotte. Dort im Fürstentum gelang es Niki Lauda, an der richtigen Stelle Aufsehen zu erregen. Da er sich mit dem unterlegenen BRM lange Zeit auf dem dritten Platz halten konnte, fiel er Enzo Ferrari auf, der zu Hause in Maranello am Fernsehen zusah. Erbost über die Erfolglosigkeit seiner Truppe befahl er: »Holt mir den Lauda!« Und Luca di Montezemolo, der junge Conte, der im FIAT-Konzern zum Kronprinzen aufgebaut werden und sich ab 1974 als Ferrari-Rennleiter erste Sporen verdienen sollte, folgte dem Ruf des Patriarchen nur zu gern.

Auch einige Unfälle gehörten leider zum Bild des Jahres 1973. In Silverstone war es der junge Südafrikaner Jody Scheckter, der am Start eine Massenkollision auslöste, in die 13 Autos verwickelt wurden. Dass am Ende nur Andrea de Adamich einen Beinbruch erlitt, während alle anderen unverletzt davonkamen, grenzte an ein Wunder.

14 Tage später in Zandvoort haderten viele mit dem Schicksal, das es so gewollt hatte, dass sich der Brite Roger Williamson in Silverstone nicht wenigstens die Hand gebrochen hatte. Denn vor den Augen von Millionen Fernsehzuschauern verbrannte er in seinem March, weil die Streckenposten schlecht ausgerüstet waren. Auch der heroische Einsatz seines Freundes David Purley, der anhielt, um Williamson zu retten, blieb vergeblich. Stewart und Cevert errangen einen freudlosen Doppelsieg – die Formel 1 aber geriet wieder einmal heftig in die Kritik.

Auch am Nürburgring wiederholten die beiden Tyrrell-Piloten ihren Doppelerfolg, und bereits in Monza hatte Stewart den dritten Weltmeistertitel seiner Karriere gesichert. Nach einem frühen Boxenstopp kämpfte er sich zurück auf Platz vier und war damit nach Punkten unerreichbar. Schon seit einiger Zeit stand fest, dass Jackie Stewart seine aktive Karriere mit dieser Saison beenden würde, und bereits im April hatte er diese Entscheidung mit Ken Tyrrell und Ford-Boss Walter Hayes abgesprochen. Das Finale in Watkins Glen sollte eigentlich sein 100. Grand Prix, Abschied und Krönung gleichzeitig werden. Doch es kam anders. Im Training verunglückte Stewarts Teamkollege, der Franzose François Cevert, tödlich. Stewart und das Tyrrell-Team verzichteten daraufhin auf den Start.

Ein strahlender Jackie Stewart feiert seinen dritten Weltmeistertitel (oben) – und seinen Rücktritt vom aktiven Rennsport. Der 1973er-Tyrrell mit seiner charakteristischen Schnauze (unten)

| | | | |
|---|---|---|---|
| 1. Jackie Stewart | (GBR) | Tyrrell-Ford | 71 Punkte |
| 2. Emerson Fittipaldi | (BRA) | Lotus-Ford | 55 Punkte |
| 3. Ronnie Peterson | (NZE) | Lotus-Ford | 52 Punkte |

# Eine sehr ausgeglichene Saison – Fittipaldi vorn

Nach dem Rücktritt von Jackie Stewart wurden in der Formel 1 die Karten neu gemischt. Andere Namen drängten in den Vordergrund, und lediglich Emerson Fittipaldi bildete eine Verbindung zwischen der alten und der neuen Zeit. Aber gerade der Brasilianer sorgte mit seinem Wechsel von Lotus zu McLaren – nach drei Jahren im Team von Colin Chapman – für Gesprächsstoff. Neue Sponsoren wie Marlboro und Texaco stärkten die finanzielle Basis des Teams, das damit sofort zum heißen Titelkandidaten avancierte. Zum Spitzenfeld gehörte auch wieder Ferrari. Dort hatte der neue Rennleiter Luca di Montezemolo rund um den auf Anweisung von Enzo Ferrari von BRM geholten Niki Lauda und den Heimkehrer Clay Regazzoni eine neu organisierte Truppe aufgebaut, die nach einer jahrelangen Durststrecke plötzlich wieder an die großen alten Zeiten anknüpfen konnte. Monatelange Testfahrten schon seit Oktober, systematische Arbeit und mit Lauda ein Fahrer, der mit seinem technischen Verständnis neue Impulse geben konnte, machten sich bezahlt.

Vor dem Neuaufbau nach dem Rücktritt von Stewart und dem Tod von Cevert stand auch Tyrrell. Man tat es mit Jody Scheckter, der 1973 schon ein bisschen Erfahrung bei McLaren gesammelt hattte, und dem jungen Franzosen Patrick Depailler. Bernie Ecclestones Brabham-Team trat mit den beiden Südamerikanern Carlos Reutemann und Carlos Pace an, bei Lotus hatte Jacky Ickx den Platz von Fittipaldi neben Ronnie Peterson übernommen.

Von Anfang an zeichnete sich eine sehr ausgeglichene Saison ab. Die ersten vier Rennen sahen vier verschiedene Sieger: Hulme in Argentinien, Fittipaldi in Brasilien, Reutemann in Südafrika – bei einem Rennen, das vom Tod Peter Revsons bei vorangegangenen Testfahrten überschattet war – und Lauda in Spanien. Dabei feierte der Österreicher den ersten Erfolg seiner Grand-Prix-Karriere. In Monte Carlo holte sich Ronnie Peterson nach vielen Enttäuschungen – der neue Lotus 76 erwies sich als Fehlschlag, sodass man wieder auf das Vorgängermodell umsteigen musste – endlich den ersten Sieg. »Aber auch

nur, weil der alte Lotus 72 den Weg hier schon allein kennt«, meinte der Schwede sarkastisch. Auch die beiden Tyrrell-Piloten Depailler und Scheckter konnten sich im Laufe des Jahres in die Siegerliste eintragen.

Aus deutscher Sicht tauchte ein Name mit gutem Klang in der Formel 1 auf: Hans-Joachim Stuck, der Sohn des Vorkriegs-Asses Hans Stuck, der in seiner ersten Saison bei March immerhin fünf Punkte sammelte.

Ferrari kristallisierte sich über den Sommer als das beste Team heraus, Niki Lauda mit insgesamt neun Pole-Positions als der schnellste Fahrer, den aber immer im Rennen wieder technische Defekte um alle Chancen brachten. So war er beim Finale in Watkins Glen nicht mehr unter den Titelkandidaten. Punktgleich waren Fittipaldi und Regazzoni in die USA gekommen, und auch Jody Scheckter hatte mit sieben Punkten Rückstand noch Titelchancen. Aber was ein glänzendes Formel-1-Fest werden sollte, endete in einer Tragödie. Der Österreicher Helmut Koinigg starb, als sein Surtees unter einer schlampig montierten Leitplanke durchrutschte, Regazzoni und Scheckter fielen aus, Fittipaldi wurde mit einem glanzlosen vierten Platz Weltmeister.

**Emerson Fittipaldi im McLaren auf dem Weg zu seiner zweiten Weltmeisterschaft. Für den englischen Rennstall war es der erste Titelgewinn.**

**Beim Großen Preis von Spanien feierte Niki Lauda den ersten Sieg seiner Formel-1-Karriere.**

**ENDSTAND**

| | | | | |
|---|---|---|---|---|
| 1. | Emerson Fittipaldi | (BRA) | McLaren-Ford | 55 Punkte |
| 2. | Clay Regazzoni | (SUI) | Ferrari | 52 Punkte |
| 3. | Jody Scheckter | (SA) | Tyrrell-Ford | 45 Punkte |

## Niki Lauda holt Ferraris ersten Titel nach elf Jahren

Es gab keine großen Veränderungen im Winter 1974/75. Lediglich bei McLaren löste der Deutsche Jochen Mass den zurückgetretenen Dennis Hulme als Teamkollegen von Emerson Fittipaldi ab. Ferrari musste gleich bei den ersten Rennen feststellen, dass der alte B312 nicht mehr konkurrenzfähig war. Deshalb kam in Südafrika der neue 312T zum Einsatz, der seit Oktober 1974 in Planung war. Das »T« stand für die größte Neuerung: das transversale, quer eingebaute Getriebe. Beim folgenden Großen Preis von Spanien auf dem Stadtkurs von Montjuich kam es zum Eklat. Nachdem die Fahrer festgestellt hatten, dass ihre Forderungen nach besseren Sicherheitsvorkehrungen unbeachtet geblieben waren, kündigten sie auf Beschluss der Fahrergewerkschaft GPDA einen geschlossenen Boykott an. Doch unter dem Druck der Teamchefs und des Veranstalters ließen sich am Ende doch fast alle zum Start bewegen. Nur Emerson Fittipaldi blieb hart und drehte nur einige wenige langsame Trainingsrunden, um seinem Team wenigstens das Startgeld zu sichern.

*Es war das Jahr der Ferraris. Niki Lauda gewann für den italienischen Rennstall die Weltmeisterschaft (rechts). Beim Großen Preis von Spanien führten die beiden Ferrari mit Lauda und Clay Regazzoni das Feld an (unten).*

Es war eine bittere Ironie des Schicksals, dass sich im Rennen die Befürchtungen der Piloten in tragischer Weise bestätigten. Als am Auto von Rolf Stommelen der Heckflügel wegbrach, flog der Hill-Lola über die Leitplanke und tötete vier Menschen. Das Rennen wurde abgebrochen, die Fahrer erhielten nur die halbe Punktzahl – Sieger Jochen Mass genauso wie die sechstplazierte Italienerin Lella Lombardi, was insofern bemerkenswert war, als mit ihr erstmals eine Frau in einem Formel-1-Weltmeisterschaftslauf in die Punkte fuhr.

Den Rest der Saison dominierte Niki Lauda mit dem Ferrari. Er gewann in Monte Carlo, Belgien, Schweden und Frankreich. Nur in Zandvoort unterbrach James Hunt, der mit seinem Popstar-Image inzwischen einige Popularität erlangt hatte, die Siegesserie. Es war ohnehin kein glückliches Rennen für Ferrari. Rennleiter Luca di Montezemolo wurde bei einem unvorsichtigen Schritt in der Boxengasse von Ronnie Peterson angefahren und erlitt einen Beinbruch. Am Nürburgring verhinderte nur ein Reifenschaden einen weiteren Sieg Laudas, der nach einer fantastischen Trainingsbestzeit von 6:58,6 – der einzigen je gefahrenen Nordschleifen-Runde unter sieben Minuten – als absoluter Favorit galt. Im Regenrennen von Österreich überschattete der Unfall von Mark Donohue im Aufwärmtraining den überraschenden Sieg von March-Fahrer Vittorio Brambilla im Regen. Donohue starb drei Tage später an seinen Kopfverletzungen. Lauda war bei seinem Heimrennen nur Sechster geworden, aber in Monza sicherte er sich mit einem dritten Platz endgültig den Titel. Gleichzeitig konnten die Tifosi einen Sieg von Clay Regazzoni feiern. Für Ferrari war es der erste Weltmeistertitel nach elf Jahren. Außerdem stand zum ersten Mal in der Geschichte der seit 1966 geltenden Drei-Liter-Formel ein Auto mit Zwölfzylindermotor an der Spitze. Im November verlor die Formel 1 einen ihrer Größten: Graham Hill stürzte in England mit einem Privatflugzeug ab. Mit ihm starben vier Mitarbeiter seines Teams und der englische Nachwuchspilot Tony Brise.

### ENDSTAND

| | | | | |
|---|---|---|---|---|
| 1. | Niki Lauda | (AUT) | Ferrari | 64,5 Punkte |
| 2. | Emerson Fittipaldi | (BRA) | McLaren-Ford | 45 Punkte |
| 3. | Carlos Reutemann | (ARG) | Brabham-Ford | 37 Punkte |

# Vom Nürburgring nach Fuji – das Drama um Niki Lauda

Die Sensation des Winters 1975/76 war der Wechsel Emerson Fittipaldis von McLaren zum brasilianischen Copersucar-Team seines Bruders Wilson aus. Die Briten stand kurzfristig ohne Spitzenfahrer da, doch da sich gleichzeitig Lord Hesketh aus der Formel 1 zurückzog, war James Hunt frei für McLaren.

Bei Ferrari hatte Daniele Audetto Montezemolo als Rennleiter abgelöst, der bei FIAT auf der Karriereleiter weiter aufsteigen sollte. Ansonsten schien sich nichts geändert zu haben. Niki Lauda und Ferrari dominierten die ersten Saisonrennen klar. Nur beim neu hinzugekommenen Straßenrennen in Long Beach konnte Clay Regazzoni die Siegesserie seines Teamkollegen unterbrechen.

Die ersten düsteren Wolken zogen auf, als sich Lauda vor dem Großen Preis von Spanien bei einem Traktorunfall auf heimischem Grund einen Rippenbruch zuzog. Trotz starker Schmerzen startete er in Jarama und wurde auf der Strecke Zweiter hinter James Hunt. Indessen galt von diesem Rennen an ein neues Reglement, und der McLaren erwies sich als um 1,8 Zentimeter zu breit. So wurde Lauda zum Sieger erklärt. Über diesen Querelen rückte die Premiere des sensationellen neuen Sechsrad-Tyrrell ein wenig in den Hintergrund, doch in Schweden machte die ungewöhnliche Konstruktion mit einem Doppelsieg durch Jody Scheckter und Patrick Depailler Furore.

James Hunt gewann in Frankreich, aber bald schienen die Querelen wichtiger als der Sport zu werden. Die FIA hob nach Protest von McLaren die in Spanien gegen Hunt verhängte Disqualifikation wieder auf, und in England brach wenig später zwischen McLaren und Ferrari offener Streit aus. Nach einer Berührung der beiden Ferrari in der ersten Kurve kam es zu einem allgemeinen Chaos, das Rennen wurde abgebrochen und neu gestartet – und Hunt durfte wieder mitfahren, obwohl er nach Ansicht der Italiener zum Zeitpunkt des Abbruchs nicht mehr im Rennen war. Außerdem sei der McLaren in der Pause unzulässigerweise repariert worden. Hunt gewann, und diesmal protestierte Ferrari.

Laudas fürchterlicher Feuerunfall am Nürburgring, jener Strecke, deren mangelhafte Sicherheitseinrichtungen er immer wieder scharf kritisiert hatte, ließ die Querelen mit einem Mal ganz unwichtig erscheinen. Mit schweren Verbrennungen und Lungenverätzungen schwebte der Österreicher tagelang in Lebensgefahr, während über die Unfallursache – wahrscheinlich ein Aufhängungsdefekt – spekuliert wurde.

Doch schon in Monza feierte Lauda, vom Unfall noch schwer gezeichnet, mit Platz vier ein fantastisches Comeback – er wollte seinen Titel auf keinen Fall kampflos James Hunt überlassen, der immer näher herangekommen war. Die Entscheidung der FIA, diesmal dem Einspruch von Ferrari stattzugeben und Hunt für den Großen Preis von England zu disqualifizieren, vergrößerte seinen Vorsprung wieder, doch mit zwei Siegen in Kanada und den USA kam der Engländer vor dem Finale im japanischen Fuji wieder auf drei Punkte heran. Im entscheidenden Finale gab Lauda im Nebel und bei strömendem Regen nach zwei Runden auf: »Mein Leben ist mir wichtiger als eine Weltmeisterschaft.« Hunt führte überlegen, doch kurz vor Schluss zwangen ihn Reifenprobleme an die Box. Schließlich reichte es noch für den dritten Platz, der die Weltmeisterschaft bedeutete.

Im Regenchaos von Fuji gewann James Hunt mit dem McLaren die Weltmeisterschaft (oben). John Watson im Penske (unten)

Ein erfolgreiches Kuriosum – der Sechsrad-Tyrrell landete in Schweden einen Doppelsieg.

| | | | | |
|---|---|---|---|---|
| 1. | James Hunt | (GBR) | McLaren-Ford | 69 Punkte |
| 2. | Niki Lauda | (AUT) | Ferrari | 68 Punkte |
| 3. | Jody Scheckter | (SA) | Tyrrell-Ford | 49 Punkte |

## Lauda schlägt zurück

Gleich zwei neue Teams traten zur Formel-1-Saison 1977 an. Das größte Aufsehen erregte der Einstieg des austro-kanadischen Ölmillionärs Walter Wolf, der mit Ex-Hesketh-Konstrukteur Dr. Harvey Postlethwaite, Ex-Lotus-Teammanager Peter Warr und Fahrer Jody Scheckter eine schlagkräftige Truppe zusammengestellt hatte. Der zweite Neuzugang kam aus Deutschland: Felgenkönig Günter Schmid hatte die Reste von March übernommen und in ATS umfirmiert. Doch der neue Lotus stahl allen anderen die Schau. Nach einigen erfolglosen Jahren hatte Colin Chapman mit dem Lotus 78 ein völlig neues, revolutionäres Konzept entwickelt. Seine »wing cars« waren aerodynamisch so konstruiert, dass sie – ähnlich einer Flugzeugtragfläche, aber in umgekehrter Richtung – einen Unterdruck unter dem Auto und damit überlegenen Grip erzeugten. Der Lotus erwies sich als das schnellste Auto im Feld, war aber noch nicht zuverlässig genug, um im Titelkampf mitzumischen.

Jody Scheckter sorgte mit seinem Auftaktsieg im neuen Wolf in Argentinien für eine Sensation, und in Brasilien gewann der für Clay Regazzoni zu Ferrari gekommene Carlos Reutemann. Dadurch wurde Niki Laudas Position schwieriger. Es war nicht zu übersehen, dass das Vertrauen der Italiener zu ihrem Champion nach dessen Unfall und Verhalten beim Saisonfinale 1976 gelitten hatte. In Südafrika gelang Lauda dann der erste Sieg nach seinem Unfall, doch das Rennen wurde überschattet vom tödlichen Unfall von Tom Pryce. Nur zwei Wochen später beklagte die Formel 1 ihr nächstes Opfer: Brabham-Pilot Carlos Pace starb beim Absturz eines Privatflugzeugs in Brasilien, Hans-Joachim Stuck übernahm seinen Platz im Team.

In den nächsten Rennen standen zwar andere ganz oben – Andretti mit dem Lotus in Long Beach, Spanien und Frankreich, Gunnar Nilsson in Belgien beim einzigen Sieg seiner Grand-Prix-

Karriere, Jacques Laffite mit dem Ligier-Matra in Schweden und James Hunt in England, wo zum einen Renault mit dem 1,5-Liter-Turbomotor und den Michelinreifen, zum anderen Gilles Villeneuve in einem McLaren Premiere feierten. Doch mit einigen zweiten Plätzen und regelmäßigen Punktgewinnen etablierte sich Niki Lauda wieder unter den Titelkandidaten. Durch Siege in Hockenheim, das nun endgültig den Nürburgring als Austragungsort des deutschen Grand Prix abgelöst hatte, und in Holland setzte er sich endgültig an die Spitze. Doch dann eskalierte der Streit zwischen dem Österreicher und Ferrari – ein Streit um Geld und Stil. Nach Zandvoort wurde die Trennung zum Jahresende bekanntgegeben – Lauda würde 1978 für Brabham fahren.

In Watkins Glen sicherte er sich mit Platz vier endgültig seinen zweiten Weltmeistertitel. Verärgert über die Entlassung seines langjährigen Chefmechanikers Ermano Cuoghi trat er bei den letzten beiden Saisonrennen nicht mehr an. Ferrari setzte seinen designierten Nachfolger ins Cockpit, den jungen Kanadier Gilles Villeneuve, und der sorgte in Japan gleich für negative Schlagzeilen: Nach einer Kollision mit dem Tyrrell von Ronnie Peterson tötete der außer Kontrolle geratene Ferrari zwei Zuschauer, die sich allerdings in einer Sperrzone aufgehalten hatten.

| ENDSTAND | | | |
|---|---|---|---|
| 1. Niki Lauda | (AUT) | Ferrari | 72 Punkte |
| 2. Jody Scheckter | (SA) | Wolf-Ford | 55 Punkte |
| 3. Mario Andretti | (USA) | Lotus-Ford | 47 Punkte |

# Lotusblüte

Einige neue Fahrerpaarungen standen 1978 am Start. Mario Andretti bekam bei Lotus in Ronnie Peterson einen neuen Teamkollegen, Lauda startete bei Brabham neben John Watson, Gilles Villeneuve neben Reutemann bei Ferrari. Aufsehen erregte die Abspaltung des neuen Arrows-Teams von Shadow, und Frank Williams hatte erstmals in seiner Karriere als Teamchef dank saudi-arabischer Sponsoren keine Geldsorgen mehr ...
Standes- und erwartungsgemäß gewann Mario Andretti – noch mit dem Lotus 78 – den Saisonauftakt in Argentinien. Zwei Wochen später in Brasilien galt der Beifall jedoch in erster Linie dem Zweitplatzierten. Denn hinter Sieger Carlos Reutemann belegte Emerson Fittipaldi mit dem Copersucar den Ehrenplatz. Es war der erste und einzige Podiumsplatz des brasilianischen Nationalteams.
In Südafrika war wieder Lotus an der Reihe, diesmal mit Ronnie Peterson, in Long Beach noch einmal Carlos Reutemann und in Monaco feierte Patrick Depailler im Tyrrell, wo man das Sechsrad-Konzept wieder aufgegeben hatte – seinen ersten Grand-Prix-Sieg.
Doch in Belgien debütierte Andretti mit dem Lotus 79, einer nochmals verbesserten Version des Flügelauto-Konzepts, und von nun an war gegen die schwarz-goldenen Autos praktisch kein Kraut mehr gewachsen, wenn sie nicht durch technische Defekte ausfielen. Brabham versuchte mit dem »Staubsauger-Auto« von Designer Gordon Murray zu kontern, und Niki Lauda gewann damit prompt den schwedischen Grand Prix in Anderstorp. Doch das eigentümliche Gefährt mit dem Ventilator im Heck stand nur dieses eine Mal am Start, dann wurde es verboten, da man befürchtete, vom Ventilator hochgewirbelte Steine könnten die Hinterherfahrenden gefährden.
In Hockenheim feierte ein junger Brasilianer seine Premiere, der in der englischen Formel 3 bereits Furore gemacht hatte und bald auch den großen Teams auffiel: Sein Name war Nelson Piquet. Andretti untermauerte mit seinem fünften Saisonsieg seine Vormachtstellung, während in Österreich Teamkollege Ronnie Peterson nach Andrettis Ausfall feiern durfte. Auch in Holland

hätte der Schwede gewinnen können, aber er stellte sich gemäß der Stallorder brav hinter dem Amerikaner an.
Monza sollte für Andretti zum Fest werden, aber es wurde zum Drama. Peterson zog sich bei einer Massenkollision am Start schwere Beinbrüche zu und starb am folgenden Morgen an einer Embolie, Vittorio Brambilla, den ein herumfliegender Reifen am Kopf getroffen hatte, lag mit Schädelbruch tagelang im Koma. Über Niki Laudas Sieg in einem mit mehreren Stunden Verspätung gestarteten Rennen wurde kaum geredet. Dafür debattierte man umso hitziger über die Frage, wer die Schuld an dem verhängnisvollen Unfall trug. Die Fahrerkollegen machten zunächst den Italiener Riccardo Patrese verantwortlich und sperrten ihn intern sogar für das nächste Rennen. In einem Gerichtsverfahren zwei Jahre später wurde Patrese jedoch eindeutig freigesprochen. Nur einen Monat nach Petersons Tod hatte die schwedische Motorsportszene schon wieder Grund zu trauern, als Gunnar Nilsson mit erst 29 Jahren an Krebs starb.

Mit dem weit überlegenen Lotus 78 (oben) gewann der Italo-Amerikaner Mario Andretti (unten) die Weltmeisterschaft.

In Watkins Glen holt Jean-Pierre Jabouille erste Punkte für Renault.

Mit dem »Staubsauger-Auto« wollte Brabham den Lotus Paroli bieten. Die Konstruktion war erfolgreich, wurde aber als zu gefährlich verboten.

| | | | |
|---|---|---|---|
| 1. | Mario Andretti | (USA) | Lotus-Ford | 64 Punkte |
| 2. | Ronnie Peterson | (SWE) | Lotus-Ford | 51 Punkte |
| 3. | Carlos Reutemann | (ARG) | Ferrari | 48 Punkte |

Trotz des Starfahrers Emerson Fittipaldi wurde das »brasilianische Nationalteam« Copersucar nie konkurrenzfähig.

Jody Scheckter verdankte seinen Weltmeistertitel weniger glanzvollen Siegen als der Zuverlässigkeit seines Ferrari, mit dem er regelmäßig in die Punkte fuhr.

Der erste Sieg Jean-Pierre Jabouilles mit einem Turbomotor deutete an, in welche Richtung sich die Technik entwickelte.

## Erfolg der Zuverlässigkeit

Die Wing-Cars machten die Formel 1 immer schneller. So sahen sich die Sportbehörden veranlasst, die Notbremse zu ziehen. Die seitlichen Schürzen, die das Unterdruck-Prinzip aerodynamisch möglich machten, sollten ab 1979 verboten werden. Doch die Teams waren nicht einverstanden und bewiesen erstmals ihre Macht. Die Konstrukteursvereinigung FOCA machte ihren Einfluss geltend und setzte durch, dass die FIA ihr schon ausgesprochenes Verbot zurücknahm.

Auch der Transfermarkt war in Bewegung. Carlos Reutemann erlebte nach seinem Wechsel von Ferrari zu Lotus eine böse Überraschung, denn der Lotus 80 konnte keineswegs an die Erfolge der Vorgängermodelle anknüpfen. Andere Teams hatten Colin Chapman, den Erfinder der Wing-Car-Technologie, übertroffen. Mehr Glück hatten Jody Scheckter, der von Wolf zu Ferrari gekommen war, und Clay Regazzoni, der sich nach zwei Jahren bei Ensign und Shadow nun bei Williams endlich wieder in einem Top-Team wiederfand. Niki Lauda bekam bei Brabham mit Nelson Piquet einen neuen Teamkollegen. Überraschend dominierte Ligier, wo man von Matra- auf Ford-Motoren umgestiegen war, die ersten Saisonrennen. Jacques Laffite gewann in Argentinien und Brasilien. In Südafrika stand dann auch der neue Ferrari am Start, und zum Einstand gab es gleich einen Doppelsieg durch Scheckter und Villeneuve. Die Pole-Position durch Jean-Pierre Jabouille im Turbo-getriebe-

nen Renault ließ allerdings schon erahnen, wohin die technische Entwicklungen ging.

Ferrari mit Villeneuve in Long Beach, mit Scheckter in Belgien und Monaco, Ligier mit Depailler in Spanien – das versprach einen spannenden Titelkampf. Doch dann kamen Siege und Sieger, die Geschichte schrieben. In Frankreich errang Jean-Pierre Jabouille mit dem Renault den ersten Sieg mit einem Turbomotor, und in England eröffnete Clay Regazzoni mit seinem Triumph das erste Kapitel der großen Williams-Erfolgsgeschichte. Damit hatte sich das Team endgültig unter den Großen der Formel 1 etabliert, und mit drei Siegen in Folge zeigte Alan Jones, dass Regazzonis Sieg alles andere als ein Zufall war. Die Erfolgsserie kam allerdings zu spät. In den Kampf um die Weltmeisterschaft konnte Williams nicht mehr eingreifen. Denn mit regelmäßigen Fahrten in die Punkteränge hatte sich Jody Scheckter die Ausgangsbasis geschaffen, um schon beim Ferrari-Heimrennen in Monza seinen Titel unter Dach und Fach bringen zu können. Dabei war das neue Reglement, das nur die besten vier Ergebnisse pro Saisonhälfte wertete, keineswegs dazu angetan, Zuverlässigkeit zu belohnen. Und der Südafrikaner schaffte es auch nur dank der Mithilfe seines Teamkollegen Gilles Villeneuve, der in Italien zwar eindeutig der Schnellere war, sich aber hinter Scheckter anstellte, um dem den Sieg und damit den Titelgewinn nicht zu verderben.

Damit hätte die Saison in Übersee eigentlich ruhig ausklingen können, doch in Kanada setzte Niki Lauda einen Paukenschlag. Während des Trainings erklärte er seinen Rücktritt aus der Formel 1. Er habe in einem erfolglosen Jahr die Lust am Rennsport verloren und werde sich in Zukunft verstärkt um seine Fluglinie kümmern.

ENDSTAND

| 1. | Jody Scheckter | (SA) | Ferrari | 51 (60) Punkte |
| 2. | Gilles Villeneuve | (KAN) | Ferrari | 47 (53) Punkte |
| 3. | Alan Jones | (AUS) | Williams-Ford | 40 (43) Punkte |

46 ● Gestern und heute

# Die Politik dominiert den Sport

Eigentlich war 1980 ein spannendes Jahr, bei dem das Williams-Team seine im Vorjahr aufgezeigten Möglichkeiten umsetzen konnte. Doch es war zeitweise nicht der Sport, der die Schlagzeilen beherrschte, sondern die Verbandspolitik mit ihren Machenschaften um die leidige Frage nach dem Verbot der beweglichen Schürzen, mit dem die Sportbehörden der Explosion der Kurvengeschwindigkeiten und der Querbeschleunigungen entgegenwirken wollte. Auf dem Fahrermarkt hatte Frank Williams Clay Regazzoni, der seinem Team immerhin den ersten Sieg gebracht hatte, durch Carlos Reutemann ersetzt, Brabham hatte Mühe, nach dem unverhofften Rückzug von Niki Lauda einen guten Partner für Nelson Piquet zu finden. Bei McLaren feierte ein kleiner, junger Franzose sein Debüt neben John Watson: Alain Prost. Während Ferrari – ebenso wie Lotus im Vorjahr – das Niveau nicht halten konnte, avancierte Renault mit dem Turbomotor allmählich zum echten Spitzenteam.

Den Saisonauftakt in Argentinien gewann erwartungsgemäß Alan Jones, während Keke Rosbergs dritter Platz mit dem Wolf-Fittipaldi als Sensation gewertet wurde. Ölmillionär Walter Wolf hatte das Interesse an der Formel 1 verloren und sein Material dem Brasilianer verkauft, der alles unter neuem Namen mit seiner Copersucar-Truppe zusammengeführt hatte. In Südafrika errang René Arnoux nach Brasilien seinen zweiten Sieg in Folge – in einem Rennen, in dem sich der Schweizer Marc Surer bei einem Unfall so schwere Beinverletzungen zuzog, dass er bis Mitte der Saison ausfiel. In Long Beach folgte der nächste schwarze Tag für die Schweizer. Am

Ensign von Clay Regazzoni brach das Bremspedal, beim Aufprall auf die Betonmauer zog sich der Tessiner eine Querschnittslähmung zu. Die Anteilnahme am Schicksal des beliebten Schweizers war so groß, dass Sieger Nelson Piquet seines ersten Erfolgs nicht recht froh wurde.

Im Sommer ging es dann nur noch ums Reglement. Das erneut geplante Verbot der beweglichen Schürzen entzweite die Teams in zwei Lager. Die Engländer, die so genannten FOCA-Teams, waren strikt dagegen, die Italiener und Franzosen schlugen sich auf die Seite der FISA, der Sportabteilung des Weltverbandes. Vor dem Großen Preis von Spanien eskalierte der Streit. Am Ende starteten nur die FOCA-Teams in einem Rennen, das die FISA für illegal erklärte und das deshalb nicht zur Weltmeisterschaft zählte. Schließlich einigte man sich darauf, die Schürzen bis zum Ende der Saison zuzulassen. Der tödliche Unfall von Patrick Depailler bei Testfahrten in Hockenheim eine Woche vor dem Großen Preis von Deutschland brachte die Formel 1 dann erneut ins Zwielicht. Als schließlich in Watkins Glen Alan Jones mit seinem fünften Saisonsieg seinen Weltmeistertitel gegen Nelson Piquet sicherstellte, hatte das Ansehen des Rennsports in der Öffentlichkeit großen Schaden gelitten. Der Große Preis der USA war auch das Abschiedsrennen für die beiden früheren Weltmeister Jody Scheckter und Emerson Fittipaldi. Nach James Hunt und Niki Lauda zogen sich 1980 zwei weitere Top-Fahrer aus der Formel 1 zurück.

Hoher Favorit und schließlich auch verdienter Weltmeister: Alan Jones mit dem Williams-Ford

René Arnoux im Renault dominierte in den ersten Rennen der Saison.

**ENDSTAND**

| | | | | |
|---|---|---|---|---|
| 1. | Alan Jones | (AUS) | Williams-Ford | 67 (71) Punkte |
| 2. | Nelson Piquet | (BRA) | Brabham-Ford | 54 Punkte |
| 3. | Carlos Reutemann | (ARG) | Williams-Ford | 42 (49) Punkte |

## Das Concorde-Abkommen – FIA, FOCA und viel Streit

Der verbandspolitische Streit in der Formel 1 ging 1981 weiter, auch wenn es zunächst schien, als seien über den Winter die wichtigsten Differenzen beseitigt und die Fronten geklärt worden. In einem lautstarken Medienkrieg hatte die FISA ihr Schürzenverbot durchgesetzt, worauf die FOCA mit einer Gegen-Weltmeisterschaft gedroht hatte. Aber im Januar hatte man sich im so genannten Concorde-Abkommen die politische Macht geteilt. Die Sporthoheit blieb bei FIA und FISA, die kommerzielle Verwertung, vor allem die Fernsehrechte, fiel in die Zuständigkeit der FOCA. Allerdings musste die FISA die Verträge mit Veranstaltern und Fernsehanstalten bestätigen.

Eine der Konsequenzen des ganzen Ärgers war der zeitweilige Rückzug des Reifenherstellers Goodyear. Erst in Europa waren die Amerikaner wieder dabei. Technisch war inzwischen auch Ferrari auf die inzwischen klar überlegenen Turbomotoren umgestiegen – man sprach von 560 PS gegen 490 bis 530 PS bei den Saugmotoren. McLaren war völlig umstrukturiert worden. Ron Dennis war nun der Chef, und Konstrukteur John Barnard hatte mit dem MP4, dem ersten kompletten Kohlefaserchassis, neue Maßstäbe gesetzt. Allerdings hatte Alain Prost das Team in Richtung Renault verlassen.

Durch all die Querelen begann die Saison erst in Long Beach mit einem Sieg von Alan Jones. Aber schon beim zweiten Rennen in Brasilien gab es neuen Ärger, und dies nicht nur bei Williams, wo Carlos Reutemann entgegen der Teamorder Alan Jones besiegte. Denn Brabham-Konstrukteur Gordon Murray hatte ein System entwickelt, um das Schürzenverbot und die vorgeschriebenen sechs Zentimeter Bodenfreiheit, die ja nur an der Box gemessen werden konnten, zu umgehen. Mit einem Hydraulik-System ließ sich das Auto absenken. Zunächst protestierte die Konkurrenz noch heftig, doch am Ende musste die FISA das

neue System zulassen – mit allen negativen Folgen für die Fahrer. Durch die kurzen Federwege waren die Autos nun unglaublich hart, und die Piloten klagten unisono über Bandscheiben- und Wirbelsäulenbeschwerden.

Sportlich setzte der Große Preis von Spanien ein Highlight. Hinter Sieger Gilles Villeneuve im Ferrari lagen vier weitere Fahrer innerhalb von 1,24 Sekunden. England sah den ersten Sieg des McLaren MP4 durch John Watson und – zumindest im Training – das Debüt des BMW-Turbomotors im Heck des Brabham.

Das ganze Jahr über zeichnete sich ein Vierkampf zwischen den beiden Williams-Piloten Jones und Reutemann sowie Nelson Piquet im Brabham und Jacques Laffite im Ligier ab. Ein Ausfall in Kanada kostete den Australier seine Chancen. Reutemann 49, Piquet 48 und Laffite 43 – so war der Punktestand vor dem Finale in Las Vegas, das nicht auf einer echten Rennstrecke, sondern auf einem riesigen Hotelparkplatz ausgetragen wurde. Reutemann schied aus, Laffite wurde nur Sechster, Jones gewann – aber Nelson Piquet reichte ein fünfter Platz zum ersten Weltmeistertitel seiner Karriere.

Seinen ersten Weltmeistertitel errang Nelson Piquet noch mit dem alten Ford-Cosworth-Motor, aber zum Saisonende stand bereits der neue Turbo-BMW-Motor bereit (oben). Nach der Umstrukturierung des Teams zeigte John Watsons Sieg in Silverstone, dass mit McLaren wieder zu rechnen war (unten).

| ENDSTAND | | | |
|---|---|---|---|
| 1. Nelson Piquet | (BRA) | Brabham-Ford | 50 Punkte |
| 2. Carlos Reutemann | (ARG) | Williams-Ford | 49 Punkte |
| 3. Alan Jones | (AUS) | Williams-Ford | 46 Punkte |

# Weltmeister mit einem Sieg

Wer nach all den Querelen der vergangenen Jahre gemeint hatte, schlimmer könne es nicht mehr kommen, der wurde 1982 eines Schlechteren belehrt. Technisch hatte die FIA die Schürzen nun doch wieder zugelassen, allerdings durften sie sich nicht vertikal bewegen. Die 6-cm-Vorschrift für die Bodenfreiheit wurde wieder aufgehoben, das Gewichtslimit auf 580 Kilo reduziert. Aber damit provozierte man nur neuen Ärger, und auch in diesem Jahr schadeten wieder einige schwere Unfälle dem Ansehen der Formel 1. Gleich beim Auftakt in Kyalami ging der Wirbel los. Ron Dennis hatte Niki Lauda zu einem Comeback bewogen, und der stellte sich in Südafrika gleich an die Spitze seiner Fahrerkollegen, als es darum ging, gegen die von der FIA eingeführte Superlizenz zu protestieren. Die Bedingungen schränkten die Freiheit der Piloten ein, so hieß es. Die Fahrer drohten mit Streik, aber am Ende fuhren sie doch. Alain Prost gewann im Renault, während Marc Surer zum zweiten Mal in Südafrika bei einem Unfall schwer verletzt wurde. Niki Lauda gewann in Long Beach sein drittes Rennen nach dem Comeback, aber noch mehr Schlagzeilen machte wieder die Politik. Nelson Piquet im Brabham und Keke Rosberg im Williams, Erster und Zweiter in Brasilien, wurden auf Protest von Ferrari und Renault nachträglich disqualifiziert. Man hatte mit dem Gewicht getrickst und vor dem Wiegen Wasser in so genannte »Bremskühler« nachgefüllt. Daraufhin traten die FOCA-Teams mit Ausnahme von Tyrrell, dessen italienischer Sponsor Druck machte, in Imola nicht an. Nur 14 Autos waren dort am Start. Didier Pironi schlug seinen

Ferrari-Teamkollegen Gilles Villeneuve in der letzten Runde, der fühlte sich betrogen, weil er sich auf eine Teamorder verlassen hatte – der Krieg war da. 14 Tage später verunglückte der Kanadier in Zolder im Training tödlich. Bei seinem letzten Versuch, Pironi doch noch zu besiegen, fuhr er auf den March von Jochen Mass auf, der hinter einer Kuppe auf seiner Auslaufrunde die Linie gewechselt hatte. Der Ferrari stieg auf und zerbrach in mehrere Teile, Villeneuve wurde herausgeschleudert und starb am Abend im Krankenhaus.

Doch die Unfallserie ging weiter: In Kanada, auf der Strecke, die man in »Circuit Gilles Villeneuve« umbenannt hatte, starb der junge Italiener Riccardo Paletti. Er fuhr beim Start auf Didier Pironis Ferrari auf, der stehen geblieben war. Dass Nelson Piquet den ersten Sieg für einen BMW-Turbo herausfuhr, wurde angesichts dieser schwarzen Serie kaum wahrgenommen.

In Hockenheim traf es dann Pironi selbst. Bei einem Trainingsunfall im strömenden Regen erlitt er so schwere Beinverletzungen, dass er seine Rennsportkarriere beenden musste. Das Rennen sah den ersten Tankstopp der Brabham-BMW, eine Taktik, die Gordon Murray ausgetüftelt hatte, und einen Sieg des Ferrari-Piloten Patrick Tambay. Den Titel aber machten Keke Rosberg, der in Dijon mit dem Großen Preis der Schweiz sein einziges Rennen gewonnen hatte, und John Watson auf dem Hotelparkplatz von Las Vegas unter sich aus. Ein fünfter Platz reichte dem Finnen schließlich zum Titel.

Mit seinem Ferrari wurde Gilles Villeneuve (links und unten) als Titelkandidat gehandelt. Doch schon vor seinem Tod minderte die teaminterne Auseinandersetzung mit Didier Pironi (ganz unten) seine Chancen auf die Weltmeisterschaft.

Keke Rosberg im Williams-Ford (links). Ihm gelang das Kunststück, mit nur einem Sieg Weltmeister zu werden.

**ENDSTAND**

| | | | | |
|---|---|---|---|---|
| 1. | Keke Rosberg | (FIN) | Williams-Ford | 44 Punkte |
| 2. | Didier Pironi | (FRA) | Ferrari | 39 Punkte |
| 2. | John Watson | (GBR) | McLaren-Ford | 39 Punkte |

Nach seinem Sieg in Imola war Patrick Tambay der neue Liebling der Ferraristi.

# Endlich wieder Sport!

Im Dezember 1982 schockte der Tod von Lotus-Chef Colin Chapman die Formel 1, aber in der Saison 1983 dominierte dann endlich einmal wieder der Sport. Mit einem neuen Reglement, das flache Unterböden vorschrieb, hatte die FIA die Wing-Cars verbannt, um die extremen Kurvengeschwindigkeiten und hohen Belastungen für die Fahrer zu verringern.

Schon während des Vorjahres hatte sich gezeigt, dass die Zukunft den Turbomotoren gehören würde, mochten sich die englischen Teams aus Kostengründen auch noch so sehr dagegen sperren. Aber während die Erfolgsbilanz Turbo- gegen Saugmotoren 1982 noch ausgeglichen war, konnten die Saugmotoren 1983 nur noch ganze drei Siege einfahren. 700 bis 800 PS bei den Turbos gegenüber etwas über 500 PS bei den Saugern sprachen eine deutliche Sprache.
Ferrari mit dem von Renault gekommenen René Arnoux, Renault mit Alain Prost und Brabham-BMW mit Nelson Piquet dominierten die Saison. Aber auch andere standen vor dem Wechsel. McLaren hatte über Partner TAG bei Porsche einen Turbo in Auftrag gegeben, Williams wartete auf den Honda, der seit dem großen Preis von England im kleinen Spirit-Team getestet wurde. Die im Vorjahr von Brabham eingeführte Tank-stopp-Strategie hatten fast alle übernommen, als Nelson Piquet den Saisonauftakt in Brasilien gewann. In Long Beach feierten John Watson

und Niki Lauda vom 22. bzw. 23. Startplatz aus einen Doppelsieg. In Imola zeigte sich wieder einmal, dass für die Italiener die Marke Ferrari mehr zählt als ein italienischer Fahrer: Als Riccardo Patrese kurz vor Schluss von der Strecke rutschte und damit den Weg frei machte für Patrick Tambay im Ferrari mit der legendären Nummer 27 von Gilles Villeneuve, war der Jubel grenzenlos.
In Monaco war mit Keke Rosberg noch mal ein Sauger dran – die McLaren hatten sich zur allgemeinen Überraschung nicht qualifiziert. Der Große Preis von Belgien fand nach 13 Jahren wieder in Spa statt. Auf der komplett umgebauten und deutlich verkürzten Strecke siegte Alain Prost, und zwei Wochen später holte in Detroit Michele Alboreto im Tyrrell den letzten Sieg für einen Saugmotor dieser Epoche.
René Arnoux und Alain Prost machten die folgenden Rennen unter sich aus, und als Prost dann in Zandvoort Nelson Piquet auch noch von der Strecke schob – in jenem Rennen, in dem McLaren zum ersten Mal den TAG-Porsche im Auto von Niki Lauda einsetzte – schien der Brasilianer ohne Titelchancen. Doch BMW-Motorenchef Paul Rosche hatte den Vierzylinder aus München inzwischen zum stärksten Motor im Feld weiterentwickelt. Piquet gewann in Monza und Brands Hatch und lag vor dem Finale in Kyalami nur noch zwei Punkte hinter Prost.
So war man bei Renault das ganze Wochenende über weit nervöser als bei Brabham, und irgendwie kam Prosts Turboschaden in Runde 35 nicht unerwartet. Piquet führte souverän, ließ sich am Ende aber aus Sicherheitsgründen etwas zurückfallen. Platz drei reichte schließlich zum ersten Titelgewinn für ein Auto mit Turbomotor in der Formel-1-Geschichte.

Auch wenn Alain Prost im Renault Nelson Piquet in Zandvoort von der Strecke bugsierte – den Titelgewinn des brasilianischen Brabham-BMW-Fahrers konnte er nicht verhindern.

**ENDSTAND**

| | | | |
|---|---|---|---|
| 1. Nelson Piquet | (BRA) | Brabham-BMW | 59 Punkte |
| 2. Alain Prost | (FRA) | Renault | 57 Punkte |
| 3. René Arnoux | (FRA) | Ferrari | 49 Punkte |

# Laudas dritter Titel

Die große Überraschung im Winter 1983/84 war der plötzliche Wechsel von Alain Prost von Renault zu McLaren. Der Franzose war von Renault mehr oder weniger hinausgeworfen worden – nicht so sehr wegen der verlorenen Weltmeisterschaft, sondern, wie man hörte, in erster Linie wegen einer privaten Affäre. Er war der Frau von Teamchef Gerard Larrousse wohl ein wenig zu nahe gekommen. Niki Lauda und Alain Prost im McLaren-TAG-Porsche – es war abzusehen, dass diese beiden die Weltmeisterschaft unter sich ausmachen würden.

Aber nicht weniger bemerkenswert als das McLaren-interne Duell zwischen Lauda und Prost war in dieser Saison das Debüt dreier hoch talentierter Nachwuchsfahrer: Ayrton Senna, Stefan Bellof und Gerhard Berger. Senna und Bellof machten zum ersten Mal beim verregneten Grand Prix von Monaco auf sich aufmerksam, als sie mit unterlegenem Material von ganz hinten auf Platz zwei und drei vorfuhren. Nur der vorzeitige Abbruch durch Rennleiter Jacky Ickx rettete Alain Prost den Sieg.

Beide gerieten freilich auch gleich in die politischen Mühlen der Formel 1: Stefan Bellofs Tyrrell-Team wurden von der FIA alle Punkte gestrichen und ab Monza sogar Startverbot erteilt, nachdem man herausgefunden hatte, dass das Team das im Reglement vorgeschriebene Mindestgewicht nicht eingehalten hatte, um das Leistungsdefizit des Saugmotors auszugleichen, den es als einziges noch einsetzte. Um die FIA zu täuschen, hatte man beim letzten Tankstopp auch Bleikügelchen mit eingefüllt, die das Untergewicht ausglichen. Senna wurde von seinem eigenen Toleman-Team bestraft. Er bekam für

Zwei der drei »jungen Wilden«, die 1984 zur Formel 1 stießen: der Brasilianer Ayrton Senna (links im Toleman) und der Deutsche Stefan Bellof (unten)

den Grand Prix von Monza kein Auto, weil er zuvor in Zandvoort verkündet hatte, 1985 für Lotus fahren zu wollen, obwohl noch nicht geklärt war, ob ihn Toleman aus dem für mehrere Jahre geschlossenen Vertrag entlassen würde. Der dritte der 84er-Generation, Gerhard Berger, debütierte bei seinem Heimrennen in Österreich im ATS-BMW. Er belegte in Monza auch gleich den sechsten Platz, bekam aber keine Punkte, weil ATS in diesem Jahr nur ein Auto gemeldet hatte – das von Manfred Winkelhock.

Die Weltmeisterschaftsentscheidung fiel erst beim Finale in Portugal. Prost und Lauda hatten sich die Saison über die Siege quasi geteilt und der Konkurrenz nur wenig übrig gelassen. Michele Alboreto hatte in Belgien, Nelson Piquet in Kanada und Detroit, Keke Rosberg in Dallas gewonnen. Der Österreicher kam mit 3,5 Punkten Vorsprung auf Prost nach Estoril – ein zweiter Platz reichte zum Titel. Doch nach völlig verpatztem Training stand Lauda nur auf dem 11. Startplatz, Prost dagegen wieder einmal in der Pole-Position. Während der Franzose an der Spitze davonzog, kämpfte sich Lauda in einer fantastischen Aufholjagd nach vorne. Als dann Nigel Mansell, an sicherer zweiter Position liegend, mit einem Defekt aufgeben musste, hatte Lauda seinen zweiten Platz und damit den dritten Weltmeistertitel in seiner Karriere sicher. Für McLaren war es der erste Titelgewinn unter der Regie von Ron Dennis, für die Motorentruppe von Porsche mit Hans Mezger an der Spitze der erste Titel überhaupt.

In einem Kopf-an-Kopf-Rennen mit seinem Teamkollegen Alain Prost gewann Niki Lauda seinen dritten Weltmeistertitel erst im letzten Grand Prix (links).

**ENDSTAND**

| | | | |
|---|---|---|---|
| 1. Niki Lauda | (AUT) | McLaren-TAG-Porsche | 72 Punkte |
| 2. Alain Prost | (FRA) | McLaren-TAG-Porsche | 71,5 Punkte |
| 3. Elio de Angelis | (ITA) | Lotus-Renault | 34 Punkte |

Alain Prost (oben) feierte seine erste Weltmeisterschaft, Ayrton Senna den ersten Sieg seiner Formel-1-Karriere.

# Der erste Titel für Prost

Es hatte sich einiges getan in der Formel 1, bevor die Saison 1985 begann. Nigel Mansell, seit seinem Formel-1-Debüt 1980 immer bei Lotus, war als neuer Partner von Keke Rosberg zu Williams gekommen, Mansells Platz bei Lotus hatte der kommende Superstar Ayrton Senna eingenommen. Auch bei den Teams hatte sich einiges verändert. Günter Schmid hatte sich mit ATS verabschiedet, weil er die Kostenexplosion in der Formel 1 nicht mehr hatte mitmachen wollen, dafür war ein neues deutsches Team gekommen. Zakspeed – bisher vor allem in der Tourenwagenszene ein bekannter Name, hatte sogar einen eigenen Turbomotor mitgebracht. In Italien hatten sich die bisher in der Formel 2 agierende Mannschaft von Minardi und die neue Motorenfirma Motori Modern – mit dem Ex-Alfa-Rennchef Carlo Chiti als Direktor – zusammengetan, und in den USA hatte der aus der Indy-Szene sehr bekannte Carl Haas mit Unterstützung des Lebensmittel-Giganten Beatrice Foods versucht, das Lola-Haas-Team aufzubauen. Auf dem Reifensektor hatte sich Michelin zurückgezogen, Goodyear und Pirelli teilten sich das Feld auf.

Der Große Preis der Niederlande endete für Nelson Piquet im Kiesbett (rechts).

Beim Saisonauftakt in Brasilien dominierte Alain Prost, in Portugal schlug dann die große Stunde von Ayrton Senna. Im strömenden Regen deklassierte der Brasilianer auf seinem Lotus die gesamte Konkurrenz und feierte seinen viel bestaunten ersten Grand-Prix-Sieg. Ein besonde-

res Kuriosum gab es in Spa. Ausnahmsweise sorgte dort nicht der übliche Regen für Chaos, sondern die Hitze. Der erst kurz zuvor aufgetragene neue Streckenbelag brach im Training auf, der Grand Prix musste abgesagt und in den September verschoben werden.

Während sich Alain Prost im Laufe der Saison immer deutlicher als Weltmeisterschaftsfavorit herauskristallisierte, hatte sein McLaren-Porsche-Teamkollege Niki Lauda ein sehr schlechtes Jahr mit vielen Ausfällen, was sicher auch mit dazu beitrug, dass er beim Heim-Grand-Prix in Österreich seinen Rücktritt zum Saisonende verkündete. Immerhin holte sich Lauda eine Woche später in Zandvoort noch den 25. und letzten Sieg seiner Karriere.

Der Spätsommer 1985 war vor allem geprägt durch zwei schwere Schicksalsschläge für den deutschen Motorsport. Im August starb Manfred Winkelhock bei einem Sportwagenrennen im kanadischen Mosport, am 1. September Stefan Bellof beim Sportwagen-Weltmeisterschaftslauf in Spa. Zakspeed-Pilot Jonathan Palmer erlitt dort bei einem Trainingsunfall so schwere Verletzungen, dass ihn bei den nächsten Formel-1-Läufen der Münchner Christian Danner, der erste Formel-3000-Europameister, im Zakspeed-Cockpit vertrat.

Beim Großen Preis von Europa in Brands Hatch, bei dem Nigel Mansell zum ersten Mal ganz oben auf dem Siegerpodest stand, reichte Alain Prost nach fünf Saisonsiegen ein vierter Platz zum ersten Titelgewinn. Die beiden letzten Rennen hatten eigentlich nur noch statistischen Wert, machten aber trotzdem Schlagzeilen. Der Große Preis von Südafrika wurde nach langen Diskussionen um die Apartheid-Politik von Renault und Ligier boykottiert, während das erste Rennen in Adelaide alle begeisterte.

Manfred Winkelhock zählte zu den Opfern, die der Motorsport 1985 forderte.

**ENDSTAND**

| | | | |
|---|---|---|---|
| 1. Alain Prost | (FRA) | McLaren-TAG-Porsche | 73 (76) Punkte |
| 2. Michele Alboreto | (ITA) | Ferrari | 53 Punkte |
| 3. Keke Rosberg | (FIN) | Williams-Honda | 40 Punkte |

# Die Großen Vier

1986 war das Jahr der »großen vier«, Prost, Mansell, Piquet und Senna, die sich einen heißen Kampf um den Titel lieferten. Es war auch das letzte Jahr unbegrenzter Turbo-Power mit Leistungen von um die 1200 PS im Qualifying und das Jahr des ersten Grand Prix hinter dem Eisernen Vorhang in Budapest. Auf dem Fahrermarkt hatte sich den Winter über einiges getan. Nach sieben Jahren bei Brabham wechselte Nelson Piquet als Teamkollege von Nigel Mansell zu Williams und löste dort Keke Rosberg ab, der den Platz Niki Laudas bei McLaren übernahm. Einen Vorgeschmack auf die zu erwartende Spannung lieferte schon der zweite Grand Prix des Jahres, als Ayrton Senna in Jerez Nigel Mansell in einem Herzschlagfinale um ganze 0,014 Sekunden abfing. Im Frühsommer erlebte die Formel 1 gleich mehrere Tragödien hintereinander. Zuerst verunglückte am 15. Mai der Italiener Elio de Angelis bei Testfahrten in Le Castellet tödlich, als an seinem Brabham-BMW der Heckflügel wegbrach. Dann hätte der Schweizer Marc Surer einen Abstecher in die von ihm so geliebte Rallyeszene fast mit dem Leben bezahlt. Bei der Hessenrallye kam er von der Strecke ab, sein Ford ging in Flammen auf, Beifahrer Michel Wyder starb, Surer überlebte mit schweren Knochenbrüchen und Verbrennungen. Noch in der folgenden Nacht, am frühen Morgen des 1. Juni, starb der Österreicher Jo Gartner, der 1984 und 1985 für

Osella in der Formel 1 gefahren war, beim 24-Stunden-Rennen von Le Mans. Den Platz bei Brabham übernahm Derek Warwick, für Surer kam Christian Danner zu Arrows. Aber die Unfallserie war damit noch nicht beendet. Beim Großen Preis von England verunglückte der Franzose Jacques Laffite in der ersten Kurve nach dem Start schwer und brach sich beide Beine – ausgerechnet in jenem Rennen, in dem er mit seinem 176. Start den Rekord von Graham Hill einstellte.

Der Erste, der aus dem Quartett der vier Titelkandidaten ausschied, war Ayrton Senna. Der Brasilianer hatte zwar mit zahlreichen Pole-Positions bereits unter Beweis gestellt, dass er der wohl schnellste Fahrer der Formel 1 war, aber im Rennen machte ihm der hohe Verbrauch seines Renault-Motors immer wieder einen Strich durch die Rechnung. Denn das Reglement ließ pro Rennen nur noch 195 Liter Benzin zu und begünstigte so die sparsameren Honda und Porsche.

In Mexiko feierte Gerhard Berger im Benetton-BMW überraschend seinen ersten Sieg. Der Österreicher profitierte dabei auch von der Überlegenheit der Pirelli-Reifen auf dem Kurs in Mexico City. Ins Saisonfinale in Adelaide gingen mit Mansell, Piquet und Prost noch drei Fahrer, die sich Chancen auf den Titel ausrechneten. In einem der dramatischsten Rennen aller Zeiten hatte schließlich ein glücklicher Prost die Nase vorn. Mansell hatte schon wie der neue Weltmeister ausgesehen, als er durch einen spektakulären Reifenschaden ausschied. Williams holte daraufhin Nelson Piquet zu einem Sicherheits-Reifenwechsel an die Box. Dadurch ging Prost in Führung, holte sich den Sieg und seinen zweiten Titel in Folge.

Frank Williams, seit einem schweren Verkehrsunfall im März querschnittsgelähmt, musste sich sagen lassen, sein Team habe trotz technischer Überlegenheit den Titel verschenkt, weil sich Piquet und Mansell zu oft gegenseitig Punkte weggenommen hätten.

Der Benetton-BMW zählte nicht zu den besten Autos der Saison, aber in Mexiko gewann Gerhard Berger damit sein erstes Formel-1-Rennen.

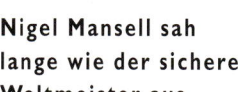

Nigel Mansell sah lange wie der sichere Weltmeister aus.

Nach seinem schweren Autounfall war Teamchef Frank Williams querschnittsgelähmt, aber ungebrochen. In Silverstone stellt er sich mit seinen beiden Stars Nigel Mansell und Nelson Piquet der Presse.

| | | ENDSTAND | |
|---|---|---|---|
| 1. Alain Prost | (FRA) | McLaren-TAG-Porsche | 72 (74) Punkte |
| 2. Nigel Mansell | (GBR) | Williams-Honda | 70 (72) Punkte |
| 3. Nelson Piquet | (BRA) | Williams-Honda | 69 Punkte |

Die beiden Stars der Saison: Weltmeister Nelson Piquet – und der bärenstarke Honda-Turbomotor (rechts)

## Neue Regeln drosseln die Leistung

Um die Kosten- und Leistungsexplosion in den Griff zu bekommen, griff die FIA zu radikalen Maßnahmen: Ab 1989 sollten die Turbomotoren nicht mehr zulässig und durch 3,5-Liter-Saugmotoren abgelöst werden. Bis dahin galten Übergangsregelungen. 1987 begrenzte man den Ladedruck der Turbos auf 4,0 Bar bei einem Mindestgewicht von 540 Kilogramm und einem maximalen Spritverbrauch von 195 Liter. Daneben gab es bereits eine parallele Saugmotorwertung. Die Autos mit den 3,5-Liter-Triebwerken mussten nur 500 Kilo wiegen und unterlagen keiner Verbrauchsbeschränkung.

Trotzdem bestimmten die Turbos eindeutig das Geschehen. Honda dominierte, während Porsche und Ferrari, wo Gerhard Berger untergekommen war, nicht ganz mit den Japanern mithalten konnten, die nach dem Rückzug von Renault auch das Lotus-Team ausrüsteten. BMW hatte seinen Mitte 1986 angekündigten Rückzug aus der Formel 1 aufgeschoben und versorgte Brabham ein weiteres Jahr mit den Triebwerken aus München, konnte aber keine großen Erfolge mehr erzielen.

Die Williams-Honda waren 1987 kaum zu schlagen. In Imola führt Nigel Mansell. Ayrton Senna und Alain Prost fahren hinterher.

Die auffälligsten Neuerungen gab es bei Lotus. Durch den Wechsel des Zigarettensponsors leuchteten die zuvor schwarz-goldenen Autos nun in einem grellen Gelb, und im Laufe dieses Jahres experimentierte man mit einer technischen Sensation: der aktiven Radaufhängung. Dem Motorenpartner Honda zuliebe saß mit Satoru Nakajima erstmals ein Japaner in einem Top-Auto. Gegen die in dieser Saison noch überlegener als in der Vorsaison agierenden Williams-Honda hatten die Lotus dennoch keine Chance, obwohl Nelson Piquet nach einem schweren Trainingsunfall in Imola das ganze Jahr über unter Kopfschmerzen und Schlafstörungen litt. Doch obwohl er insgesamt nur drei Siege erringen konnte, Teamkollege Nigel Mansell dagegen sechs, war Piquet dank seiner Zuverlässigkeit am Ende der Glücklichere. Die Entscheidung um den Titel fiel schon im Training zum Großen Preis von Japan, als sich Nigel Mansell bei einem schweren Unfall am Rücken verletzte, nach England zurückfliegen und den Titel kampflos seinem Teamkollegen überlassen musste. Ironie des Schicksals: Piquet holte dann weder in Suzuka noch beim Finale in Australien auch nur einen Punkt. Die Disqualifikation des zweitplatzierten Senna in Adelaide wegen einer nicht dem Reglement entsprechenden Bremsbelüftung rettete Mansell wenigstens noch den Vizeweltmeistertitel.

Den Sieg in der Saugmotorenwertung sicherte sich Jonathan Palmer im Tyrrell, dessen Team als erstes wieder konsequent auf die Sauger gesetzt hatte.

**ENDSTAND**

| | | | |
|---|---|---|---|
| 1. Nelson Piquet | (BRA) | Williams-Honda | 73 (76) Punkte |
| 2. Nigel Mansell | (GBR) | Williams-Honda | 61 Punkte |
| 3. Ayrton Senna | (BRA) | Lotus-Honda | 57 Punkte |

# McLaren-Honda – und sonst nicht viel

1987 hatte McLaren im Titelkampf nicht mithalten können, doch für die Saison 1988, in der das Reglement den Ladedruck der Turbomotoren durch die Pop-off-Ventile auf 2,5 Bar begrenzte und den Sprit auf 150 Liter limitierte, war das Team von Ron Dennis optimal gerüstet. Nach dem Rückzug von Porsche hatte sich Dennis die Honda-Motoren gesichert, Ayrton Senna wurde Teamkollege von Alain Prost, und gegen diese Kombination hatte die Konkurrenz von Anfang bis Ende nie eine echte Chance.

Ayrton Senna war von den beiden McLaren-Piloten der deutlich schnellere, was nicht nur die 13 Pole-Positions bewiesen. Auch in den Rennen hatte er meist die Nase vorn, und wäre er nicht in Brasilien wegen eines Regelverstoßes von McLaren disqualifiziert worden und in Monaco, den sicheren Sieg vor Augen, von der Strecke gerutscht, wäre die Weltmeisterschaft wohl schon frühzeitig entschieden gewesen. Aber auch so gab sich Alain Prost nach einer grandiosen Siegesserie des Brasilianers im Sommer mit Triumphen in England, Deutschland, Ungarn und Belgien schon geschlagen: »Ich gratuliere dir bereits jetzt zum Titel«, meinte er in Spa.

Doch Senna musste noch eine Weile warten. In Monza machte ihm zwei Runden vor Schluss der überrundete Jean-Louis Schlesser, der bei Williams für den an Windpocken erkrankten Nigel Mansell eingesprungen war, einen Strich durch die Rechnung. Er drängte Senna in der ersten Schikane von der Strecke, und Gerhard Berger im Ferrari staubte den Sieg ab. Es war der einzige Erfolg, der in diesem Jahr nicht an McLaren ging. Nur wenige Wochen nach dem Tod des Firmengründers Enzo Ferrari für die Italiener ein bewegendes Ereignis.

In den beiden folgenden Rennen in Portugal und Spanien kämpfte Senna plötzlich mit rätselhaft hohen Verbrauchswerten, sodass er nur ganz wenige Punkte holen konnte, während Prost zweimal ungefährdet gewann. Hartnäckig hielten sich die Gerüchte, Honda habe da ein wenig manipuliert, um die Weltmeisterschaftsentscheidung bis zum Heim-Grand-Prix in Suzuka hinauszuzögern.

Dank der Streichregel, nach der nur die elf besten Saisonresultate zählten, hatte Senna die etwas bessere Ausgangsposition gegenüber Prost, dem seine vielen zweiten Plätze nicht viel halfen, und der überragende Fahrer des Jahres nutzte sie. Obwohl ihm am Start fast der Motor abstarb und er nur als 14. aus der ersten Runde kam, kämpfte er sich durch das Feld wieder nach vorn, hatte sich nach 20 Runden wieder an Prost herangearbeitet und übernahm im 27. Umlauf die Führung, die er bis ins Ziel nicht mehr abgab. Sein achter Saisonsieg brachte ihm den ersten Weltmeistertitel seiner Karriere. In der Formel-1-Welt hatte Ayrton Senna bis dahin als verschlossen und kalt gegolten. So wurden seine sehr emotionale Reaktion und seine Freudentränen mit umso größerem Erstaunen aufgenommen.

An dieses Bild konnte man sich 1988 gewöhnen. Meist siegte Senna vor Prost, manchmal war es umgekehrt (links). Der Brasilianer galt als kalt und verschlossen. Doch der frisch gebackene Weltmeister ließ seinen Emotionen freien Lauf – und gewann die Herzen des Publikums (unten).

Den McLaren-Honda waren die Ferrari nicht gewachsen. Immerhin konnte Gerhard Berger wenigstens den Heim-Grand-Prix in Monza gewinnen.

Gerhard Berger (oben) hatte Glück im Unglück, dass er bei seinem Feuerunfall in Imola mit leichten Verletzungen davonkam.

# Prost gegen Senna

Das erste Jahr der neuen Saugmotor-Formel – 3,5-Liter-Motoren, 500 Kilo Mindestgewicht – erlebte eine ähnliche Dominanz der McLaren-Honda wie das letzte Jahr der Turbos – nur mit dem Unterschied, dass mittlerweile zwischen den beiden Teamkollegen Alain Prost und Ayrton Senna offene Feindschaft herrschte, die auch Teamchef Ron Dennis nicht mehr unter Kontrolle halten konnte.

Bei der McLaren-Konkurrenz hatte sich einiges geändert. Nigel Mansell war von Williams als Teamkollege von Gerhard Berger zu Ferrari gewechselt. Neuer Partner von Riccardo Patrese bei Williams wurde der Belgier Thierry Boutsen. Bedeutender aber war, dass man mit Renault eine neue, viel versprechende Partnerschaft eingegangen war.

Nigel Mansell siegte überraschend in England (rechts oben).

Symptomatisch für eine verkorkste Saison: ein Zakspeed im Reifenstapel (oben)

Die Saison begann unglücklich. Bei Testfahrten in Rio vor dem Großen Preis von Brasilien verunglückte der Franzose Philippe Streiff schwer und zog sich eine hohe Querschnittslähmung zu. Nigel Mansell gewann völlig überraschend, nachdem Top-Favorit Senna schon in der ersten Kurve alle Chancen verlor – als er, Berger und Patrese gemeinsam um die erste Kurve wollten, wurde es einfach zu eng …

In Imola eskalierte das Duell Senna gegen Prost. Es gab eine Absprache zwischen den beiden, nach der in der ersten Kurve nicht überholt wer-

den sollte – nur war man sich hinsichtlich der Definition dieser ersten Kurve keineswegs einig. Senna überholte jedenfalls, nach seiner Ansicht »noch auf der Geraden und weil Prost sich verschaltet hat«, und gewann. Prost fühlte sich ausgetrickst, Ron Dennis versuchte später noch – vielleicht ein bisschen ungeschickt – zu schlichten, aber die Eskalation war nicht mehr aufzuhalten. In Imola selbst stand dieser Streit freilich noch im Schatten des schweren Feuerunfalls von Gerhard Berger in der berüchtigten Tamburello-Kurve. Der Österreicher hatte es dem beherzten Eingreifen der Streckenposten zu verdanken, dass er mit relativ leichten Verletzungen davonkam und nach einem Rennen Pause schon wieder im Auto sitzen konnte.

Bei den folgenden Rennen wurde klar, dass es zwischen Prost und Senna keinerlei normale Kommunikation mehr gab. Der Bruch war nicht mehr zu kitten, und schon im Sommer erklärte der Franzose, er werde McLaren verlassen und 1990 für Ferrari fahren. Trotzdem kam er seinem dritten Weltmeistertitel immer näher, wobei ihm viele unglückliche Ausfälle Sennas – vor allem aus technischen Gründen – nützten.

In Japan dann die berühmt gewordene Situation, die Prost den Titel brachte. Bei einer Attacke von Senna in der Schikane lenkte Prost ein wenig früher ein und schob den Brasilianer von der Strecke. Der konnte zwar weiterfahren und sogar das Rennen gewinnen, aber der französische FIA-Präsident Jean-Marie Balestre ließ seinen Landsmann nicht im Stich: Senna wurde – mit etwas fadenscheinigen Begründungen – disqualifiziert. Nicht nur beim letzten Saisonrennen in Australien – das Abschiedsrennen der beiden deutschen Teams Rial und Zakspeed – beherrschte dieses Thema alle Diskussionen.

# Senna gegen Prost – Kampf, Politik und kein Ende

Die Diskussionen um den Ausgang der Weltmeisterschaft 1989 und die Ereignisse von Japan beherrschten den kompletten Winter bis zum Saisonstart 1990. Ayrton Senna hatte FIA-Präsident Jean-Marie Balestre offen vorgeworfen, die Weltmeisterschaft manipuliert zu haben, und wurde daraufhin erst einmal für 1990 vom Titelkampf ausgeschlossen. Balestre verlangte eine Entschuldigung, die dann offiziell auch abgegeben wurde – wenn auch nicht in diesem Wortlaut, wie Senna später erklärte. Jedenfalls war der Brasilianer beim Auftakt in Phoenix in den USA doch dabei, wenn auch sichtlich vergrämt über die ganzen Auseinandersetzungen. Die Pole-Position holte sich sein neuer McLaren-Teamkollege Gerhard Berger, der im Tausch gegen Alain Prost von Ferrari gekommen war. Doch im Rennen fand er dank eines spannenden Zweikampfs mit dem überraschend starken Jean Alesi im Tyrrell, den Senna am Ende sicher gewann, seine Freude am Rennsport wieder.

Im Laufe der Saison wurde schnell klar, dass sich die Weltmeisterschaft wieder zwischen den beiden Erzrivalen Senna und Prost entscheiden würde, auch wenn ab und zu auch andere Fahrer ein paar Akzente setzten. In Frankreich ließ ein Team aufhorchen, das normalerweise wenig Schlagzeilen machte: Leyton House mit Ivan Capelli und Mauricio Gugelmin. Der Italiener führte 45 Runden lang und wurde am Ende Zweiter. Der topfebene Kurs von Le Castellet war ideal für das aerodynamisch sehr effiziente Auto. Mit dieser Konstruktion machte ein Designer auf sich aufmerksam, der bald zum Top-Konstrukteur der Formel 1 wurde: Adrian Newey. In England beherrschte dann Lokalmatador Nigel Mansell die Schlagzeilen. Als er nach seiner Pole-Position im Rennen wieder einmal ausfiel und den Sieg seinem Teamkollegen Alain Prost überlassen musste, kündigte er wutentbrannt seinen Rücktritt zum Saisonende an – Theaterdonner.

In Jerez schlitterte die Formel 1 nur knapp an einer Katastrophe vorbei. Martin Donnelly verunglückte schwer. Dass er den Unfall, bei dem er aus seinem völlig zertrümmerten Lotus auf die

**Dass Martin Donnelly diesen Unfall in Jerez überlebte, bei dem sein Lotus vollständig zertrümmert wurde, grenzt an ein Wunder.**

Straße geschleudert wurde, überlebte, wenn auch mit schweren Beinbrüchen, grenzte an ein Wunder. Einer der ersten an der Unfallstelle war Ayrton Senna, der verstört an die Box zurückkam, aber kurz darauf noch einmal Bestzeit fuhr. In der Nacht besuchte er – als Einziger – Donnelly im Krankenhaus, und am Samstag sicherte er sich dann die 50. Pole-Position seiner Karriere. Doch im Rennen vertagte ein Ausfall des McLaren wegen eines Kühlerdefekts bei einem gleichzeitigen Sieg Prosts die Entscheidung auf Japan. Dort gab es dann eine Neuauflage der Entscheidung von 1989: Senna war schon nach dem Qualifying erbost darüber, dass die vorher getroffene Entscheidung, den ersten Startplatz von innen nach außen zu verlegen, nach seiner Pole-Position – wohl wieder auf Anweisung von Balestre – noch einmal revidiert wurde. Als Prost dann am Start prompt besser wegkam und auch noch ein klein bisschen »die Tür aufmachte«, um dann doch wieder nach innen zu ziehen, ließ es Senna in der ersten Kurve auf den Crash ankommen. Denn diesmal würde ein Doppelausfall ihm den Titel bringen. Das »Revanchefoul« glückte ...

**In Silverstone wurde Riccardo Patrese für seinen 200. Grand Prix geehrt.**

| | | | | |
|---|---|---|---|---|
| 1. | Ayrton Senna | (BRA) | McLaren-Honda | 78 Punkte |
| 2. | Alain Prost | (FRA) | Ferrari | 71 (73) Punkte |
| 3. | Nelson Piquet | (BRA) | Benetton-Ford | 43 (44) Punkte |

## Senna zum Dritten

Diskutiert wurde über die Weltmeisterschaftsentscheidung auch im Winter 1990/91 ziemlich lange und hitzig, aber wenigstens blieben diesmal die großen Machtkämpfe und Intrigen aus. So gehörten die Schlagzeilen eher Ereignissen wie dem Wechsel von Nigel Mansell zu Williams. Mit diesem Auto löste der Brite Alain Prost als Langzeitrivalen von Ayrton Senna im Kampf um den Weltmeistertitel ab. Prost erlebte ein sehr unglückliches Jahr bei Ferrari, hatte eigentlich nie eine echte Titelchance, das Verhältnis zum Team wurde immer schlechter, bis schließlich nach dem vorletzten Rennen in Japan die Spannungen eskalierten. Der flapsige Ausspruch des Franzosen, der Ferrari fahre sich wie ein Lastwagen, verärgerte die Italiener so sehr, dass sie Prost kurzerhand vor die Tür setzten.

Die Saison begann mit dem schon fast gewohnten Bild – einem überlegenen Ayrton Senna im McLaren-Honda, der sich beim Saisonauftakt in Phoenix in den USA sicher durchsetzte. Bei diesem Rennen gab ein junger Mann sein Formel-1-Debüt und stellte seinen Lotus gleich auf den 13. Startplatz – eine Leistung, die in der Fachwelt Aufsehen erregte. Sollte da ein ganz großes Talent heranwachsen? Der Name des schüchternen, blonden Finnen: Mika Häkkinen.
In Brasilien gewann Senna dann endlich – nach acht Jahren des Wartens – seinen Heim-Grand-Prix. Es war ein sehr hart erkämpfter Sieg: Das Getriebe des McLaren funktionierte in der Schlussphase nur noch eingeschränkt, in den

letzten sieben Runden hatte Senna nur noch den sechsten Gang zur Verfügung, und ein zu straff gezogener Sicherheitsgurt sorgte für zusätzliche körperliche Probleme. »Gott hat mir diesen Sieg geschenkt«, sagte der sehr gläubige Brasilianer später.
Senna gewann auch in Imola und Monaco, doch dann kamen die Williams richtig in Schwung, während sich bei McLaren die Probleme häuften. Unter anderem blieb Senna zweimal hintereinander in der letzten Runde wegen Spritmangel stehen. Riccardo Patrese gewann in Mexiko, Nigel Mansell in Frankreich, England und Deutschland – und er hätte auch zuvor in Kanada ganz oben auf dem Podest gestanden, wäre ihm nicht vor Begeisterung beim Winken ins Publikum in der letzten Runde der Motor abgestorben. Piquet bedankte sich für den geschenkten Sieg. Im Spätsommer überwanden die McLaren ihr Formtief, doch in Spa machte vor allem das sensationelle Debüt eines gewissen Michael Schumacher Schlagzeilen sowie dessen schneller Wechsel von Jordan zu Benetton mit all den damit verbundenen Querelen. Den Experten in der Formel 1 war schnell aufgefallen, dass dieser Junge aus Kerpen das Zeug dazu hatte, ein neuer Superstar zu werden. Doch dann rückte wieder der Titelkampf ins Zentrum des Interesses. Viele hatten die Entscheidung schon in Spanien erwartet, doch ein Sieg Mansells schob das Finale noch einmal hinaus. In Japan setzte sich Senna dann aber endgültig durch, und als Mansell in der zehnten Runde von der Strecke rutschte, war alles klar. Senna konnte es sich sogar leisten, den Sieg – auf Anweisung von McLaren-Chef Ron Dennis – seinem Teamkollegen Gerhard Berger zu überlassen.

1991 feierte Michael Schumacher (oben) ein sensationelles Debüt. Selbst der erfahrene Teamkollege Nelson Piquet sah meist nur das Heck des Newcomers (rechts).

| ENDSTAND | | | |
|---|---|---|---|
| 1. Ayrton Senna | (BRA) | McLaren-Honda | 96 Punkte |
| 2. Nigel Mansell | (GBR) | Williams-Renault | 72 Punkte |
| 3. Riccardo Patrese | (ITA) | Williams-Renault | 53 Punkte |

# Fast unschlagbar –
# Williams und Mansell

Es war das Jahr von Nigel Mansell, das Jahr der fast unschlagbaren Williams-Renault, die mit technischen Neuerungen wie der aktiven Radaufhängung und einem überlegenen Chassis neue Maßstäbe setzten, aber es war auch das Jahr der Abschiede und Kunstpausen. Nelson Piquet hatte sich – nicht zuletzt unter dem Eindruck der starken Leistungen seines Teamkollegen Michael Schumacher bei Benetton – aus der Formel 1 verabschiedet, um in der amerikanischen IndyCar-Serie sein Glück zu versuchen. Alain Prost legte nach seinem Hinauswurf bei Ferrari mehr oder weniger notgedrungen ein Jahr Pause ein, wurde aber in der zweiten Saisonhälfte indirekt zu einem der wichtigsten Akteure.

Nigel Mansell begann die Saison in großem Stil. Schnell wurde klar, dass McLaren-Honda in diesem Jahr den Williams-Renault nichts mehr entgegenzusetzen hatte. Selbst Mansells Teamkollege Riccardo Patrese war im Gegensatz zum Vorjahr für den Engländer kein echter Konkurrent mehr, da er mit der aktiven Radaufhängung des Williams nicht so gut zurechtkam.

So gewann Mansell die ersten fünf Saisonrennen und schien auch in Monaco auf dem Weg zum sicheren Sieg, ehe ihn ein Reifendefekt wenige Runden vor Schluss zu einem Boxenstopp zwang. Mit einigem Rückstand hinter dem nun führenden Senna reihte sich Mansell wieder ein und holte mit neuen Reifen nun natürlich sehr schnell auf. Die letzten sieben Runden, in denen Senna mit überragendem Können und allen Kniffen seine Führung bis zur Zielflagge verteidigte und so zum fünften Mal in Monaco gewann, wurden zu einem Klassiker der Grand-Prix-Geschichte.

Bereits in Ungarn sicherte sich Mansell den Weltmeistertitel, und beim folgenden Rennen in Spa feierte Michael Schumacher seinen ersten Sieg in der Formel 1. Aber mittlerweile drehte sich das Transferkarussell. Dabei kristallisierte sich heraus, dass Nigel Mansells Vertrag bei Williams wohl trotz der Weltmeisterschaft nicht verlängert werden würde. Alain Prost sollte kommen, und irgendwie hoffte Frank Williams immer noch auf das Traumteam Prost und Senna.

Doch der Franzose hatte sich vertraglich gegen so eine Lösung abgesichert.

In Monza erklärte Honda, sich am Ende der Saison aus der Formel 1 zurückziehen zu wollen, und auch Mansell erklärte wieder einmal seinen Rücktritt – um 1993 in der IndyCar-Serie zu starten. Senna, der erkannte, dass McLaren ohne die Honda-Motoren im nächsten Jahr noch chancenloser sein würde, versuchte alles, doch noch zu Williams zu kommen, doch in Portugal wurde Prost als Williams-Fahrer bestätigt. Verärgert dachte der Brasilianer sehr ernsthaft über ein Sabbatjahr nach. Denn der McLaren mit den Ford-Kundenmotoren, mit denen sich Ron Dennis für 1993 zufrieden geben musste – Benetton hatte bei Ford ältere Rechte und bessere Karten – schien ihm nicht sehr viel versprechend, und ein weiteres Jahr hinterherfahren wollte der siegegewohnte Senna nicht.

Nigel Mansell (oben) und Williams-Renault (links beim Boxenstopp) – die überlegene Kombination der Saison 1992. Ayrton Senna konnte immerhin seinen fünften Sieg in Monaco feiern (unten).

| | | | | |
|---|---|---|---|---|
| 1. | Nigel Mansell | (GBR) | Williams-Renault | 108 Punkte |
| 2. | Riccardo Patrese | (ITA) | Williams-Renault | 56 Punkte |
| 3. | Michael Schumacher | (GER) | Benetton-Ford | 53 Punkte |

## Das Jahr der Williams

Bei Ferrari wurden die Weichen neu gestellt. Jean Todt (oben) als neuer Rennleiter und das Fahrergespann Gerhard Berger (rechts) und Jean Alesi sollten den italienischen Traditionsrennstall wieder auf Erfolgskurs bringen. Der Durchbruch kam aber erst Jahre später mit Michael Schumacher.

Den Winter 1992/93 über war unklar, ob Ayrton Senna im neuen Jahr dabei sein oder pausieren würde. Wohl um seinen Superstar etwas unter Druck zu setzen, erklärte McLaren-Chef Ron Dennis im Februar, McLaren werde mit Michael Andretti und Mika Häkkinen an den Start gehen. Doch dann einigte sich der Brasilianer mit seinem Chef zunächst einmal auf einen Vertrag von Rennen zu Rennen, und Häkkinen musste sich mit der Rolle des Testfahrers zufrieden geben. Bei Williams war der Platz an der Seite von Alain Prost an Damon Hill gegangen, Gerhard Berger hatte McLaren in Richtung Ferrari verlassen, wo er neben Jean Alesi als Teamkollegen auch einen neuen Rennleiter bekommen sollte. Ferrari-Präsident Luca di Montezemolo hatte den Franzosen Jean Todt verpflichtet, um Ferrari wieder zu einem Siegerteam zu formen. Auch Michael Schumacher hatte bei Benetton einen neuen Teamkollegen bekommen. Für Martin Brundle kam von Williams Riccardo Patrese.

Zur Sensation wurde die Formel-1-Premiere des Sauber-Teams. Die Schweizer, mit dem Österreicher Karl Wendlinger und dem Finnen J.-J. Lehto angetreten und bisher vor allem als Mercedes-Partner in der Gruppe C bekannt, holten in Südafrika auf Anhieb zwei Punkte. Der Sieg ging an Alain Prost im überlegenen Williams-Renault, doch in den beiden darauf folgenden Rennen glänzte dann Ayrton Senna.

Zunächst gewann der Brasilianer seinen von wechselnden Wetterbedingungen geprägten Heim-Grand-Prix in Brasilien – Prost war im strömenden Regen von der Strecke geflogen, dann deklassierte er in Donington im Regen die gesamte Konkurrenz –, bei Nässe machte sich der Leistungsnachteil des McLaren-Ford nicht so sehr bemerkbar. Doch trotz der Erfolge war der Kampf zwischen Senna und Dennis um Geld und Prestige nicht beendet. Dazu versuchte der Brasilianer weiter, Ford davon abzubringen, das Benetton-Team bevorzugt zu bedienen.

Als er dann in Monaco zum sechsten Mal in seiner Karriere gewann, sah es so aus, als solle der Titelkampf doch noch spannend bleiben und Prost nicht der erwartete Durchmarsch gelingen. Doch in Kanada begann die große Siegesserie des Franzosen: Vier Triumphe in Folge, und dann war, wie um die Überlegenheit des Teams zu demonstrieren, dreimal Teamkollege Hill dran. McLaren war deutlich zurückgefallen – wohl auch deshalb, weil Senna die ganze erste Saisonhälfte bis zum Großen Preis von Frankreich, wo er sich mit Dennis endlich über einen Vertrag einigte, nicht getestet hatte.

In Portugal holte sich Alain Prost mit einem zweiten Rang hinter Michael Schumacher seinen vierten Weltmeistertitel und gab gleichzeitig seinen Rücktritt bekannt. Kurz darauf wurde offiziell, was schon die Spatzen von den Dächern pfiffen: Ayrton Senna würde 1994 im Williams sitzen. Zum Abschied von McLaren holte er sich in Japan und Australien noch zwei Siege und den Titel des Vizeweltmeisters. Als ihn in Adelaide am Sonntagabend Tina Turner auf die Bühne holte und ihr »Simply the Best« speziell für ihn sang, ahnte noch niemand, dass das sein letzter Sieg gewesen war.

**ENDSTAND**

| | | | | |
|---|---|---|---|---|
| 1. | Alain Prost | (FRA) | Williams-Renault | 99 Punkte |
| 2. | Ayrton Senna | (BRA) | McLaren-Ford | 73 Punkte |
| 3. | Damon Hill | (GBR) | Williams-Renault | 69 Punkte |

60 ● Gestern und heute

# Ein schwarzes Jahr

Vor Saisonbeginn 1994 war Ayrton Senna im Williams-Renault der unangefochtene Weltmeisterschaftsfavorit. Trotz einschneidender Regeländerungen, die elektronische Hilfsmittel wie Traktionskontrolle, elektronisch gesteuertes Gaspedal oder Getriebeprogrammierungen verboten und damit Williams einiger Vorteile beraubten, trotz der jetzt wieder erlaubten Tankstopps – wer sollte dieser Kombination schon Paroli bieten können? Doch dann kam alles ganz anders.

Beim Großen Preis von Brasilien verlor Senna beim Boxenstopp die Führung an Schumacher im Benetton-Ford. Bei der Aufholjagd drehte er sich von der Strecke – und wunderte sich später, warum Benetton so viel schneller hatte tanken können. In Aida, wo er sich das Rennen von der Strecke aus anschaute, nachdem ihn Mika Häkkinen in der ersten Runde von der Strecke geschoben hatte, wunderte er sich abermals und äußerte die Vermutung, dass der Benetton möglicherweise mit Traktionskontrolle unterwegs war. Dann kam der schwarze Tag von Imola: am Freitag der schwere Unfall von Rubens Barrichello, am Samstag der Tod von Roland Ratzenberger, am Sonntag Sennas tödlicher Unfall in der Tamburello-Kurve. Nicht nur die Formel-1-Welt war schockiert – und nichts schien mehr wie zuvor. Als sich in Monaco dann auch noch Karl Wendlinger bei einem Trainingsunfall lebensgefährliche Kopfverletzungen zuzog, brach bei den Verantwortlichen Panik aus. Gegenüber der Notwendigkeit, kurzfristig neue Sicherheitsvorkehrungen einzuführen und die Öffentlichkeit zu beruhigen, geriet alles andere in den Hintergrund – auch die in Imola vorgenommenen Software-Proben. Unterdessen siegte Schumacher weiter. Das Williams-Team, wo inzwischen der junge David Coulthard Sennas Platz eingenommen hatte, war einstweilen kein Gegner. Als die Analyse endlich veröffentlicht wurde, war das Aufsehen groß: Bei Benetton war verbotene Software gefunden worden. Doch die FIA beschloss, nicht einzugreifen – angeblich habe man nicht nachweisen können, dass die Software auch benutzt worden war ... Die Konkurrenz schäumte – unternehmen konnte sie nichts.

Die Situation war typisch für einen Sommer, in dem nur noch gestritten wurde, und fast immer ging es um Benetton. Schumacher überfuhr die schwarze Flagge in Silverstone und wurde für zwei Rennen gesperrt. Verstappens Feuerunfall beim Nachtanken in Hockenheim machte offenbar, dass Benetton die Tankanlage manipuliert hatte, sodass die Tankzeiten sensationell kurz waren. In Spa wurde Schumacher wegen eines zu stark abgeschliffenen Unterbodens disqualifiziert. Im Nachhinein machten Gerüchte die Runde über Mauscheleien zwischen der FIA und Benetton. So hätte das Team wegen der Tankaffäre vom Titelkampf ausgeschlossen werden müssen. Diesen Skandal habe die FIA vermeiden wollen, aber dafür habe Benetton Schumachers Disqualifikation in Spa akzeptieren müssen. Das Finale passte zur übrigen Saison. Schumachers Sperre hatte Damon Hill wieder herangebracht. Nach einem überzeugenden Sieg in Japan kam er mit nur einem Punkt Rückstand nach Adelaide. Dort übernahm Schumacher zwar die Führung, flog dann aber von der Strecke, prallte zurück und nahm dabei den innen durchstechenden Hill mit, den er angeblich nicht gesehen hatte. Schumacher war Weltmeister – aber der Titel hatte viele Schatten.

»Der König ist tot – es lebe der König!« Mit dem tragischen Unfalltod des ungekrönten Königs der Formel I, Ayrton Senna (oben), wurde Michael Schumacher (unten) die neue Nummer eins in der Königsklasse.

Ein Händedruck für die Fotografen. In Wahrheit war das Verhältnis zwischen Michael Schumacher und Damon Hill gespannt.

| ENDSTAND | | | |
|---|---|---|---|
| 1. Michael Schumacher | (GER) | Benetton-Ford | 92 Punkte |
| 2. Damon Hill | (GBR) | Williams-Renault | 91 Punkte |
| 3. Gerhard Berger | (AUT) | Ferrari | 41 Punkte |

## Schumacher: neun Siege und der zweite Titel

Nach dem schwarzen Jahr 1994 sollte in der Saison 1995 endlich wieder einigermaßen Ruhe einkehren. Michael Schumachers Teamkollege hieß Johnny Herbert, im Benetton steckte jetzt auch der Renault-Motor. Ansonsten blieben die Top-Teams weitgehend unverändert: Hill und Coulthard bei Williams, Berger und Alesi bei Ferrari. Bei McLaren – jetzt mit Mercedes-Motoren – übernahm Mark Blundell den Platz seines Landsmanns Martin Brundle neben Mika Häkkinen. Ein kurzes Experiment mit Nigel Mansell scheiterte sang- und klanglos.

*Der Schein trügt. Zwar hängt Michael Schumachers Benetton am Seil, aber das Auto hat, wie die Jubelgeste zeigt, soeben einen Grand Prix gewonnen (oben). Teamchef Flavio Briatore jubelt darüber genauso ausgelassen wie Jungstar Michael Schumacher (rechts).*

Doch erst einmal begann die Saison, wie das Vorjahr geendet hatte: mit Streit und Ärger. Michael Schumacher und David Coulthard wurden in Brasilien disqualifiziert, weil ihre Spritproben nicht dem zuvor eingereichten Muster entsprachen, Gerhard Berger zunächst zum Sieger erklärt. Doch dann hob die FIA das Urteil wieder auf, strich den Teams von Benetton und Williams nur die Punkte in der Konstrukteurswertung und sprach eine Geldstrafe aus.

In den ersten Saisonrennen schien es, als könne Damon Hill im Kampf um den Titel mit Michael Schumacher mithalten. Er siegte in Argentinien und in einem natürlich von starken Emotionen begleiteten Großen Preis von San Marino. Doch im Laufe der Saison setzte sich der Deutsche –

auch dank einiger merkwürdiger taktischer Entscheidungen der Williams-Box, recht deutlich an die Spitze. Er siegte in Spanien, Monaco, Frankreich, Deutschland und Belgien. In Kanada brachte ihn nur ein Getriebedefekt um den schon fast sicheren Sieg. So kam Jean Alesi im Ferrari zum ersten und einzigen Grand-Prix-Sieg seiner Karriere.

Das Duell zwischen Schumacher und Hill weckte auf und neben der Strecke viele Emotionen. Kollisionen der beiden in England und Italien – mit den üblichen gegenseitigen Schuldzuweisungen – heizten die Stimmung an, bei den Fahrern und bei den Fans. Zwei Wochen nach dem Crash von Silverstone musste sich Hill in Hockenheim von durch manche Medien aufgeputschten Schumi-Fans zum Teil böse Beschimpfungen gefallen lassen. Doch der Ausrutscher des in Führung liegenden Engländers in die Leitplanken gleich zu Beginn der zweiten Runde war wohl eher auf ein technisches Problem am Williams zurückzuführen. So gewann Schumacher zum ersten Mal sein Heimrennen, später im Jahr triumphierte er auch auf dem Nürburgring.

In Ungarn, kurz nach seiner Hochzeit, musste Schumacher einen der ganz wenigen technisch bedingten Ausfälle des Jahres hinnehmen, aber Hills bravouröser Sieg konnte die Weltmeisterschaft nicht mehr wenden. Schon im drittletzten Rennen des Jahres sicherte sich der Kerpener mit Saisonsieg Nummer acht, dem noch ein neunter in Suzuka folgte, seinen zweiten Weltmeistertitel. Im Schumi-Trubel gingen die tollen Leistungen von Heinz-Harald Frentzen fast unter. Der brachte den Sauber-Ford – Mercedes belieferte inzwischen McLaren – in Monza sogar auf den dritten Platz, sammelte insgesamt 15 Punkte und belegte am Ende einen guten neunten Platz.

ENDSTAND

| 1. | Michael Schumacher | (GER) | Benetton-Renault | 102 Punkte |
| 3. | Damon Hill | (GBR) | Williams-Renault | 69 Punkte |
| 3. | David Coulthard | (GBR) | Williams-Renault | 49 Punkte |

62 ● Gestern und heute

# Souverän – Damon Hill

Es gab einige Wechsel vor der Saison 1996. Michael Schumacher hatte mit seinem Transfer von Benetton zu Ferrari den Anstoß gegeben, und daraus ergaben sich weitere personelle Konsequenzen. Die bisherigen Ferrari-Piloten Gerhard Berger und Jean Alesi gingen gemeinsam zu Benetton, Schumachers Teamkollege wurde Eddie Irvine. David Coulthard wurde bei Williams von Jacques Villeneuve abgelöst, denn der Sohn des unvergessenen Gilles Villeneuve hatte sich als Meister der amerikanischen CART-Serie für die Formel 1 empfohlen. Für den Schotten fand sich aber schnell ein Platz bei McLaren-Mercedes neben Mika Häkkinen, der nach seinem fürchterlichen Unfall in Adelaide 1995 beim letzten Saisonrennen ein bewundernswertes Comeback gefeiert hatte.

Schon bald stellte sich heraus, dass Williams in dieser Saison keine echten Gegner haben würde. Michael Schumacher erkannte sofort, dass ihn bei Ferrari, wie erwartet, sehr viel Aufbauarbeit erwartete, und Berger wie Alesi kamen mit dem Benetton nicht zurecht.

Villeneuve eröffnete die Saison mit einem Paukenschlag. Beim ersten Formel-1-Start seiner Karriere eroberte er in Melbourne aus dem Stand die Pole-Position. Im Rennen kam Teamkollege Hill erst kurz vor Schluss an dem Kanadier vorbei, als der durch technische Probleme behindert wurde. Doch nach zwei verlorenen Weltmeisterschaften zog der Brite mit vier Siegen in den ersten fünf Rennen souverän davon. Nur am Nürburgring hatte Villeneuve in seinem erst vierten Grand Prix schon seinen ersten Sieg gefeiert.

In Monaco gab es mit dem Franzosen Olivier

Panis einen echten Überraschungssieger, nachdem Michael Schumacher auf nasser Straße in der ersten Runde von der Strecke gerutscht und Damon Hill mit einem Defekt ausgefallen war. In Spanien holte Schumacher dann mit einem cleveren Pokerspiel den ersten Sieg für Ferrari. Da er wusste, dass er bei Trockenheit ohnehin keine Chance hatte, setzte er bei unsicherem Wetter als einziger Fahrer konsequent auf eine Regenabstimmung, und als es dann in Strömen goss, deklassierte er die Konkurrenz.

Nach weiteren drei Siegen sah Damon Hill schon wie der sichere Weltmeister aus. In einem der nächsten Rennen würde er sich den Titel sichern. Doch in Ungarn und den darauf folgenden Läufen unterliefen dem Team einige sonderbare Fehler, vor allem bei der Boxenregie. Gleichzeitig verdichteten sich die Gerüchte, dass Hill am Ende der Saison seinen Platz im Team an Heinz-Harald Frentzen verlieren würde. Hills Manager, so hieß es, habe unter anderem bei seinen Gehaltsforderungen zu hoch gepokert. Wollte Frank Williams etwa Villeneuve, den Fahrer, der ihm blieb, zum Weltmeister machen? In Monza, wo Michael Schumacher zur Freude der Tifosi einen Heimsieg für Ferrari holte, wurde Frentzens Verpflichtung bestätigt, und in Portugal machte Hill gegen Villeneuve keine gute Figur. Nerven oder Teampolitik, das war die Frage vor dem Finale in Suzuka. Doch dort belehrte der Brite jene Zweifler, die glaubten, er werde den Titel wieder in letzter Sekunde verspielen, eines Besseren. Souverän gewann er Rennen und Weltmeisterschaft. Villeneuve hatte bereits den Start verpatzt und war dann, an vierter Stelle liegend, ausgeschieden, als sich ein Rad an seinem Williams selbstständig gemacht hatte.

Damon Hill in seinem Williams-Renault in Führung vor den beiden Ferraris – ein Bild, an das man sich in dieser Saison ebenso gewöhnte wie an den sonst so zurückhaltenden Engländer in Jubelpose (unten).

Inmitten weiblicher Schönheit fühlte sich Schumachers Teamkollege Eddie Irvine am wohlsten.

| | | | | |
|---|---|---|---|---|
| 1. | Damon Hill | (GBR) | Williams-Renault | 97 Punkte |
| 2. | Jacques Villeneuve | (CAN) | Williams-Renault | 78 Punkte |
| 3. | Michael Schumacher | (GER) | Ferrari | 59 Punkte |

1997 hieß die Erfolgs-
formel Williams-
Renault (unten
rechts). Die Williams-
Piloten Heinz-Harald
Frentzen (ganz oben)
und Jacques Ville-
neuve (oben) waren
Stammgäste auf den
Podien der Renn-
strecken, und zu-
letzt gewann der
Kanadier auch die
Weltmeisterschaft.

# Ein Foul mit Folgen

Heinz-Harald Frentzen als neuer Teamkollege
von Jacques Villeneuve im Weltmeisterteam von
Williams, Michael Schumachers Bruder Ralf als
Formel-1-Debütant bei Jordan neben Gianni
Fisichella und Damon Hill im Arrows – das
waren die wichtigsten personellen Veränderungen vor Saisonstart. Besonders der Wechsel des
amtierenden Weltmeisters war auf viel Unver-
ständnis gestoßen. Darüber hinaus gab es ein
neues Design bei McLaren-Mercedes. Ein Wechsel des Zigarettensponsors machte es möglich,
dass die Autos in Anlehnung an die große Mer-
cedes-Tradition wieder zu echten »Silberpfeilen«
wurden.
Und das neue Design holte prompt den Erfolg
zurück. Der Saisonauftakt in Melbourne wäre
für McLaren das 50. Rennen ohne Sieg gewesen,
da beendete David Coulthard die schwarze Serie.
Tätige Mithilfe hatte Eddie Irvine geleistet, der in
der ersten Kurve den hoch favorisierten Jacques
Villeneuve von der Strecke bugsiert hatte, während Heinz-Harald Frentzen ein Bremsdefekt
aus dem Rennen warf.
Im Laufe der Saison wurde rasch deutlich, dass
der Titelkampf zum Duell zwischen Villeneuve
und Michael Schumacher werden würde. Heinz-
Harald Frentzen kam zwar in Imola zum ersten
Grand-Prix-Sieg seiner Karriere, doch eine Por-
tion Pech und vielleicht auch die Sensibilität des
Mönchengladbachers, die nicht so recht zum
rauen Klima bei Williams passte, verhinderten,
dass er die Vormachtstellung seines Teamkolle-
gen wirklich angreifen konnte.
In Frankreich erlebte die deutsche Formel-1-
Fraktion einen besonderen Tag: Michael Schu-
macher vor Heinz-Harald Frentzen und Ralf
Schumacher, so lautete die Startaufstellung. Drei
Deutsche auf den ersten drei Plätzen, das hatte es
noch nie gegeben. Im Rennen siegte Schumi vor
Frentzen – der zweite deutsche Doppelsieg nach
Imola. Hin und her wechselte die Führung. In
Österreich warf eine Zeitstrafe wegen eines

Überholmanövers unter gelber Flagge Schumacher weit zurück, am Nürburgring wurde er
Opfer einer Startkollision, an der auch sein Bruder Ralf maßgeblich beteiligt war, dafür wurde
Jacques Villeneuve in Japan wegen Missachtung
einer gelben Flagge im Training vom Rennen
ausgeschlossen. Der Kanadier startete zwar,
nachdem Williams in die Berufung ging, aber
diese wurde später zurückgezogen, Villeneuves
fünfter Platz somit nicht gewertet. Bereits in
Japan hatte es Streit über eine neue Flügelkons-
truktion gegeben, die Ferrari genehmigt worden
war, obwohl sie ziemlich »beweglich« aussah,
worauf Williams-Konstrukteur Patrick Head
sichtlich verärgert polterte: »Das Gleiche hat
man uns verboten.«
Entsprechend aufgeheizt war die Stimmung beim
Finale in Jerez: Schumacher war mit einem
Punkt Vorsprung nach Spanien gekommen. Im
Training fuhren die beiden Titelkandidaten und
Frentzen aufs Tausendstel die gleiche Zeit. Im
Rennen endete ein Angriff Villeneuves auf den
führenden Schumacher mit dem berühmt-
berüchtigten »Schumi-Rammstoß«, bei dem der
Kerpener den Ferrari demolierte, Villeneuve aber
weiterfahren konnte. In der Schlussphase ging
der Kanadier auf Nummer sicher und ließ die
beiden McLaren-Mercedes vorbei, Platz drei
reichte zum Titel – ein schönes Abschiedsgeschenk für Renault, das sich aus der Formel 1
verabschiedete. Mika Häkkinen kam so zu seinem ersten Grand-Prix-Sieg. Schumachers Foul
hatte ein Nachspiel: Wegen Unsportlichkeit
strich ihm die FIA alle Punkte und erkannte ihm
den Vizeweltmeistertitel ab.

# Das Jahr der Silberpfeile

Schon 1997 hatte es sich angedeutet – die Silberpfeile von McLaren-Mercedes waren im Kommen. Der Wechsel von Design-Genie Adrian Newey von Williams zu McLaren begann Früchte zu tragen. Mehrfach waren im letzten Saisondrittel '97 Häkkinen und Coulthard bereits die Schnellsten gewesen und nur an der mangelnden Zuverlässigkeit gescheitert. Das sollte sich 1998 ändern. Nach 14 Jahren in der Formel 1 hatte sich Gerhard Berger Ende 1997 aus der Formel 1 verabschiedet, seinen Platz bei Benetton nahm nun sein Landsmann Alexander Wurz ein. Dessen Teamkollege wurde Gianni Fisichella, dem Damon Hill nach einjährigem Gastspiel bei Arrows nun zu Jordan folgte. Williams und Benetton mussten nach dem offiziellen Rückzug von Renault nun mit den von Megachrome überarbeiteten Vorjahrestriebwerken vorlieb nehmen. McLaren-Mercedes sorgte gleich beim Saisonauftakt in Australien für Schlagzeilen. Nicht nur durch den Doppelsieg an sich, sondern auch durch die Art und Weise, wie dieser zustande gekommen war. Denn nachdem Häkkinen die Führung durch einen Fehler der Boxenregie an Coulthard verloren hatte, drehte McLaren-Chef Ron Dennis die Reihenfolge per viel diskutierter Stallorder wieder um. Die nächste Debatte gab es in Brasilien. Die FIA hatte auf Antrag von Ferrari ein neues Bremssystem am McLaren verboten, das ihr eigener Technischer Delegierter zuvor schon genehmigt hatte.

Dennoch dominierten die McLaren und vor allem Mika Häkkinen im ersten Saisondrittel. Vier Siege und ein zweiter Platz in den ersten sechs Rennen sprachen eine deutliche Sprache, vor allem der Triumph in Monaco war für den Finnen »die Erfüllung eines Traumes«. Doch Michael Schumacher gab sich noch lange nicht geschlagen. Zwischen den großen Preisen von Kanada und Ungarn gewann auch er vier Rennen, wurde einmal Dritter und einmal Fünfter und kam in der Wertung wieder bis auf sieben Punkte an Häkkinen heran. In Belgien zwang eine Massenkollision von 13 Autos kurz nach dem Start im strömenden Regen den Veranstalter zum Rennabbruch. Nach dem Neustart schien Schumacher auf dem Weg zur Führung im Titel-

kampf. Häkkinen war ausgeschieden, er selbst klar in Führung – doch dann blieb er beim Überrunden am zweiten McLaren von David Coulthard hängen, riss sich ein Rad ab und schied aus – ein Zwischenfall, der sehr polemisch kommentiert wurde. Jordan feierte einen Doppelsieg durch Damon Hill vor Ralf Schumacher.

In Monza wurde der für 1999 geplante Fahrertausch zwischen Williams und Jordan – Frentzen zu Jordan, Ralf Schumacher zu Williams – offiziell. Das Rennen gewann Schumacher, Häkkinen wurde nach einem Dreher wegen Bremsversagens nur Vierter – damit stand es in der Weltmeisterschaft 80:80.

Doch Häkkinen bewies, dass er unter Druck besonders stark war. Schon seinen Sieg am Nürburgring gegen Schumacher hatten ihm viele nicht zugetraut, doch in Japan stellte er mit einem souveränen Sieg den Titel sicher. Schumacher war bereits am Start der Motor abgestorben, sodass er von hinten losfahren musste. Nach starker Aufholjagd platzte ihm schließlich, relativ chancenlos auf Platz drei liegend, ein Reifen – das Duell war entschieden.

In dieser Saison waren die schnellen McLaren-Mercedes (links) auch standfest genug, um die Weltmeisterschaft zu gewinnen. Mika Häkkinen und David Coulthard hatten Grund zum Jubeln (unten).

Beim großen Preis von Belgien feierten Damon Hill und Ralf Schumacher einen Doppelsieg für Jordan (links) – der größte Erfolg für das irische Team.

**ENDSTAND**

| | | | | |
|---|---|---|---|---|
| 1. | Mika Häkkinen | (FIN) | McLaren-Mercedes | 100 Punkte |
| 2. | Michael Schumacher | (GER) | Ferrari | 86 Punkte |
| 3. | David Coulthard | (GBR) | McLaren-Mercedes | 56 Punkte |

Mika Salo konnte trotz guter Ansätze den verletzten Michael Schumacher im Ferrari nie vollwertig ersetzen.

## Folgenreicher Crash in Silverstone

Mit drei Aufbaujahren bei Ferrari hatte Michael Schumacher gerechnet, als er 1996 bei den Italienern angetreten war. In den beiden vorangegangenen war er nun zweimal recht knapp am Weltmeistertitel vorbeigeschrammt, 1999 sollte es nun endlich klappen. Schließlich hatte er mit Rennleiter Jean Todt, Technikchef Ross Brawn und Designer Rory Byrne – die beiden Letzteren hatten ja schon an seinen Erfolgen bei Benetton mitgewirkt – sein Wunschteam hinter sich und mit allen zusammen harte Arbeit geleistet. Jacques Villeneuve hatte Williams verlassen und war ins neue BAR-Team seines Freundes und Managers Craig Pollock gegangen, das zwar mit hohen Ansprüchen und Erwartungen antrat, aber ebenso enttäuschte wie Alex Zanardi, neben Ralf Schumacher der zweite Neuzugang bei Williams. Nach seinen großen Erfolgen in der CART-Serie hatte man dem Italiener viel zugetraut, doch gegen Ralf Schumacher machte er kaum einen Stich. Die positive Überraschung des Jahres waren eindeutig Heinz-Harald Frentzen und Jordan. Drei Siege und der dritte Platz in der Weltmeisterschaft, bis zum vorletzten Lauf sogar mit im Rennen um den Titel – damit zeigte der Mönchengladbacher, was in ihm steckte.

Der erste Saisonsieg in Australien ging dann an Eddie Irvine für Ferrari, nachdem Michael Schumacher genauso wie die beiden McLaren ausgeschieden war. Doch schon bald war klar, dass der Titelkampf wieder auf das Duell Häkkinen gegen Schumacher hinauslaufen würde.

Aber nur bis zum britischen Grand Prix in Silverstone. Da landete Michael Schumacher nach einem Bremsproblem in der ersten Runde sehr heftig in Reifenstapeln und Leitplanken, brach sich das rechte Bein und musste bis zum vorletzten Grand Prix in Malaysia pausieren.

Nach dem Ausfall von Schumacher schien Häkkinen ungefährdeter Titelfavorit, doch in der Folgezeit kam es bei McLaren-Mercedes zu rätselhaften Fehlleistungen: In Österreich schob Teamkollege Coulthard Häkkinen kurz von der Strecke und verpatzte ihm den Sieg. In Belgien blieb die vielfach erwartete Stallorder aus, als der Schotte vor dem Finnen gewann, in Monza drehte sich Häkkinen von der Strecke und in Hockenheim hatte er Pech mit einem Reifen. Die Folge: Eddie Irvine konnte für den verletzten Schumacher bei Ferrari in die Bresche springen und kam mit Siegen in Österreich und Deutschland in Schlagdistanz. Auch wenn ein völlig verkorkster Boxenstopp am Nürburgring Spekulationen nährte, dass Ferrari mit dem Nordiren wohl selbst gar nicht Weltmeister werden wollte – es wurde eng. In Malaysia feierte Schumacher sein Comeback, und Ferrari dominierte auf einmal in einer Weise, die bei der Konkurrenz Kopfschütteln erregte. Schumacher überließ Irvine den Sieg, und Rot jubelte – aber nicht lange. Da die Deflektoren an den Ferraris nicht dem Reglement entsprachen, flogen Irvine und Schumacher aus der Wertung, und damit wäre Häkkinen Weltmeister gewesen. Doch eine Woche später hob das World Council der FIA unter sonderbaren Begründungen diese Entscheidung wieder auf. So kam es doch zum Finale in Japan – bei vier Punkten Vorsprung für Irvine. Doch wieder einmal behielt Häkkinen die Nerven. Er gewann das Rennen und den Titel. Für seine Fans war es ein Sieg der Gerechtigkeit.

Wer gedacht hatte, nach der verletzungsbedingten Zwangspause Michael Schumachers hätten die Silberpfeile leichtes Spiel, sah sich getäuscht. Erst im letzten Rennen der Saison konnte Mika Häkkinen seinen Titel verteidigen.

### ENDSTAND

| | | | | |
|---|---|---|---|---|
| 1. | Mika Häkkinen | (FIN) | McLaren-Mercedes | 76 Punkte |
| 2. | Eddie Irvine | (GBR) | Ferrari | 74 Punkte |
| 3. | Heinz-Harald Frentzen | (GER) | Jordan-Mugen-Honda | 55 Punkte |

# Erste Weltmeisterschaft für Ferrari nach 21 Jahren

21 Jahre musste Ferrari auf den Titel warten – seit Jody Scheckter 1979 hatte kein Fahrer mehr die Weltmeisterschaft nach Maranello geholt. So war der Titelgewinn durch Michael Schumacher im Jahr 2000 für die Italiener eine Erlösung – besonders auch für Ferrari-Chef Luca di Monte-zemolo, der immer wieder hatte durchblicken lassen, dass die Zukunft sogar des Teams zur Debatte stehen könnte, wenn sich nicht endlich wieder der ganz große Erfolg einstellen würde. Nach drei Jahren mit Eddie Irvine hatte Schumacher mit dem Brasilianer Rubens Barrichello einen neuen Teamkollegen bekommen. Die bei-den hatten die Plätze getauscht, und Irvine fuhr nun für Jaguar, das vormalige Stewart-Team. Der neue Mann an der Seite von Heinz-Harald Frentzen war nach dem Rücktritt von Damon Hill der Italiener Jarno Trulli, während Ales-sandro Zanardi von dem erst 20-jährigen briti-schen Formel-3-Star Jenson Button abgelöst wurde. Außerdem trat das Williams-Team erst-mals mit den lange erwarteten BMW-Motoren an. Neben den drei Etablierten hatte ein vierter Deutscher den Sprung in die Formel 1 geschafft: Nick Heidfeld, der Mercedes-Schützling und Formel-3000-Europameister des Jahres 1999, versuchte sein Glück im Team von Alain Prost. Die Saison begann für Schumacher mit drei Sie-gen in Serie optimal, und nach dem Großen Preis von Kanada waren es bereits deren fünf gegen-über zwei von David Coulthard und nur einem von Mika Häkkinen. Sollte damit schon eine Vorentscheidung gefallen sein?
Auch BMW-Williams überzeugte auf Anhieb – zur Freude von Ralf Schumacher, der gleich drei-mal als Dritter auf dem Treppchen stand. Davon konnten die beiden anderen deutschen Fahrer nur träumen. Jordan erlebte nach dem Höhen-flug des Vorjahres eine Enttäuschung. Auch Nick Heidfeld konnte mit dem weder schnellen noch zuverlässigen Prost nur wenige Glanzlich-ter setzen, und wenn es dann – wie am Nürbur-gring im Training – einmal lief, dann ging etwas anderes schief. Da wurde Heidfeld aus der Wer-tung genommen, weil das Auto um zwei Kilo zu leicht war.

Entgegen allen Erwartungen wurde der Titel-kampf noch einmal spannend. Ein technischer Ausfall und zwei Kollisionen Schumachers ließen Häkkinen noch einmal herankommen. Nach zwei Siegen des Finnen in Ungarn und Belgien – nach einem sensationellen Überhol-manöver gegen Schumacher mithilfe des über-rundeten Ricardo Zonta – schien Häkkinen doch noch seinen Titel verteidigen zu können. Doch dann wurde der Ferrari zur allgemeinen Überra-schung in den 14 Tagen zwischen Belgien und Monza auf einmal sensationelle 1,5 Sekunden pro Runde schneller, und Schumacher gewann den Heim-Grand-Prix, der freilich durch einen tödlichen Unfall überschattet war. Bei einer Startkollision, die mit einem Crash zwischen Barrichello und Frentzen begann, erschlug ein abgerissenes Rad einen Streckenposten. In Indi-anapolis stoppte den in aussichtsreicher Position liegenden Häkkinen ein Motorschaden, sodass sich Schumacher mit einem weiteren Sieg in Japan schon im vorletzten Rennen den lang ersehnten Titel sichern konnte.

Als David Coulthard in Frankreich an Michael Schumacher vorbeikam, zeigte er ihm den »Stinkefin-ger« (oben).

Die erste Weltmeis-terschaft für Ferrari nach 21 Jahren war der Triumph des gesamten Teams (links), das brillant und fast fehlerfrei gearbeitet hatte, und das nicht nur an der Piste (unten). Welt-meister Michael Schu-macher (ganz unten) wusste diese Leistung wohl zu würdigen.

**ENDSTAND**

| | | | | |
|---|---|---|---|---|
| 1. | Michael Schumacher | (GER) | Ferrari | 108 Punkte |
| 2. | Mika Häkkinen | (FIN) | McLaren-Mercedes | 89 Punkte |
| 3. | David Coulthard | (GBR) | McLaren-Mercedes | 73 Punkte |

# Schumi bricht alle Rekorde

Nach Jahren spannender Weltmeisterschaftsentscheidungen brachte die Saison 2001 in dieser Hinsicht eher gepflegte Langeweile. Zu groß war die Überlegenheit der Kombination Michael Schumacher und Ferrari. Bereits im August stand der Kerpener in Ungarn zum vierten Mal in seiner Karriere als Weltmeister fest. Das lag natürlich auch daran, dass sich die Konkurrenz zum Teil erstaunlich schwach präsentierte. Bei BMW-Williams hatte der von Frank Williams hoch geschätzte Kolumbianer Juan-Pablo Montoya den an Benetton ausgeliehenen Jenson Button an der Seite von Ralf Schumacher abgelöst. Doch trotz beeindruckender Leistungen fehlte es dem Team insgesamt noch an der Zuverlässigkeit, um zur ernsthaften Gefahr für Schumacher zu werden. Und McLaren-Mercedes, wo sich Mika Häkkinen zum Pechvogel des Jahres entwickelte, leistete sich einfach zu viele Pannen, sodass sich für David Coulthard keine realen Weltmeisterschaftschancen ergaben.

Der große Preis von Deutschland zeigte, dass mit BMW-Williams ein echter Konkurrent für die »Großen Zwei«, Ferrari und McLaren-Mercedes, erwachsen war. Juan-Pablo Montoya (rechts) stand auf der Pole-Position, aber im Rennen siegte sein Teamkollege Ralf Schumacher (unten).

Die positive Überraschung des Jahres lieferte das Schweizer Sauber-Team. Mit einer völlig neuen, jungen Fahrerbesetzung, dem von Prost gekommenen Nick Heidfeld und dem finnischen Supertalent Kimi Räikkönen aus der Formel Renault, der vor seinem Grand-Prix-Debüt ganze 23 Autorennen hinter sich hatte, erreichte das Schweizer Team einen sensationellen vierten Platz in der Konstrukteurswertung. Heidfeld stand beim Großen Preis von Brasilien als Dritter sogar auf dem Podium.

Teamchef Peter Sauber konnte sich seiner großen Entdeckung allerdings nicht allzu lange erfreuen. Denn McLaren-Mercedes warb den Finnen für 2002 ab – als Nachfolger für Mika Häkkinen, der sich angesichts seiner anhaltenden Erfolglosigkeit im Laufe der Saison entschlossen hatte, zu pausieren – einstweilen zumindest für ein Jahr. Die Saison begann in Australien mit einem Schumacher-Sieg, der aber kaum Beachtung fand angesichts der Tatsache, dass schon wieder ein Streckenposten nach einem Unfall durch umherfliegende Teile den Tod gefunden hatte. Im Regen von Malaysia war die Überlegenheit der Ferrari dann so erdrückend, dass die Vermutung, die Italiener bedienten sich der – in diesem Rennen noch verbotenen – Traktionskontrolle, wie-

der überall die Runde machte. Zwei Wochen später war beim ebenfalls auf nasser Straße abgehaltenen Großen Preis von Brasilien von dieser Überlegenheit nichts mehr zu erkennen.

In Imola holte sich dann Ralf Schumacher den ersten Grand-Prix-Sieg seiner Karriere und mit dem Großen Preis von Spanien wurde die Elektronikfrage wieder zum Thema – wenn auch in anderer Form als zuvor. Lange schon war in den Verbänden über die Zulassung elektronischer Fahrhilfen diskutiert worden, weil man in den letzten Jahren immer klarer erkannt hatte, dass sich das seit 1994 geltende Verbot nicht wirksam überwachen ließ.

Nun waren also Traktionskontrolle, Startautomatik und Getriebeprogrammierungen wieder

erlaubt. Allerdings funktionierten die elektronischen Helferlein zunächst bei einigen Teams alles andere als zuverlässig. Vor allem bei McLaren und Jordan hatten die Experten alle Hände voll zu tun, um die widerspenstige Startautomatik zum Funktionieren zu bringen. David Coulthard kosteten diese Widrigkeiten unter anderem einen Sieg in Monaco und weitere wertvolle Weltmeisterschaftspunkte. So hatte der Schotte gar keine Chance, den souveränen Michael Schumacher und dessen außerordentlich zuverlässigen Ferrari in der Weltmeisterschaft zu irgendeinem Zeitpunkt zu gefährden. In Ungarn holte sich Schumacher mit Saisonsieg Nummer sieben – von insgesamt neun Triumphen – den Titel. Mit 51 Grand-Prix-Siegen zog er dabei auch in der ewigen Bestenliste mit Alain Prost gleich, und schon ein Rennen später in Belgien war er der alleinige Rekordhalter.

Heinz-Harald Frentzen erlebte ein sehr viel schlechteres Jahr. Bei Jordan eskalierten nach vielen Misserfolgen die Spannungen zwischen Eddie Jordan und ihm. Vor dem deutschen

Nach seinem Hinauswurf bei Jordan fand Heinz-Harald Frentzen rasch wieder einen Platz – im hoffnungslos unterlegenen Prost-Team.

Michael Schumacher (unten) verteidigte mit dem Ferrari nicht nur souverän seinen Weltmeistertitel, sondern brach die Rekorde Alain Prosts sowohl in Hinsicht auf die Zahl der Siege als auch der gewonnenen Punkte.

Grand Prix in Hockenheim setzte Jordan dem Mönchengladbacher den Stuhl vor die Tür. Ab Mitte August fand er zwar bei Prost Unterschlupf, konnte auch einige Akzente setzen und das Auto weiterentwickeln, zu einem weiteren Punkt reichte es aber nicht.

Die Sauber (links) waren mit ihrem 4. Platz in der Konstrukteurswertung das Überraschungsteam der Saison.

**ENDSTAND**

| | | | | |
|---|---|---|---|---|
| 1. | Michael Schumacher | (GER) | Ferrari | 123 Punkte |
| 2. | David Coulthard | (GBR) | McLaren-Mercedes | 65 Punkte |
| 3. | Rubens Barrichello | (BRA) | Ferrari | 56 Punkte |

# Die Teams der Formel I

Viele Teams haben in den letzten 50 Jahren versucht, in der Königsklasse des Motorsports Fuß zu fassen. Ein nicht geringer Teil davon ist wieder aus der Szene verschwunden, ohne nennenswerte Spuren zu hinterlassen. Selbst die Tabelle auf den Seiten 76 und 77 erfasst nur jene Teams, die wenigstens die Qualifikation für ein Rennen geschafft haben. Erfolgreich waren in erster Linie die großen Werksteams sowie Truppen, die sich um eine sportlich und unternehmerisch bedeutende Persönlichkeit bildeten, z.B. Brabham, McLaren, Tyrrell oder Williams.

## Alfa Romeo

Der Name hat einen großen Klang im Motorsport – vor allem in der Geschichte: Schon in den 20er- und 30er-Jahren gehörte Alfa Romeo zu den Vorreitern im Motorsport, und mit dem Beginn der Formel-1-WM 1950 setzte sich diese Tendenz fort. Alfa war das eindeutig dominierende Team der beiden ersten Formel-1-Jahre, holte da auch jeweils die Fahrerweltmeisterschaft durch Farina und Fangio, musste dann allerdings aus finanziellen Gründen die Segel streichen. Weniger erfolgreich waren spätere Versuche: Zunächst handelte Carlo Chiti, ein früherer Ferrari-Ingenieur, der inzwischen mit seiner eigenen Firma Autodelta das Alfa-Sportprogramm abwickelte, einen Motorenvertrag mit Brabham aus, 1979 debütierte Alfa dann mit einem eigenen Auto. Es gab zwar einige Highlights – so führten Bruno Giacomelli in Watkins Glen 1980 und Andrea de Cesaris in Spa 1982 jeweils bis zum Ausfall, doch ein Sieg gelang den Italienern bis zum Rückzug 1985 nicht mehr.

## Arrows

Gemessen am Verhältnis zwischen Starts und Erfolgen hält das Arrows-Team, das heute von Tom Walkinshaw geführt wird, den Negativrekord: 371 Grand-Prix-Starts, aber noch kein einziger Sieg. Ab und zu war die Truppe zwar schon nahe dran, so 1997 in Ungarn, als Damon Hill bis drei Runden vor Schluss unangefochten in Führung lag, dann aber aufgrund eines Hydraulikdefekts doch noch von Jacques Villeneuve überholt wurde.

Relativ spektakulär war die Entstehungsgeschichte des Teams: 1978 spaltete sich eine Gruppe von Geldgebern, Management und Technikern von Shadow ab: Franco Ambrosio, Alan Rees, Jackie Oliver, Dave Wass und Tony Southgate bedienten sich dabei großzügig bei den Plänen und Entwürfen ihres alten Arbeitgebers. So war der erste Arrows 1978 kaum mehr als eine Kopie des Shadow. Der Fall kam vor Gericht, und Arrows musste ein neues Auto bringen – worauf man allerdings vorbereitet war.
Aus deutscher Sicht geriet das britische Team mehrfach ins Blickfeld: Ende der 70er-Jahre durch den Sponsor Warsteiner und den Fahrer Jochen Mass, 1991 dann durch ein allerdings ziemlich unglückliches Motorenengagement von Porsche. Für die Saison 2002 wurde Heinz-Harald Frentzen als Fahrer verpflichtet.

Jochen Mass im Arrows von 1979. Das Team ist seit 1978 in der Formel I und immer noch ohne Sieg.

Carlo Chiti gelang es zwar, mit Alfa-Romeo-Motoren bei Brabham ins Geschäft zu kommen, aber die großen Erfolge blieben aus.

Der Benetton-Pate – Flavio Briatore führte sein Team zu zwei Weltmeisterschaften, geriet aber mitunter ins Zwielicht.

## ATS

Der Mannheimer Unternehmer Günter Schmid, mit seiner Felgenfirma ATS zum Millionär geworden, war der erste deutsche Privatier, der sich als Teamchef in der Formel 1 versuchte. Doch mehr als hier und da ein paar Pünktchen standen nach den acht Jahren zwischen 1977 und 1984 nicht zu Buche. Dabei ist Schmid nicht nur am geringen Budget, sondern oft auch an seinem eigenen Charakter gescheitert. Die Streitigkeiten in der ATS-Box – mit Fahrern, mit Technikchefs, besonders dem Österreicher Gustav Brunner, aber auch mit Mechanikern, konnten so weit gehen, dass der Chef einen ihm nicht genehmen Flügel höchstpersönlich zertrat. Damit trug ATS zwar regelmäßig zur Erheiterung der restlichen Formel-1-Szene bei, nicht aber zur Stärkung der eigenen Truppe. Als durch das Turbo-Zeitalter die Kosten immer weiter stiegen, gab Schmid Ende 1984 auf – um es 1988 mit Rial noch einmal zu versuchen.

Das ATS-Team des Felgenherstellers Günter Schmid gehört zu den zahlreichen kleineren Formel-1-Teams, die in der Königsklasse des Rennsports nie richtig Fuß fassen konnten und nach einigen Jahren der Erfolglosigkeit wieder verschwanden.

## BAR

Als das British American Racing Team 1999 die Grand-Prix-Bühne betrat, war der PR-Effekt ebenso hoch wie die eigene Erwartungshaltung. Craig Pollock, Freund und Manager von Jacques Villeneuve, und die Techniker Adrian Reynard und Malcolm Oastler, hatten mit viel Geld des Zigarettenkonzerns BAT die Überbleibsel des Tyrrell-Teams aufgekauft und ein eigenes Team auf die Beine gestellt. Doch obwohl Jacques Villeneuve dem Ruf seines Freundes Pollock – und dem eines beträchtlichen Gehalts – folgte, gelang bis jetzt weder mit den Supertec-Motoren 1999 noch mit den Honda-Triebwerken seit dem Jahr 2000 der ganz große Durchbruch. Dritte Plätze blieben bis zum Saisonende 2001 die einzige Ausbeute. Im Winter 2001 zogen die Geldgeber erste Konsequenzen: Pollock wurde als Teamchef durch den Engländer Dave Richards abgelöst, der aus dem Rallyesport kommt, aber 1998 schon einmal ein kurzes Formel-1-Gastspiel bei Benetton gab.

## Benetton

Bis 1986 war die italienische Modefirma Benetton in der Formel 1 nur als Sponsor aufgetreten, doch dann wollte man mehr. Luciano Benetton kaufte das englische Toleman-Team auf – und man konnte schnell den ersten Sieg durch Gerhard Berger in Mexiko 1986 feiern. Doch der Aufstieg zum Spitzenteam begann Ende der 80er. Der wegen seiner Vergangenheit und seiner Geschäftsmethoden nicht ganz unumstrittene Flavio Briatore hatte als Teammanager Peter Collins abgelöst, 1990 kam mit Nelson Piquet ein dreimaliger Weltmeister, und 1991 machte Briatore das Geschäft seines Lebens, als er Michael Schumacher sofort nach dessen Grand-Prix-Debüt von Jordan abwarb. Schumacher, die Konstrukteure Ross Brawn und Rory Byrne, dazu der Taktiker Briatore und zeitweise auch der gerissene Tom Walkinshaw, das war das Team, das 1994 den ersten Weltmeistertitel holte – nicht ausschließlich mit regelkonformen Mitteln, wie gemunkelt wurde – und 1995 überlegen den zweiten.
Nachdem Schumacher Ende 1995 zu Ferrari gewechselt war und bald auch Brawn und Byrne nachgeholt hatte, endete der Höhenflug des Teams. Einige Wechsel im Management – kurzfristig hatte man sich auch von Briatore getrennt – brachten keine Besserung. Nach dem erneuten Einstieg von Renault als Motorenhersteller 2001 wurde das Team von den Franzosen jetzt offiziell übernommen und ist ab 2002 unter dem Namen Renault am Start.

# Brabham

Der Australier Jack Brabham ist der einzige Formel-1-Fahrer, der auf seinem eigenen Auto Weltmeister wurde. Nach seinen zwei Weltmeistertiteln mit Cooper baute Jack Brabham zusammen mit Ron Tauranac, einem Flugzeugingenieur, ein eigenes Team auf, mit dem er 1966 zunächst selbst den Titel holte, und im Folgejahr sein junger Teamkollege Dennis Hulme.

Nach seinem Rücktritt vom aktiven Sport 1970 verlor Brabham schnell das Interesse am Team. Zunächst überließ er Tauranac die Verantwortung, Ende 1971 verkaufte dieser den Rennstall an Bernie Ecclestone. Neuer Technikchef wurde einer von Tauranacs Assistenten, der junge Südafrikaner Gordon Murray. 1974 gab es wieder Siege, doch auf einen weiteren Weltmeistertitel musste das Team bis 1983 warten, als Nelson Piquet mit dem BMW-Turbo Weltmeister wurde. Danach ging es nur noch bergab. Piquet verließ das Team, Elio de Angelis verunglückte 1986 beim Testen in Le Castellet tödlich, Bernie Ecclestone kümmerte sich mehr und mehr um das Management der kompletten Formel 1 und zog das Team Ende 1987 zurück.1989 tauchte Brabham wieder auf, erst im Besitz eines etwas dubiosen Schweizer Geschäftsmanns, dann unter noch dubioseren Eigentümern bis zum endgültigen, ruhmlosen Abschied 1992.

# BRM

Vereinzelt tauchte das 1949 gegründete BRM-Team (British Racing Motors) schon zu Beginn der 50er-Jahre in der Formel 1 auf, doch die Erfolge ließen auf sich warten – sehr zum Leidwesen des Hauptfinanziers, Sir Alfred Owen, der trotz eines Sieges durch Joakim Bonnier in Holland 1959 gute zwei Jahre später ein Ultimatum stellte: Entweder endlich einen Weltmeistertitel – oder das Ende des Teams. Ob es daran lag oder doch eher an einigen personellen Veränderungen, dass BRM 1962 auftrumpfte wie noch nie? Graham Hill gewann den Titel in der Fahrer-, das Team die Konstrukteurswertung, die einzige seiner Geschichte. Als 1966 die Drei-Liter-Formel in Kraft trat, versuchte Cheftechni-

ker Tony Rudd mit dem H16, letztlich einer Kombination aus zwei Achtzylindermotoren, eine technische Revolution, doch die Idee bewährte sich nicht und wurde nach zwei Jahren begraben. Der junge Designer Tony Southgate, später bei Shadow und Arrows, gab Anfang der 70er noch einmal neue Impulse, und zwischen 1970 und 1972 feierte BRM noch einmal vier Siege. Dann begann der endgültige Niedergang, auch wenn der junge, ehrgeizige Niki Lauda 1973 noch einmal einige Akzente setzen konnte. Als Owen 1974 den Geldhahn zudrehte, konnte Sir Louis Stanley, inzwischen verantwortlicher Teamchef, das Team nicht mehr lange zusammenhalten. In Südafrika 1977 stand letztmals ein BRM am Start eines Grand Prix.

# Cooper

Das Cooper-Team, das schon 1946 von Charles Cooper und seinem Sohn John gegründet wurde und anfangs hauptsächlich in der Formel 3 aktiv war, ging nicht nur durch seine zwei Konstrukteurs- und Fahrerweltmeisterschaften in die Formel-1-Geschichte ein, sondern es sorgte auch für eine technische Revolution, da man bei Cooper schon ab Mitte der 50er konsequent auf das Mittelmotor-Konzept setzte. 1958 gelang Stirling Moss mit einem privaten, von Rob Walker eingesetzten Cooper der erste Sieg, und von da an setzten die leichten, handlichen Autos ihre konventionell gebauten Konkurrenten gehörig unter Druck.

1959 und 1960 holte Jack Brabham auf dem Werks-Cooper den Weltmeistertitel. Zusammen mit John Cooper hatte der Australier an der Entwicklung des 2,5-Liter-Climax-Motors mitgewirkt, mit dem der Cooper nun auch angemessen motorisiert war und sich dank seiner überlegenen Fahreigenschaften durchsetzen konnte. Doch in den kommenden Jahren wurde Cooper von anderen Teams, die das Mittelmotor-Konzept übernahmen und verfeinerten, überholt und konnte nicht mehr an die alten Erfolge anknüpfen. Nach einem schweren Verkehrsunfall von John Cooper verschwand das Team Ende 1968 von der Bildfläche. Den letzten privaten Cooper sah man 1969 in Monaco.

Brabham-Konstrukteur Gordon Murray und BMW-Motorenchef Paul Rosche waren die technischen Väter des Weltmeisterautos 1983.

Der Australier Jack Brabham war der einzige Rennfahrer, der mit einem Auto seines eigenen Teams Weltmeister wurde.

## Eagle

Eines der wenigen amerikanischen Teams, das in der Formel 1 einen Sieg erringen konnte, war in den 60er-Jahren Eagle. Dan Gurney hatte das Team zusammen mit Carroll Shelby gegründet. Zunächst trat man beim Debüt 1966 in Belgien mit Climax-Motoren an, in Monza kam dann ein von Harry Weslake konstruierter Zwölfzylinder zum Einsatz. Der große Tag von Gurney und Eagle kam 1967 in Belgien. Nachdem Jackie Stewart mit Getriebeproblemen zu kämpfen hatte, holte Gurney den ersten und einzigen Sieg für das Team, das sich dann zwei Jahre später endgültig aus der Formel 1 verabschiedete.

## Ferrari

Wenn es ein Team gibt, dessen Name untrennbar mit der Formel 1 verbunden ist, dann Ferrari. Historie und Legenden, Tradition und Erfolg, Mythos und Emotion – das alles gehört zu Ferrari und sorgt für das ungebrochene Flair, das dieses Team umgibt, und das nicht nur in den Augen der italienischen Tifosi. Dass Ferrari heute nur noch Teil des FIAT-Konzerns ist, tut dem besonderen Reiz dieser Marke keinen Abbruch. Das »Cavallino rampante«, das springende Pferd in Schwarz auf gelbem Grund, übernahm der legendäre Firmengründer Enzo Ferrari als Logo für seine Autos von Francesco Barraca, einem von ihm bewunderten italienischen Jagdflieger aus dem Ersten Weltkrieg, und es ist von den ersten Ferrari aus den 20er-Jahren bis heute das Markenzeichen der Autos aus Maranello geblieben. Ferrari und die Formel 1 gehören seit dem Beginn dieser Motorsportklasse 1950 untrennbar zusammen. Kaum ein Grand Prix, der ohne Beteiligung von Ferrari stattgefunden hätte, und wenn, dann höchstens nach schweren Unfällen. Vier Weltmeisterschaften in den 50er-Jahren durch Ascari, Fangio und Hawthorn und zwei weitere in den 60ern durch Phil Hill und Surtees folgte eine erste größere Krise, die Enzo Ferrari schließlich dazu veranlasste, seine Truppe komplett neu aufzubauen. Luca di Montezemolo formierte um Starfahrer Niki Lauda und Chefkonstrukteur Mauro Forghieri ein Team, das die

roten Renner wieder auf die Erfolgsspur zurückbrachte. Lauda holte die Titel 1975 und 1977, Jody Scheckter setzte dann 1979 noch einen drauf. Doch dann begann eine Phase der Erfolglosigkeit – die längste in der Geschichte des italienischen Vorzeigeteams. 1982 schockten der Tod des in Italien als Held gefeierten Gilles Villeneuve und die schwere Verletzung von Didier Pironi das Team, und der Tod des Firmengründers Enzo Ferrari im August 1988 bedeutete nicht nur für Ferrari das Ende einer Ära. Es war ein Einschnitt in der Geschichte des Automobilsports.

In der unruhigen Folgezeit wechselten immer wieder die Rennleiter, ehe 1993 der inzwischen zum Ferrari-Präsidenten avancierte Luca di Montezemolo den Franzosen Jean Todt von

Peugeot verpflichtete, um das Formel-1-Team neu aufzubauen. Todt brauchte zwar einige Jahre, doch mit der Verpflichtung Michael Schumachers für die Saison 1996, der dann später auch seine Lieblingstechniker Ross Brawn und Rory Byrne von Benetton nach Italien holte, gelang ihm ein großer Wurf. Im Jahr 2000 war es dann endlich so weit: In seiner fünften Saison bei Ferrari beendete Schumacher die Serie von 21 Jahren ohne Fahrerweltmeisterschaft für Ferrari – ein Erfolg, den er 2001 wiederholen konnte.

## Hesketh

Für gute Stimmung war das englische Hesketh-Team, das 1973 gegründet wurde und 1974 erst-

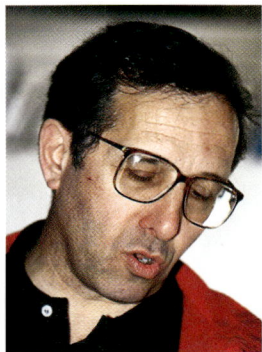

Um die Jahrtausendwende wurden die Ferrari (rechts) immer zuverlässiger – ein ausschlaggebender Faktor für den Gewinn der Weltmeisterschaften 2000 und 2001.

Luca di Montezemolo als Teamchef und Mauro Forghieri als Chefkonstrukteur waren zusammen mit Starfahrer Niki Lauda die Väter der Erfolge, die Ferrari Mitte der 70er-Jahre feiern konnte.

mals in der Formel 1 auftauchte, immer gut: Der exzentrische Lord Alexander Hesketh und seine Truppe waren berühmt für wilde Feste und Partys, bei denen das Bier in Strömen floss und wohl auch noch andere, härtere Drogen konsumiert wurden.

Trotzdem blieb auch die Leistung nicht auf der Strecke: Das von dem jungen, aufstrebenden Designer Harvey Postlethwaite, der von March gekommen war, gebaute Auto erwies sich als von Anfang an recht konkurrenzfähig. 1975 gelang sogar ein Grand-Prix-Sieg durch James Hunt in Zandvoort. Doch mit dessen Wechsel zu McLaren Ende 1975 kam der Niedergang. Lord Hesketh, der sein »Hobby Formel 1« stets ohne Sponsoren aus seiner Privatschatulle finanziert hatte, verkaufte seine Autos an Frank Williams. Sein Partner Anthony Horsley führte das Team zwar noch bis 1978, allerdings ohne Erfolg.

## Honda

Als Motorenlieferant feierte Honda vor allem in der zweiten Hälfte der 80er-Jahre bis Anfang der 90er große Erfolge, die Versuche mit einem komplett eigenen Team in den 60ern waren hingegen nicht ganz so viel versprechend. 1964 debütierte der Amerikaner Bucknum auf dem Nürburgring mit dem Honda RA 271. 1965 wurde das Team im Laufe der Saison, vor allem auf schnellen Strecken, immer konkurrenzfähiger, und in Mexiko holte Richie Ginther den ersten Sieg. Doch der Wechsel zur Drei-Liter-Formel war für Honda ein Rückschlag. Der neue Zwölfzylindermotor war so übergewichtig wie das ganze Auto, und die Saison 1966 wurde ein Reinfall. 1967 sollten John Surtees und die Einbindung von Lola in eine neue Chassiskonstruktion, die allerdings erst in Monza debütierte, Abhilfe schaffen. Tatsächlich gelang Surtees in Italien, begünstigt von Problemen der Konkurrenz, auf Anhieb ein Sieg. Doch die grundlegenden Probleme waren damit nicht gelöst. Nach vielen internen Streitigkeiten zwischen Honda, Surtees und den Lola-Mitarbeitern sowie dem tödlichen Unfall von Jo Schlesser in Rouen beendeten die Japaner zum Ende der Saison 1968 ihr Formel-1-Engagement.

Der Honda-Formel-1-Wagen von 1966 war eine eher glücklose Konstruktion.

## Jaguar

In den ersten beiden Jahren ihres Auftritts in der Formel 1 konnten die englischen Raubkatzen noch nicht so recht ihre Krallen zeigen. Mit der Saison 2000 übernahm Ford-Tochter Jaguar das Stewart-Team und wollte natürlich an dessen Erfolge anknüpfen – ohne rechten Erfolg. Das Ergebnis: zahlreiche Personalwechsel, auch an der Teamspitze. Bobby Rahal, einer der großen Namen aus der amerikanischen CART-Serie, gerade erst als Teamchef geholt, musste noch vor Saisonende 2000 wieder gehen. Anfang 2001 wurde dann Niki Lauda engagiert. Doch auch der Österreicher konnte kurzfristig keine Wunder wirken, und trotz des Austauschs von Luciano Burti gegen Pedro de la Rosa als Teamkollegen von Eddie Irvine dümpelte Jaguar im Mittelfeld herum. Auch der Versuch, den McLaren-Chefdesigner Adrian Newey abzuwerben, scheiterte. »Wenn man die Top-Leute nicht bekommt, dann muss man eine eigene, junge Mannschaft aufbauen«, war Laudas Fazit. »Das ist jetzt die Aufgabe der nächsten Zeit.«

## Jordan

In der englischen Formel 3 und in der Formel 3000 hatte die Mannschaft des Iren Eddie Jordan schon einen guten Namen, als man sich 1991 erstmals in der Formel 1 versuchte – mit gar nicht so schlechtem Erfolg. 13 Punkte im ersten Jahr waren ein beachtliches Resultat. Außerdem war es Eddie Jordan, der Michael Schumacher in Spa seine erste Formel-1-Chance gab und damit den wohl besten Fahrer der Zeit um die Jahrtausendwende entdeckte.

Eddie Jordan

## Die Formel-1-Teams*

| Team | Land | Saison | GP | Siege | WM** |
|------|------|--------|----|----|------|
| AGS | (FRA) | 1986–1991 | 48 | 0 | |
| Alfa Romeo | (ITA) | 1950–1951, 1963, 1965, 1979–1985 | 112 | 10 | |
| Arrows | (GBR) | seit 1978 (1991–1996 Footwork) | 371 | 0 | |
| ATS | (GER) | 1977–1984 | 99 | 0 | |
| BAR | (GBR) | ab 1999 | 50 | 0 | |
| Benetton | (GBR) | ab 1986 | 260 | 27 | 1995 |
| Brabham | (GBR) | 1962–1992 | 394 | 35 | 1966, 1967 |
| BRM | (GBR) | 1951, 1956–1977 | 197 | 17 | 1962 |
| Cooper | (GBR) | 1950, 1952–1969 | 129 | 16 | 1959, 1960 |
| Copersucar | (BRA) | 1975–1982 (1980–1982 Fittipaldi) | 104 | 0 | |
| Dallara | (ITA) | 1988–1992 | 78 | 0 | |
| Eagle | (USA) | 1966–1969 | 25 | 1 | |
| Ensign | (GBR) | 1973–1982 | 99 | 0 | |
| Ferrari | (ITA) | ab 1950 | 653 | 144 | 1961, 1964, 1975–1977, 1979, 1982, 1983, 1999, 2000, 2001 |
| Gordini | (FRA) | 1950–1956 | 40 | 0 | |
| Hesketh | (GBR) | 1974–1978 | 52 | 1 | |
| Honda | (JAP) | 1964–1968 | 35 | 2 | |
| Jaguar | (GBR) | ab 2000 | 34 | 0 | |
| Jordan | (GBR) | ab 1991 | 180 | 3 | |
| Lancia | (ITA) | 1954–1955 | 4 | 0 | |
| Larrousse | (FRA) | 1992–1994 | 48 | 0 | |
| Ligier | (FRA) | 1976–1996 | 326 | 9 | |
| Lola | (GBR) | 1962, 1963, 1967, 1968, 1974, 1975, 1987–1993 (1974–1975 Hill) | 139 | 0 | |
| Lola-Haas | (USA) | 1985–1986 | 19 | 0 | |
| Lotus | (GBR) | 1958–1994 | 491 | 79 | 1963, 1965, 1968, 1970, 1972, 1973 und 1978 |
| March | (GBR) | 1970–1977, 1981–1983, 1987–1992 (1990, 1991 Leyton House) | 230 | 3 | |

Direkt an der Rennstrecke von Silverstone zu Hause, entwickelte sich Jordan in den kommenden Jahren zu einem recht stabilen Mittelfeldteam. Auf den ersten Sieg musste man allerdings

bis 1998 warten, als Damon Hill und Ralf Schumacher in Spa ein eindrucksvoller Doppelsieg gelang.

Das beste Jahr erlebte Jordan 1999, als Heinz-Harald Frentzen drei Rennen für das Team gewann. Doch danach gelang nicht etwa der Anschluss an die Spitze, den sich Eddie Jordan erhofft hatte, sondern es ging stetig abwärts. Trotz der Honda-Werksmotoren wurde Jordan 2001 weiter nach hinten durchgereicht. Die manchmal auch für das eigene Team nicht ganz nachvollziehbare Personalpolitik des Chefs trug sicher einen Teil zum Misserfolg bei.

## Ligier

Sein Geld hatte er mit einer Konstruktionsfirma im Straßenbau gemacht, seine Rennsportleidenschaft kam aus eigener Erfahrung als Fahrer. Doch die eigene Karriere gab der Franzose Guy Ligier auf, als sein Freund Jo Schlesser 1968 in Rouen tödlich verunglückte. Daraufhin zog er sich auf die andere Seite der Boxenmauer zurück. Doch die Autos, die er von nun an auf die Rennstrecken brachte, trugen zur Erinnerung an Schlesser das Monogramm JS. Nach einigen Jahren in der GT-Serie und einem Le Mans-Start 1975 kam Ligier mit einem von Gerard Ducarouge gebauten Auto 1976 mit französischem Matra-Motor und einem französischen Fahrer, Jacques Laffite, erstmals in die Formel 1. 1977 in Schweden gewann das »französische Nationalteam« erstmals einen Grand Prix, aber die größte Zeit erlebte Ligier Ende der 70er-Jahre. 1979 und 1980 konnte man, Ford-motorisiert, sogar eifrig im Kampf um die Weltmeisterschaft mitmischen, am Ende allerdings ohne den entscheidenden Erfolg.

Danach ging's bergab. 1992 verkaufte Guy Ligier das Team an den Geschäftsmann Cyril de Rouvre, der später wegen finanzieller Unregelmäßigkeiten hinter schwedischen Gardinen landete, dann übernahm es 1994 in größten Finanznöten Flavio Briatore. 1996 konnte Olivier Panis mit einem überraschenden Sieg in Monaco noch einmal einen Glanzpunkt setzen, ehe Ligier endgültig den Besitzer und diesmal auch den Namen wechselte: Ab 1997 wurde aus Ligier Prost.

## Lotus

Als Genie wurde er gefeiert, als Hasardeur verflucht: Colin Chapman, der Lotus-Gründer, der mit seinen genialen Ideen die Formel 1 immer wieder revolutionierte, mit seiner kompromisslosen Leichtbauweise und seiner Risikobereitschaft aber auch immer wieder schwere Unfälle seiner Piloten riskierte.

Seine Firma, Lotus Engineering, gründete er schon 1952 – mit Geld, das er sich von seiner Frau Hazel geborgt hatte. Zunächst baute er Sportwagen, dann 1957 das erste Formel-2-Auto. Mit dem Lotus 16 wagte er sich 1959 erstmals in die Formel 1. Am Steuer saß Innes Ireland. Die Saison 1960 brachte dann den Durchbruch mit dem ersten Sieg durch Stirling Moss in Monaco, aber auch mit dem Debüt eines Fahrers, der zusammen mit Lotus eine Epoche geprägt hat: Jim Clark.

Lotus und Jim Clark – das war die Kombination, die in der ersten Hälfte der 60er die Formel 1 beherrschte. Dass dabei nicht mehr als zwei Weltmeistertitel herauskamen, lag auch an einigen unglücklichen Umständen – und an der mangelnden Zuverlässigkeit. Aber Lotus setzte immer wieder Maßstäbe. Zunächst perfektionierte das Team die Monocoque-Bauweise und den konsequenten Leichtbau, später war Chapman dann ein Vorreiter der »Flügelbewegung«. Und er betrieb alles bis ins Extrem. Dass 1969 in Barcelona an beiden Lotus die Flügel wegbrachen, dass 1970 in Monza eine der berüchtigten hohen Bremswellen am Lotus brach und Jochen Rindt das Leben kostete, waren Beispiele für die Schattenseiten des Erfolgs.

Ende der 70er war es Chapman, der die »wing cars« erfand, indem er eine Art umgekehrtes Flugzeugtragflächenprofil unter dem Auto dazu verwendete, um mehr Abtrieb und damit höhere Kurvengeschwindigkeiten zu erzielen. Als Ergebnis dominierte Lotus die Saison 1978 und konnte mit Mario Andretti den Titel in beiden Wertungen holen. Es waren die sechste Fahrer- und die siebte Konstrukteursweltmeisterschaft und es waren jeweils die letzten in der Teamgeschichte.

Als 1981 eine neue Idee Chapmans, das »Doppelchassis« des Lotus 88, verboten wurde, drohte

| Team | Land | Saison | GP | Siege | WM** |
|------|------|--------|-----|-------|------|
| Maserati | (ITA) | 1950–1960 | 69 | 9 | |
| Matra | (FRA) | 1967–1972 | 60 | 9 | 1969 |
| McLaren | (GBR) | ab 1966 | 526 | 134 | 1974, 1984, 1985, 1988, 1989, 1990, 1991, 1998 |
| Mercedes | (GER) | 1954–1955 | 12 | 9 | |
| Minardi | (ITA) | ab 1985 | 271 | 0 | |
| Onyx | (GBR) | 1989–90 | 17 | 0 | |
| Osella | (ITA) | 1980–1990 (1989–1990 Fondmetal) | 132 | 0 | |
| Parnelli | (USA) | 1974–1976 | 16 | 0 | |
| Penske | (USA) | 1974–1977 | 32 | 1 | |
| Porsche | (GER) | 1958–1964 | 31 | 1 | |
| Prost | (FRA) | 1997–2001 | 83 | 0 | |
| Renault | (FRA) | 1977–1985 | 123 | 15 | |
| Rial | (GER) | 1988–1989 | 20 | 0 | |
| Sauber | (SUI) | ab 1993 | 146 | 0 | |
| Shadow | (USA) | 1973–1980 | 104 | 1 | |
| Stewart | (GBR) | 1997–1999 | 49 | 1 | |
| Surtees | (GBR) | 1970–1978 | 118 | 0 | |
| Techno | (GBR) | 1972–1973 | 11 | 0 | |
| Theodore | (GBR) | 1978, 1981–1983 | 34 | 0 | |
| Toleman | (GBR) | 1981–1985 | 57 | 0 | |
| Tyrrell | (GBR) | 1970–1998 | 418 | 23 | 1971 |
| Vanwall | (GBR) | 1954–1960 | 28 | 9 | 1958 |
| Williams | (GBR) | ab 1973 (1973, 1974 ISO) | 445 | 107 | 1980, 1981, 1986, 1987, 1992, 1993, 1994, 1996, 1997 |
| Wolf | (GBR) | 1977–1979 | 47 | 3 | |
| Zakspeed | (GER) | 1985–1989 | 54 | 0 | |

*Aufgeführt sind alle Teams, die in einem Weltmeisterschaftswettbewerb der Formel 1 mindestens einen Punkt holten, sowie die Jahre, in denen mindestens eines ihrer Autos einen Grand Prix bestritt.
Nicht erwähnt sind die Jahre, in denen einem Team nie die Qualifikation gelang, sowie alle Teams, die punktelos blieben oder sogar stets in der Qualifikation scheiterten, so z. B. in den letzten 15 Jahren Andrea Moda, Coloni, Eurobrun, Forti, Lambo, Life, Pacific und Simtek.

**Aufgeführt sind nur Weltmeistertitel in der Konstrukteurswertung.

Chapman mit dem Rückzug aus dem Sport. 1982 wurden in England Vorwürfe laut, er sei in eine große Betrugsaffäre verwickelt, und im Dezember 1982 starb er plötzlich und unerwartet

Colin Chapman, hier mit seinem Starfahrer Jochen Rindt, war berühmt für seine genialen Konstruktionsideen – und berüchtigt für das hohe Risiko, das er seinen Fahrern zumutete.

Lotus-Konstrukteur Maurice Philippe schuf den berühmten Lotus 72.

Der March von 1971 war ein erfolgreiches Auto, das mehr versprach, als das Team halten konnte.

an Herzversagen. Ohne Colin Chapman war Lotus nicht mehr das gleiche Team. Auch wenn es 1985 bis 1987 mit Ayrton Senna als Fahrer, den Renault- und dann den Honda-Motoren und Konstruktionen von Gerard Ducarouge noch einige Achtungserfolge gab, war der Niedergang nicht mehr aufzuhalten. 1990 kaufte der frühere Teammanager Peter Collins das Team auf, und Mika Häkkinen feierte dort 1991 sein Formel-1-Debüt. Doch 1994 musste Lotus aufgeben – die finanziellen Probleme waren unüberwindlich geworden. Ein ganz großer Name der Formel 1 gehörte der Vergangenheit an.

## March

Der heute prominenteste Name unter den Gründern des March-Teams lautet Max Mosley. Der heutige FIA-Präsident gehörte 1969 neben Alan Rees, Graham Coaker und Robin Herd zu den Mitbegründern der Truppe. Der Teamname ergab sich aus den Anfangsbuchstaben ihrer Namen. Und March landete auf Anhieb einen großen Coup, als sich Jackie Stewart, der amtierende Weltmeister, und sein Teamchef Ken Tyrrell 1970 dafür entschieden, mit dem neuen Chassis anzutreten, das nicht nur dem eigenen

Team, sondern auch Kundenteams zur Verfügung stand.

Es war Stewart im Kundenauto, der March in Südafrika die erste Pole-Position und in Spanien den ersten ersten Sieg bescherte. Gegen die übermächtigen Lotus und Ferrari war jedoch im weiteren Verlauf der Saison kein Kraut gewachsen. 1971 fuhr Stewart dann den ersten »eigenen« Tyrrell. March setzte auf die Jugend: Ronnie Peterson konnte 1971 – mit sechs zweiten Plätzen – Vizeweltmeister werden, doch das 72er-Auto war eine Fehlkonstruktion. Bei March wollte man lange nichts davon hören – schließlich war es mit Niki Lauda ein junger, unerfahrener Pilot, der das Auto so heftig kritisierte. Doch der sollte Recht behalten. Auch in den kommenden Jahren konnte March nicht mehr an alte Erfolge anknüpfen. Erst 1975 in Österreich gab es durch Vittorio Brambilla in einem chaotischen Regenrennen den ersten »echten« Sieg für March, dann im Folgejahr noch einen weiteren durch Peterson in Monza, ehe March Ende 1977 von der Bildfläche verschwand. Anfang der 80er tauchte das Team für drei weitere Jahre in der Formel 1 auf, konnte aber keine nennenswerten Erfolge verbuchen.

Einen viel versprechenden Ansatz gab es ab 1987, als der japanische Sponsor Leyton House viel Geld in das Team pumpte und mit dem jungen Adrian Newey ein viel versprechender Konstrukteur am Werk war. Von 1988 bis 1990 konnte vor allem Ivan Capelli einige Achtungserfolge einfahren. Doch der Zusammenbruch des Immobilien-Booms in Japan, in dem auch Leyton-House-Chef Akira Akagi abstürzte, bedeutete auch das Ende des Teams. Ende 1992 musste March aus Geldmangel endgültig aufgeben.

## Maserati

Eigentlich gehört der Name Maserati schon in die Frühzeit der Automobilrennsport-Geschichte, in die Zeit zwischen dem Ersten und dem Zweiten Weltkrieg. Doch auch in der modernen Formel 1 ab 1950 spielte das italienische Team, das in den 20er-Jahren von den Brüdern Maserati gegründet wurde, eine tragende Rolle – zumindest in den Jahren von 1953 bis 1957. Sowohl

1953 als auch 1954 nach Einführung der neuen 2,5-Liter-Formel war man relativ konkurrenzfähig – zumindest bis zum Einstieg von Mercedes. Immerhin entschied sich der große Juan-Manuel Fangio für Maserati, als ihm in den beiden ersten Rennen des Jahres noch kein Mercedes zur Verfügung stand, und gewann prompt. Doch das größte Jahr wurde 1957, als Juan-Manuel Fangio, nach einem Jahr der ständigen Querelen bei Ferrari müde, zu Maserati zurückkehrte und mit dem Team seinen fünften Weltmeistertitel gewann. Leider geriet Maserati danach in so große finanzielle Schwierigkeiten, dass die Firma das Formel-1-Team zurückziehen musste. So gingen in den nächsten Jahren bis 1960 nur noch privat eingesetzte Maserati an den Start. Auch Fangio bestritt den letzten Grand Prix seiner Karriere – in Frankreich 1958 – auf einem solchen Maserati.

## Matra

Es war ein französisches Team, das großen Anteil am ersten Weltmeistertitel von Jackie Stewart hatte. Schon 1968 hatte sich Ken Tyrrell, der Stewart bereits in der englischen Formel 3 entdeckt hatte, das Matra-Chassis für sein Formel-1-Team gesichert – und sein Matra-Team erwies sich als deutlich erfolgreicher als das damals noch existierende Werksteam des französischen Herstellers, der beim Chassisbau auf seine Erfahrungen aus der Luftfahrtindustrie zurückgreifen konnte. 1969 gab Matra das eigene Formel-1-Team vorübergehend auf, um sich ganz auf die Weiterentwicklung seines Zwölfzylindermotors und auf Sportwagenrennen zu konzentrieren, während Stewart mit dem Ford-Cosworth-getriebenen Tyrrell-Matra den ersten Weltmeistertitel seiner Karriere einfuhr. 1970 bestanden die Franzosen dann darauf, dass mit ihrem Chassis auch der Matra-Motor eingesetzt werden müsse, woraufhin Tyrrell und Stewart zu March abwanderten. Das nun wieder rein französische Werksteam konnte aber nicht an die Erfolge der englisch-französischen Kombination anknüpfen und gewann bis zum Rückzug Ende 1972 keinen einzigen Grand Prix mehr. Die Matra-Motoren tauchten dann 1977/78 und 1981/82 noch einmal im Ligier auf, als komplettes Team kam Matra aber nicht mehr zurück.

## McLaren

Neben Ferrari ist McLaren das erfolgreichste Team der Formel-1-Geschichte – umso bemerkenswerter, wenn man bedenkt, dass die Engländer erst seit 1966 dabei sind. In diesem Jahr hatte der Neuseeländer Bruce McLaren nach dem Vorbild von Jack Brabham sein eigenes Team aufgebaut. 1966 stand in Monaco erstmals ein McLaren am Start, am Steuer natürlich der Chef selbst. Es dauerte bis 1968, ehe McLaren auf McLaren in Belgien seinen ersten Sieg feiern konnte. Sein neuseeländischer Landsmann Denny Hulme, der amtierende Weltmeister, den sich McLaren an seine Seite geholt hatte, kämpfte in jenem Jahr bis zum Finale in Mexiko mit um den Titel. Doch 1970 endete der erste Abschnitt der Teamgeschichte tragisch. Bruce McLaren verunglückte bei Testfahrten mit einem McLaren-Sportwagen für die CanAm-Serie in Goodwood tödlich. Nach dem Tod des Firmengründers führte dessen Partner Teddy Mayer das Team zehn Jahre lang weiter, eine Epoche, in die die Weltmeistertitel von Emerson Fittipaldi 1974 und von James Hunt 1976 fielen. Doch als weitere Erfolge ausblieben, verlor Mayer mehr und mehr die Lust und verkaufte das Team 1980 an den aufstrebenden Ron Dennis, der mit seinem eigenen Team, »Project Four«, in der Formel 2 und in der Procar-Serie schon einige Erfolge erzielt hatte. Mit Dennis kamen neue Impulse, mit John Barnard auch ein neuer Konstrukteur – und der Wandel zu jenem Team, das in der modernen Formel 1 in allen Bereichen immer wieder Maßstäbe gesetzt hat und setzt. Absoluter Erfolgswille, die Suche nach der Perfektion, die Auswahl kompetenter Partner wie zum Beispiel Mansour Ojjeeh und sein High-Tech-Unternehmen TAG – all das schlug sich schnell in zählbaren Erfolgen nieder. Ob in der Partnerschaft mit Porsche, dann mit Honda, zuletzt mit Mercedes – immer wieder setzte McLaren die Maßstäbe. Elf Fahrer- und acht Konstrukteursweltmeistertitel, mit Abstand die meisten davon in der Ära Dennis, sprechen eine deutliche Sprache. Nie hat

Der McLaren-Mercedes (ganz oben) war technisch ein großer Wurf und brachte dem Team zwei Weltmeisterschaften ein – letzter Höhepunkt in der Geschichte eines Teams, das unter Ron Dennis (oben) seit rund 20 Jahren in der Formel 1 die Maßstäbe setzt.

Jean-Pierre Beltoise im Matra beim Start zum Großen Preis von Frankreich 1970.

ein Team die Formel 1 so sehr dominiert wie McLaren-Honda 1988 mit Ayrton Senna und Alain Prost, die 15 von 16 möglichen Siegen einfuhren.

Heute ist das Formel-1-Team nur noch ein Teil – wenn auch ein wichtiger – der TAG McLaren Group. Dort werden zum Beispiel – auch in Zusammenarbeit mit Mercedes – exklusive Straßenautos gebaut, aber auch ein Catering-Service gehört zum Unternehmen.

## Mercedes

Die Mercedes-Silberpfeile haben in den 50ern nur knappe zwei Jahre lang geglänzt, das aber richtig. Neun Siege bei zwölf Starts – eine fantastische Ausbeute. Vom Debüt beim französischen Grand Prix in Reims 1954 an, wo Juan-Manuel Fangio und Karl Kling einen Doppelsieg feierten, konnten sie nahtlos an die Erfolge der Vorkriegszeit anknüpfen, in der die Mercedes-Rennwagen zusammen mit denen der Auto Union die europäischen Rennstrecken beherrscht hatten.

Eines der Bindeglieder zwischen den beiden Epochen war der legendäre Mercedes-Rennleiter

Juan-Manuel Fangio
im Mercedes-Stromli-
nien-Rennwagen beim
Großen Preis von
Frankreich 1954 in
Reims. Die Vollver-
kleidung war damals
in der Formel 1 noch
zulässig.

Alfred Neubauer, der 1954 und 1955 gleich zwei Weltmeistertitel hintereinander für Fangio feiern konnte. Unvergessen der Vierfachsieg in Aintree beim Großen Preis von England 1955, als Stirling Moss vor Fangio, Kling und Taruffi gewann. Aber dieses Jahr brachte auch die Tragödie, die letztlich für den Rückzug der Firma am Ende des Jahres verantwortlich war: der furchtbare Unfall in Le Mans, als Pierre Levegh mit seinem Mercedes in die Zuschauer flog und über 80 Menschen starben.

In den 90ern kehrte Mercedes dann als Motorenlieferant wieder in die Formel 1 zurück, zunächst 1994 für das Schweizer Sauber-Team, ab 1995 dann für McLaren.

## Minardi

Sie waren immer Underdogs, trotzdem gehören sie inzwischen fest zum Stamm der Formel 1: die Leute von Minardi, dem kleinen italienischen Team aus Faenza, das 1985 nach einigen Jahren in der Formel 2 den Einstieg in die höchste Klasse wagte. Teamchef Giancarlo Minardi war es gewöhnt, mit finanziellen Schwierigkeiten zu kämpfen, vor allem in Jahren, in denen es nicht gelang, sich die Transportkosten-Erstattung durch die FOCA zu sichern, die den ersten Zehn in der Konstrukteurswertung zusteht.

In den letzten Jahren war es der österreichische Konstrukteur Gustav Brunner, der bei Minardi immer wieder aus minimalen Mitteln das Maximum herausgeholt hat, ehe er im Frühjahr 2001 zu Toyota wechselte. Zuvor hatte schon der australische Geschäftsmann Paul Stoddard das tief in den roten Zahlen steckende Team aufgekauft. Seitdem versucht er, Minardi auf eine gesündere Basis zu stellen. Die kostenlosen Asiatech-Motoren für 2002 sind ein erster Schritt, genauso die forcierte Verbindung mit Malaysia, eingeleitet durch die Verpflichtung von Fahrer Alex Yoong.

## Penske

In den USA gehört Roger Penske zu den angesehensten Teamchefs überhaupt – in der CART-Serie. Sein Abstecher in die Formel 1 in den 70er-

Jahren erwies sich jedoch als nicht so erfolgreich. Zum ersten Mal tauchte der von Geoff Ferris gebaute Penske Ende 1974 bei den amerikanischen Rennen auf. Am Steuer saß Mark Donohue, der sich eigentlich schon aus der Formel 1 verabschiedete, sich aber von Penske noch einmal zu einer kompletten Saison 1975 hatte überreden lassen. Mitte des Jahres 1975 tauschte Penske dann das eigene, nicht besonders erfolgreiche Chassis gegen gekaufte March-Produkte aus. Doch auf dem Österreichring traf das Team ein harter Schicksalsschlag, als sich Mark Donohue bei einem Unfall im Aufwärmtraining tödliche Kopfverletzungen zuzog. Doch Penske machte weiter, verpflichtete John Watson, und mit dem neuen Ferris-Chassis, dem PC4, gab es 1976 einige gute Ergebnisse, allen voran natürlich den Sieg des Nordiren – ausgerechnet in Österreich. Als Penskes Sponsor, die First National City Bank, sich Ende 1976 in Richtung Tyrrell verabschiedete, beschloss Roger Penske, das Formel-1-Engagement wieder aufzugeben.

## Porsche

Zunächst galt das Interesse bei Porsche Ende der 50er-Jahre der Formel 2. Da damals bei einigen Grand-Prix-Rennen die Formel 2 zusammen mit der Formel 1 antreten durfte und auch gemeinsam gewertet wurde, taucht die Stuttgarter Marke auch in den Jahren 1958 bis 1960 ab und zu in den Formel-1-Ergebnislisten auf.
Doch als 1961 die 1,5-Liter-Formel in Kraft trat, war Porsche bereit, mit einem aus den Serien-sportwagen übernommenen Vierzylinder-Boxermotor einzusteigen. In Frankreich gab es für Dan Gurney mit Rang zwei den ersten Podiumsplatz. 1962 trat Porsche dann mit einem neuen Achtzylinder und selbst entwickelten Scheibenbremsen an. Mit dem Porsche 804 gewann Gurney in Frankreich den ersten und einzigen Grand Prix für das Team. Ende der Saison beschloss Porsche – Rennleiter war damals übrigens Huschke von Hanstein – sich aus der Formel 1 zurückzuziehen.
Erst 1983 gab es ein Comeback. Mit dem von TAG finanzierten und von Ingenieur Hans Mezger entwickelten Porsche-Motor konnte McLa-

ren bis 1987 25 Grand-Prix-Rennen gewinnen. Ein zweiter Neueinstieg – 1991 mit Arrows – scheiterte allerdings relativ kläglich und wurde schnell wieder abgebrochen.

## Prost

Auch nach seinem Rückzug vom aktiven Rennsport konnte sich der viermalige Weltmeister Alain Prost nicht von der Formel 1 lösen. Nach einem Zwischenspiel als »Berater« bei McLaren versuchte er, sich seinen Traum zu verwirklichen, ein echtes französisches Nationalteam aufzubauen. So kaufte er Ende 1996 das Ligier-Team, das in den Jahren zuvor aufgrund finanzieller Schwierigkeiten bereits mehrfach den Besitzer gewechselt hatte. Vertrauend auf seine eigene Popularität in Frankreich hoffte er, Ligier unter seinem Namen wieder auf eine solide Basis stellen zu können. Doch die Sponsoren blieben aus, Prost zerstritt sich mit Motorenpartner Peugeot, sportlich blieben nach viel versprechendem Auftakt 1997 – noch mit den Mugen-Honda-Motoren – die Erfolge aus. Olivier Panis, der dem Team auch in schwierigen Zeiten die Treue gehalten hatte, nahm seinen Abschied. Nick Heidfeld gab im Jahr 2000 bei Prost sein Formel-1-Debüt – ein sehr schweres Jahr. Der Motorenvertrag mit Ferrari, mit dem man sich über das Jahr 2001 rettete, trieb die Kosten und damit die Schulden weiter in die Höhe. Dunkle Wolken brauten sich über Prost zusammen, auch wenn Heinz-Harald Frentzen in der zweiten Saisonhälfte zeigen konnte, dass in dem Auto doch einiges an Potenzial steckte. Im Januar 2002 musste das Team endgültig Konkurs anmelden. Verhandlungen über einen Verkauf waren immer wieder daran gescheitert, dass Alain Prost nicht bereit war, die Leitung einem neuen Besitzer zu überlassen.

## Renault

Als sie 1977 in Silverstone mit dem Renault-Turbo debütierten, wurden sie belächelt. Niemand gab dem Turbo-Konzept damals eine Chance, da die Triebwerke anfangs reihenweise in Rauch

Dan Gurney im Porsche Formel 1 von 1963

In Dijon 1979 gelang Jabouille der erste Sieg für Renault.

aufgingen. Doch nach zwei Jahren war der erste Sieg fällig – durch Jean-Pierre Jabouille in Dijon 1979. Immer wieder gehörte Renault mit Alain Prost zu Beginn der 80er zu den Titelkandidaten, doch stets fehlte ein Quäntchen zum ganz großen Erfolg. Am knappsten scheiterte man 1983 durch einen Ausfall im letzten Rennen. Nachdem man in den beiden folgenden Jahren keinen Vorsprung gegenüber der Konkurrenz herausarbeiten konnte, sondern eher zurückfiel, weil die anderen Hersteller im Motorenbereich mindestens gleichgezogen hatten, beschloss der Konzern den Ausstieg aus der Formel 1.

1986 blieb man zumindest als Motorenlieferant noch mit Lotus verbunden, dann folgten zwei Jahre der vollständigen Abstinenz. Von 1989 bis 1997 trieben dann Renault-Motoren die Williams zu großen Erfolgen, dann ließ man die Motoren drei Jahre lang von Mecachrome und Supertec einsetzen, ehe man 2001 mit einer neuen Eigenkonstruktion im Benetton zurückkam. Dem Zug der Zeit folgend, tendierten auch die Franzosen zur vollständigen Übernahme des Teams, und 2002 heißt das Benetton-Team bereits offiziell Renault.

## Rial

Als das Turbo-Zeitalter die Kosten in der Formel 1 in schwindelnde Höhen trieb, stieg Felgenmillionär Günter Schmid nach acht Jahren aus dem Abenteuer ATS aus. Doch die Formel 1 ließ ihn nicht los. Kaum war das Ende der Turbozeit abzusehen, die Sauger wieder zugelassen, war er wieder da, und dies mit einem neuen Team, das den Namen seiner ebenfalls neuen Felgenfirma trug: Rial. Doch die Probleme waren ähnlich wie beim ersten Versuch. Schien das erste Jahr 1988 mit Andrea de Cesaris als Fahrer noch einigermaßen viel versprechend, so ging es 1989 deutlich bergab. Das Chassis erwies sich vor allem in der zweiten Saisonhälfte als zu wenig verwindungssteif, Christian Danner und Co. scheiterten oft schon in der Qualifikation. Immerhin gelang Danner ein sensationeller vierter Platz auf dem Stadtkurs in Phoenix. Aber anstatt die Ursachen des Misserfolgs anzugehen, suchte Schmid die

Jackie Oliver war Fahrer und Manager bei Shadow, ehe er zusammen mit einigen anderen Shadow-Mitarbeitern das Arrows-Team gründete.

Schuld mit Vorliebe bei seinen Fahrern – fünf verschiedene Piloten saßen 1989 im Auto. Die Leistungen wurden dadurch nicht besser, in den letzten zehn Rennen der Saison gelang keine einzige Qualifikation, und am Ende des Jahres warfen Schmid und Rial endgültig frustriert das Handtuch.

## Sauber

Ein Formel-1-Team aus der Schweiz, das seinem Standort treu bleibt und sich trotzdem zumindest bis ins vordere Mittelfeld vorarbeitet? Das konnten sich viele nicht vorstellen, aber Peter Sauber und seine Truppe schafften es. Beim Einstieg in die Formel 1 1993 konnte man bereits auf langjährige Erfahrung aus der Sportwagen-Weltmeisterschaft zurückgreifen, auch in der Zusammenarbeit mit Mercedes, sodass bereits in den ersten beiden Jahren jeweils zwölf Punkte aufs Konto gebracht werden konnten. Die Stuttgarter freilich nutzen Sauber 1994 nur als Einstiegsplattform für die eigenen Motoren in die Formel 1 – aber auch die Trennung und der Wechsel zu Ford 1995 brachten Sauber nicht aus dem Konzept. Heinz-Harald Frentzen, der 1994 das Angebot von Williams, dort Nachfolger Sennas zu werden, abgelehnt hatte, weil er Sauber treu bleiben wollte, holte allein 15 der 18 Punkte, mit denen die Schweizer auf Platz sieben in der Konstrukteurswertung landeten.

Die folgenden Jahre wurden nicht einfach. Sauber schien nicht weiter nach vorne kommen zu können. Schließlich verfügte man auch nach dem Einstieg von Red-Bull-Chef Dietrich Mateschitz als Anteilseigner immer noch über ein vergleichsweise geringes Budget. Mit den Petronas-Motoren, den Ferrari-Triebwerken der jeweiligen Vorsaison, kann Sauber allerdings seit 1997 auf starke und sehr zuverlässige Motoren zurückgreifen und damit gelang 2001 ein ganz großer Sprung nach vorn. Ein von Anfang an konkurrenzfähiges Chassis von Cheftechniker Willy Rampf, ein Motivationsschub durch die neuen jungen Fahrer Nick Heidfeld und Kimi Räikkönen sorgten am Ende für Rang vier in der Teamwertung – auch ein schönes Einstiegsgeschenk für den neuen Partner Credit Suisse.

## Shadow

In der amerikanischen Sportwagenszene begegneten sich Shadow-Chef Don Nichols und der Brite Jackie Oliver, der mit einem der Shadow-CanAm-Autos als Fahrer unterwegs war. Als Nichols Ambitionen enwickelte, sich auch in der Formel 1 zu versuchen, holte er sich für das erste Jahr unter anderem Oliver als Fahrer. Konstruiert hatte den ersten Formel-1-Shadow 1973 Tony Southgate. Nachdem Oliver sich aus dem aktiven Sport zurückgezogen hatte und ins Management eingetreten war, wurde das Team innerhalb relativ kurzer Zeit von zwei tödlichen Unfällen getroffen, und dies zweimal in Südafrika. 1974 kam Peter Revson, 1977 Tom Pryce ums Leben.

Dessen Nachfolger Alan Jones schaffte 1977 in Österreich die Sensation, als er vom 16. Startplatz aus den Grand Prix gewann. Es war der erste und einzige Sieg in der Geschichte des Teams. Als Jackie Oliver zusammen mit einigen wichtigen Mitstreitern Shadow verließ, um mit Arrows ein eigenes Team aufzubauen, kam die Truppe von Don Nichols in Schwierigkeiten. 1978 und 1979 überstand man noch, aber Mitte 1980 verabschiedete man sich endgültig aus der Formel 1.

## Stewart

Als Fahrer hat Jackie Stewart so ziemlich alles gewonnen, was es zu gewinnen gab, als Teamchef war er nicht ganz so erfolgreich. Immerhin hatte er zusammen mit seinem Sohn Paul schon einige Jahre Erfahrung in der Formel 3000 gesammelt, ehe er sich 1997 mit einem eigenen Team in die Formel 1 wagte. Mit dem zweiten Platz von Rubens Barrichello in Monaco schien der Weg auch bald nach oben zu führen. Doch es blieben die einzigen Punkte der Saison für das von Ex-McLaren-Renningenieur Alan Jenkins gebaute Auto. Einen Sprung nach vorn gab es erst 1999, als bereits feststand, dass Ford das Team übernehmen und unter der Federführung von Jaguar weiterbetreiben würde. Am Nürburgring holte Johnny Herbert in einem äußerst turbulenten Rennen den einzigen Sieg.

## Tyrrell

Lange Jahre gehörte er zum Urgestein der Formel 1, der englische Holzhändler Ken Tyrrell, der Entdecker und Förderer von Jackie Stewart. Ende der 60er, Anfang der 70er verband die beiden Männer eine Partnerschaft, die mit drei Weltmeistertiteln eine Epoche bestimmte, auch wenn der Titel von 1969 offiziell nicht Tyrrell, sondern dem französischen Chassis-Hersteller Matra zugeschrieben wird. Doch die beiden nächsten Weltmeisterschaften gewann der Schotte mit einem »echten« Tyrrell, konstruiert von Derek Gardner.

Nach dem Rücktritt von Stewart und dem Tod von François Cevert in Watkins Glen 1973 musste Tyrrell ab 1974 fast bei null anfangen. Das Team gewann mit Jody Scheckter und Patrick Depailler auch einige Rennen und machte vor allem mit dem Sechsrad-Auto von 1976 Schlagzeilen. Doch der P34 war zwar für einen Sieg in Anderstorp 1976 gut, doch letztlich konnte sich das Konzept nicht durchsetzen und wurde nach zwei Jahren wieder ad acta gelegt.

Im aufkommenden Turbo-Zeitalter wurde es schwierig für Ken Tyrrell. Immerhin konnte er sich mit dem letzten Sieg eines Saugmotor-Autos durch Michele Alboreto in Detroit 1983 vor dem Höhenflug der Turbos in die Rekordbücher eintragen. Die »Bleikugel-Betrugsaffäre« 1984, von der auch Stefan Bellof, der mit Tyrrell den Sprung in die Formel 1 geschafft hatte, betroffen war, brachte Tyrrell eine Menge negativer Schlagzeilen. Aber auch als die Saugmotoren dann 1988 wieder zugelassen waren, konnte Tyrrell nicht mehr an frühere Erfolge anknüpfen. Auch einige Wechsel des Motorenpartners in den 90ern brachten keine echte Abhilfe. Ende 1998

Ken Tyrrell und Harvey Postlethwaite. Der Erstgenannte schrieb als Teamchef mit Jackie Stewart Formel-1-Geschichte, der andere war einer der profiliertesten Konstrukteure der Formel 1. Beide starben kurz nach der Jahrtausendwende.

gab Ken Tyrrell, gesundheitlich angeschlagen, auf und verkaufte sein Team an Craig Pollock und BAT. Im August 2001 starb Ken Tyrrell an Krebs.

## Vanwall

Tony Vandervell gehörte eigentlich zu den Gründungsmitgliedern von BRM, wandte sich aber schnell von diesem Team ab, weil ihm die Fortschritte zu langsam waren. 1954, mit Inkrafttreten der 2,5-Liter-Formel, beauftragte er John Cooper, ihm ein Chassis zu bauen. Das Auto bekam den Namen Vanwall, eine Kombination aus Vandervell und Thinwall, dem Namen von Vandervells Firma. Große Erfolge gab es aber in den beiden Jahren nicht. So suchte sich Vandervell für 1956 einen neuen Mann, und er fand ihn in Colin Chapman. Der zeichnete nun für das Chassis verantwortlich, und bald bot sich ein besseres Bild.
Doch der Durchbruch gelang Vanwall erst 1957, als Stirling Moss und Tony Brooks in Aintree den britischen Grand Prix gewannen. 1958 lag Stirling Moss bis zum letzten Rennen in Casablanca im Titelrennen, verlor dann aber gegen Mike Hawthorn im Ferrari. Immerhin ging der erste offizielle Konstrukteursweltmeistertitel der Geschichte an Vanwall. Feiern konnte das Team freilich nicht. Denn Stewart Lewis-Evans hatte sich bei einem Unfall tödliche Verbrennungen zugezogen. Erschüttert vom Tod seines Fahrers und auch selbst gesundheitlich angeschlagen, zog sich Vanderwell Ende 1958 offiziell aus der Formel 1 zurück.

## Williams

Wenn es einen Teamchef gibt, der den Beweis dafür geliefert hat, dass es sich lohnt zu kämpfen und sich durchzubeißen, dann ist das Frank Williams. Heute erinnert sich in der Formel 1 kaum ein Mensch mehr an seine harten Anfangsjahre – die Zeiten, als 1970 sein Freund Piers Courage in einem von ihm eingesetzten Auto starb, den Anfang der 70er, als das kleine, junge Williams-Team so ziemlich das ärmste in der Formel 1 war.

Der Versuch, mit Walter Wolf zusammenzuarbeiten, scheiterte 1976. Daraufhin beschlossen Williams und Konstrukteur Patrick Head – heute zu 30 Prozent Mitinhaber – endgültig, eigene Wege zu gehen. Als es Frank Williams gelang, saudi-arabische Sponsoren für sein Team zu interessieren, waren die chronischen Finanznöte überwunden, und damit kamen auch die Erfolge: 1979 der erste Grand-Prix-Sieg durch Clay Regazzoni in Silverstone, 1980 der erste Weltmeistertitel durch Alan Jones, 1982 der zweite durch Keke Rosberg.
Frank Williams hatte sein Team unter den Spitzenteams in der Formel 1 etabliert, doch 1986 musste er einen schweren persönlichen Schicksalsschlag hinnehmen: Bei einem Autounfall auf dem Weg von der Rennstrecke von Le Castellet zum Flughafen zog er sich eine hohe Querschnittslähmung zu.
Frank Williams gab nicht auf und führte sein Team vom Rollstuhl aus weiter. 1987 brachte zwar einen weiteren Weltmeistertitel durch Nelson Piquet, aber auch den Verlust des Motorenpartners Honda. Doch Williams überstand auch diese Krise. Ab 1989 baute man eine neue Partnerschaft mit Renault auf, und als Anfang der 90er Adrian Newey zu Williams stieß, gab es einen weiteren Aufschwung. Newey und Head, der geniale, wagemutige Aerodynamiker und der eher konservative Chefingenieur, bauten die schnellsten Autos dieser ersten Hälfte der 90er. Die Weltmeistertitel 1992 und 1993 waren die logische Folge.

Williams-Cheftechniker und Mitinhaber Patrick Head

1994 schien sich ein Traum zu erfüllen, als es Williams nach einigem Hin und Her gelang, Ayrton Senna zu verpflichten. Doch der Traum von der nächsten Weltmeisterschaft endete in der Tragödie von Imola. Ungeachtet aller gerichtlichen Schritte wird Frank Williams am besten wissen, wer für diesen Unfall die Verantwortung trägt. Aber diesen Schlag steckten er und das Team ebenso weg wie die Trennungen von Newey 1996 und Renault 1997 – Jahre, in denen Williams durch Damon Hill und Jacques Villeneuve zwei weitere Titel holte. Ohne die Weltmeistermotoren von Renault verlor Williams zeitweilig den Anschluss an die Top-Teams, doch scheint man nun mit Motorenpartner BMW wieder auf dem Weg nach ganz vorne zu sein.

## Wolf

Im Ölgeschäft war der Austro-Kanadier Walter Wolf zum Millionär geworden, die Formel 1 war sein Hobby. 1975 tauchte er im Dunstkreis des damals immer von Finanznöten geplagten Frank Williams erstmals in der Szene auf. 1976 wollten die beiden mit Material, das sie vom sich auflösenden Hesketh-Team gekauft hatten, zusammenarbeiten, doch der Erfolg blieb aus, Williams vermisste seine Unabhängigkeit und ging schließlich zusammen mit Patrick Head seinen eigenen Weg.
Also stellte Wolf für 1977 die Weichen neu und baute ein komplettes eigenes Team auf. Das Auto konstruierte Harvey Postlethwaite, der bereits im Vorjahr von Hesketh übernommen worden war. Als Fahrer kam Jody Scheckter, als Teammanager Peter Warr von Lotus. Der Einstand war sensationell: ein Sieg beim ersten Start in

Argentinien, im Titelkampf lange Zeit mit dabei. Doch das erste Jahr war auch schon das beste. 1978 war gegen die Wing-Cars von Lotus nicht mehr viel auszurichten, dann verließ der enttäuschte Scheckter das Team Richtung Ferrari. Für 1979 wurde James Hunt verpflichtet, doch der hatte keine Lust mehr, für sechste oder siebte Plätze allzu viel zu riskieren, und erklärte Mitte der Saison seinen Rücktritt. Auch Keke Rosberg, der ihm als Fahrer folgte, konnte in dem Auto nicht viel ausrichten, und so zog Wolf Ende 1979 die Konsequenzen und löste das Team auf. Der »Winner« hatte keine Lust, in der Formel 1 hinterherzufahren.

## Zakspeed

Im Tourenwagensport gehörte Erich Zakowski seit langem zu den anerkannten Größen, als er 1985 einen großen Schritt wagte: den Sprung in die Formel 1 – mit eigenem Team und eigenem Motor. Klar, dass das ein schwieriges Unterfangen werden würde für ein relativ kleines Team aus Niederzissen in der Eifel, auch wenn man mit West über einen solventen Hauptsponsor verfügte. Dennoch konnte Zakspeed nicht im Entferntesten mit den finanziellen Mitteln und sonstigen Kapazitäten der großen Teams konkurrieren. So dauerte es auch bis 1987, bis Martin Brundle in Imola die beiden ersten und einzigen Punkte holen konnte.
Um pfiffige Einfälle war man bei Zakspeed nie verlegen. So umging man das auf einigen Strecken geltende Verbot der Zigarettenwerbung, indem man das Auto mit dem Schriftzug »East« versah, und jeder wusste, was gemeint war. Doch technisch kam das Team, in dem mit Christian Danner und Bernd Schneider auch zwei deutsche Fahrer ihr Glück versuchten, nicht weiter. Auch ein Wechsel von den eigenen zu Yamaha-Motoren 1989 brachte keine Verbesserung. Außerdem bewarben sich in diesen Jahren an die 40 Autos um einen Platz im Startfeld, und wegen der dadurch erforderlichen Vorqualifikation kamen die rot-weißen Autos oft nicht einmal bis ins offizielle Training. Damit konnte der Sponsor nicht zufrieden sein, und so war das Aus Ende 1989 die logische Folge.

Mit dem Wolf von 1979 war auf den Rennstrecken nicht mehr viel zu gewinnen.

# Die Strecken

Von Adelaide bis Zandvoort, von Aintree bis Zeltweg, von Anderstorp im hohen Norden bis nach Kyalami ganz im Süden, von Suzuka im Osten bis nach Long Beach im Westen – die Formel 1 war schon in fast jeder Ecke der Welt zu Gast. Unterschiedliche äußere Bedingungen, Begleitumstände und Mentalitäten stellten dabei eine ebenso große Herausforderung an Teams und Fahrer dar wie die völlig verschiedenen Streckencharakteristiken und technischen Bedingungen. Dass es dabei Strecken gibt, die beliebter und faszinierender sind als andere, liegt in der Natur der Sache – auch wenn es »die beste« oder »die schönste« Grand-Prix-Strecke aller Zeiten nie geben wird – zu subjektiv sind in diesem Punkt die Meinungen, zu weit gehen sie auseinander. Es gibt freilich schon einige Favoriten, die besonders oft genannt werden: Spa und Suzuka etwa mit ihren schnellen, anspruchsvollen Kurven, daneben immer noch Monaco mit seiner besonderen Faszination, während die Kenner der Vergangenheit nie aufhören werden, vom alten Nürburgring zu schwärmen, dieser über 22 Kilometer langen Berg- und Talbahn durch die Eifel. Aber vom Kurvenlabyrinth von Monaco bis zu den High-Speed-Kursen von Monza oder Hockenheim, von nahezu vollkommenen »Naturrennstrecken« wie dem alten Nürburgring oder dem Ardennenkurs von Spa – jedenfalls bis 1970 – bis zu den perfekt aus dem Boden gestampften Kunstgebilden von heute – Sepang in Malaysia, vom topfebenen Magny-Cours bis zur Buckelpiste von Interlagos –, immer wieder galt und gilt es, sich den Gegebenheiten anzupassen, das Bestmögliche herauszuholen.

Willy Rampf, Technischer Direktor im Sauber-Team, hat die 2001/2002 aktuellen Strecken in der in dieser Saison gültigen Reihenfolge unter die Lupe genommen.

## Australien – Melbourne

Die Strecke im Albert Park ist ein schneller und flüssiger Kurs, auf dem man recht viel Abtrieb braucht, dazu ein gutes Einlenkverhalten und gute Traktion. Er hat viele verschiedene schnelle und mittelschnelle Kurven, aber er stellt auch hohe Anforderungen an die Bremsen. Die hohen

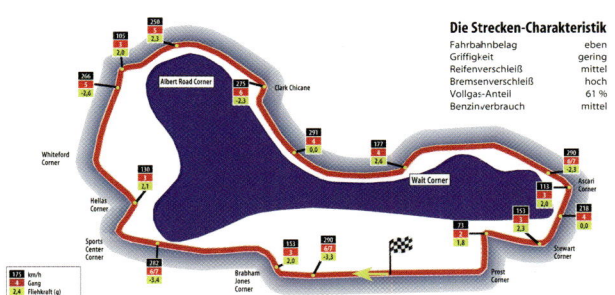

Temperaturen können auch zum Problem werden, wenn man nicht gut vorbereitet ist. Gute Vorbereitung ist ein Schlüsselwort, und seit dem ersten Grand Prix auf diesem Kurs 1996 ist Australien ja auch immer das Auftaktrennen der Formel-1-Saison. Nach diesem Wochenende haben normalerweise alle schon ein deutlich besseres Gefühl dafür, wo sie im Verhältnis zu den anderen wirklich stehen.

## Malaysia – Sepang

Die Strecke von Sepang verlangt viel Abtrieb – mehr braucht man nur noch in Monaco und am Hungaroring. Aber generell ist das Grip-Niveau

**Die Strecken-Charakteristik**

| | |
|---|---|
| Fahrbahnbelag | eben |
| Griffigkeit | hoch |
| Reifenverschleiß | mittel |
| Bremsenverschleiß | mittel |
| Vollgas-Anteil | 60 % |
| Benzinverbrauch | mittel |

Imola zählt zu den angenehmsten Austragungsorten von Formel-1-Weltmeisterschaftsläufen.

sehr niedrig. Wegen der vielen relativ langsamen Kurven und der sehr engen Schikane ist die Traktion ein ganz entscheidender Punkt. Deshalb muss man sich darauf konzentrieren, maximalen mechanischen Grip zu erreichen und die Autos rund um die Haftung zu optimieren, die die Reifen bieten. Die Strecke hat außerdem zwei recht lange Geraden und bietet entschlossenen Fahrern gute Überholmöglichkeiten. Das Wetter ist in Malaysia immer ein unbekannter Faktor, ein Qualifying auf nasser Strecke oder auch ein Rennen bei wechselndem Wetter wie 2001 ist eine interessante Herausforderung für alle Teams. Sepang ist eine der modernsten Grand-Prix-Strecken mit sehr hohen Sicherheitsstandards.

## Brasilien – Interlagos (Circuito Carlos Pace)

Interlagos ist eine ganz anders geartete Strecke als Melbourne oder Malaysia, und sie stellt eine besondere Herausforderung dar. Es gibt zwei lange Geraden – entlang der Boxen und die Gegengerade. Dazu kommt das ziemlich enge Infield und der steile Anstieg zur Start-Ziel-Linie. Es ist ziemlich schwierig, hier den richtigen Kompromiss zu finden, vor allem, weil man für Qualifying und Rennen sehr verschiedene

Abstimmungen braucht. Fürs Qualifying benötigt man viel Abtrieb, um im Infield zurechtzukommen, für das Rennen aber eine hohe Spitzengeschwindigkeit auf den Geraden, um überholen zu können. Außerdem muss man auch auf das mechanische Set-up, auf Federn, Dämpfer etc. sehr viel Wert legen, um mit den teilweise heftigen Bodenwellen fertig zu werden. An die Fahrer stellt die Strecke besondere Anforderungen, weil sie gegen den Uhrzeigersinn gefahren wird und deshalb vor allem Linkskurven aufweist. Da die Halsmuskulatur bei den meisten links nicht so stark trainiert ist wie rechts, wird sie besonders belastet.

## San Marino – Imola (Autodromo Dino e Enzo Ferrari)

Der Große Preis von San Marino in Imola ist wie Interlagos ein Rennen auf einer Power-Strecke. Durch die Position der langsamen Schikanen werden auch die Bremsen sehr stark beansprucht und für die Bergab-Passage zur Rivazza-Kurve braucht man viel Stabilität beim Bremsen. Hohe Bremsbelastungen, das bedeutet heute, dass mehr als 4 G Verzögerung auf die Fahrer einwirken. In Imola gewinnt oder verliert man das Rennen auf der Bremse. Durch die langsamen Kurven braucht man auch ziemlich viel Abtrieb. Der hilft dabei, die Traktion beim Herausbeschleunigen aus den Schikanen zu verbessern und die Reifen das Rennen gut durchstehen zu lassen. Durch die unterschiedliche Charakteristik der Schikanen, in denen man die Randsteine benutzen muss, die schnellen Kurven und die Bergauf- und Bergab-Passagen, in denen mechanische Stabilität für eine gute Rundenzeit entscheidend ist, ist die Strecke für die Fahrer ziemlich anspruchsvoll.

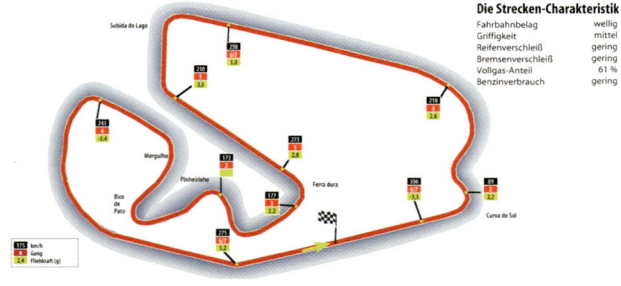

**Die Strecken-Charakteristik**

| | |
|---|---|
| Fahrbahnbelag | wellig |
| Griffigkeit | mittel |
| Reifenverschleiß | gering |
| Bremsenverschleiß | gering |
| Vollgas-Anteil | 61 % |
| Benzinverbrauch | gering |

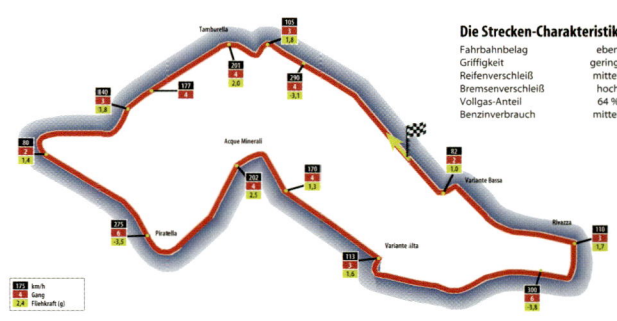

**Die Strecken-Charakteristik**

| | |
|---|---|
| Fahrbahnbelag | eben |
| Griffigkeit | gering |
| Reifenverschleiß | mittel |
| Bremsenverschleiß | hoch |
| Vollgas-Anteil | 64 % |
| Benzinverbrauch | mittel |

## Spanien – Barcelona (Circuit de Catalunya)

Der Große Preis von Spanien war 2001 das erste Rennen seit 1993, bei dem elektronische Hilfsmittel wie die Traktionskontrolle und das automatische Getriebe wieder erlaubt waren. Zum

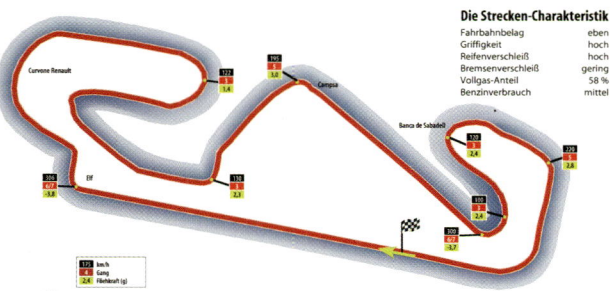

**Die Strecken-Charakteristik**

| | |
|---|---|
| Fahrbahnbelag | eben |
| Griffigkeit | hoch |
| Reifenverschleiß | hoch |
| Bremsenverschleiß | gering |
| Vollgas-Anteil | 58 % |
| Benzinverbrauch | mittel |

Glück ist der Kurs von Catalunya für die Einführung solcher Neuerungen gut geeignet, denn er hat praktisch keine ganz langsamen Kurven. Dadurch war es für die Teams einfacher, ihre Systeme einzurichten, als es zum Beispiel in Monaco gewesen wäre. Fast jeder kennt diese Strecke sehr gut, weil hier sehr viel getestet wird. Die aktuellen Aerodynamik-Regeln besagen, dass man hier sowohl im Qualifying als auch im Rennen fast maximalen Abtrieb braucht. Und da fast alle Kurven mittelschnell bis schnell sind, wird die aerodynamische Effizienz sehr wichtig. Die Strecke ist auch kritisch für die Reifen, da der Belag ziemlich rau ist. Die Hinterräder werden zwar jetzt durch die Traktionskontrolle geschützt, aber die Fahrer müssen sehr auf den Reifenverschleiß an den Vorderrädern achten, besonders links vorne. Das heißt, dass es in der Rennstrategie eine entscheidende Rolle spielt, die Reifen zu schonen.

## Österreich – A1-Ring

Stabilität beim Bremsen und Traktion sind auf dem A1-Ring entscheidend, ebenso eine gute mechanische Abstimmung, um das Heck stabil zu halten. Der A1-Ring ist eine jener Strecken, auf denen man im Qualifying mehr Abtrieb braucht als im Rennen – denn da muss der Fahrer ja auch die Chance haben, zu überholen. Die meisten Überholmanöver spielen sich auf der langen, leicht geschwungenen Geraden ab, die

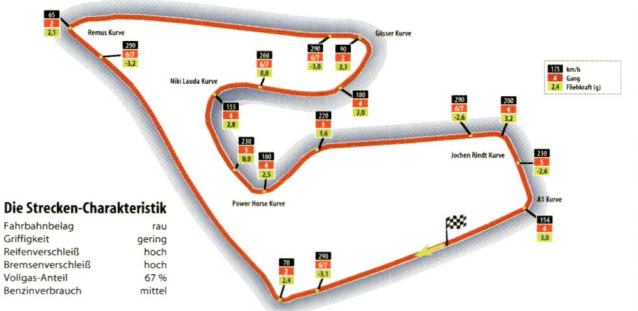

**Die Strecken-Charakteristik**

| | |
|---|---|
| Fahrbahnbelag | rau |
| Griffigkeit | gering |
| Reifenverschleiß | hoch |
| Bremsenverschleiß | hoch |
| Vollgas-Anteil | 67 % |
| Benzinverbrauch | mittel |

dann auf die Anbremszone zu der Bergauf-Rechtskurve etwa in der Mitte der Strecke führt. Während man wenig Abtrieb und eine hohe Spitzengeschwindigkeit braucht, um dort beim Anbremsen überholen zu können, braucht man andererseits viel Traktion, um gut aus den Kurven herauszukommen – und generell aus den recht zahlreichen langsamen.

Der A1-Ring besticht durch die Schönheit der steirischen Vorgebirgslandschaft.

## Monaco – Monte Carlo

Monaco ist eine einzigartige Strecke, deshalb stellt sie auch eine einzigartige Herausforderung dar. Es handelt sich um einen engen Straßenkurs, deshalb ist man umso schneller, je mehr Abtrieb man hat. Da der Kurs wenig Grip aufweist,

**Die Strecken-Charakteristik**

| | |
|---|---|
| Fahrbahnbelag | buckelig |
| Griffigkeit | mittel |
| Reifenverschleiß | gering |
| Bremsenverschleiß | mittel |
| Vollgas-Anteil | 41 % |
| Benzinverbrauch | gering |

In der noblen Umgebung von Monte Carlo scheint das Formel-1-Rennen gegenüber der Selbstdarstellung der High Society mitunter fast zweitrangig.

braucht man auch eine gute mechanische Abstimmung mit viel Traktion und möglichst wenig Untersteuern in den langsamen Kurven. Die Traktionskontrolle spielt deshalb heute eine sehr große Rolle, denn wenn alle Parameter stimmen, dann wird das Auto besser ausbalanciert sein. Eine der schwierigsten und aufregendsten Passagen ist der Tunnel. Um dort mit Tempo 280 durchzufahren, braucht man ein sehr präzises Auto. Die Anforderungen an die Bremsen sind hier nicht ganz so hoch, aber die Bremsen müssen perfekt zu kontrollieren sein, um zu vermeiden, dass in den welligen Passagen wie vor dem Casino beim Anbremsen die Räder blockieren.

Die urbanen Reize Montreals haben den Großen Preis von Kanada zu einem der beliebtesten gemacht.

## Kanada – Montreal (Circuit Gilles Villeneuve)

Der kanadische Grand Prix auf dem Circuit Gilles Villeneuve auf der Ile de Notre Dame außerhalb von Montreal weist wiederum eine andere Streckencharakteristik auf als die zuvor beschriebenen Strecken. Dieser Kurs beansprucht vor allem die Bremsen sehr stark. Die Bremsen müssen sehr viel leisten und brauchen deswegen auch sehr viel Kühlung. Teile der Strecke sind sehr schnell, zum Beispiel der Abschnitt von der Haarnadel in die letzte Kurve und dann an den Boxen vorbei in die erste Kurve. Deshalb kommt

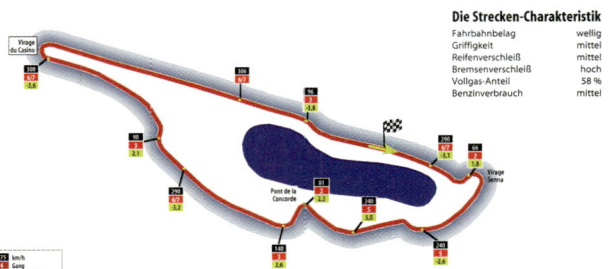

Die Strecken-Charakteristik
| | |
|---|---|
| Fahrbahnbelag | wellig |
| Griffigkeit | mittel |
| Reifenverschleiß | mittel |
| Bremsverschleiß | hoch |
| Vollgas-Anteil | 58 % |
| Benzinverbrauch | mittel |

es auf Leistung und weniger auf den Abtrieb an. Man erreicht Spitzengeschwindigkeiten von etwa 330 km/h auf der Geraden, also fahren alle Autos mit mittlerem Abtrieb. Dazu ist die Strecke auch noch recht eng, was das Überholen noch schwieriger macht als normal. Auf diesem Kurs spielt die Startposition deshalb eine Schlüsselrolle.

## Europa – Nürburgring (vor Umbau)

Der neue Nürburgring verlangt viel Abtrieb, aber daneben erreichen die Autos eine Höchstgeschwindigkeit von etwa 300 km/h auf der Start-Ziel-Geraden direkt vor der Anbremszone zur ersten Kurve und dann noch einmal auf der Gegengeraden vor der letzten Schikane. Der flüssige Charakter der meisten Kurven erfordert

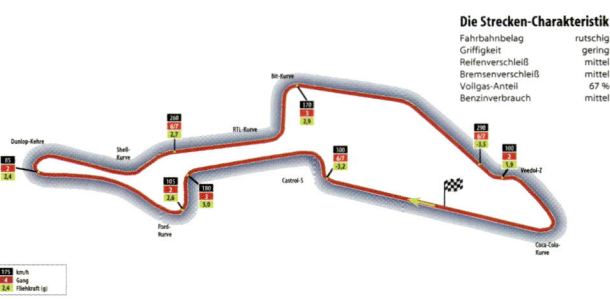

Die Strecken-Charakteristik
| | |
|---|---|
| Fahrbahnbelag | rutschig |
| Griffigkeit | gering |
| Reifenverschleiß | mittel |
| Bremsverschleiß | mittel |
| Vollgas-Anteil | 67 % |
| Benzinverbrauch | mittel |

vor allem eine gute Balance, während man in der Zweite-Gang-Schikane am Ende der Runde vor allem Stabilität und gute Verzögerung beim Bremsen braucht, dazu ein gutes Einlenkverhalten und viel Traktion. Hier ist durch die Tendenz der Strecke zum Untersteuern vor allem die mechanische Abstimmung sehr wichtig.

## Frankreich – Magny-Cours

Magny-Cours ist die ebenste Strecke im Formel-1-Kalender, aber auch die, die wohl am sensibelsten auf Temperaturänderungen reagiert. Was man auf der einen Seite gewinnt, kann man also auf der anderen wieder verlieren. Man ändert den ganzen Tag über die Abstimmung, weil das, was am Vormittag funktioniert, normalerweise am Nachmittag, wenn die Sonne die Strecke erwärmt hat, nicht mehr passt. Und es kann hier sehr heiß werden! Entscheidend für gute Rundenzeiten ist die Traktion; denn die Geschwindigkeit, die man aus der letzten Kurve heraus mitnehmen kann, bestimmt entscheidend das Tempo auf der nächsten halben Runde. Außerdem muss das Auto besonders gut auf die schnelle Estoril-Schikane abgestimmt sein. Was den Abtrieb angeht, fährt man hier mit mittleren bis hohen Werten.

## Großbritannien – Silverstone

Silverstone ist eine sehr komplexe Strecke mit einigen sehr schnellen Kurven wie zum Beispiel die sehr flüssigen Abschnitte von Becketts, Maggots, Chapel und der Hangar-Gerade Richtung Stowe, wo der Fahrer unbedingt eine absolut perfekte Linie finden muss, um eine gute Rundenzeit zu erzielen. Das ist der wichtigste Abschnitt dieser Strecke, die mittleren bis hohen Abtrieb erfordert, das Teilstück, auf das man bei der Abstimmung am meisten Wert legt. Gleichzeitig braucht man aber auch eine gute Traktion und mechanischen Grip für die langsamen Kurven im Infield, wie Luffield oder Priory. Eine besondere Herausforderung für die nicht-englischen Teams ist es alljährlich, dort die Konkurrenz sozusagen in ihrem eigenen Vorgarten schlagen zu müssen.

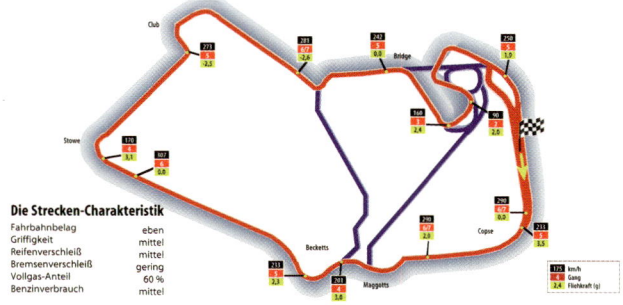

**Die Strecken-Charakteristik**

| | |
|---|---|
| Fahrbahnbelag | eben |
| Griffigkeit | mittel |
| Reifenverschleiß | mittel |
| Bremsenverschleiß | gering |
| Vollgas-Anteil | 60 % |
| Benzinverbrauch | mittel |

## Deutschland – Hockenheim
## (bis 2001 vor dem Umbau)

Hockenheim ist wie Monza eine der schnellsten Strecken im Kalender und verlangt deshalb den wenigsten Abtrieb. Das bedeutet, dass man ein spezielles Aerodynamik-Paket entwickeln muss, um die Geschwindigkeit auf der Geraden zu maximieren, damit sich Überholmöglichkeiten ergeben. Gleichzeitig braucht man aber auch noch genügend Abtrieb für die Schikanen und

Die raue Eifel prägt den Charakter des Nürburgrings, einer der traditionsreichsten Rennstrecken Europas – auch wenn der neue Kurs nicht mehr ganz das Charisma des alten ausstrahlt.

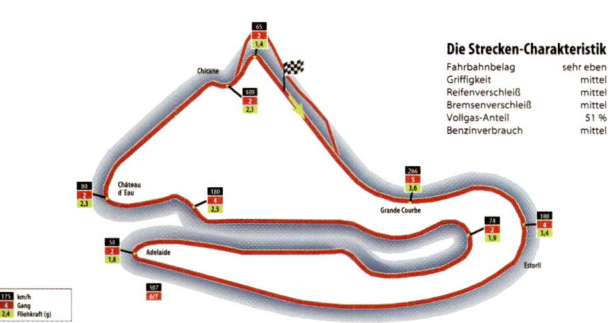

**Die Strecken-Charakteristik**

| | |
|---|---|
| Fahrbahnbelag | sehr eben |
| Griffigkeit | mittel |
| Reifenverschleiß | mittel |
| Bremsenverschleiß | mittel |
| Vollgas-Anteil | 51 % |
| Benzinverbrauch | mittel |

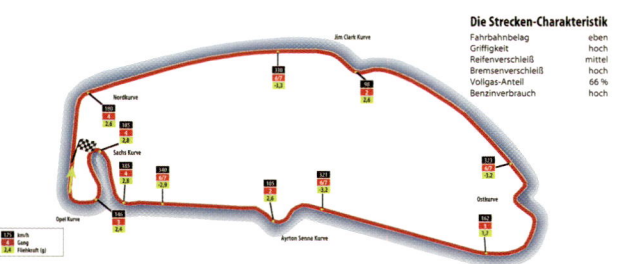

**Die Strecken-Charakteristik**

| | |
|---|---|
| Fahrbahnbelag | eben |
| Griffigkeit | hoch |
| Reifenverschleiß | mittel |
| Bremsenverschleiß | hoch |
| Vollgas-Anteil | 66 % |
| Benzinverbrauch | hoch |

das Motodrom am Ende der Runde. Die Hochgeschwindigkeits-Charakteristik stellt auch hohe Anforderungen an Leistung und Zuverlässigkeit der Motoren. Entscheidend sind gleichzeitig aber auch die Bremsen. Schließlich müssen die Fahrer von mehr als 350 km/h auf 85 km/h für die Schikanen herunterbremsen.

**Die Strecken-Charakteristik**

| | |
|---|---|
| Fahrbahnbelag | wechselhaft |
| Griffigkeit | mittel |
| Reifenverschleiß | mittel |
| Bremsenverschleiß | mittel |
| Vollgas-Anteil | 63 % |
| Benzinverbrauch | hoch |

## Ungarn – Hungaroring

Es mag von außen nicht so aussehen, aber der Hungaroring ist die Strecke im Kalender, die Monte Carlo am ähnlichsten ist. Auf beiden Kursen braucht man sehr viel Abtrieb, da es kaum schnelle Kurven und nur sehr kurze Geraden gibt. Auf diesem Kurs ist das Überholen sehr schwierig, deshalb muss das Auto vor allem im Qualifying gut ausbalanciert sein, viel Abtrieb und viel mechanischen Grip haben, um dem Fahrer eine gute Startposition zu ermöglichen. Eine perfekte Traktionskontrolle und Startautomatik sind ebenfalls sehr hilfreich, und eine gute Tankstopp-Strategie spielt ebenfalls eine wichtige Rolle. Denn noch mehr als auf anderen Strecken kann das Rennen hier an den Boxen gewonnen oder verloren werden.

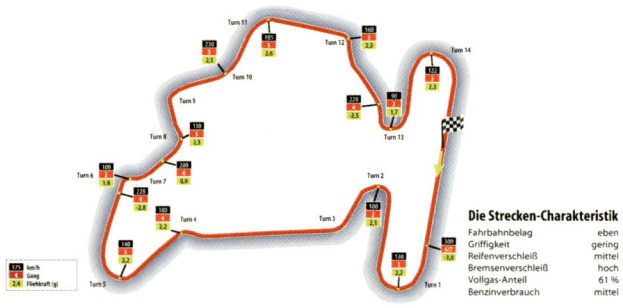

**Die Strecken-Charakteristik**

| | |
|---|---|
| Fahrbahnbelag | eben |
| Griffigkeit | gering |
| Reifenverschleiß | mittel |
| Bremsenverschleiß | hoch |
| Vollgas-Anteil | 61 % |
| Benzinverbrauch | mittel |

## Belgien – Spa-Francorchamps

Spa-Francorchamps ist eine tolle Rennstrecke mit vielen sehr schnellen Kurven. Aber es gibt auch große Unterschiede zwischen Blanchimont, wo man mit Tempo 300 durchfährt, und der La Source-Haarnadel, die gerade mal 60 km/h verträgt. Trotzdem liegt die Durchschnittsgeschwindigkeit im Qualifying bei um die 230 km/h. Deshalb muss das Auto auf optimale Stabilität in den schnellen und mittelschnellen Kur-

ven abgestimmt sein. Gleichzeitig braucht man aber auch mechanischen Grip für die La Source und die Busstop-Schikane. Eau Rouge, nach der Bergab-Passage hinter der La Source, ist die anspruchsvollste Kurve im Rennsport überhaupt. Sie verlangt von den Fahrern hundertprozentige Entschlossenheit und vom Auto, das ja vor dem Bergaufstück zu Raidillon zwangsläufig aufsetzt, ein perfektes Fahrverhalten. Es ist eine ganz besondere Kurve, die für Fahrer und Ingenieure eine große Herausforderung darstellt. Die Runden sind hier ziemlich lang, was die Abstimmungsarbeit am Auto weiter erschwert, und außerdem ist das Wetter oft unberechenbar. Ein gutes Team bereitet sich für alle Fälle sowohl mit einer Trocken- als auch einer Regenabstimmung auf das Rennen vor.

## Italien – Monza

Der Charakter von Monza hat sich über die Jahre hinweg kaum verändert. Die Strecke erfordert den höchsten Top-Speed während der ganzen Saison, also braucht man den geringsten Abtrieb. Auf der Geraden vor dem Anbremsen der ersten Schikane erreichen die Fahrer über 350 Stundenkilometer. Monza ist in erster Linie eine Power-Strecke. Das Chassis spielt dabei keine so entscheidende Rolle wie auf anderen Strecken. Von allen aktuellen Rennstrecken weist Monza die längsten Vollgaspassagen auf. Zwischen der

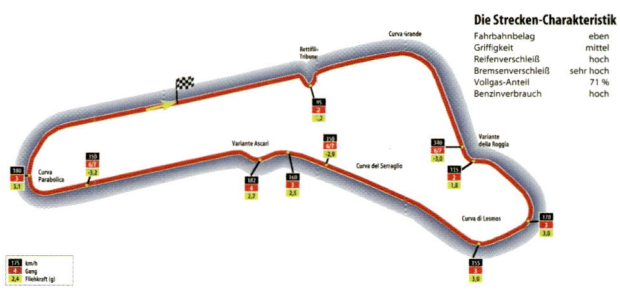

**Die Strecken-Charakteristik**

| | |
|---|---|
| Fahrbahnbelag | eben |
| Griffigkeit | mittel |
| Reifenverschleiß | hoch |
| Bremsenverschleiß | sehr hoch |
| Vollgas-Anteil | 71 % |
| Benzinverbrauch | hoch |

Ascari-Schikane und der Parabolica und von der Parabolica bis zur ersten Schikane fährt man voll im höchsten Gang. Das bedeutet natürlich eine extreme Belastung für die Motoren. Konsequenterweise entstehen durch die Streckencharakteristik auch hohe Anforderungen an die Bremsen, vor allem an deren Kühlung. Beim Anbremsen der ersten Schikane treten Belastungen von bis zu 4 G auf. Die Anbremszone dort ist außerdem recht wellig, deshalb reagieren die Autos mit ihrem geringen Abtrieb ziemlich nervös.

## USA – Indianapolis

Die Teams haben im ersten Jahr auf dem Formel-1-Kurs des Indianapolis Motor Speedway viel gelernt. Für 2001 haben wir die Basisdaten wie Getriebeübersetzung, Aufhängungseinstellungen und Aerodynamikkonfiguration schon gut vorbereiten können und wussten auch über die Eigenschaften des Streckenbelags Bescheid. Indianapolis ist ein Kurs, der mittleren bis wenig Abtrieb verlangt. Im engen Infield braucht man sehr viel Grip, aber man darf auch nicht mehr Abtrieb haben, als man für die überhöhte letzte Kurve und die Start-Ziel-Gerade braucht. Die enge Rechts-Links-Rechts-Kombination an deren Ende verlangt zusätzlich noch ein sehr stabiles Auto beim Bremsen, wenn der Fahrer eingangs der ersten Kurve eine Überholmöglichkeit haben soll.

Gleich im ersten Jahr haben wir festgestellt, dass die überhöhte Kurve überhaupt kein Problem ist. Die Fahrer waren begeistert, weil sie bei hohen Fliehkräften voll gefahren werden konnte. Diese überhöhte Kurve kommt mitten im längsten Vollgasabschnitt, den wir in der Formel 1 überhaupt fahren. Deswegen sind Motorleistung und Zuverlässigkeit auch hier sehr wichtig.

## Japan – Suzuka

Suzuka ist in vieler Beziehung einzigartig, zum Beispiel, was die Achter-Form der Strecke und die Brücke angeht. Es bietet von allem etwas, von langsamen bis zu ganz schnellen Kurven, und ist deshalb sehr anspruchsvoll. Wie Spa ist es ein Kurs, auf dem man mittleren Abtrieb braucht, dazu sehr gute Traktion aus einigen extrem langsamen Kurven heraus. In der Haarnadel und der Schikane fährt man gerade mal 60 Stundenkilometer. Dann gibt es die Kurve 130R, eine sehr schwierige Linkskurve, die fast voll gefahren werden kann und in der Fliehkräfte von fast vier G wirken. Eine andere Schlüsselstelle sind die »Esses«, diese vier aufeinander folgenden Kurven, die auf den Hügel hinter den Boxen hinaufführen. Dort kann man eine Menge Zeit verlieren, wenn man das Auto nicht perfekt ausbalanciert hat, um die optimale Linie zu halten. Suzuka ist wirklich eine Rennstrecke, die in allen Aspekten höchste Anforderungen an das Auto stellt. Der Kurs ist mittelschnell, Leistung und aerodynamische Effizienz spielen in den schnellsten Passagen eine entscheidende Rolle, andererseits erfordern die schnellen S-Kurven ein gut ausbalanciertes Auto und viel Abtrieb. Der Ausgang der Haarnadelkurve und die Schikane am Ende verlangen dazu viel Bremskraft und Stabilität, dazu mechanischen Grip für optimale Traktion. Der Streckenbelag ist ziemlich rau, deshalb muss man auch auf den Reifenverschleiß achten. Weil es in der Gegend von Suzuka auch sehr oft regnet, brauchen wir auch ausgiebige Simulationen für eine Regenabstimmung, falls wir auf die Schnelle umbauen müssen.

Suzuka ist eine große Herausforderung und deshalb bei Fahrern und Ingenieuren gleichermaßen beliebt. Denn wer hier Erfolg hat, der hat etwas ganz Besonderes geleistet.

So unterschiedlich können Rennstrecken sein: oben Interlagos vor der Dunstglocke São Paulos, in der Mitte das weite Oval von Indianapolis und unten der grüne Ardennenkurs von Spa.

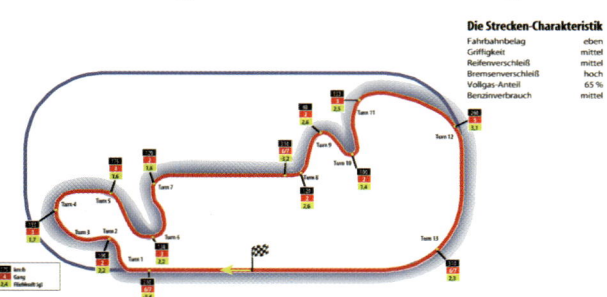

**Die Strecken-Charakteristik**

| | |
|---|---|
| Fahrbahnbelag | eben |
| Griffigkeit | mittel |
| Reifenverschleiß | mittel |
| Bremsenverschleiß | hoch |
| Vollgas-Anteil | 65 % |
| Benzinverbrauch | mittel |

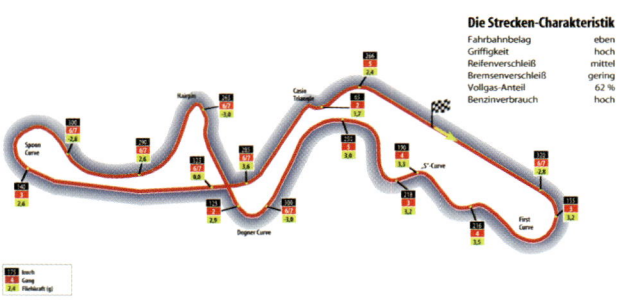

**Die Strecken-Charakteristik**

| | |
|---|---|
| Fahrbahnbelag | eben |
| Griffigkeit | hoch |
| Reifenverschleiß | mittel |
| Bremsenverschleiß | gering |
| Vollgas-Anteil | 62 % |
| Benzinverbrauch | hoch |

# Von Australien bis in die USA – die »Grand-Prix-Nationen« und ihre Strecken

| Land/Große Preise | Strecke/Austragungsjahre |
|---|---|
| Argentinien/20 | Buenos Aires (1953–58, 1960, 1972–75, 1977–81, 1995–98) |

Die Geschichte des Großen Preises von Argentinien war stets auch eine Geschichte der jeweiligen Nationalhelden. Ohne einen Fangio oder Reutemann konnte sich das Rennen nicht im Kalender halten. So scheiterte auch der Versuch, das Rennen auf dem »Autodromo Municipal de la Ciudad«, in einem Vorort von Buenos Aires gelegen, in den 90ern noch einmal zu etablieren.

| Australien/17 | Adelaide (11x ,1985–1995) |
| | Melbourne (6x, 1996–2001) |

Ob einst im Victoria Park von Adelaide oder heute im Royal Albert Park von Melbourne – von der Atmosphäre her gehörte der Grand Prix von Australien von Beginn an immer zu den beliebtesten Rennen im Kalender. Die ganze Stadt ist im Motorsport-Fieber. Australien sah historische Ereignisse wie das dramatische Weltmeisterschaftsfinale 1986, den 500. Grand Prix der Geschichte 1990, Sennas letzten Sieg 1993 und den ersten Sieg eines McLaren-Mercedes-Silberpfeils 1997.

| Belgien/48 | Spa-Francorchamps (36x, 1950–56, 1958, 1960–68, 1970, 1983, 1985–2001) |
| | Nivelles (2x, 1972, 1974) |
| | Zolder (10x, 1973, 1975–82, 1984) |

Nivelles und Zolder, wo 1982 Gilles Villeneuve tödlich verunglückte, waren eigentlich immer nur Zwischenstationen. Der klassische Austragungsort des belgischen Grand Prix ist und bleibt Spa-Francorchamps. In der alten, über 14 Kilometer langen Version, die bis 1970 gefahren wurde – fast ein reiner Straßenkurs, der eben nur für das Rennen abgesperrt und gesichert wurde –, ist das Spa von heute Schritt für Schritt zur permanenten Rennstrecke mutiert, ohne dabei jedoch seine Faszination zu verlieren. Spa ist das positive Gegenstück zu vielen künstlichen Retorten-Kursen und Lieblingsstrecke vieler Top-Fahrer, darunter auch Michael Schumacher.

| Brasilien/29 | Interlagos (19x, 1973–77, 1979–80, 1990–2001) |
| | Jacarepagua (10x, 1978, 1981–89) |

Es ist sicher nicht nur Zufall, dass der brasilianische Grand Prix zwischen São Paulo und Rio hin- und herwechselte. Emerson Fittipaldi, der erste große Star im brasilianischen Rennsport, stammt aus der Wirtschaftsmetropole São Paulo, Nelson Piquets Familie kommt dagegen ursprünglich aus Rio, und auch in seiner Mentalität passt der dreimalige Weltmeister der 80er-Jahre viel eher an die Copacabana. Mit seinem Aufstieg zog der Grand Prix von Interlagos im Süden São Paulos nach Jacarepagua. Mit Ayrton Senna kam er dann nach Interlagos zurück, und dort ist er bis heute geblieben, auch wenn die Strecke wegen ihres sehr welligen Belags immer wieder Anlass zur Kritik gibt.

| Deutschland/49 | Nürburgring (23x, 1951–54, 1956–58, 1961–69, 1971–76, 1985) |
| | Avus (1x, 1959) |
| | Hockenheim (25x, 1970, 1977–84, 1986–2001) |

Der alte Nürburgring war jahrzehntelang der Traditionskurs schlechthin in der Formel 1 – doch im Laufe der Zeit musste man erkennen, dass sich die 22,8 Kilometer lange Nordschleife durch die Eifel nicht so absichern ließ, dass sie modernen Anforderungen genügte. 1970 setzten die Fahrer unter Führung von Jochen Rindt und Jackie Stewart erstmals einen »Umzug« nach Hockenheim durch. 1976 war es der Unfall von Niki Lauda, der die Nordschleifen-Zeit in der Formel 1 beendete. Der Grand-Prix-Zirkus zog endgültig ins Badische. Mit Ausnahme von 1985 – auf dem neuen Nürburgring – fand nun jeder Grand Prix von Deutschland auf dem Hockenheimring statt. Dieser Hochgeschwindigkeitskurs wurde im Laufe der Jahre durch Schikanen teilweise entschärft. Nunmehr steht ein weiterer Umbau bevor.

| Europa/11 | Brands Hatch (2x, 1983, 1985) |
| | Nürburgring (6x, 1984, 1995–96, 1999–2001) |
| | Donington (1x, 1993) |
| | Jerez (2x, 1994, 1997) |

Großer Preis von Europa – das war und ist immer eine gute Lösung, um das Dilemma zweier Rennen in einem Land zu umgehen. Davon profitiert in den letzten Jahren auch der Nürburgring, der schon 1984 einen Großen Preis von Europa sah.

| Frankreich/51 | Reims (11x, 1950–51, 1953–54, 1956, 1958–1961, 1963, 1966) |
| | Rouen (5x, 1952, 1957, 1962, 1964, 1968) |
| | Clermont-Ferrand (4x, 1965, 1969 –70, 1972) |
| | Le Mans (1x, 1967) |
| | Le Castellet (14x, 1971, 1973, 1975–76, 1978, 1980, 1982 –83, 1985 –90) |
| | Dijon-Prenois (5x, 1974, 1977, 1979, 1981, 1984) |
| | Magny-Cours (11x, 1991–2001) |

Sieben verschiedene Austragungsorte – damit weist Frankreich fast so viele Grand-Prix-Strecken auf wie die USA. Ausgefallen ist der Große Preis von Frankreich in der Formel-1-Geschichte nur ein einziges Mal: 1955 nach der Tragödie beim 24-Stunden-Rennen von Le Mans. Der Grund für die häufigen Ortswechsel lag in dem Umstand, dass sich keine der französischen Strecken als Formel-1-Klassiker mit besonderen Qualitäten und besonderer Attraktivität etablieren konnte. Nachdem der heutige Austragungsort, Magny-Cours, schon durch seine wenig verkehrsgünstige Lage als problematisch gilt, kommen immer wieder Spekulationen über eine mögliche Rückkehr der Formel 1 ans Mittelmeer, nach Le Castellet, auf.

| Großbritannien/52 | Silverstone (35x, 1950–54, 1956, 1958, 1960, 1963, 1965, 1967, 1969, 1971, 1973, 1975, 1977, 1979, 1981, 1983, 1985, 1987–2001) |
| | Aintree (5x, 1955, 1957, 1959, 1961, 1962) |
| | Brands Hatch (12x, 1964, 1966, 1968, 1970, 1972, 1974, 1976, 1978, 1980, 1982, 1984, 1986) |

In über 50 Jahren Formel-1-Geschichte ist der britische Grand Prix noch nie ausgefallen. Seine wahre Heimat ist Silverstone, zwischen Northampton und Oxford gelegen, ein flacher Kurs, angelegt auf einem ehemaligen Militärflughafen. Trotzdem gab es früher einen regelmäßigen Wechsel, zunächst mit Aintree, dann mit dem südöstlich von London gelegenen Brands Hatch.

| Holland/30 | Zandvoort (1952–53, 1955, 1958–71, 1973–85) |

Der Dünenkurs in dem holländischen Küstenort Zandvoort, etwa 30 Kilometer westlich von Amsterdam, war lange Zeit fester Bestandteil des Grand-Prix-Kalenders. Obwohl Zandvoort 1970 und 1973 durch die tödlichen Feuerunfälle von Piers Courage und Roger Williamson negative Schlagzeilen machte – was die Strecke mit der berühmten Tarzan-Kurve schließlich ins Abseits stellte, war eher die fehlende Infrastruktur, zu deren Verbesserung die Mittel fehlten.

| Italien/52 | Monza (51x, 1950–79, 1981–2001) |
| | Imola (1x, 1980) |

Das Autodrom von Monza hält einen Rekord: Auf keiner anderen Rennstrecke fanden so viele Grand Prix statt wie auf der Hochgeschwindigkeitsstrecke nördlich von Mailand. Nur einmal wanderte der Große Preis von Italien, der seit 1950 in jedem Jahr abgehalten worden ist, nach Imola. Umbaumaßnahmen, vor allem die Anlage größerer Auslaufzonen, sind in Monza problematisch. Denn die Strecke liegt im königlichen Park inmitten sehr alter Bäume, die unter Naturschutz stehen und nicht gefällt werden dürfen.

| Kanada/33 | Mosport (8x, 1967, 1969, 1971–74, 1976–77) |
| | Mont Tremblant (2x, 1968, 1970) |
| | Montreal (23x, 1978–86, 1988–2001) |

Größer können Gegensätze kaum sein als jene zwischen den kanadischen Grand-Prix-Strecken. Zog es die Formel 1 früher eher in Natur und Wildnis, nach Mont Tremblant oder Mosport, einen Kurs, dessen Sicherheitsstandard schon in den 70er-Jahren umstritten war, so fährt man heute auf der Ile de Notre Dame im St.-Lorenz-Strom quasi mitten in der Weltstadt Montreal. Auch wenn die Strecke an einigen Stellen durch sehr nahe stehende Betonmauern und fehlende Auslaufzonen nicht gerade zu den sichersten gehört – die Formel 1 kommt gern nach Kanada – allein schon wegen der verlockenden Stadt.

| Japan/17 | Fuji (2x, 1976–77) |
| | Suzuka (13x, 1987–2001) |

Der erste Große Preis von Japan ging gleich in die Geschichte ein. Es war jenes Regen- und Nebelrennen in Fuji, am Fuße des Fujijama gelegen, in dem Niki Lauda

nach zwei Runden ausstieg und damit den Weltmeistertitel James Hunt überließ. Aber Fuji war nur ein kurzes Intermezzo. Die japanische Formel-1-Geschichte spielt sich in Suzuka ab, einem der anspruchsvollsten Kurse der Welt. Schauplatz vieler dramatischer Weltmeisterschaftsentscheidungen. Allerdings ist das Interesse der Japaner heute nicht mehr ganz so überwältigend wie Anfang der 90er, als die 150 000 Karten noch unter zwei Millionen Bewerbern verlost wurden.

**Luxemburg/2**  Nürburgring (1997–98)
1997 – der Große Preis von Europa fand in Jerez statt. Um den Schumacher-Boom in Deutschland weiter nutzen zu können, musste für das Rennen auf dem Nürburgring eben ein neuer Name gefunden werden – Großer Preis von Luxemburg.

**Malaysia/3**  Sepang (1999–2001)
Die Rennstrecke von Sepang nahe dem neuen internationalen Flughafen von Kuala Lumpur ist ein Prestigeobjekt der Regierung von Malaysia. Dass beim Bau des hochmodernen Komplexes an nichts gespart wurde, ist nicht zu übersehen. Und wenn die Zuschauer nicht so kommen wie gewünscht, dann fordert der Staatschef schon mal, um der Staatsraison willen die Fernsehübertragung im eigenen Land zu verbieten. Sport als Mittel zur Selbstdarstellung einer Diktatur – Berlin 1936 lässt grüßen.

**Marokko/1**  Casablanca (1958)
Das erste Gastspiel der Formel 1 auf dem afrikanischen Kontinent stand unter keinem guten Stern: Beim Weltmeisterschaftsfinale 1958 in Casablanca zog sich der Brite Stewart Lewis-Evans bei einem Unfall tödliche Brandverletzungen zu.

**Mexiko/15**  Mexico City (1963–70, 1986–92)
In den 60er-Jahren waren es oft undisziplinierte Zuschauer, die auf der Rennstrecke von Mexico City für zusätzliches Risiko sorgten. Als der Große Preis von Mexiko dann in den 80ern nach mehr als 15 Jahren Pause wieder im Kalender auftauchte, war es vor allem die unebene Strecke, die dafür sorgte, dass der Kurs bei den Piloten nicht besonders beliebt war.

**Monaco/48**  Monte Carlo (1950, 1955–2001)
Zumindest für die High Society und für die Sponsoren ist der Große Preis von Monaco alljährlich Höhepunkt und Fixpunkt. Die Fahrer sind da weniger sicher. Ralf Schumacher hält die Strecke aus Sicherheitsgründen für nicht mehr zeitgemäß, und Nelson Piquet meinte einst, Formel-1-Fahren in Monaco sei »wie Hubschrauberfliegen im Wohnzimmer«. Für den Monaco-Rekordsieger Ayrton Senna war die Strecke im Fürstentum aber einer seiner Lieblingskurse. In der Tat: im Leitplankenroulette zwischen Casino-Platz, Loews-Hotel und Hafenbecken ist Millimeterarbeit gefragt – kein Wunder, dass hier sehr oft die ganz Großen dominierten.

**Österreich/24**  Zeltweg (1x, 1964)
    Österreichring (18x, 1970–87)
    A1-Ring (5x, 1997–2001)
»Zeltweg« – der Name ist als Austragungsort des Großen Preises von Österreich geläufig. Doch auf dem Gebiet des kleinen steirischen Orts lag eigentlich nur der Austragungsort des ersten Rennens in Österreich, der Kurs auf dem gleichnamigen Militärflugplatz. Die neue Rennstrecke, der Österreichring, liegt auf dem Gelände der Nachbargemeinde Spielberg. Nach mehreren Jahren Pause und einem kompletten Umbau kam der Kurs 1997 wieder ins Programm, jetzt allerdings unter dem neuen Namen »A1-Ring«.

**Pazifik/2GP**  Aida (1994–95)
Angesichts des Formel-1-Booms in Japan Ende der 80er- und Anfang der 90er-Jahre schien es nur logisch, einen zweiten Grand Prix im Land der aufgehenden Sonne abzuhalten. Doch dem Rennen auf dem abgelegenen Privatkurs des japanischen Multimillionärs Tanaka war kein großer Erfolg beschieden.

**Pescara/1**  Pescara (1957)
Es war ein einmaliges Gastspiel, das die Formel 1 im Süden Italiens gab – eine Notlösung, weil es 1957 in einigen Ländern zu Absagen gekommen war.

**Portugal/16**  Oporto (2x, 1958, 1960)
    Monsanto (1x, 1959)
    Estoril (13x, 1984–96)
Die ersten Formel-1-Rennen in Portugal Ende der 50er sind schon fast in Vergessenheit geraten, genauso wie die damaligen Strecken. Doch Estoril, 25 Kilometer von der Hauptstadt Lissabon entfernt, hat bei den Formel-1-Fans einen guten Klang, und in manchem Rennen wurde Formel-1-Geschichte geschrieben.

**San Marino/21**  Imola (1981–2001)
Landschaftlich reizvoll in der Emilia Romagna gelegen, mit einem Publikum, das begeisterungsfähig ist, ohne den mitunter wilden Fanatismus der Tifosi in Monza zu erreichen, weist Imola viele Eigenschaften auf, die die Strecke zu einer der angenehmsten Stationen des Grand-Prix-Zirkus machen würden – wäre da nicht die immer noch lebendige Erinnerung an das schwarze Wochenende von 1994, an dem Roland Ratzenberger und Ayrton Senna ums Leben kamen.

**Schweden/6**  Anderstorp (1973–78)
Das steigende Interesse der Schweden an der Formel 1 Mitte der 70er, ausgelöst durch die Erfolge von Ronnie Peterson und dann auch Gunnar Nilsson, manifestierte sich mit diesem Grand Prix auf der mittelschwedischen Strecke, für die die Lagebezeichnung »in the middle of nowhere« ziemlich genau zutraf. Bei der Anfahrt durch die schwedischen Wälder sollen sich sogar einige Fahrer und Teamchefs immer wieder verirrt haben.

**Schweiz/6**  Bremgarten (5x, 1950–54)
    Dijon-Prenois (1x, 1982)
Die Tragödie von Le Mans 1955 bedeutete das Aus für den Rundstrecken-Rennsport in der Schweiz. Das 1982 in Dijon abgehaltene Rennen war weniger ein »Wiederbelebungsversuch« denn eine Notlösung der FIA in der Namensgebung.

**Spanien/31**  Pedrables (2x, 1951, 1954)
    Jarama (9x, 1968, 1970, 1972, 1974, 1976, 1977–79, 1981)
    Barcelona-Montjuich (4x, 1969, 1971, 1973, 1975)
    Jerez (5x, 1986–1990)
    Barcelona-Catalunya (11x, 1991–2001)
Ein Land mit großer eigener Formel-1-Tradition ist Spanien eigentlich bis heute nicht, auch wenn die spanischen Grand Prix auf insgesamt fünf verschiedenen Strecken stattfanden. Das Zuschauerinteresse ist heute auf dem Circuito de Catalunya etwas größer – erstens dank der vielen deutschen Fans, die hier regelmäßig »einfallen«, aber auch weil die Formel 1 wegen der aktuell eingesetzten spanischen Piloten in der Öffentlichkeit inzwischen besser wahrgenommen wird.

**Südafrika/23**  East London (3x, 1962–63, 1965)
    Kyalami (20x, 1967–80, 1982–85, 1992–93)
Lange Zeit gehörte der Große Preis von Südafrika zu den Highlights der Saison. Vor allem die berühmte Kyalami Ranch wurde zur Legende. Doch die politische Situation in Südafrika führte Mitte der 80er-Jahre dazu, den Grand Prix aus dem Kalender zu streichen. Der Versuch eines Neubeginns in den 90ern scheiterte an den wirtschaftlichen Problemen des Landes.

**Ungarn/16**  Hungaroring (1986–2001)
Der erste Große Preis von Ungarn 1986 war das erste Gastspiel der Formel 1 in einem Land des damaligen Ostblocks. Doch die Fahrer sind von der Strecke alles andere als begeistert, weil sie praktisch keine Überholmöglichkeiten bietet.

**USA/45**  Sebring (1x, 1959)
    Indianapolis (13x, 1950–60, 2000–01)
    Riverside (1x, 1960)
    Watkins Glen (20x, 1961–80)
    Long Beach (8x, 1976–83)
    Las Vegas (2x, 1981–82)
    Detroit (7x, 1982–88)
    Dallas (1x, 1984)
    Phoenix (3x, 1989–91)
Neun verschiedene Strecken für den Großen Preis einer Nation – die USA sind auch in dieser Hinsicht für einen Rekord gut. Und das in einem Land, das sich mit der Formel 1 eigentlich nie so richtig anfreunden konnte. Trotzdem wurden Mitte der 70er bis Mitte der 80er regelmäßig zwei, einmal, 1982, sogar drei US-Grand-Prix ausgetragen, mit so schönen Bezeichnungen wie USA-East oder USA-West. Mit Ausnahme von Watkins Glen waren alle diese Kurse keine »echten« Rennstrecken. Etwas Besonderes ist freilich der gegenwärtige Austragungsort, der in das traditionsreiche Oval von Indianapolis integrierte Kurs. Auf diesem Oval wird das traditionsreichste Automobilrennen der USA, die 500-Meilen-Rennen von Indianapolis, ausgetragen, das elf Jahre offiziell zur Formel-1-Wertung zählte. Meist aber waren die Amerikaner auf dem Indianapolis Motor Speedway mehr oder weniger unter sich.

# Top Ten – die zehn Besten der Formel 1

Eine »Hitliste« der besten Rennfahrer seit dem Start der Formel 1 vor einem halben Jahrhundert anzulegen, ist problematisch. Wer ist der Größte? Ist es der Fahrer mit den meisten Grand-Prix-Siegen? Oder der Mann mit den meisten Weltmeisterschaften? Vielleicht auch der Fahrer, der im Verlauf seiner Karriere die meisten Weltmeisterschaftspunkte gesammelt hat? In Wahrheit kann hier die reine Statistik nicht das Maß aller Dinge sein. Denn das Talent und vor allem die Persönlichkeit spielen bei dieser Beurteilung eine ebenso große Rolle wie die zählbaren Erfolge. So zählt ein Stirling Moss gewiss zu den Top Ten, obwohl er nie einen Weltmeistertitel gewann. Anderen Favoriten, wie Gilles Villeneuve, blieb in ihrem Leben nicht genügend Zeit, um die ganz großen Erfolge zu erringen. Damit ist diese Liste zwangsläufig auch ein wenig subjektiv. Doch wenn auch der eine oder andere Formel-1-Fan seinen persönlichen Favoriten anders einstufen oder ganz vermissen wird – die in dieser Wertung aufgeführten Fahrerpersönlichkeiten haben es alle verdient, zu den Besten der Formel 1 gezählt zu werden.

## Ayrton Senna

Er war nicht nur das fahrerische Aushängeschild einer Epoche, er war auch die vielleicht faszinierendste Persönlichkeit, die die Formel 1 je hatte: Ayrton Senna, dreimal Weltmeister, 41 Grand-Prix-Siege, 65 Pole-Positions. Doch die Zahlen allein werden dem Menschen nicht gerecht, einem Menschen, der so vieles sein konnte: außerordentlich hart zu sich selbst und anderen

in seiner bedingungslosen Suche nach Erfolg und Perfektion, gleichzeitig manchmal unglaublich weich und sensibel, tief gläubig, empfindsam und emotional. Unfälle von Kollegen berührten ihn genauso wie das Schicksal der Straßenkinder in seinem Heimatland Brasilien, dessen soziale Probleme er deutlich sah. Wie sehr er sich selbst sozial engagierte, immer wieder versuchte, zu helfen, wussten nur wenige – er machte bewusst kein öffentliches Thema daraus. Erst nach seinem Tod rückte die auf seinen Wunsch von seiner Schwester Viviane geführte Ayrton Senna Foundation, eine Stiftung, die verschiedene soziale Projekte in Brasilien unterstützt, in den Blickpunkt der Öffentlichkeit.

Sennas Karriere begann früh: Am 21. 3. 1960 in São Paulo geboren, saß er mit vier Jahren zum ersten Mal in einem Gokart, das ihm sein Vater Milton gebaut hatte. Mit acht fuhr er sein erstes privates Kart-Rennen, 1973, mit 13, sein erstes offizielles in Interlagos – und natürlich gewann er es. Er begeisterte im Kart, er dominierte die englischen Nachwuchsformeln beinahe nach Belieben.

Unten: Beim Großen Preis von Deutschland 1989 errang Senna einen denkwürdigen Sieg. Die Weltmeisterschaft holte sich in diesem Jahr aber der große Rivale Alain Prost.

insgesamt sechs Siegen wechselte er 1988 zu McLaren – eine Partnerschaft, die über sechs Jahre die Formel 1 geprägt hat. Als Ayrton Senna sich 1993 in Adelaide von McLaren verabschiedete, standen drei Weltmeister- und zwei Vizeweltmeistertitel in seiner Erfolgsbilanz. Er war zur absolut dominierenden Figur der Formel 1 geworden. Der Williams, den er sich jahrelang erträumt hatte, brachte ihm 1994 noch die letzten drei seiner 65 Pole-Positions.

Über das Risiko seines Berufes war er sich immer im Klaren: »Ein Bruchteil einer Sekunde – und du kannst weg sein.« Aber er akzeptierte es: »Es ist ein Teil dessen, was wir tun – und vielleicht auch ein Teil der Faszination.« Dieses Wissen um die Gefahr war wohl auch der Grund dafür, dass er Schlamperei und unprofessionelle Arbeit nie akzeptieren konnte. Der Bruch in der Lenksäule des Williams, der den tödlichen Unfall auslöste, dürfte in diese Kategorie fallen.

Sennas Tod am 1. Mai 1994 hat die Formel 1 verändert. Der Schock von Imola saß tief, weil es den Besten getroffen hatte, einen, den nicht nur sein brasilianischer Landsmann Rubens Barrichello »eigentlich für unverletzlich« hielt, einen, der »zwei oder drei Stufen über uns allen stand«, wie es Gerhard Berger formulierte, einen, der den Beinamen »Magic« nicht grundlos trug. Senna ist das aktuelle Beispiel für die Legendenbildung um ein Idol, für eine Verehrung, die nach dem Tod eines Stars noch größer wird als zu dessen Lebzeiten. »Wir haben Senna immer geliebt, aber wie viel er wirklich für uns hat, haben wir erst nach seinem Tod wirklich verstanden«, sagen heute viele Brasilianer.

Seine Heimatstadt São Paulo hat ihm ein zweifaches Denkmal gesetzt: Eine große Ausfallstraße in Richtung Rio trägt ebenso seinen Namen wie ein Tunnel unter dem größten Park der Stadt, dem Ibirapuera-Park. Nicht genug damit: In Angra dos Reis, an der Küste, wo Ayrtons Strandvilla liegt, in der er in den europäischen Wintermonaten Ruhe fand und immer wieder Kraft sammelte für die neue Saison, steht ein weiteres Denkmal. An sein Grab in Morumbi im Süden São Paulos pilgern noch immer zahlreiche Fans, vor allem an Gedenktagen, so am 21. März, seinem Geburtstag, oder eben am 1. Mai, seinem Todestag.

41-mal hat man ihn in dieser Pose gesehen. Ayrton Senna nach seinem Sieg in San Marino 1989.

1984 kam er mit Toleman in die Formel 1: Bereits im zweiten Rennen – dem großen Preis von Südafrika – holte er den ersten Punkt, in Monaco dann den ersten Podiums-Platz: Im strömenden Regen wurde er Zweiter hinter Alain Prost und vor Stefan Bellof.

Im Regen errang er dann auch den ersten von insgesamt 41 Siegen: Am 21. 4. 1985 in Estoril, nach der ersten Pole-Position seiner Karriere, im Lotus-Renault. Nach drei Jahren bei Lotus mit

**Fakten und Zahlen**

| | |
|---|---|
| Anzahl der gefahrenen Grand Prix: | 161 |
| Anzahl der Pole-Positions: | 65 |
| Anzahl der Grand-Prix-Siege: | 41 |
| Anzahl der schnellsten Runden: | 19 |
| Weltmeisterschaftspunkte (incl. Streichresultate): | 610 (614) |
| Weltmeistertitel: | 3 (1988, 1990 und 1991) |

# Juan-Manuel Fangio

Sein Name steht stets ganz oben in der Liste der Größten aller Zeiten in der Formel 1: Juan-Manuel Fangio. Nicht nur seine fünf Weltmeistertitel und seine 24 Siege in nur 51 Grand-Prix-Rennen sind es, die ihn weit über die meisten anderen hinausheben. Vor allem seine Persönlichkeit, sein Charakter, seine Geradlinigkeit und Menschlichkeit machten ihn zu etwas ganz Besonderem, zu einem Fahrer, dem auch die nachfolgenden Generationen größten Respekt entgegenbrachten.

Fangio wurde am 24. 6. 1911 als Sohn italienischer Einwanderer in Argentinien geboren. Als Kind galt seine Leidenschaft zunächst dem Fußball, sein Spitzname »El Chueco«, der Krummbeinige, der ihm ewig treu bleiben sollte, stammt aus dieser Zeit. Seinen ersten Kontakt zum Motorsport bekam er, als er einen Kunden der Werkstatt, in der er normalerweise arbeitete, in einem Chevrolet als Mechaniker begleitete. Er begann dann mit Straßenrennen in Südamerika, ehe seine Laufbahn durch den Zweiten Weltkrieg unterbrochen wurde.

Erst 1947 konnte er den Rennsport wieder aufnehmen. 1949, im Alter von 38 Jahren, bestritt er dann seine erste komplette Saison in Europa, gewann auch gleich sein erstes Rennen in San Remo – und dann noch fünf weitere. Eine Weltmeisterschaft gab es allerdings erst 1950, als er bereits zum Alfa-Romeo-Werkteam gehörte und den Titel am Ende mit nur einem Punkt gegen seinen Teamkollegen Nino Farina verlor.

1951 holte er sich seine erste Weltmeisterschaft, doch dann erlebte er noch einmal einen herben Rückschlag: Bei einem Testunfall in Monza brach er sich einen Wirbel, was ihn für die komplette Saison 1952 außer Gefecht setzte. 1953 kam er mit Maserati zurück, doch erst mit dem Wechsel zu Mercedes 1954 begann seine ganz große Zeit: vier Weltmeistertitel in Serie, die ersten beiden mit Mercedes, den nächsten 1956 mit Ferrari. Dabei leistete sein Teamkollege Peter Collins selbstlose Schützenhilfe. Obwohl er selbst noch Titelchancen hatte, überließ er im entscheidenden Rennen in Monza Fangio, der mit einem Defekt ausgeschieden war, sein Auto – nach damaligem Reglement möglich.

1957 holte er sich mit Maserati seinen letzten Titel. Unvergessen ist seine grandiose Aufholjagd auf dem Nürburgring, als er durch einen – geplanten, aber missglückten – Tankstopp eine Dreiviertelminute verlor, am Ende aber doch noch gewann. 1958 bestritt er nur noch zwei Rennen, dann entschloss er sich zum Rücktritt: »Meine Zeit ist vorbei!«

Als Weltbotschafter des Motorsports blieb er der Rennsportszene freilich noch Jahrzehnte erhalten. Auch in Deutschland war er dank seiner alten Verbindungen zu Mercedes öfters zu Gast. Nach langer, schwerer Krankheit starb Juan-Manuel Fangio am 17. Juli 1995 im Alter von 84 Jahren in Buenos Aires.

Oben: Fangio siegt auf Mercedes-Benz beim Großen Preis von Belgien 1955.

Links: Fangio mit Mercedes-Rennleiter Alfred Neubauer.

| Fakten und Zahlen | |
| --- | --- |
| Anzahl der gefahrenen Grand Prix: | 51 |
| Anzahl der Pole-Positions: | 28 |
| Anzahl der Grand-Prix-Siege: | 24 |
| Anzahl der schnellsten Runden: | 23 |
| Weltmeisterschaftspunkte (incl. Streichresultate): | 245 (277,5) |
| Weltmeistertitel: | 5 (1951, 1954, 1955, 1956 und 1957) |

# Jim Clark

Die Diskussionen sind so alt wie die Formel 1 selbst: Wer war – oder ist – der beste Grand-Prix-Pilot aller Zeiten? Ein Name kommt bei solchen Debatten meistens ins Gespräch, zusammen mit Ayrton Senna und Juan-Manuel Fangio: Jim Clark.

Jim Clark in seinem Lotus beim Großen Preis von Deutschland 1965

er in dieser Saison Titelchancen, sah dort sogar schon wie der neue Weltmeister aus, ehe er in Führung liegend durch einen Defekt ausfiel und den Titel Graham Hill überlassen musste. Doch 1963 holte er sich in überlegener Manier seine erste Weltmeisterschaft. Er gewann sieben von zehn Rennen. Auch 1964 war er in Sachen Schnelligkeit das Maß aller Dinge, doch die

Der Schotte, geboren am 4. 3. 1936, dominierte unumstritten die 60er-Jahre. Dass am Ende nicht mehr als zwei Weltmeistertitel in seiner Ergebnisbilanz stehen, war teilweise reines Pech, lag aber auch daran, dass das Lotus-Team, dem Clark während seiner kompletten Rennfahrerkarriere angehörte, auf die 1966 neu eingeführte Drei-Liter-Formel nicht schnell genug reagieren konnte. Der Sohn eines schottischen Farmers begann seine Grand-Prix-Karriere 1960 in Zandvoort. Bereits im folgenden Jahr geriet Clark in die Schlagzeilen – wegen seines Unfalls mit Wolfgang Graf Berghe von Trips in Monza, der den Deutschen und 13 Zuschauer das Leben kostete. Die Schuldfrage blieb stets umstritten. 1962 wurde Clarks erstes ganz großes Jahr. In Spa, einer Strecke, die er eigentlich hasste, auf der er aber trotzdem viermal hintereinander gewinnen konnte, feierte er seinen ersten Grand-Prix-Sieg. Bis zum letzten Rennen in Südafrika hatte

Unzuverlässigkeit des neuen Lotus 33 sorgte für so viele Ausfälle, dass an eine Titelverteidigung nicht zu denken war. Dafür war Clark dann 1965 wieder mit dem Titel an der Reihe, und er krönte dieses erfolgreiche Jahr auch noch mit einem Sieg im Paraderennen der USA, den 500 Meilen von Indianapolis.

1966 war für Jim Clark ein schwieriges Jahr: Lotus verfügte über keinen Motor, der in der neuen Drei-Liter-Formel konkurrenzfähig gewesen wäre. Erst mit dem Debüt des Cosworth-V8-Triebwerks in Zandvoort 1967, wo Clark auf Anhieb gewann, änderte sich die Lage wieder zu seinen Gunsten. Er war der unumstrittene Star der Saison, auch wenn der Weltmeistertitel, eher unbeachtet, an Denny Hulme ging.

1968 konnte Clark nur noch einen Grand Prix fahren, in Südafrika. Sein Tod am 7. 4. 1968 in einem eher unbedeutenden Formel-2-Rennen schockierte die Grand-Prix-Szene damals nicht weniger als 26 Jahre später der Tod Ayrton Sennas. Wie später der Brasilianer war Clark von dem Nimbus umgeben, weit über allen andern Rennfahrern zu stehen, unangreifbar, unverletzlich zu sein. Warum Clarks Lotus auf der Geraden in Hockenheim plötzlich abbog und in den Wald flog, konnte nie beantwortet werden. Die Wahrscheinlichkeit spricht für einen Reifenschaden.

## Fakten und Zahlen

| | |
|---|---|
| Anzahl der gefahrenen Grand Prix: | 72 |
| Anzahl der Pole-Positions: | 33 |
| Anzahl der Grand-Prix-Siege: | 25 |
| Anzahl der schnellsten Runden: | 28 |
| Weltmeisterschaftspunkte (incl. Streichresultate): | 255 (274) |
| Weltmeistertitel: | 2 (1963 und 1965) |

# Alain Prost

51 Grand-Prix-Siege, viermal Weltmeister – was die reine Erfolgsbilanz angeht, gehört der kleine Franzose in der Formel 1 sicher zu den Größten. Wenn von Formel-1-Legenden, von den großen Fahrgenies die Rede ist, dann fällt der Name Prost nicht sofort. Berühmt weniger für Schnelligkeit und überragendes Fahrtalent als für die Fähigkeit, günstige Voraussetzungen zu schaffen und Chancen zu nutzen, gepaart mit einem eher unspektakulären Fahrstil, gelang es Prost – außer in Frankreich – nicht so leicht, zum Idol der Massen zu werden.

Am 24.2.1955 geboren, kam er über den Kart-Sport, die Formel Renault und die Formel 3 in die Formel 1: zunächst 1980 zu McLaren, dann zu Renault, wo er aber Ende 1983 völlig überraschend gehen musste. Eine persönliche Affäre, ein Techtelmechtel mit der Gattin eines der Teamchefs, sei der Grund gewesen, flüsterte die Gerüchteküche.

Prost wechselte zu McLaren, holte dort 1985 und 1986 seine beiden ersten Weltmeistertitel – und bekam 1988 einen neuen Teamkollegen: Ayrton Senna. Was im ersten Jahr noch halbwegs funktionierte, artete 1989 zum großen Krieg aus. Der begann in Imola durch eine – missverständliche – Absprache, eskalierte im Laufe des Jahres und erreichte seinen Höhepunkt durch einen von Prost provozierten Unfall, mit dem er das Titelrennen für sich entschied.

Prost flüchtete von McLaren zu Ferrari, die Duelle mit Senna, gegen den er im gleichen Auto nur selten eine Chance hatte, gingen weiter – auf und neben der Strecke. Dieser Kampf zweier völlig verschiedener und in manchen Bereichen doch so ähnlicher Persönlichkeiten traf Senna

meist tiefer als den Franzosen, der darin nur ein Mittel zum Zweck sah. 1990 musste Prost in Suzuka dann hinnehmen, dass Senna den Spieß umdrehte. Wieder wurde der Titelkampf durch einen Unfall entschieden, und diesmal war Prost der Verlierer.

Nach einer frustrierenden Saison 1991 bei Ferrari legte er 1992 ein Jahr Pause ein, sicherte sich aber schon im Frühjahr den Vertrag mit Williams-Renault – mit einer Ausschlussklausel gegen den Erzrivalen Senna, was diesen zur Weißglut brachte. 1993 duellierten sich die beiden wieder, aber mit völlig unterschiedlichem Material: Prost gewann mit dem überlegenen Williams-Renault und sieben Siegen die Weltmeisterschaft, aber sportlich wurden die fünf Triumphe, die Senna mit dem unterlegenen McLaren-Ford herausfuhr, höher bewertet. Nach seinem vierten Titelgewinn zog sich Prost aus dem aktiven Rennsport zurück – bis er 1997 Ligier kaufte und sich so seinen Traum vom eigenen Rennstall erfüllte. Doch in dieser Funktion konnte er bisher nie an seine Erfolge als Fahrer anknüpfen. Abgesehen von ein paar Achtungserfolgen 1997 kam Prost Grand Prix nie über das hintere Mittelfeld hinaus, Ärger mit Fahrern, Ingenieuren, Motoren-Partnern und Sponsoren war an der Tagesordnung. Im Winter 2001 musste Prost um sein Team bangen, nachdem ein Insolvenzverfahren eingeleitet wurde. Im Januar 2002 kam das Ende.

**PORTRAIT**

**Fakten und Zahlen**

| | |
|---|---|
| Anzahl der gefahrenen Grand Prix: | 199 |
| Anzahl der Pole-Positions: | 33 |
| Anzahl der Grand-Prix-Siege: | 51 |
| Anzahl der schnellsten Runden: | 41 |
| Weltmeisterschaftspunkte (incl. Streichresultate): | 768,5 (798,5) |
| Weltmeistertitel: | 4 (1985, 1986, 1989 und 1993) |

# Niki Lauda

Dreimaliger Weltmeister, internationaler Weltstar, erfolgreicher Geschäftsmann, langjähriger Airline-Besitzer – Niki Lauda ist einer der ganz wenigen Formel-1-Stars, die auch über den Sport hinaus populär geblieben sind. Seine Cleverness, seine trockene Art, die Dinge auf den Punkt zu bringen, sein Talent auch für PR in eigener Sache haben neben dem sportlichen Erfolg sicher dazu beigetragen, dass der Österreicher auch heute noch zur Prominenz zählt.

Der Sohn aus bester Wiener Familie, geboren am 22.2.1949, musste gerade am Anfang hart kämpfen, um seine Rennsport-Ambitionen durchzusetzen. Unterstützung seitens der Familie gab es nie, im Gegenteil: Diese machte sogar bei Sponsoren ihren Einfluss geltend, brachte Verträge zum Platzen, um den »missratenen« Sprössling zur Vernunft zu bringen. Lauda setzte sich trotzdem durch, finanzierte sein erstes Formel-1-Jahr 1972 bei March durch einen Kredit, kam dann über BRM 1974 zu Ferrari, wo er im darauf folgenden Jahr prompt seinen ersten Weltmeistertitel holte.

1976 kam die Krise, der schwere Feuerunfall am Nürburgring, Verbrennungen, Lungenverätzungen, einige Tage Lebensgefahr … Doch sechs Wochen danach saß Lauda schon wieder im Auto, wurde, noch schwer angeschlagen, bei sei-

nem Comeback in Monza sensationell Vierter. Im letzten Rennen des Jahres aber stellte er im strömenden Regen von Fuji das Auto ab: »Mein Leben ist mir wichtiger als eine Weltmeisterschaft.« Um einen Punkt verlor er den Titel an James Hunt.

1977 holte er ihn zurück, für sich und für Ferrari. Aber schon da zeigte sich ein neuer Niki Lauda: Der kühne, risikobereite Draufgänger hatte sich zum kühlen Rechner gewandt, der seine Chancen genau abwägen und ausnutzen konnte. Es folgten zwei erfolglose Jahre bei Brabham und im September 1979 der vorläufige Rücktritt vom Rennsport. Niki Lauda widmete sich ganz dem Aufbau seiner Fluglinie »Lauda-Air«, konnte dann aber 1982 einem Angebot von McLaren nicht widerstehen und kam für vier Jahre zurück in die Formel 1. 1984 sicherte er sich mit dem McLaren-Porsche, nach hartem Kampf gegen seinen Teamkollegen Alain Prost, seinen dritten Weltmeistertitel. 1985 feierte er in Zandvoort seinen 25. und letzten Sieg, ehe er am Ende des Jahres den Helm endgültig an den Nagel hängte, um sich fortan seiner Airline zu widmen.

1991 traf ihn ein harter Schicksalsschlag, als eine Lauda-Air-Maschine mit 223 Menschen an Bord über Thailand abstürzte. Ende 2000 verließ er dann nach langen politischen Querelen mit Vorständen der inzwischen an der Lauda-Air beteiligen österreichischen Fluggesellschaft AUA das Unternehmen. Doch aus der Öffentlichkeit verschwand Lauda damit nicht: Als neuer Motorsportchef von Jaguar steht er seit Frühjahr 2001 wieder an vorderster Front in der Formel 1, und in den Medien ist er immer noch einer der gefragtesten Gesprächspartner, nicht nur in seiner Rolle als RTL-Fernsehkommentator.

Niki Lauda bei der Siegerehrung nach seinem letzten Sieg in Zandvoort 1985

1985 lag Lauda nur noch selten, so wie hier, vor dem Teamkollegen Alain Prost.

PORTRAIT

### Fakten und Zahlen

| | |
|---|---|
| Anzahl der gefahrenen Grand Prix: | 171 |
| Anzahl der Pole-Positions: | 24 |
| Anzahl der Grand-Prix-Siege: | 25 |
| Anzahl der schnellsten Runden: | 25 |
| Weltmeisterschaftspunkte (incl. Streichresultate): | 420,5 |
| Weltmeistertitel: | 3 (1975, 1977 und 1984) |

# Michael Schumacher

Er hat die Formel 1 in Deutschland populär gemacht. Mit seinen Triumphen kam der Aufschwung für eine Sportart, die hierzulande bis dahin eher nur ein Schattendasein fristete: Michael Schumacher – gegenwärtig wohl der beste, vor allem konstanteste Fahrer in der Formel 1. Der neue Superstar, geboren am 3. 1. 1969 in Hürth-Hermühlheim, brach 1991 in die Formel-1-Welt ein, als er bei Jordan Bertrand Gachot ersetzte und sich in Spa auf Anhieb als Siebter qualifizierte. Daraufhin holte ihn Flavio Briatore zu Benetton, und ein Jahr später gewann Michael auf derselben Strecke, in Spa, seinen ersten Grand Prix. 1994 wurde aus dem Top-Talent der große Star der Formel 1: Nach zwei überraschenden Siegen zu Saisonbeginn sah er sich durch den Tod Ayrton Sennas plötzlich in der Führungsrolle und gewann auch alles, was es zu gewinnen gab. Danach gab es einigen Wirbel um die Regelauslegung bei Benetton, doch Schumacher sicherte sich am Ende trotzdem seinen ersten Weltmeistertitel, wenn auch durch einen ebenfalls sehr umstrittenen Unfall mit Damon Hill im letzten Rennen.

1995 startete er als großer Favorit, hatte zwar zunächst mit Problemen zu kämpfen, setzte sich dann aber im Laufe der Saison durch – neun Saisonsiege und der zweite Titel sprachen für sich. Auch sonst war 1995 für ihn ein ereignisreiches Jahr: Im August heiratete er seine Freundin Corinna und stellte mit seiner Unterschrift bei Ferrari die Weichen für die Zukunft.

Dort erfüllten sich für ihn schon im ersten Jahr die Erwartungen – im Positiven wie im Negativen: Drei Siege deuteten das Potenzial der Kombination Schumacher-Ferrari an, eine Serie technisch bedingter Ausfälle demonstrierte die Schwächen. Doch Michael Schumacher vertraute darauf, dass die nötige Standfestigkeit erreicht werden würde. Ferrari und Italien schienen Michael Schumacher zumindest persönlich gut zu tun. So locker, so entspannt hatte man den Kerpener, der sich inzwischen in der Schweiz am Genfer See niedergelassen hatte, nie gekannt. Der erhoffte Titelgewinn blieb allerdings einstweilen aus. 1997 verlor Michael die Weltmeisterschaft im letzten Saisonrennen in Jerez durch ein

Ein künftiger Weltmeister: Schumacher im Cockpit des 1994er-Benetton

viel kritisiertes Abschussmanöver gegen Jacques Villeneuve. Auch 1998 verpasste er den Titel – wieder im letzten Rennen – diesmal gegen Mika Häkkinen in Japan, und im Folgejahr beraubte ihn dann der Unfall in Silverstone, bei dem er sich einen Beinbruch zuzog, aller Chancen ... Im Jahr 2000 war es dann endlich so weit: Schumacher krönte eine starke Saison mit dem Titelgewinn im vorletzten Rennen in Japan. Es war der erste Titel für Ferrari nach 21 Jahren, und natürlich wurde er in Italien entsprechend gefeiert. 2001 war die Titelverteidigung schon in Ungarn unter Dach und Fach, dazu brach Michael den Rekord von Alain Prost und wurde zum Rennfahrer mit den meisten Grand-Prix-Siegen. Für seine Fans ist Schumacher mit dieser Rekordbilanz bereits der größte Rennfahrer aller Zeiten. Für Insider wird dieses Bild von der Erinnerung an manche Diskussion um Sportlichkeit und Reglement getrübt. Wenn es ihm jedoch gelingt, sportlich wie menschlich den 2001 eingeschlagenen Weg fortzusetzen, hat er alle Chancen, zur Legende zu werden.

**PORTRAIT**

**Fakten und Zahlen (Stand vor Saisonbeginn 2002)**

| | |
|---|---|
| Anzahl der gefahrenen Grand Prix: | 161 |
| Anzahl der Pole-Positions: | 43 |
| Anzahl der Grand-Prix-Siege: | 53 |
| Anzahl der schnellsten Runden: | 44 |
| Weltmeisterschaftspunkte (incl. Streichresultate): | 801 |
| Weltmeistertitel: | 4 (1994, 1995, 2000 und 2001) |

# Jackie Stewart

Mit Jackie Stewart begann die Ära der echten Vollprofis in der Formel 1, der Superstars, die sich ihre Leistungen und ihr Risiko entsprechend bezahlen ließen, die vom reinen Helden- und Ehrenkodex der Herrenfahrer-Generation nichts mehr wissen wollten. Stewart war der Erste, der die Fahrergagen über die scheinbar magische Grenze von einer Million Dollar trieb. Damals eine Sensation – heutige Top-Stars können da nur müde lächeln.

1971 war Jackie Stewart im Tyrrell-Ford nicht zu schlagen.

Mit dem dreimaligen Weltmeister begann für die Formel 1 ein neues Zeitalter: das der absoluten Professionalität und des Sicherheitsdenkens. Zusammen mit seinem Freund Jochen Rindt war Stewart der Erste, der in der zweiten Hälfte der 60er-Jahre dafür zu kämpfen begann, die Autos und vor allem die Rennstrecken sicherer zu machen, der nicht mehr gewillt war, jeden tödli-

chen Unfall – und zwei bis drei davon gab es damals pro Saison – einfach als schicksalsgegeben hinzunehmen.

Stewart, geboren am 11. 6. 1939, hatte in dieser Beziehung ein Schlüsselerlebnis. Er, der 1965 in Südafrika in der Formel 1 debütierte und im gleichen Jahr in Monza seinen ersten Grand Prix gewann, war nach einem schweren Unfall in Spa 1966 lange im Auto eingeklemmt, während Benzin ins Cockpit lief. Mit einem Schlüsselbeinbruch war er noch relativ glimpflich davongekommen, aber das Ereignis hatte ihn so geprägt, dass er gegen alle Widerstände der »alten Garde« und der Funktionäre – die damals Sicherheitsbewusstsein mit Feigheit gleichsetzten – den Kampf aufnahm.

Gleichzeitig begann sein Aufstieg zum Superstar der Szene: Nach drei Jahren BRM wechselte er 1968 zu Matra. Im Folgejahr wurde er mit diesem Team zum ersten Mal Weltmeister. 1970 begann seine lange, erfolgreiche Partnerschaft mit Tyrrell, 1971 gekrönt vom zweiten, 1973 vom dritten Weltmeistertitel.

Mitte 1973 entschloss sich Jackie Stewart, am Ende der Saison zurückzutreten. Den dritten Titel schon in der Tasche, mit 27 Grand-Prix-Siegen damals Rekordhalter, sollte Watkins Glen sein 100. Grand Prix und gleichzeitig sein letztes Rennen werden. Doch es kam anders: Im Training verunglückte sein junger Teamkollege François Cevert tödlich, und Stewart trat daraufhin im Rennen nicht mehr an. Am 14. Oktober 1973 verkündete er in London seinen Rücktritt vom Rennsport.

Den Kontakt zur Formel-1-Szene verlor er nie. 1997 stieg er zusammen mit seinem Sohn Paul als Chef von Stewart Grand Prix wieder ins Geschäft ein, und Johnny Herbert konnte auf dem Nürburgring 1999 immerhin einen Sieg an die Fahnen des jungen Teams heften, ehe dieses 2000 von Jaguar übernommen und damit dem Ford-Konzern eingegliedert wurde. Stewart blieb dem Team zwar offiziell als Berater erhalten, aber spätestens mit dem Einstieg von Niki Lauda als Jaguar-Chef war klar, dass er dort nur noch Staffage ist. Was aber nicht bedeutet, dass er nicht noch immer zu den gefragtesten Gesprächspartnern im Formel-1-Fahrerlager gehört ...

**Fakten und Zahlen**

| | |
|---|---|
| Anzahl der gefahrenen Grand Prix: | 99 |
| Anzahl der Pole-Positions: | 17 |
| Anzahl der Grand-Prix-Siege: | 27 |
| Anzahl der schnellsten Runden: | 15 |
| Weltmeisterschaftspunkte (incl. Streichresultate): | 359 (360) |
| Weltmeistertitel: | 3 (1969, 1971 und 1973) |

# Stirling Moss

Eine der faszinierendsten Persönlichkeiten seiner Zeit, stets zumindest zu den »ewigen Top Ten« der Formel 1 gezählt, obwohl er nie einen Weltmeistertitel erringen konnte, das ist der Engländer Stirling Moss. Aber 16 Grand-Prix-Siege, 16 Pole-Positions und 20 schnellste Runden beweisen seine Klasse – andere, »glücklichere« Fahrer wurden mit wesentlich weniger Erfolgen Weltmeister.

Bei Moss, geboren am 17. 9. 1929, der seine Rennfahrerkarriere 1947 begann und bereits 1951 seinen ersten Grand Prix in der Schweiz fuhr, reichte es im Gesamtklassement immer nur zu Vizeweltmeisterschaften und dritten Plätzen. Bis 1953 nur sporadisch mit verschiedenen Autos in der Grand-Prix-Szene unterwegs, kaufte er sich für 1954 einen Maserati, mit dem er in Spa als Dritter zum ersten Mal auf dem Treppchen stand. Die Belohnung für gute Leistungen war ein Werksvertrag bei Mercedes für die Saison 1955 – als Partner des großen Juan-Manuel Fangio. In Aintree gewann Moss den ersten Grand Prix seiner Karriere und wurde in diesem Jahr auch zum ersten Mal Vizeweltmeister – eine Platzierung, die ihm auch in den kommenden drei Jahren treu geblieben ist.

Nach dem Rückzug von Mercedes aus dem Rennsport als Folge der Katastrophe von Le Mans 1955 mit mehr als 80 Toten wechselte Moss 1956 zu Maserati und 1957 zu Vanwall. Ein englisches Auto, das kam dem immer patriotisch denkenden Engländer Moss gerade recht. Doch den ersehnten Titel brachte es ihm auch nicht, genauso wenig wie die englischen Autos, mit denen er von 1959 bis 1961 unterwegs war: Ob Cooper-Climax, zwischendurch mal kurz für zwei Rennen BRM oder Lotus-Climax – stets reichte es für Stirling Moss durch zahlreiche technisch bedingte Ausfälle nur zu jeweils zwei Saisonsiegen und dritten Plätzen in der Weltmeisterschaftswertung.

1962 stoppte ein schwerer Unfall seine Karriere: Beim »Easter Monday Meeting« in Goodwood, einem nicht zur Weltmeisterschaft zählenden Rennen, kam er aus bis heute ungeklärten Gründen mit seinem Lotus von der Strecke ab und erlitt beim Aufprall schwere Kopfverletzungen,

Stirling Moss im Mercedes beim Großen Preis von Monaco 1955 und mit Juan-Manuel Fangio (unten)

von denen er sich lange nicht erholte. Ein Jahr später musste er bei einem Test feststellen, dass seine Reflexe nicht mehr die alten waren, dass er selbst das Gefühl hatte, im Auto nicht mehr hundertprozentig an seine früheren Leistungen anknüpfen zu können. Moss traf daraufhin die Entscheidung, den Rennsport ganz aufzugeben. Auf niedrigerem Niveau als ganz an der Spitze wollte er sich nicht präsentieren.

Auch in seiner folgenden Karriere als Geschäftsmann blieb Moss dem Rennsport verbunden – und ganz ließ ihn der Renn-Bazillus doch nicht los: Noch in den 70er-Jahren startete er gelegentlich bei Tourenwagen- oder Oldtimer-Rennen, und auch heute noch ist er dem Rennsport – vor allem der Formel 1 – eng verbunden: Immer wieder kommt er als Gast zu den Rennen der Königsklasse, und er ist vor allem für die englischen Medien immer noch ein sehr gefragter Gesprächspartner, Kommentator und Kolumnist mit dezidierten Ansichten über die heutige Formel-1-Szene.

**Fakten und Zahlen**

| | |
|---|---|
| Anzahl der gefahrenen Grand Prix: | 66 |
| Anzahl der Pole-Positions: | 16 |
| Anzahl der Grand-Prix-Siege: | 16 |
| Anzahl der schnellsten Runden: | 20 |
| Weltmeisterschaftspunkte (incl. Streichresultate): | 185,5 (186,5) |
| Weltmeistertitel: | – |

# Jack Brabham

Kaum ein Fahrer hielt sich über so lange Zeit in der Spitzengruppe der Formel 1 wie der Australier Jack Brabham. Von 1955 bis 1970 gehörte er dazu, und selbst im Alter von 44 Jahren konnte er den jungen Löwen von damals immer noch einiges vormachen.

Sein Formel-1-Debüt feierte Brabham, der zuvor in Australien unter anderem Bergrennen gefah-

**Jack Brabham im Cooper-Climax von 1959 (links)**

ren hatte, 1955 auf einem Cooper. Seine ersten beiden großen Jahre in der Formel 1 erlebte er 1959 und 1960, als er sich zweimal hintereinander den Weltmeistertitel sichern konnte. 1961 versuchte er sich auch bei den 500 Meilen von Indianapolis, ehe er 1962 eine Saison bei Lotus bestritt und nebenbei sein erstes eigenes Brabham-Chassis entwickelte. Ab 1963 trat er mit diesem Auto an, und 1966 wurde er damit Weltmeister. Es war sein dritter Titel und ein historisches Ereignis: Der erste Weltmeister auf seinem eigenen Auto. 1967 musste sich der Chef seinem Angestellten beugen: Zwar ging der Titel wieder an das Brabham-Team, aber nicht an Jack, sondern an den Neuseeländer Dennis Hulme. Nach dem Wechsel von Hulme zu McLaren holte sich Brabham mit Jochen Rindt erneut einen ganz

schnellen, viel versprechenden Fahrer ins Team. Doch das Jahr 1968 brachte nicht den gewünschten Erfolg – der Brabham war einfach zu unzuverlässig, um regelmäßig gute Resultate möglich zu machen. 1969 kämpfte Brabham dann auch noch mit den Folgen eines Knöchelbruches, den er sich bei einem Testunfall zugezogen hatte. Er dachte schon ans Aufhören, doch dann entschied er anders: »Ich hänge doch noch eine Saison dran, aber 1970 wird definitiv mein letztes Jahr.« Es wurde ein gutes, mit einem Auftaktsieg zu Saisonbeginn in Südafrika und zwei unvergessenen Rennen in Monaco und England, die Jack erst in der letzten Runde gegen Jochen Rindt verlor. In Monaco war es ein Fahrfehler unter dem Druck des Österreichers, der ihn aus dem Rennen warf, in Brands Hatch ging ihm das Benzin aus, weil ein Mechaniker zu wenig Sprit eingefüllt hatte. Dieser Mechaniker, Ron Dennis, wurde später einer der Großen in der Formel 1, und er hasst es, auf diese Episode angesprochen zu werden. Nach dem Großen Preis von Mexiko 1970 hängte Brabham, inzwischen zum »Sir« geadelt, den Helm endgültig an den Nagel und zog sich, wie es seiner eher scheuen und zurückhaltenden Persönlichkeit entspricht, ganz ins Privatleben zurück. Und wenn er, was nur selten vorkommt, als Besucher bei einem Grand Prix erscheint, dann unauffällig und inkognito.

**Fakten und Zahlen**

| | |
|---|---|
| Anzahl der gefahrenen Grand Prix: | 126 |
| Anzahl der Pole-Positions: | 13 |
| Anzahl der Grand-Prix-Siege: | 14 |
| Anzahl der schnellsten Runden: | 10 |
| Weltmeisterschaftspunkte (incl. Streichresultate): | 253 (261) |
| Weltmeistertitel: | 3 (1959, 1960 und 1966) |

# Gilles Villeneuve

Niki Lauda nannte ihn »der Gigant« – ein Kompliment an die unglaubliche Fahrzeugbeherrschung und die Schnelligkeit des Kanadiers Gilles Villeneuve, der sicher einer der schnellsten Rennfahrer aller Zeiten war.

Sein legendäres Fahrgefühl entwickelte der am 18. 1. 1950 geborene Villeneuve schon bei Snowmobil-Rennen im winterlichen Kanada, dann ging er in die Formel Ford, schließlich in die Formel Atlantic. Dort fiel er bei einem Rennen James Hunt auf, der sein McLaren-Team alarmierte: »Da gibt es ein Supertalent, sichert euch den, so schnell ihr könnt.« 1977 in Silverstone feierte Villeneuve sein Formel-1-Debüt auf einem McLaren. Er war auf Anhieb schnell, bezahlte aber die Suche nach dem Limit noch mit unzähligen Drehern. Der damalige McLaren-Chef Teddy Mayer war nicht so recht überzeugt, ließ Villeneuve gehen – und Ferrari griff zu. Villeneuve fuhr bereits die beiden letzten Rennen 1977 für die Italiener, von denen sich der neue Weltmeister Niki Lauda im Streit getrennt hatte. Fuji, das Saisonfinale, endete mit einer Tragödie: Villeneuve kollidierte mit Ronnie Peterson, sein Auto flog in eine Zuschauergruppe, die in einer Sperrzone stand: zwei Tote.

Villeneuve schien relativ unbeeindruckt, jedenfalls änderte sich nichts an seinem extremen, überaggressiven Fahrstil, der ihn andererseits auch zum Liebling der Zuschauer, vor allem der Ferraristi, machte. Seinen ersten Grand Prix gewann er 1978 bei seinem Heimrennen in Montreal, dem Weltmeistertitel am nächsten kam er 1979. Viele schätzten ihn in dieser Saison bereits stärker ein als seinen Teamkollegen Jody Scheckter. Der aber war von Ferrari für den Titel ausersehen, und Gilles hielt sich brav an jede Stallorder. 1980 war mit dem Ferrari dann nichts mehr zu gewinnen, aber 1981 konnte Gilles wieder zwei Siege holen, darunter den legendären Triumph in Barcelona, als er mit dem langsameren Ferrari das ganze Rennen über vier Gegner hinter sich halten konnte. Im Ziel trennten die fünf ganze 1,24 Sekunden.

Dann kam das Unglücksjahr 1982, das in Imola zunächst den Streit zwischen Villeneuve und seinem Teamkollegen Didier Pironi brachte, der

sich nicht an die Stallorder gehalten und Gilles »einen Sieg gestohlen« hatte. Nur zwei Wochen später: Zolder. Im Abschlusstraining am Samstag, dem 8. Mai, lag Gilles knapp hinter dem verhassten Teamkollegen. Dann der Unfall: die letzte mögliche schnelle Runde, auf der Ideallinie der langsamere Jochen Mass, der in letzter Sekunde – hinter einer Kuppe – noch Platz machen wollte, die fatale Kollision. Der Ferrari stieg auf, Villeneuve wurde aus dem Auto und gegen den Pfosten eines Fangzauns geschleudert. Er hatte keine Chance und starb noch am gleichen Abend im Krankenhaus.

Noch Jahre nach seinem Tod war Gilles Villeneuve auf den Rennstrecken, vor allem in Italien, mindestens so präsent wie die aktuellen Fahrer: Transparente, Fahnen, T-Shirts für den Kanadier, der seinen Fans unvergessen blieb. Seinem Sohn Jacques, der sich nach ersten Versuchen im Skilauf dann auch dem Motorsport zuwandte, gelang dann 1997 das, was dem Vater versagt blieb: einen Weltmeistertitel zu erobern.

Er hatte das Talent, aber nicht die Zeit, um zu den Erfolgreichsten Formel-1-Piloten aufzuschließen: Gilles Villeneuve (links, unten und im Ferrari)

**Fakten und Zahlen**

| | |
|---|---:|
| Anzahl der gefahrenen Grand Prix: | 67 |
| Anzahl der Pole-Positions: | 2 |
| Anzahl der Grand-Prix-Siege: | 6 |
| Anzahl der schnellsten Runden: | 7 |
| Weltmeisterschaftspunkte (incl. Streichresultate): | 101 (107) |
| Weltmeistertitel: | – |

# Die Weltmeister der Formel 1

## Giuseppe »Nino« Farina (1950)

Die Karriere des ersten Weltmeisters der offiziellen Formel-1-Geschichte begann schon lange vor dem Zweiten Weltkrieg: Geboren am 30. 10. 1906, startete Farina bereits 1932 zum ersten Mal bei einem Rennen, dem Bergrennen Aosta-St. Bernhard, und es endete mit einem Fiasko: Nach einem Unfall landete er im Krankenhaus, was ihn nicht davon abhielt, seine Karriere weiter zu betreiben. In den 30er-Jahren startete er für Alfa Romeo in den Grand-Prix-Rennen gegen die legendären Silberpfeile von Mercedes und Auto Union und gewann trotz technischer Unterlegenheit einige Rennen, so 1937 den Großen Preis von Neapel und 1939 in Tripolis, ehe der Krieg alle Rennaktivitäten unterbrach. Als Alfa Romeo 1950 in den Grand-Prix-Sport zurückkehrte, bildete Farina ein Team zusammen mit Fangio und Fagioli, und am Ende der Saison hatte er sich den Titel des ersten Formel-1-Weltmeisters der Geschichte gesichert. Doch auch dieser Erfolg veränderte den eher scheuen Italiener nicht. Er behielt sein zurückhaltendes Wesen. Außerdem stand er in den kommenden Jahren immer mehr im Schatten der »Großen«, Fangio und Ascari. 1954 schien er nach gutem

Saisonstart noch einmal Weltmeisterschaftschancen zu haben, doch Unfälle bei der Mille Miglia und vor allem in Monza, wo er sich schwere Verbrennungen an den Beinen zuzog, warfen ihn vorzeitig aus dem Rennen.
1955 versuchte er ein Comeback, musste sich dann aber am Ende der Saison aufgrund der Verletzungsfolgen aus der Formel 1 zurückziehen. Ausflüge nach Indianapolis und in die Sportwagenszene waren von weiteren Unfällen begleitet, sodass sich Farina bald vollständig aus dem Motorsport zurückzog. Ironie des Schicksals: nachdem er so viele Rennunfälle überlebt hatte, kostete ihn schließlich am 30. 6. 1966 ein Verkehrsunfall das Leben.

Beim Start der Formel 1 konnte Alfa Romeo an seine großen Vorkriegserfolge anknüpfen: Nino Farina im ersten Formel-1-Alfa.

PORTRAIT

**Fakten und Zahlen**

| | |
|---|---|
| Anzahl der gefahrenen Grand Prix: | 33 |
| Anzahl der Pole-Positions: | 5 |
| Anzahl der Grand-Prix-Siege: | 5 |
| Anzahl der schnellsten Runden: | 6 |
| Insgesamt gewonnene Weltmeisterschaftspunkte: | 116,3 (128,3) |
| Weltmeistertitel: | 1 (1950) |

# Alberto Ascari (1952, 1953)

Der Weg des Alberto Ascari zum Motorsport war vorgezeichnet. Schließlich wurde der Italiener am 13. 7. 1918 in eine Rennsport-Familie hineingeboren. Sein Vater Antonio war einer der Grand-Prix-Stars der 20er-Jahre. Er starb bei einem Unfall auf der französischen Strecke von Montlhéry, als Alberto sieben Jahre alt war. Das hielt den Junior nicht davon ab, sich ebenfalls ins Abenteuer auf den Rennstrecken zu stürzen, zunächst auf Motorrädern. 1940 startete er bei der berühmten Mille Miglia zum ersten Mal im Auto – in einem Ferrari, denn Enzo Ferrari und sein Vater waren einst Teamkollegen gewesen.

**Alberto Ascari im 1953er-Ferrari beim Großen Preis von England 1953 (oben) und beim Großen Preis von Deutschland 1952 (rechts)**

Die Verbindung blieb bestehen, als Ascari nach einer kriegsbedingten Zwangspause 1947 wieder in den Rennsport zurückkehrte. In den Jahren vor Gründung der Formel 1 bis 1949 gewann er bereits einige Rennen für das Team aus Maranello, und so war es kein Wunder, dass er dann auch beim Start der Königsklasse 1950 zum Ferrari-Werksteam gehörte. In jenem Jahr begann er sei-

ne Formel-1-Karriere mit Rang fünf, 1951 wurde er bereits Vizeweltmeister, es zeichnete sich ab, dass er sich zum großen Rivalen für Juan-Manuel Fangio entwickeln würde. Als dieser 1952 durch einen Testunfall in Monza für einige Zeit außer Gefecht gesetzt wurde, gewann Ascari die Weltmeisterschaft mit sechs Siegen quasi im Alleingang. 1953 konnte er – mit dem immer noch leicht überlegenen Ferrari, den großen Rivalen dann auch im direkten Duell schlagen und sich mit vier Grand-Prix-Siegen seinen zweiten Titel sichern.

1954 wechselte er dann zu Lancia und erlebte eine böse Enttäuschung: Das Auto wurde nicht vor Jahresende fertig, sodass er sich mit einigen – erfolglosen – Gaststarts bei Maserati und Ferrari begnügen musste. 1955 schien Lancia dann endlich so weit zu sein: Doch beim ersten Grand Prix des Jahres in Argentinien schied Ascari in Führung liegend aus, als er auf dem sich auflösenden Belag von der Strecke rutschte. Es folgte im Mai in Monaco quasi als böses Omen jener berühmte Unfall, bei dem er mit seinem Auto im Hafenbecken landete, aber mit leichten Gesichtsverletzungen davonkam.

Vier Tage später stieg er in Monza zu einem Sportwagentest in einen Ferrari und verunglückte aus bis heute ungeklärten Gründen tödlich. Italien trauerte um einen seiner großen Helden, und Fangio klagte: »Ich habe meinen größten Gegner verloren.«

**Fakten und Zahlen**

| | |
|---|---|
| Anzahl der gefahrenen Grand Prix: | 32 |
| Anzahl der Pole-Positions: | 14 |
| Anzahl der Grand-Prix-Siege: | 13 |
| Anzahl der schnellsten Runden: | 11 |
| Insgesamt gewonnene Weltmeisterschaftspunkte: | 107,5 (139) |
| Weltmeistertitel: | 2 (1952 und 1953) |

# Mike Hawthorn (1958)

Es dauerte bis 1958, ehe der Formel-1-Welt-meister erstmals von den britischen Inseln kam. Aber nicht Stirling Moss war es, der den enthusiastischen britischen Rennfans diesen Titel schenkte, sondern Mike Hawthorn, geboren am 10.4.1929, ein blonder Aufsteiger, der für damalige Zeiten geradezu eine Blitzkarriere hinter sich hatte. Keine zwei Jahre nach seinem Renndebüt auf der Rundstrecke feierte er 1953 in Reims den ersten Grand-Prix-Sieg seiner Karriere, und dies nach einem Rad-an-Rad-Duell mit dem großen Juan-Manuel Fangio.

Doch die folgenden Jahre waren nicht einfach: Unfälle und Verletzungen warfen ihn zurück, nach dem Tod seines Vaters musste er sich verstärkt um den Familienbetrieb, eine Autowerkstatt, kümmern, und der Sieg beim 24-Stunden-Rennen von Le Mans, jenem tragischen Rennen, bei dem durch den Unfall von Pierre Levegh mehr als 80 Zuschauer starben, brachte ihm mehr Kritik als Freude ein, der Wechsel zu BRM 1956 nichts als Misserfolge.

Erst mit der Rückkehr zu Ferrari 1957 kam die Wende, und 1958 wurde sein großes Jahr, als er sich vor allem durch Zuverlässigkeit und nur einen Sieg – wiederum in Frankreich auf der Strecke von Reims, den Weltmeistertitel holte. Doch auch dieser Erfolg war von tragischen Ereignissen überschattet. Eine schlimme Unfall-

serie, die nicht nur seinen Freund Peter Collins am Nürburgring, sondern auch Luigi Musso und Stewart Lewis-Evans das Leben kostete, ließ Hawthorn am Rennsport verzweifeln, sodass er am Ende der Saison 1958 als frisch gebackener Weltmeister seinen Rücktritt erklärte.

Er hatte große Pläne, wollte heiraten, seinen Autohandel weiter ausbauen, doch das Schicksal wollte es anders: Am 22. 1. 1959 kam er bei einem Unfall auf einer Landstraße in der Nähe von Guilford ums Leben, als er auf nasser Straße die Kontrolle über seinen Jaguar verlor und gegen einen Baum prallte.

Mike Hawthorn im Ferrari beim Großen Preis von Deutschland 1958 (links)

**Fakten und Zahlen**

| | |
|---|---:|
| Anzahl der gefahrenen Grand Prix: | 45 |
| Anzahl der Pole-Positions: | 4 |
| Anzahl der Grand-Prix-Siege: | 3 |
| Anzahl der schnellsten Runden: | 6 |
| Insgesamt gewonnene Weltmeisterschaftspunkte: | 112,5 (127,5) |
| Weltmeistertitel: | 1 (1958) |

# Phil Hill (1961)

Er war der erste Amerikaner, der in der Formel 1 Furore machte – und damit natürlich auch der erste amerikanische Weltmeister: Phil Hill, der sich 1961 mit Ferrari den Titel sicherte, und das mit nur zwei Siegen und in einem Duell mit tragischem Ausgang. Der einzige Rivale im Titelkampf, sein deutscher Teamkollege Wolfgang Graf Berghe von Trips, verunglückte beim italienischen Grand Prix in Monza tödlich. Mit ihm starben 14 Zuschauer.

**Der Ferrari war das überlegene Auto der Saison 1961. Nach dem Tod seines Teamkollegen Wolfgang Graf Berghe von Trips hatte Phil Hill im Titelkampf keine Konkurrenz mehr.**

Bevor er 1958 in die Formel 1 kam, hatte sich der am 20. 4. 1927 geborene Amerikaner schon bei Sportwagenrennen einen guten Namen gemacht, und das vor allem bei Einsätzen auf Ferraris. Deshalb hoffte er auch auf ein Grand-Prix-Debüt in einem Rennwagen dieser Marke. Doch Enzo Ferrari schenkte ihm zunächst kein Vertrauen, und so ging er beim Großen Preis von Frankreich mit einem von Joakim Bonnier

gemieteten Maserati an den Start. Das Debüt überzeugte auch Ferrari. Man gab ihm eine Chance, und es entstand eine Partnerschaft, die im Titelgewinn 1961 ihren Höhepunkt erreichte. In der von katastrophalen Misserfolgen geprägten Saison 1962 verschlechterte sich Hills Verhältnis zu den Italienern zusehends, sodass er für 1963 zum kleinen italienischen ATS-Team (Automobili Tourisimo Sport) wechselte. Doch damit kam er vom Regen in die Traufe, und obgleich er 1964 noch einmal einen Platz bei Cooper bekam, war seine Grand-Prix-Karriere praktisch vorüber. Die Saison im Cooper wurde die nächste große Enttäuschung, und abgesehen von einem Gastspiel in Monza 1966 mit einem Eagle von Dan Gurney war Schluss mit der Formel 1.

Hill feiert freilich bis 1967 noch einige Erfolge auf jenem Gebiet, auf dem ihn viele Experten ohnehin für stärker hielten als in der Formel 1, nämlich im Sportwagen. Siege beim 1000-Kilometer-Rennen auf dem Nürburgring und in der CanAm-Serie in Laguna Seca 1966, dazu 1967 noch einmal in Brands Hatch, versüßten ihm den Abschied. Am Ende dieses Jahres zog er sich auch wegen einiger gesundheitlicher Probleme aus dem Rennsport zurück.

## Fakten und Zahlen

| | |
|---|---:|
| Anzahl der gefahrenen Grand Prix: | 48 |
| Anzahl der Pole-Positions: | 6 |
| Anzahl der Grand-Prix-Siege: | 3 |
| Anzahl der schnellsten Runden: | 6 |
| Insgesamt gewonnene Weltmeisterschaftspunkte: | 94 (98) |
| Weltmeistertitel: | 1 (1961) |

# Graham Hill (1962, 1968)

In den 60er-Jahren gehörte er zu den absoluten Top-Stars, und er war einer der beliebtesten Fahrer seiner Zeit: Graham Hill, der sich aus einfachen Verhältnissen nach oben kämpfte und zumindest nach außen hin immer das Image des englischen Gentleman pflegte. Zu Anfang seiner Karriere arbeitete der am 15. 2. 1939 geborene Hill immer wieder als Mechaniker und versuchte, im Gegenzug den einen oder anderen Renneinsatz zu bekommen, unter anderem bei Lotus. Lotus-Chef Colin Chapman hielt ihn jedoch anfangs für keineweg sehr talentiert, doch es gelang Hill, ihn von seinen Fähigkeiten zu überzeugen, und so kam Hill 1958 in Monte Carlo zu seinem Grand-Prix-Debüt.

Zwei Jahren bei Lotus folgten dann insgesamt sieben bei BRM, das erfolgreichste 1962 mit vier Siegen und dem ersten Weltmeistertitel. Aber auch außerhalb der Formel 1 war der Engländer erfolgreich. 1965 siegte Hill beim 24-Stunden-Rennen von Le Mans, 1966 gewann er in Amerika die berühmten 500 Meilen von Indianapolis. Für die Saison 1967 wechselte er zu Lotus, und 1968 übernahm er dort nach dem Tod von Jim Clark in Hockenheim automatisch die Füh-

rungsrolle. Mit zwei Siegen in den nächsten beiden Rennen in Spanien und Monaco gelang es ihm, das Team wieder zu motivieren, und am Ende des Jahres hatte er sogar seinen zweiten Weltmeistertitel in der Tasche.

1969 gewann er zum fünften Mal in Monaco, stand aber ansonsten im Schatten seines neuen Teamkollegen Jochen Rindt. Doch Schlimmeres folgte: Bei einem schweren Unfall in Watkins Glen zog er sich Beinbrüche und Knieverletzungen zu. Viele dachten schon, dass dies das Ende seiner Karriere sei. Doch Hill bewies wieder einmal seine Kämpferqualitäten: Mit über 40 Jahren saß er, kein halbes Jahr nach dem Unfall, wieder im Cockpit, obwohl er noch kaum gehen konnte. Doch die großen Erfolge blieben in den kommenden Jahren aus.

Ab 1973 versuchte Hill, ein eigenes Team auf die Beine zu stellen, zunächst mit einem Shadow, dann mit einem Lola, 1975 dann mit einer Eigenkonstruktion. Nachdem er ausgerechnet in Monaco, der Stätte seines fünffachen Triumphes, die Qualifikation für das Rennen verfehlte, beschloss er, seine aktive Laufbahn zu beenden und in Zukunft nur noch als Teamchef zu agieren. Doch dazu kam es nicht mehr. Am 29. 11. stürzte Hill mit seiner Privatmaschine im Nebel beim Landeanflug auf den kleinen Flughafen Elstree ab. Mit ihm starben vier Teammitglieder, darunter sein Fahrer Tony Brise.

Graham Hill am Steuer des BRM (links oben) und auf der Strecke vor Gurney, Porsche, und Surtees, Lola (links unten)

**PORTRAIT**

### Fakten und Zahlen

| | |
|---|---|
| Anzahl der gefahrenen Grand Prix: | 176 |
| Anzahl der Pole-Positions: | 13 |
| Anzahl der Grand-Prix-Siege: | 14 |
| Anzahl der schnellsten Runden: | 10 |
| Insgesamt gewonnene Weltmeisterschaftspunkte: | 270 (289) |
| Weltmeistertitel: | 2 (1962 und 1968) |

# John Surtees (1964)

Er ist bisher der einzige Fahrer in der Motorsportgeschichte, der es sowohl in der Motorrad-Konkurrenz als auch in der Formel 1 zu Weltmeisterehren brachte. Surtees ist erblich vorbelastet: Schon sein Vater hatte als Amateur Motorradrennen bestritten. Der am 11. 2. 1934 geborene John begann 1951 mit dem Motorradrennsport. In den Jahren 1956 bis 1960 war er der dominierende Fahrer seiner Epoche und gewann insgesamt sieben Weltmeistertitel in der 350er- und 500-ccm-Klasse.

Parallel dazu begann er bereits 1959, Autorennen zu fahren. Er bewies dabei auf Anhieb so viel Talent, dass ihn Colin Chapman 1960 einlud, jene Rennen für Lotus zu fahren, die nicht mit seinen Motorrad-Verpflichtungen kollidierten.

John Surtees, hier im Ferrari, war der einzige Rennfahrer, der auf dem Motorrad wie in der Formel I gleichermaßen überzeugte.

Und Surtees enttäuschte nicht. Bereits bei seinem zweiten Einsatz im britischen Grand Prix stand er als Zweiter auf dem Podium.

Doch richtig aufwärts ging es erst, als Surtees 1963 zu Ferrari wechselte. Auf dem Nürburgring feierte er den ersten Grand-Prix-Sieg seiner Karriere. 1964 wurde dann sein größtes Jahr: Zwei Siege, erneut am Nürburgring und in Monza, reichten zum Weltmeistertitel, den er sich in

einem Herzschlagfinale in Mexiko sicherte. In den kommenden Jahren, zunächst weiter bei Ferrari, dann bei Cooper, Honda und BRM, konnte er zwar nicht mehr ganz an diesen Erfolg anknüpfen, aber immer noch ab und zu den einen oder anderen Grand-Prix-Sieg feiern, darunter 1967 in Monza jenen legendären Triumph mit einem Honda, der eigentlich ein Lola war. Denn das Chassis hatte Lola entwickelt.

Ab 1970 tauchte Surtees mit eigenem Auto und Team an den Rennstrecken auf, doch als die großen Erfolge ausblieben, kam er Mitte 1972 zu der Erkenntnis, dass er seine beiden Jobs als Fahrer und Teamchef nicht weiter ausfüllen konnte, und erklärte seinen Rücktritt als Fahrer. Das Surtees-Team existierte noch bis 1978 mit verschiedenen Fahrern, doch mehr als gelegentlich der eine oder andere Punkt war nie drin, sodass Surtees, von gesundheitlichen Problemen geplagt, schließlich aufgab und sich seitdem mit historischen Rennwagen beschäftigt.

**Fakten und Zahlen**

| | |
|---|---:|
| Anzahl der gefahrenen Grand Prix: | 111 |
| Anzahl der Pole-Positions: | 8 |
| Anzahl der Grand-Prix-Siege: | 6 |
| Anzahl der schnellsten Runden: | 11 |
| Insgesamt gewonnene Weltmeisterschaftspunkte: | 180 |
| Weltmeistertitel: | 1 (1964) |

# Dennis Hulme (1967)

Er gehörte zu den unauffälligeren Weltmeistern in der Formel-1-Geschichte, aber auch zu den liebenswerten: der Neuseeländer Denny Hulme, der neben seiner Rennfahrerkarriere in den ersten Jahren stets auch als Mechaniker im Team von Jack Brabham arbeitete.

1960 kam der am 18. 6. 1936 geborene Hulme zum ersten Mal nach Europa, startete aber zunächst hauptsächlich in der Formel 2 und in der Formel Junior. Zu seinem ersten Grand-Prix-Einsatz kam er 1965 in Monaco, und schon im Folgejahr konnte er seinen Teamchef und gleichzeitigen Nummer-1-Fahrer, Jack Brabham, so gut unterstützen, dass dieser seinen dritten Weltmeistertitel herausfahren konnte. 1967 lief Hulme dann mit zwei Siegen und vor allem sehr

zum Ende seiner Formel-1-Karriere treu. Unter dem Eindruck des tödlichen Unfalls von Peter Revson in Südafrika, den er aus nächster Nähe miterlebte, beschloss Hulme Ende 1974, dass es nun endgültig an der Zeit war, den Jüngeren das Feld zu überlassen.

Doch der Sportsgeist, die Sucht nach dem Rennen, ließ ihn auch nach seinem Rückzug aus der Formel 1 nicht los. Von 1978 an startete er regelmäßig bei Tourenwagen- und Truck-Rennen. Beim berühmten 1000-Kilometer-Rennen von Bathurst in Australien ereilte ihn am 4. 10. 1992 das Schicksal – aber nicht durch einen Unfall. Hulme lenkte seinen BMW M3 noch aufs Gras und blieb neben der Leitplanke stehen. Die herbeigeeilten Streckenposten fanden ihn tot hinter dem Lenkrad. Offensichtlich war er einem Herzanfall erlegen.

Vom Mechaniker zum Weltmeister. Der Neuseeländer Dennis Hulme war einer der Stillen in der Formel 1.

Start zum Großen Preis von Deutschland 1967

vielen Zielankünften seinem Chef den Rang ab und holte sich selbst den Titel. 1968 wechselte er zu McLaren und startete für dieses Team auch im Sportwagen in der amerikanischen CanAm-Serie. Mit seinen Erfolgen trug er wesentlich dazu bei, dass das Team nach dem Tod von Firmengründer Bruce McLaren 1970 relativ schnell wieder Tritt fasste, und er blieb McLaren bis

**Fakten und Zahlen**

| | |
|---|---|
| Anzahl der gefahrenen Grand Prix: | 112 |
| Anzahl der Pole-Positions: | 1 |
| Anzahl der Grand-Prix-Siege: | 8 |
| Anzahl der schnellsten Runden: | 9 |
| Insgesamt gewonnene Weltmeisterschaftspunkte: | 248 |
| Weltmeistertitel: | 1 (1967) |

# Jochen Rindt (1970)

Die Frage beschäftigte die Formel-1-Fans zweier Nationen lange: War Jochen Rindt nun Deutscher oder Österreicher? Dem Pass nach war er sicher Deutscher, seiner eigenen Einschätzung und der Fahrerlizenz nach aber Österreicher, und diese Nationalität taucht auch in den meisten Ergebnislisten auf. Am 18. 4. 1942 in Mainz geboren, wuchs Rindt bei den Großeltern in Graz auf, nachdem er im Alter von zwei Jahren seine Eltern bei einem Luftangriff verloren hatte. Was Emerson Fittipaldi später für Brasilien wurde oder Michael Schumacher für Deutschland, das war Jochen Rindt in den 60er-Jahren für Österreich: Wegbereiter für die Formel 1 in einem Land, das diesen Sport bis dahin kaum zur Kenntnis genommen hatte.

Jochen Rindt debütierte 1964 beim Grand Prix von Österreich in der Formel 1, verbrachte drei Jahre, von 1965 bis 1967, bei Cooper und eines,

> »Bei Lotus habe ich die Chance, Weltmeister zu werden – oder zu sterben«, erklärte Jochen Rindt sarkastisch. Beide Vorhersagen haben sich erfüllt.

1968, bei Brabham, ehe er 1969 zu Lotus wechselte. Nach einer langen, schwierigen Zeit in der Formel 1 wusste Rindt, inzwischen auch zum »König der Formel 2« avanciert: »Bei Lotus habe ich die Chance, Weltmeister zu werden – oder zu sterben«, wie er es zynisch formulierte. 1969 brach ihm in Barcelona der Heckflügel weg, und Lotus-Chef Colin Chapman kam nach sorgfältiger Berechnung zu dem Ergebnis: »Das konnte nicht halten.«

Ob er dadurch das Vertrauen zu Lotus verloren habe, wurde Rindt nach diesem Unfall gefragt. Seine berühmt gewordene Antwort: »Ich habe zu Lotus nie Vertrauen gehabt.«

1969 in Watkins Glen gewann er seinen ersten Grand Prix, und 1970 wurde sein sowohl größtes als auch letztes Jahr: Endlich hatte er ein wirklich siegfähiges Auto. Mit fünf Siegen hatte er sich in der Weltmeisterschaft klar an die Spitze gesetzt. Doch die Tragödie von Monza beendete den Traum. Im Abschlusstraining verlor Rindt beim Anbremsen der Parabolica die Kontrolle über das Auto und prallte in die Leitplanken. Die Unfallursache war eine gebrochene Bremswelle. Chapman hatte dieses Teil hohl konstruiert, um Gewicht zu sparen.

Offiziell starb Rindt an seinen Brustkorbverletzungen, doch österreichische Freunde sagen heute noch: »Jochen hätte gerettet werden können. Er ist verblutet, weil der Transport von der Strecke ins Krankenhaus durch den Mailänder Stadtverkehr über eine Stunde dauerte.« Vier Wochen nach seinem Tod wurde Jochen Rindt posthum Weltmeister. Seine zynische Prognose hatte sich in jeder Hinsicht erfüllt. Emerson Fittipaldi, sein Teamkollege bei Lotus, sicherte ihm mit seinem ersten Grand-Prix-Sieg in Watkins Glen den Titel.

**Fakten und Zahlen**

| | |
|---|---|
| Anzahl der gefahrenen Grand Prix: | 60 |
| Anzahl der Pole-Positions: | 10 |
| Anzahl der Grand-Prix-Siege: | 6 |
| Anzahl der schnellsten Runden: | 3 |
| Insgesamt gewonnene Weltmeisterschaftspunkte: | 107 (109) |
| Weltmeistertitel: | 1 (1970) |

# Emerson Fittipaldi (1972, 1974)

Fittipaldi war der Erste, der Brasilien ins Bewusstsein der Formel-1-Szene brachte: Mit seinen Erfolgen weckte er auch die Rennsport-Begeisterung in seiner Heimat. Emerson, geboren am 12. 12. 1946, war zweifellos familiär vorbelastet. Sein älterer Bruder Wilson widmete sich schon vor ihm dem Motorsport, schaffte später auch den Sprung in die Formel 1, und Wilsons Sohn Christian kam ebenfalls bis in die Formel 1 und fährt heute IndyCar. Vater Fittipaldi wiederum berichtete jahrelang als Rundfunkreporter über die Taten seiner Söhne nach Brasilien. Besonders über Emerson hatte er immer viel zu erzählen: Der stand 1970 in Silverstone mit einem Lotus zum ersten Mal am Start eines Grand Prix, und schon seinen vierten gewann er, im gleichen Jahr in Watkins Glen. 1972 wurde er der jüngste Weltmeister der Formel-1-Geschichte, und auch 1973 schien er bereits wieder auf dem Weg zum Titel. Doch die zweite Saisonhälfte war geprägt von Pannen, sodass es doch nur zur Vizemeisterschaft hinter Jackie Stewart reichte.

Für 1974 wechselte Fittipaldi dann zu McLaren und holte sich dank taktisch cleverer und souveräner Fahrweise seinen zweiten Weltmeistertitel. Im Jahr darauf musste er sich dann der Überlegenheit der Paarung Niki Lauda und Ferrari geschlagen geben, und am Saisonende ließ er die Bombe platzen. Freiwillig gab er den Platz im Spitzenteam McLaren auf und schloss sich dem von seinem Bruder Wilson gegründeten brasilianischen »Nationalteam« Copersucar an. Fünf Jahre lang versuchte Fittipaldi mit all seinen fahrerischen Fähigkeiten, dieses Projekt zum Laufen zu bringen, aber mehr als zwei Plätze auf dem Podium kamen nicht heraus. Die finanzielle und damit auch personelle Decke war einfach zu dünn. Ende 1980 zog sich Emerson ins Management des Teams zurück, konnte aber auch nicht verhindern, dass Copersucar 1982 aus finanziellen Gründen endgültig aufgeben musste. Doch der Motorsport ließ Emerson nicht los: Mitte der 80er-Jahre startete er in der amerikanischen IndyCar-Serie sehr erfolgreich eine zweite Karriere, die ihm den Meistertitel 1989 und zwei Indianapolis-Siege 1989 und 1993 einbrachte. Erst ein schwerer Unfall mit Rückenverletzungen 1996 veranlasste ihn dazu, sich schweren Herzens aus dem Cockpit zu verabschieden.

**Als »Erbe« von Jochen Rindt bei Lotus wurde Emerson Fittipaldi 1972 der bis dato jüngste Weltmeister.**

*Fakten und Zahlen*

| | |
|---|---|
| Anzahl der gefahrenen Grand Prix: | 144 |
| Anzahl der Pole-Positions: | 6 |
| Anzahl der Grand-Prix-Siege: | 14 |
| Anzahl der schnellsten Runden: | 6 |
| Insgesamt gewonnene Weltmeisterschaftspunkte: | 281 |
| Weltmeistertitel: | 2 (1972 und 1974) |

# James Hunt (1976)

Eigentlich sah Niki Lauda 1976 schon wie der sichere Weltmeister aus. Doch dann stoppte ihn ein schwerer Feuerunfall. James Hunt (rechts) nutzte seine Chance und wurde mit hauchdünnem Vorsprung Weltmeister.

Dass er seinen Weltmeistertitel 1976 in erster Linie dem schweren Unfall von Niki Lauda am Nürburgring zu verdanken hatte, ist die eine Wahrheit. Dass er trotzdem zu den dominierenden und interessantesten Persönlichkeiten in der Formel 1 der 70er-Jahre gehörte, ist die andere. James Hunt, der Engländer mit der langen blonden Mähne und dem Hippie-Image, war einerseits der Liebling der Damenwelt, musste aber andererseits verkraften, dass ihn seine Auserwählte, Suzy, um Richard Burtons willen verließ. James Hunt hat die Fans in seiner Zeit polarisiert. Man liebte oder man hasste ihn.

In die Formel 1 kam der am 29. 8. 1947 geborene Hunt im Team des exzentrischen englischen Lords Alexander Hesketh, für den er 1975 in Zandvoort auch seinen ersten Grand Prix gewann. Die Feste aus der Hesketh-Zeit sind Legende. Um ernsthaft um die Weltmeisterschaft mitkämpfen zu können, brauchte er freilich eine professionellere Umgebung. Die Chance bot sich, als Emerson Fittipaldi Ende 1975 völlig überraschend McLaren verließ, um sein eigenes Team aufzubauen.

Hunt sprang in die Lücke und wurde nach nicht ganz überzeugendem Saisonbeginn am Ende Weltmeister – mit einem Punkt Vorsprung vor Niki Lauda, der nach seinem Feuerunfall am Nürburgring zwei Rennen hatte auslassen müssen und nach seinem Comeback natürlich noch nicht wieder in Hochform war. Die Entscheidung in der Regenschlacht von Fuji gehört zu den Legenden der Formel 1. Überschattet wurde Hunts Erfolg von einigen Diskussionen um Disqualifikationen in Spanien – wo er am Ende seine Punkte trotz eines nicht reglementgerechten Autos zurückbekam – und in England. Im folgenden Jahr lieferte Hunt noch einige sehr starke

Vorstellungen. Er gewann auch noch drei Rennen, doch 1978 begann der Abstieg. Hunt schien nicht mehr ausreichend motiviert, der McLaren war in Sachen »ground effect«, der neuen Welle in der Formel 1, klar unterlegen. Für 1979 entschloss sich Hunt, durch einen Wechsel zum Wolf-Team neue Motivation zu suchen. Doch als es auch mit diesem Auto massive technische Probleme gab, warf er zur Saisonmitte das Handtuch und trat zurück.

Familiäre und vor allem massive finanzielle Probleme beeinträchtigten Hunts Leben nach seiner aktiven Zeit, doch er schien allmählich wieder Tritt zu fassen. Ein Job bei der BBC als Fernsehkommentator hatte ihn wieder zurück in die Formel 1 gebracht, er schien auf dem Weg zurück in ein geordnetes Leben, da starb er völlig überraschend am 15. 6. 1993 an Herzversagen.

PORTRAIT

**Fakten und Zahlen**

| | |
|---|---|
| Anzahl der gefahrenen Grand Prix: | 92 |
| Anzahl der Pole-Positions: | 14 |
| Anzahl der Grand-Prix-Siege: | 92 |
| Anzahl der schnellsten Runden: | 8 |
| Insgesamt gewonnene Weltmeisterschaftspunkte: | 179 |
| Weltmeistertitel: | 1 (1976) |

# Mario Andretti (1978)

Mario Andretti gehört zu den ganz wenigen Rennfahrern, die es geschafft haben, in der Formel 1 und in der amerikanischen IndyCar-Serie gleichermaßen erfolgreich zu sein. So häufig wie er wechselte keiner zwischen den beiden Serien hin und her, und der Sprung schien ihm nie besondere Probleme zu bereiten – vielleicht weil er schon seiner Herkunft nach sowohl zur europäischen als auch zur amerikanischen Kultur gehört. Marios Familie stammt ursprünglich aus Istrien, das damals noch zu Italien, später zu Jugoslawien gehörte. 1955 wanderte sie nach Pennsylvania in den USA aus.

Mario machte dort zunächst seinen Weg in der IndyCar-Serie und beeindruckte Lotus-Chef Colin Chapman so, dass der ihm eine Chance in der Formel 1 gab. Andrettis Einstieg war eine Sensation: Schon bei seinem ersten Grand Prix in Watkins Glen 1968 stand er auf der Pole-Position, sieben Hundertstel vor Jackie Stewart. Doch bis 1974 konzentrierte er sich trotzdem mehr auf seine Rennen in Amerika. Er tauchte nur ab und zu in der Formel 1 auf, gewann aber immerhin 1971 in Südafrika auf Ferrari seinen ersten Grand Prix.

Erst 1975 bestritt er fast eine komplette Saison für das amerikanische Parnelli-Jones-Team. Doch nachdem die Erfolge ausblieben, verloren die amerikanischen Besitzer bald die Lust an diesem Spielzeug. Im Laufe des Jahres 1976 schloss sich Andretti Lotus an – dem Team, mit dem er nach einer längeren Anlaufphase 1978 seine stärkste Formel-1-Saison erlebte. Sechs seiner insgesamt zwölf Grand-Prix-Siege feierte er in diesem Jahr. Die Krönung, der Weltmeistertitel, sollte in Monza kommen, und er kam auch. Aber Mario wurde seines Triumphes lange nicht froh, denn es war das Rennen, in dem sein Teamkollege Ronnie Peterson starb.

1979 und 1980 ging es mit Lotus bergab, sodass Andretti für 1981 ein Angebot von Alfa Romeo annahm. Ihm, dem »Halbitaliener«, musste die Vorstellung, wieder für ein italienisches Team zu fahren, verlockend erscheinen. Als aber auch dort nichts voranging, beschloss er, sich 1982 wieder auf die IndyCars zu konzentrieren. Von der Formel 1 verabschiedete er sich mit einem

Kurzauftritt für zwei Rennen bei Ferrari, beim letzten, in Monza, stand er wie bei seinem Grand-Prix-Debüt auf der Pole-Position. Seitdem engagierte er sich nur noch in Amerika. Insgesamt wurde er dort viermal IndyCar-Gesamtsieger, ehe er Ende 1994 seinen Rücktritt vom Rennsport erklärte, nachdem er zuvor noch den – missglückten – Versuch seines Sohnes Michael begleitet hatte, in der Formel 1 bei McLaren Fuß zu fassen.

Der »Cowboy« war in der IndyCar-Serie noch erfolgreicher als in der Formel 1.

### Fakten und Zahlen

| | |
|---|---:|
| Anzahl der gefahrenen Grand Prix: | 128 |
| Anzahl der Pole-Positions: | 18 |
| Anzahl der Grand-Prix-Siege: | 12 |
| Anzahl der schnellsten Runden: | 10 |
| Insgesamt gewonnene Weltmeisterschaftspunkte: | 180 |
| Weltmeistertitel: | 1 (1978) |

# Jody Scheckter (1979)

Er war der Letzte, der vor Michael Schumacher eine Weltmeisterschaft für Ferrari gewann: Jody Scheckter holte sich seinen Titel 1979, und dies auf eher unspektakuläre Weise. Der früher so wild und spektakulär fahrende Scheckter hatte sich zum ruhigen, kontrollierten Piloten entwickelt, der – eher konservativ und unter Vermeidung unnötiger Risiken – seine erste und einzige Weltmeisterschaft nach Hause fuhr. Viele Fans meinten, sein Glanz sei in jenem Jahr schon von dem seines Teamkollegen Gilles Villeneuve überstrahlt worden, aber Ferrari setzte eben Scheckter auf Titelkurs.

Zuvor hatte der Südafrikaner, zu Beginn seiner Karriere wegen seines etwas tollpatschigen Auftretens gern als »Baby-Bär« bezeichnet, schon mit einigen spektakuläreren Auftritten geglänzt, so z.B. 1973 in Silverstone, als er bei seinem erst vierten Grand-Prix-Start einen Massencrash verursachte, der in die Formel-1-Geschichte eingegangen ist.

Bei McLaren bekam Jody danach keinen Vertrag mehr, doch Ken Tyrrell setzte auf den jungen Heißsporn und gab ihm eine Chance. Scheckter dankte es ihm mit seinem ersten Sieg in Schweden 1974. Insgesamt gewann er in seinen drei Jahren bei Tyrrell vier Rennen.

1977 ging er das Risiko ein, ins neue Team des austro-kanadischen Ölmultimillionärs Walter Wolf zu wechseln, und es schien sich auszuzahlen. Scheckter gelang bei seinem ersten Auftritt mit dem Wolf beim ersten Grand Prix der Saison in Argentinien ein sensationeller Sieg. Zwei weitere Siege und einige gute Platzierungen brachten Scheckter schließlich sogar den Vizeweltmeistertitel ein.

1978 lief dann bei weitem nicht mehr so gut, sodass Scheckter mit Freuden das Angebot von Ferrari für 1979 annahm. Er hat die Erwartungen seiner italienischen Partner nicht enttäuscht, doch schon in der folgenden Saison riss die Erfolgsserie abrupt ab. Der Ferrari von 1980 war alles andere als konkurrenzfähig, und auch Scheckters Motivation schien gelitten zu haben.

Der Südafrikaner Jody Scheckter (oben) gewann mit seinem Ferrari (rechts) den Titel. Es war die letzte Weltmeisterschaft für die Italiener – bis Michael Schumacher kam.

**PORTRAIT**

### Fakten und Zahlen

| | |
|---|---:|
| Anzahl der gefahrenen Grand Prix: | 112 |
| Anzahl der Pole-Positions: | 3 |
| Anzahl der Grand-Prix-Siege: | 10 |
| Anzahl der schnellsten Runden: | 6 |
| Insgesamt gewonnene Weltmeisterschaftspunkte: | 246 (255) |
| Weltmeistertitel: | 1 (1979) |

Schon zur Mitte der Saison beschloss der Südafrikaner: »Das wird mein letztes Jahr«, und am Ende des Jahres trat er tatsächlich vom Rennsport zurück.

In den folgenden Jahren baute sich Jody Scheckter eine neue Existenz als Geschäftsmann auf, zunächst in den USA, dann wieder verstärkt in London.

# Alan Jones (1980)

Er passte immer so richtig ins Klischee des typischen »Aussies« – des Australiers von »down under«. Bullig, direkt, geradeheraus, nicht selten auch im Fahrerlager mit der schon fast obligatorischen Bierdose in der Hand anzutreffen, entsprach Alan Jones so gar nicht dem Bild eines glamourösen Grand-Prix-Stars.

Der am 2. 1. 1946 geborene Jones geriet zum ersten Mal in die Schlagzeilen, als er 1977 für Shadow völlig überraschend den Grand Prix von Österreich gewann, und das vom 17. Startplatz aus. Begonnen hatte er in der Formel 1 bereits 1975 mit dem Team Hesketh, aber seine große Zeit kam erst nach dem 1978 erfolgten Wechsel zu Williams.

Zwar musste Jones den ersten Sieg für die damals – mit arabischem Geld – neu an die Spitze der Formel 1 vorstoßende Williams-Truppe seinem Teamkollegen Clay Regazzoni überlassen, aber es stellte sich schnell heraus, dass Jones bei Williams die klare Nummer eins war. Schon in der zweiten Hälfte der Saison errang er vier Siege, im Jahr 1980 dann sogar fünf und den Weltmeistertitel.

Jones konnte sich bei Williams immer auf einen mächtigen Verbündeten stützen, und das war Technikchef Patrick Head. Die beiden kamen in ihrer ähnlichen, ein wenig ruppigen Art blendend miteinander aus, und noch heute kann es vorkommen, dass Head seinen aktuellen Piloten den Australier als leuchtendes Vorbild vor Augen stellt.

Doch auch Head konnte nicht verhindern, dass die Karriere des Alan Jones nach 1980 einen spürbaren Knick bekam. Zwar folgten 1981 noch zwei Siege und der dritte Rang in der Weltmeisterschaft, aber am Ende der Saison erklärte Jones seinen Rücktritt gewiss auch aus Frustration über den in jenem Jahr nicht sehr zuverlässigen Williams. Mit einem halbherzigen, verunglückten Comeback 1983 in Long Beach für Arrows und dem ebenfalls alles andere als erfolgreichen Start 1985/86 für Lola-Haas beschädigte der Australier sein bis dato makelloses Image. Danach hatte er endgültig die Nase voll von der Formel 1 und zog sich in seine Heimat zurück, wo er immer noch eifrig in der Tourenwagen-Szene mitmischte und sich immer wieder auch als Fernsehkommentator beschäftigte.

**Dank arabischer Sponsormillionen avancierte Williams um 1980 zum Top-Team der Formel 1 und Alan Jones zum Weltmeister.**

### Fakten und Zahlen

| | |
|---|---:|
| Anzahl der gefahrenen Grand Prix: | 116 |
| Anzahl der Pole-Positions: | 6 |
| Anzahl der Grand-Prix-Siege: | 12 |
| Anzahl der schnellsten Runden: | 13 |
| Insgesamt gewonnene Weltmeisterschaftspunkte: | 199 (205) |
| Weltmeistertitel: | 1 (1980) |

1982 beflügelte der BMW-Turbomotor Piquets Brabham zur zweiten Weltmeisterschaft (oben und unten).

# Nelson Piquet (1981, 1983, 1987)

Er ging in die Motorsportgeschichte als der erste »Turbo-Weltmeister« ein – am 15. Oktober 1983 war es in Kyalami, Südafrika, so weit: Nelson Piquet holte sich den Titel mit dem Brabham-BMW. Auch in München durfte also gefeiert werden. Immerhin war es für BMW die erste und bisher einzige Weltmeisterschaft, für Piquet aber bereits der zweite Titelgewinn. Der Sohn eines brasilianischen Spitzenpolitikers, geboren am 17. 8. 1952, hatte seine Rennsportkarriere nicht unter seinem eigentlichen Namen Nelson Soutomaior begonnen, um Differenzen mit dem alles andere als rennsportbegeisterten Vater zu vermeiden.

In Europa wurde die Rennsportwelt erstmals 1978 auf den Brasilianer aufmerksam, als er in der englischen Formel-3-Meisterschaft brillierte und auch schon zu einigen Formel-1-Einsätzen mit Ensign und mit einem dritten Brabham in Kanada kam. 1979 holte ihn Bernie Ecclestone als Teamkollegen von Niki Lauda ins Brabham-Team, wo er erst einmal lernen sollte. Nelson lernte schnell. 1980 in Long Beach feierte er bereits den ersten Grand-Prix-Sieg seiner Karriere, 1981 wurde er zum ersten, 1983 zum zweiten

Mal Weltmeister mit Brabham. Bis einschließlich 1985 blieb er in diesem Team, dann wechselte er zu Williams und holte sich 1987 trotz eines schweren Trainingsunfalls in Imola, dessen Folgen – Kopfschmerzen und Schlaflosigkeit – ihn lange belasteten, seinen dritten Weltmeistertitel. 1988 begann mit dem Wechsel zu Lotus eine Zeit, in der die Misserfolge überwogen. Auch im Popularitätsduell zu Hause in Brasilien gegen Ayrton Senna blieb er, der sich fast nur in Europa aufhielt, zeitweise auf seinem Schiff vor Monaco lebte und die Beziehung zu seinem Heimatland kaum pflegte, nur zweiter Sieger. Sportlich erlebte er mit dem Wechsel zu Benetton 1990 noch einmal einen Aufschwung: Die Zusammenarbeit mit Konstrukteur John Barnard funktionierte, das Auto wurde immer besser, Piquet gewann die beiden letzten Saisonrennen 1990 in Japan und Australien und den Grand Prix von Kanada 1991. Es war der letzte seiner insgesamt 23 Siege in der Formel 1. Benetton wollte ihn am Ende des Jahres nicht behalten, andere gute Formel-1-Angebote gab es auch nicht, so entschloss sich Piquet, nach Amerika zu wechseln, um dort bei den 500 Meilen von Indianapolis sein Glück zu versuchen. Doch ein schwerer Trainingsunfall, bei dem er sich zahlreiche Brüche an den Beinen zuzog, beendete seine Formel-Karriere endgültig. Für Tourenwagen- und GT-Rennen setzte sich Piquet, inzwischen auch als Geschäftsmann erfolgreich, noch eine Weile hinters Steuer, und inzwischen fördert er vor allem die Rennsportkarriere eines seiner Söhne.

**Fakten und Zahlen**

| | |
|---|---|
| Anzahl der gefahrenen Grand Prix: | 204 |
| Anzahl der Pole-Positions: | 24 |
| Anzahl der Grand-Prix-Siege: | 23 |
| Anzahl der schnellsten Runden: | 23 |
| Insgesamt gewonnene Weltmeisterschaftspunkte: | 481,5 (485,5) |
| Weltmeistertitel: | 3 (1981, 1983 und 1987) |

# Keke Rosberg (1982)

Dieser Rekord dürfte in der Formel 1 der Neuzeit so schnell nicht fallen: Mit nur einem einzigen Sieg gelang es Keke Rosberg, Weltmeister zu werden. Es war jenes seltsame, tragische Jahr, das eigentlich Ferrari hätte dominieren müssen. Aber es brachte den Italienern nur das Villeneuve-Drama in Zolder und den schweren Unfall von Didier Pironi in Hockenheim. Es war das Jahr, in dem Brabham-BMW und Renault mit ihren Turbomotoren zwar schon schnell, aber noch nicht zuverlässig genug waren, um den Titel zu holen, und das Jahr, in dem Carlos Reutemann, zunächst Rosbergs Teamkollege, nach zwei Rennen plötzlich entschied, er habe nun genug vom Rennsport. So reichte Keke ein Sieg beim in Dijon ausgetragenen Großen Preis der Schweiz – auch das eine Rarität – zusammen mit ein paar guten Platzierungen zum Titel.

Geboren wurde Rosberg, Sohn finnischer Eltern, am 6. 12. 1948 in Schweden. Sein Weg in die Top-Liga des Motorsports war zäh und langwierig. Über Kart-Rennen und die Formel-Super-Vau kämpfte er sich langsam und unter großen finanziellen Schwierigkeiten nach oben. Über die Formel 2 und die nordamerikanische Formel Atlantic schaffte er zwar 1978 den Sprung in die Formel 1, aber mit den Hinterbänkler-Teams von Theodore, ATS, dem zu diesem Zeitpunkt schon ziemlich abgewirtschafteten Wolf-Team und schließlich Fittipaldi ging bis Ende 1981 nicht viel weiter.

Doch dann hatte er Glück, als Alan Jones – sehr spät im Jahr 1981 – beschloss, 1982 nicht mehr bei Williams zu fahren, sondern den Helm an den Nagel zu hängen. Renommierte Top-Fahrer waren zu diesem Zeitpunkt nicht mehr zu haben – so bekam Rosberg den Platz in einem Spitzenteam und wurde damit prompt in seiner ersten Saison Weltmeister. Drei weitere Jahre blieb Rosberg bei Williams. Dann, 1986, nahm er ein lukratives Angebot von McLaren an, kam aber mit dem ganz auf Alain Prosts Fahrstil zugeschnittenen Auto nie zurecht, sodass er sich Ende 1986 aus der Formel 1 verabschiedete. Seine Beziehungen zum Motorsport blieben aber erhalten. Nach seinem Rücktritt wurde Rosberg schnell zu einem festen Bestandteil der deutschen Rennsportszene, zuerst als Fahrer, dann als Teamchef in der DTM und ITC. Außerdem nahm er seinen Landsmann Mika Häkkinen als Manager unter seine Fittiche, und inzwischen kümmert er sich auch schon intensiv um die Rennsportkarriere seines Sohnes Nico.

Keke Rosberg war neben Mike Hawthorn der einzige Formel-1-Weltmeister, dem ein einziger Sieg zum Titelgewinn reichte.

**Fakten und Zahlen**

| | |
|---|---:|
| Anzahl der gefahrenen Grand Prix: | 114 |
| Anzahl der Pole-Positions: | 5 |
| Anzahl der Grand-Prix-Siege: | 5 |
| Anzahl der schnellsten Runden: | 3 |
| Insgesamt gewonnene Weltmeisterschaftspunkte: | 159,5 |
| Weltmeistertitel: | 1 (1982) |

# Nigel Mansell (1992)

»Der Löwe«, diesen Spitznamen erhielt Nigel Mansell im Laufe seiner Karriere von seinen Landsleuten, und nicht zu Unrecht: Es waren vor allem Kämpferqualitäten, die den Weltmeister von 1992 auszeichneten.

Ob er, der aus bescheidenen Verhältnissen stammt, zu Beginn seiner Karriere Hunderte von vergeblichen Bettelbriefen an potenzielle Sponsoren schrieb, ob er bei seinem Grand-Prix-De-

Der künftige Weltmeister mit Teamkollegen Patrese und Nachwuchsstar Schumacher auf dem Treppchen.

büt 1980 in Zeltweg rundenlang in ausgelaufenem Benzin saß und sich dabei die Haut verätzte oder ob er sich aufs Heftigste mit seinen Gegnern anlegte – auf- oder nachgeben, das war im Wortschatz des Briten, der seine Freizeit am liebsten auf Golfplätzen verbringt, nicht vorgesehen. Freilich hat er dabei mitunter auch übertrieben, so als er in Spa 1987 bei einer gewagten Aktion gegen Ayrton Senna zusammen mit dem Brasilianer von der Strecke geflogen war und danach dem friedlich in seiner Box stehenden Senna

buchstäblich an die Kehle ging. Mechaniker mussten den völlig außer sich geratenen Mansell zurückreißen. Liefen die Dinge nicht nach seinen Wünschen, pflegte der Engländer jedoch sein Missgeschick lauthals zu beklagen und alle Welt – außer sich selbst – dafür verantwortlich zu machen.

Sportlich führte die Karriere des am 3. 8. 1953 geborenen Mansell über die Formel Ford und die englische Formel 3 zu Lotus in die Formel 1. Von 1980 bis 1984 blieb er bei diesem Team, aber erst mit dem Wechsel zu Williams 1985 stellten sich die ersten großen Erfolge ein. In Brands Hatch 1985 feierte er beim Grand Prix von Europa seinen ersten Sieg in der Formel 1. 1986 und 1987 hatte er jeweils Titelchancen, verlor aber zweimal unglücklich: 1986 durch einen Reifenplatzer im letzten Rennen in Adelaide, 1987 durch seinen schweren Trainingsunfall in Suzuka. Nach einem weiteren Jahr bei Williams 1988 wechselte er für zwei Jahre zu Ferrari, kam dann aber 1991 zu Williams zurück. Dort erlebte er 1992 sein größtes Jahr: neun Siege, endlich der ersehnte Weltmeistertitel – aber am Ende auch der Abschied auf Wunsch des Teams. Nigel ging nach Amerika und gewann dort 1993 auf Anhieb die IndyCar-Serie. Doch die Formel 1 ließ ihn nicht los: 1994 holte ihn Williams noch einmal für viel Geld zurück, und mit viel Glück sprang dabei in Australien sogar noch einmal ein Sieg heraus, der 31. seiner Karriere. Dass seine Zeit zu Ende war, hätte er spätestens 1995 bei seinem missglückten Comebackversuch bei McLaren erkennen müssen, der nach wenigen Rennen mit einer Trennung endete. Trotzdem dachte Mansell, Vater dreier Kinder, sogar Ende 1996 noch einmal über ein Engagement bei Jordan nach, ließ es aber dann doch endgültig sein.

## Fakten und Zahlen

| | |
|---|---:|
| Anzahl der gefahrenen Grand Prix: | 187 |
| Anzahl der Pole-Positions: | 32 |
| Anzahl der Grand-Prix-Siege: | 31 |
| Anzahl der schnellsten Runden: | 30 |
| Insgesamt gewonnene Weltmeisterschaftspunkte: | 480 (482) |
| Weltmeistertitel: | 1 (1992) |

# Damon Hill (1996)

Mit ihm kamen erstmals in der Formel-1-Geschichte zwei Weltmeister aus einer Familie. Im dritten Anlauf, nach zwei Vizeweltmeisterschaften 1994 und 1995, schaffte Damon Hill, der Sohn des zweimaligen Weltmeisters Graham Hill, endlich den Titelgewinn.
Gerade in diesen beiden Jahren hatte er immer wieder in der Kritik gestanden. Gewiss hatte er ein paar Mal unglücklich agiert und dabei weni-

ger gut ausgesehen, als er in Wirklichkeit war. Aber die Öffentlichkeit nahm kaum zur Kenntnis, dass Hill oft eine Art Zweifrontenkrieg führte, kämpfte er doch nicht nur gegen seine Gegner, sondern auch gegen sein eigenes Team. Bei Williams nach Ayrton Sennas Tod plötzlich in die Führungsrolle geraten, wurde er dort nie wirklich als Nummer-1-Fahrer akzeptiert, was sich immer wieder bemerkbar machte. 1996 glaubte er nach seiner Siegesserie zu Saisonbeginn, den Durchbruch geschafft zu haben, da kam Ende August die Kündigung. Dabei hatte Damon gerade 1996 endlich seine wahren Qualitäten bewiesen. Acht Saisonsiege, am Ende ein souveräner Weltmeistertitel – was wollte man mehr?
Der am 17. 9. 1960 geborene Hill konnte nicht auf lange, wertvolle Erfahrungen aus dem Kart-Sport zurückgreifen wie die meisten der heutigen jungen Piloten. Seine Karriere begann erst mit

23 Jahren mit Motorradrennen – aus finanziellen Gründen. Denn nach dem Flugzeugabsturz von Vater Graham war die Familie nie mehr auf Rosen gebettet. Die Maschine war nicht ausreichend versichert gewesen, hohe Schadensersatzansprüche von Angehörigen der mit Hill abgestürzten Teammitglieder drohten die Familie zu ruinieren. Mutter Betty hatte alle Pokale ihres Mannes verkaufen müssen, um die Familie durchzubringen.
Diese Zeit hat Damon Hill ebenso geprägt wie die Erfahrungen mit seiner eigenen Familie. Von seinen vier Kindern ist das älteste behindert und leidet unter dem Down-Syndrom. »Ich sehe viele Dinge wahrscheinlich ein bisschen anders als die meisten anderen in der Formel 1, habe andere Prioritäten in meinem Leben«, sagt Damon, »weil für mich der Rennsport nicht das Einzige ist.« Trotzdem gab ihm der Erfolg großen Auftrieb. 1996 war deutlich zu beobachten, wie er sich persönlich veränderte, noch stärker, noch gefestigter und selbstbewusster wirkte. Er gab sich lockerer und sparte nicht mit Proben seines typisch englischen Humors.
Nach dem erzwungenen Wechsel zu Arrows ging es freilich bergab. Weder dort noch in den zwei darauf folgenden Jahren bei Jordan konnte Hill noch einmal an seine alten Erfolge anknüpfen, sodass er sich Ende 1999 aus der Formel 1 verabschiedete.

Teamkollege Jacques Villeneuve hatte 1996 nur selten die Nase vorn.

Ehefrau Georgie spielt eine wichtige Rolle in der Karriere Damon Hills (links).

| Fakten und Zahlen | |
| --- | --- |
| Anzahl der gefahrenen Grand Prix: | 115 |
| Anzahl der Pole-Positions: | 20 |
| Anzahl der Grand-Prix-Siege: | 22 |
| Anzahl der schnellsten Runden: | 19 |
| Insgesamt gewonnene Weltmeisterschaftspunkte: | 360 |
| Weltmeistertitel: | 1 (1996) |

# Jacques Villeneuve (1997)

Als der »Rebell der Formel 1« 1997 in Jerez Weltmeister wurde – schon im zweiten Jahr seiner Formel-1-Karriere – da bröckelte die Fassade der Coolness, da mischten sich ein paar Freudentränen mit den Schweißperlen im Gesicht: »Es ist ein unbeschreibliches Glücksgefühl, aber ich glaube, es dauert noch eine Weile, bis ich es richtig begreife.«

*In der Saison 1997 ein vertrautes Bild. Jacques Villeneuve setzt sich in seinem Williams-Renault vor den Ferrari Michael Schumachers (oben).*

Jacques Villeneuve stach und sticht aus der heutigen Formel-1-Generation heraus: Der Kanadier, geboren am 9. 4. 1971, gehört nicht zu den Plastik-Kids, Manager-Marionetten, glatten, angepassten Pseudostars. Er gibt der Szene ein etwas anderes Gesicht – das der echten, frechen, ein wenig provokanten Jugend, der coolen Kids. Dass er mit seiner unkonventionellen Einstellung gelegentlich – auch bei seinen Arbeit- und Geldgebern – Stirnrunzeln erregt, ist ihm ziemlich egal, und manchmal scheint er gewisse Auftritte geradezu zu inszenieren. Am Samstagabend vor seinem Weltmeisterschaftstriumph erschien er auf der eleganten Renault-Abschiedsgala in seinen ausgebeultesten Jeans, übergroßem weißem T-Shirt und noch größerem Jeanshemd, alles

natürlich über der Hose hängend, dazu mit ausgetretenen Turnschuhen.

Auch in Sachen Sicherheit nimmt er eine extreme Haltung ein. Er braucht wohl das Leben am Limit, nicht nur auf der Rennstrecke. Dass er »nur mal so eben aus Spaß« beim Skifahren in einen gesperrten Lawinenhang fährt, mag noch seine Sache sein, dass er aber seinen Fahrerkollegen in Sicherheitsfragen immer wieder in den Rücken fällt, macht ihn dort zur umstrittenen Figur. Für ihn »gehört der Tod zur Natur. Ich verstehe gar nicht, warum man so viel Aufhebens davon macht …« Möglich, dass er diese Philosophie, den Tod als Normalität zu sehen, schon als Kind entwickelt hat, um den Verlust seines tödlich verunglückten Vaters Gilles zu verarbeiten. Möglich aber auch, dass der Hang zum Extremen einfach in der Familie liegt, wie kanadische Freunde glauben … Als in Australien 2001 ein abgerissenes Rad von seinem BAR einen Streckenposten tödlich traf, zeigte sich freilich auch Jacques betroffen. Hohe eigene Risikobereitschaft bedeutet für ihn noch lange nicht Gleichgültigkeit gegenüber anderen.

Nach seinem Sieg im Titelkampf hat es sich Villeneuve nicht einfach gemacht. Der Wechsel von Williams zu BAR am Ende der Saison 1998 war zwar sehr hoch dotiert, brachte aber vor allem Enttäuschungen. Villeneuves Freund und Manager Craig Pollock hatte das Team aufgebaut, man war mit großem Optimismus gestartet, doch die Erfolge blieben aus, sodass Villeneuve mitunter unmotiviert wirkte. Als dann Pollock Ende der Saison 2001 von Hauptsponsor BAT gegen den Engländer Dave Richards ausgetauscht wurde, ließ Jacques jedenfalls durchblicken, dass 2002 wohl seine letzte Saison bei BAR werden würde.

### Fakten und Zahlen

| | |
|---|---:|
| Anzahl der gefahrenen Grand Prix: | 98 |
| Anzahl der Pole-Positions: | 13 |
| Anzahl der Grand-Prix-Siege: | 11 |
| Anzahl der schnellsten Runden: | 9 |
| Insgesamt gewonnene Weltmeisterschaftspunkte: | 209 |
| Weltmeistertitel: | 1 (1997) |

# Mika Häkkinen (1998, 1999)

Am 1. 11. 1998 um 14.15 Uhr Ortszeit in Suzuka war alles entschieden. Da zerstoben Michael Schumachers letzte Hoffnungen auf seinen dritten Weltmeistertitel in einem Schauer aus Funken und fliegenden Gummifetzen, waren Mika Häkkinen und McLaren-Mercedes Weltmeister. Im McLaren-Mercedes-Kommandostand fiel man sich in die Arme, auf den Tribünen wehte ein Meer von weiß-blauen finnischen Fahnen. Mika Häkkinen musste noch etwas warten, aber dann genoss auch er seinen Triumph: »Als ich die Zielflagge sah, konnte ich es immer noch nicht so richtig realisieren … Ich bin dann die ganze Auslaufrunde extrem langsam gefahren, um alles zu genießen, um mir immer wieder zu sagen, ich bin Weltmeister.«

Nach seinem Triumph zeigte Mika erst einmal eher stille Freude und wischte sich verstohlen die ein oder andere Träne aus den Augen. Die große Ausgelassenheit kam erst ein paar Stunden später. Mika Häkkinen dachte im größten Moment seiner Karriere auch an das, was hinter ihm liegt, was ihn geprägt und verändert hat, zum Beispiel sein schwerer Unfall in Adelaide 1995, als er mit Schädelbrüchen tagelang im künstlichen Koma gehalten wurde, wirkte eher nachdenklich als überschwänglich: »Ich habe einen langen Weg hinter mir, um dahin zu kommen, wo ich jetzt bin. Da waren schwierige Zeiten dabei, Durststrecken, mein Unfall in Adelaide, der mein Leben, meine Sicht auf viele Dinge schon geprägt und verändert hat.«

1991 begann der am 28. 9. 1966 geborene Finne bei Lotus in der Formel 1 und kam dann 1993 zu McLaren, allerdings zunächst nur als Ersatzfahrer. 1993 in Portugal fuhr er sein erstes Rennen für McLaren, stand damals sogar in der Startaufstellung einen Platz vor Ayrton Senna, doch in den folgenden Jahren litt er unter der Erfolglosigkeit des Teams, dann kam der Unfall von Adelaide.

Dass er nach dem Unfall und auch sonst in seiner Karriere hin und wieder an sich selbst gezweifelt hat, streitet er nicht ab: »1997 war der Druck groß, David gewann das erste Rennen in Australien, ich war Dritter, und so ging's weiter … Und ich hatte das Gefühl, es liegt an mir und nicht am

Auto. Und so haben sich die Zweifel in mir aufgebaut. Ich weiß noch: In Kanada habe ich dagesessen und gegrübelt: Irgendetwas stimmte nicht. Dann habe ich angefangen, mit anderen darüber zu reden, mit dem Management, mit Freunden, mit dem Team, mit den Technikern. Wir haben einige technische Details am Auto geändert – und das war die Lösung. Danach hatte ich wieder mehr Vertrauen, und dann hat auch meine Leistung wieder gestimmt.«

Sie stimmte auch in den kommenden Jahren: 1999 stellte Mika Häkkinen mit einem eindrucksvollen Sieg beim letzten Saisonrennen in Suzuka seinen zweiten Titel sicher, im Jahr 2000 verlor er nur knapp gegen Michael Schumacher in einem in den letzten Rennen auf wundersame Weise wieder erstarkten Ferrari. Das Jahr 2001 brachte Mika auf der Strecke viele technische Defekte und zahlreiche Enttäuschungen, eröffnete aber nach der Geburt von Söhnchen Hugo ganz neue Perspektiven, sodass sich der Finne entschloss, ein Jahr Pause einzulegen: »Ob es dann ein Comeback gibt, wird man sehen. Im Moment weiß ich es selbst nicht.«

Mika Häkkinen und McLaren-Mercedes-Teamchef Ron Dennis – in den Jahren 1998 und 1999 waren sie ein ideales Gespann. Zwei Jahre später lief es für den »Fliegenden Finnen« so schlecht, dass er seinen zumindest zeitweiligen Rücktritt vom Rennsport erklärte.

**Fakten und Zahlen**

| | |
|---|---:|
| Anzahl der gefahrenen Grand Prix: | 161 |
| Anzahl der Pole-Positions: | 26 |
| Anzahl der Grand-Prix-Siege: | 20 |
| Anzahl der schnellsten Runden: | 25 |
| Insgesamt gewonnene Weltmeisterschaftspunkte: | 420 |
| Weltmeistertitel: | 2 (1998 und 1999) |

# Stars ohne Titel

Sämtliche Fahrer aufzählen zu wollen, die sich in 50 Jahren je in der Formel 1 versuchten, wäre ein müßiges Beginnen und nur für Statistiker von Interesse. Zu viele sind es, die irgendwann als großes Talent gehandelt wurden, aber nie den Durchbruch schafften. Ein großer Teil derer, die unter »ferner liefen« fuhren, scheiterte schon im Qualifying, andere fuhren hinterher ohne jede Aussicht auf Siege oder auch nur Punkte. Deshalb sollen in diesem Kapitel nur Fahrer vorgestellt werden, die zumindest einmal ganz oben auf dem Treppchen standen, dazu jene, die für die deutsche Formel-1-Szene von Bedeutung waren.

## Michele Alboreto

*ITA, 23. 12. 1956 – 25. 4. 2001, 5 Siege*

Michele Alboreto schien das Zeug dazu zu haben, der erste italienische Weltmeister seit Alberto Ascari zu werden – und das noch dazu mit Ferrari. Doch am Ende reichte es für den sympathischen Italiener, der 1982 und 1983 mit dem unterlegenen Tyrrell-Ford bereits zwei Siege gefeiert hatte, in seinem stärksten Jahr 1985 nur zur Vizeweltmeisterschaft hinter Alain Prost. Danach hatte Ferrari gegen die überlegene Konkurrenz von McLaren und Williams keine Chance mehr. Das lag zwar nicht an Alboreto, aber dennoch musste dieser Ende 1988 das Team verlassen. Fortan schlug er sich bei zweit- und drittklassigen Teams wie erneut Tyrrell, Lola, Arrows (Footwork) und Minardi durch. Auch nach seinem endgültigen Abschied von der Formel 1 Ende 1994 blieb er dem Rennsport treu, jetzt vor allem im Touren- und Sportwagen. Sei-

ne Leidenschaft wurde ihm schließlich zum Verhängnis: Alboreto verunglückte im Frühjahr 2001 bei einem Testunfall auf dem Lausitzring mit einem Audi-Sportwagen tödlich.

## Jean Alesi

*FRA, 11. 6. 1964, 1 Sieg*

Der Franzose mit den sizilianischen Vorfahren galt zu Beginn seiner Formel-1-Karriere als künftiger Superstar, vor allem, nachdem er 1990 in Phoenix im Tyrrell Ayrton Senna ein mitreißendes Duell um die Führung geliefert hatte. Doch dann blieb seine Karriere stecken. Der Wechsel zu Ferrari brachte nicht die erhofften Erfolge, es blieb bei einem einzigen Sieg 1995 in Kanada. Danach folgte bereits der allmähliche Abstieg. Zwei Jahre bei Benetton verliefen eher enttäuschend, bei Sauber war man mit dem Franzosen auch nicht so recht zufrieden. Denn bei allem Fahrtalent weist Alesi doch zwei Eigenschaften auf, die einer Weiterentwicklung immer wieder im Weg standen: sein überschäumendes Temperament und seine eher bescheidenen Fähigkeiten, als Testfahrer ein Auto weiterzuentwickeln. Alesi neigte eher dazu, die Probleme eines Autos mit spektakulärem Fahrstil zu überspielen als sie in mühevoller Kleinarbeit auszumerzen. Schließlich kam er im Team seines alten Freundes Alain Prost unter, mit dem er sich aber nach eineinhalb Jahren Zusammenarbeit heillos zerstritt. Der Wechsel zu Jordan im Tausch gegen Heinz-Harald Frentzen mitten in der Saison war die einzige Alternative, doch nachdem er dort gegen Jarno Trulli kaum Land sah, blieb ihm Ende 2001 nur der Rücktritt von der Formel 1. Ein Trost – er fand Aufnahme im DTM-Team von Mercedes für 2002.

Michele Alboreto

Jean Alesi

René Arnoux

Giancarlo Baghetti

Rubens Barrichello

Stefan Bellof

## René Arnoux
*FRA, 4. 7. 1948, 7 Siege*

Vor allem in seiner Zeit bei Renault und Ferrari gehörte René Arnoux, der 1978 mit einem Martini in der Formel 1 debütierte, zu den Top-Piloten der Formel 1. Doch immer wieder verscherzte sich der kleine Franzose die Sympathien seiner Chefs durch Eigenwilligkeiten und Eskapaden. Bei Renault musste er 1982 gehen, weil er den Großen Preis von Frankreich gewonnen hatte. Er habe die Stallorder zugunsten Prosts nicht beachtet, hieß es. Der Wechsel zu Ferrari schien zunächst Erfolg zu bringen, 1983 wurde sein bestes Jahr, als er bis zum letzten Saisonrennen in Südafrika sogar noch im Titelkampf mitmischte. Doch nach dem ersten Saisonrennen 1985 wurde er bei Ferrari plötzlich abserviert – ein Bruch in seiner Karriere. Dahinter stand wohl eine Affäre mit der minderjährigen Tochter eines führenden Teammitgliedes. 1986 kam Arnoux mit Ligier in die Formel 1 zurück, wo er bis zu seinem Karriereende 1989 blieb, ohne jedoch noch einmal bemerkenswerte Ergebnisse zu erzielen.

## Giancarlo Baghetti
*ITA, 25. 12. 1934 – 27. 11. 1995, 1 Sieg*

Der Italiener stellte einen ganz besonderen Rekord auf, der in der heutigen Formel 1 wohl kaum mehr eingestellt werden dürfte: Er gewann den ersten Grand Prix seiner Karriere in Reims 1961 auf Ferrari. Doch trotz dieses Sensationserfolgs konnte er sich in der Formel 1 nicht etablieren, fuhr auch 1962 nur vier Rennen für Ferrari und verschwand dann nach sporadischen Einsätzen in kleineren italienischen Teams und auf privat eingesetzten Autos zwischen 1963 und 1967 endgültig in der Versenkung.

## Lorenzo Bandini
*ITA, 21.12.1935 – 10.5.1967, 1 Sieg*

Der gelernte Mechaniker begann seine Karriere im Tourenwagen und kam über die damalige Formel Junior in die Formel 1, wo er 1961 in Belgien auf einem Cooper-Maserati debütierte,

ehe er die Aufmerksamkeit von Ferrari erregte, wo er ab 1962 zu einigen Einsätzen kam und 1964 endgültig Aufnahme ins Werksteam fand. Seinen ersten und einzigen Grand-Prix-Sieg feierte der Italiener 1964 beim ersten Großen Preis von Österreich auf dem Flugplatzkurs von Zeltweg. Danach konnte er vor allem in Monaco mit zwei zweiten Plätzen 1965 und 1966 sein Talent unter Beweis stellen. Ironie des Schicksals, dass ihm ausgerechnet dieser Kurs zum Verhängnis wurde. Bei einem Unfall in der Schikane zog er sich 1967 tödliche Brandverletzungen zu.

## Rubens Barrichello
*BRA, 23. 5. 1972, 1 Sieg*

Als der Brasilianer 1983 als 20-Jähriger mit Jordan in die Formel 1 kam und im Regenrennen von Donington lange Zeit an dritter Stelle lag, galt er als das neue Wunderkind der Formel 1. Doch Imola 1994 bedeutete einen entscheidenden Einschnitt in seiner Karriere. Zunächst sein eigener schwerer Unfall im Training, dann der Tod seines Freundes und Vorbilds Ayrton Senna. Barrichello beging den Fehler, sich in Brasilien die Rolle des Senna-Nachfolgers aufdrängen zu lassen, und setzte sich so selbst unter Druck – mit dem Ergebnis, dass die großen Erfolge ausblieben, auch wenn er, wie bei Jordan oder später bei Stewart, gerade im Regen immer wieder Akzente setzen konnte. Mit seinem Wechsel zu Ferrari im Jahr 2000 verband er zwar große Hoffnungen, musste aber schnell erkennen, dass er im »Schumacher-Team« Ferrari auf die Position der Nummer zwei fixiert war. Zwar gewann er in Hockenheim 2000 unter etwas glücklichen Umständen den ersten Grand Prix seiner Karriere, doch seine Position im Team hat das bis heute nicht verändert.

## Stefan Bellof
*GER 20. 11. 1957 – 1. 9. 1985*

Der Gießener, der durch seinen Speed und seinen aggressiven Fahrstil schon in der Formel 2 und als Porsche-Werksfahrer in der Sportwagen-Weltmeisterschaft auf sich aufmerksam gemacht

hatte, war neben Ayrton Senna und Gerhard Berger einer der drei herausragenden Formel-1-Debütanten 1984. Die große Rennsportwelt wurde in Monaco auf ihn aufmerksam, als er im strömenden Regen von ganz hinten auf den dritten Platz nach vorne fuhr – und vielleicht sogar noch Alain Prost und Ayrton Senna hätte gefährden können, wäre das Rennen nur ein paar Runden später abgebrochen worden. Doch die spätere Disqualifikation des Tyrrell-Teams für die ganze Saison wegen der berühmt-berüchtigten »Bleikugelaffäre« brachte ihn um den Lohn seiner Mühen – und um die letzten drei Saisonrennen. Zumindest konnte er sich in jenem Jahr aber mit dem Weltmeistertitel in der Sportwagenklasse trösten. Auch 1985 begann mit Ärger: Erstens erhielt Bellof eine interne Sperre für das Rennen in Brasilien aufgrund von Differenzen mit seinem Team, zweitens musste er bis Mitte der Saison warten, ehe Tyrrell endlich der Renault-Turbomotor zur Verfügung stand. Dennoch kämpfte er sich auch mit unterlegenem Material in Portugal und Detroit in die Punkte. Sein Schicksal ereilte ihn am 1. September beim 1000-Kilometer-Rennen in Spa – im Sportwagen, einem Gruppe-C-Porsche von Walter Brun: Bei einem Überholversuch gegen Jacky Ickx verunglückte er in der berüchtigten Eau Rouge tödlich. Niemand wusste, dass Bellof für 1986 praktisch schon bei Ferrari unter Vertrag stand.

## Jean-Pierre Beltoise
*FRA, 26. 4. 1937, 1 Sieg*

Der Franzose war bereits ein sehr erfolgreicher Motorrad-Rennfahrer, ehe er 1963 seine ersten Autorennen bestritt. Bei einem Unfall in Reims 1964 zog er sich schwere Verletzungen zu. Doch trotz eines weitgehend steifen linken Arms schaffte er es in den Grand-Prix-Rennsport. Auf dem Nürburgring gewann er 1966 die damals parallel ausgetragene Formel-2-Wertung. Zum ersten Mal saß er 1968 in Spanien in einem »echten« Formel-1-Auto, und schon im gleichen Jahr chauffierte er seinen Matra in Zandvoort auf den zweiten Platz. Bei einem Sportwagenrennen 1971 in Argentinien wurde er in den tödlichen Unfall des Italieners Ignazio Giunti verwickelt und kas-

sierte dafür eine Sperre. Es dauerte bis 1972, ehe er in der Regenschlacht von Monaco, auf einem BRM den ersten und einzigen Grand-Prix-Sieg seiner Karriere feiern konnte. Zwei Jahre später beendete er seine Formel-1-Laufbahn, war danach aber noch lange in der französischen Tourenwagenszene unterwegs.

## Gerhard Berger
*AUT, 27. 8. 1959, 10 Siege*

Obwohl er nie Weltmeister war, gehörte der Tiroler immer zu den bestbezahlten Piloten seiner Generation. Seine Karriere begann in Österreich 1984 im ATS-Team von Günter Schmid und führte über Arrows und Benetton, wo er 1986 in Mexiko seinen ersten Grand Prix gewann, 1987 zu Ferrari. 1989 überstand Berger einen schweren Feuerunfall in Imola relativ unbeschadet; schon wenige Wochen später saß er in Mexiko wieder im Auto. Für 1990 tauschte der Sohn eines Transportunternehmers, der neben seiner Formel-1-Karriere immer auch die eigene Spedition, Europatrans, führte, den Platz mit Alain Prost und wechselte zu McLaren. Dort stand er zwar klar im Schatten von Ayrton Senna, aber sein freundschaftliches Verhältnis zu dem Brasilianer war für das Team nach den vorangegangenen Spannungen zwischen Senna und Prost sehr wichtig. Auch in weiteren drei Jahren bei Ferrari 1993 bis 1995 konnte er nie in den Titelkampf eingreifen, und der Wechsel zu Benetton 1996 brachte viele Enttäuschungen, aber auch einen letzten Sieg 1997 in Hockenheim, wenige Tage nach dem Tod seines Vaters bei einem Flugzeugabsturz. Am Ende dieser Saison beendete Berger seine aktive Karriere, blieb der Formel 1 aber verbunden und ist heute als BMW-Motorsportdirektor in herausragender Position tätig.

## Wolfgang Graf Berghe von Trips
*GER, 4. 5. 1928 – 10. 9. 1961, 2 Siege*

Er war der erste große deutsche Formel-1-Star – und er kam aus der gleichen Gegend wie Michael Schumacher. Der rheinische Adelige Wolfgang

Jean-Pierre Beltoise

Gerhard Berger

Wolfgang Graf Berghe von Trips

Joakim Bonnier

Thierry Boutsen

François Cevert

Graf Berghe von Trips hätte das Talent dazu gehabt, der erste deutsche Formel-1-Weltmeister der Geschichte zu werden.

Am Anfang seiner Karriere galt er, der 1958 »so ganz nebenbei« Berg-Europameister wurde, als Bruchpilot, doch als er nach einem Intermezzo 1959, als er hauptsächlich Formel-2-Rennen für Porsche bestritt, 1960 zu Ferrari zurückkehrte, hatte er sich zum soliden Platzfahrer entwickelt. 1961 griff er nach zwei Siegen in Zandvoort und in Aintree nach dem Weltmeistertitel. Auch in Monza sicherte sich Trips die Pole-Position, kam aber am Start schlecht weg – und am Ende der ersten Runde geschah in der Parabolica im Kampf mit Jim Clark, der zu einem Überholversuch ansetzte, jener fatale Unfall, der nicht nur von Trips, sondern auch 14 Zuschauer das Leben kostete. Über die Schuldfrage wurde nachher endlos diskutiert – letztlich ohne Ergebnis.

## Joakim Bonnier

*SWE, 31. 11. 1930 – 11. 6. 1972, 1 Sieg*

Insgesamt 15 Jahre lang, von 1957 bis 1971, war Joakim Bonnier, der seine Karriere im Rallyesport begonnen hatte, in der Formel 1 vertreten. In den letzten Jahren bestritt er allerdings immer nur einzelne Rennen, konzentrierte er sich doch mehr auf seine Sportwagenkarriere. Als Gründer und Vorsitzender der Fahrergewerkschaft GPDA kämpfte er für mehr Sicherheit auf den Rennstrecken. Sein einziger Grand-Prix-Sieg gelang ihm 1959 in Zandvoort. Der Schwede verunglückte 1972 beim 24-Stunden-Rennen von Le Mans tödlich.

## Thierry Boutsen

*BEL, 13. 7. 1957, 3 Siege*

Der Belgier stand in seiner über zehnjährigen Formel-1-Karriere stets in dem Ruf, zu gut für diese harte Welt zu sein. Tatsächlich gehörte Boutsen nie zu denen, die sich mit spitzen Ellbogen und nicht immer fairen Mitteln auf Kosten anderer durchsetzen wollten. Nach vier Jahren bei Arrows bekam er 1988 mit dem Benetton erstmals ein konkurrenzfähiges Auto, seine bei-

den besten Jahre erlebte er dann 1989 und 1990 bei Williams, als er insgesamt drei Rennen gewann, unter anderem in Ungarn 1990, wo er über die volle Distanz dem massiven Druck von Ayrton Senna standhielt. Trotzdem musste er am Saisonende gehen. Der Wechsel zu Ligier brachte ihm zwar Geld, aber keine Erfolge mehr. 1993 gab er noch einmal ein Gastspiel bei Jordan, ehe er mit Tourenwagen-Jahren die Karriere abschloss.

## Tony Brooks

*GBR, 25. 2. 1932, 6 Siege*

Tony Brooks Welt und Talente waren nicht auf den Rennsport begrenzt. Hätte er nicht die Laufbahn eines Grand-Prix-Piloten eingeschlagen, wäre er Zahnarzt geworden, »und ich hätte nebenher ein paar Sportwagenrennen als Hobby gefahren«. So feierte er mit Vanwall 1957 und 1958 vier, mit Ferrari 1959 noch einmal zwei Siege. 1958 hatte ihn Juan-Manuel Fangio schon als seinen legitimen Nachfolger gesehen, doch zu viele Ausfälle verhinderten trotz starker fahrerischer Leistungen einen Titelgewinn. Ende 1961 gab Brooks seine Rennsportkarriere auf und etablierte sich in der Automobilbranche.

## Jimmy Bryan

*USA, 1927 – 1960, 1 Sieg*

Einer der US-Piloten, die zwar in der Formel-1-Statistik auftauchen, aber eigentlich nicht dorthin gehören. Doch da die 500 Meilen von Indianapolis von 1950 bis 1960 nun mal zur Formel-1-Weltmeisterschaft zählten, taucht er als Indy-Sieger von 1958 in Formel-1-Listen auf. Bryan verunglückte 1960 beim 200-Meilen-Rennen von Langhorne tödlich.

## François Cevert

*FRA, 25. 2. 1944 – 6. 10. 1973, 1 Sieg*

Der gut aussehende Franzose mit den großen blauen Augen war zu seiner Zeit der Liebling der Damenwelt im Formel-1-Zirkus – vor allem bekannt durch eine längere Romanze mit Frank-

reichs Superstar Brigitte Bardot. Auf der Rennstrecke war er vier Jahre lang Teamkollege, treuer Leutnant und guter Freund von Jackie Stewart bei March und Tyrrell. 1971 gewann er in Watkins Glen den einzigen Grand Prix seiner Karriere, und dort erfüllte sich auch sein Schicksal. 1973 verunglückte er im Training tödlich.

## Peter Collins
*GBR, 1931 – 3. 8. 1958, 3 Siege*

Peter Collins war einer der ersten Engländer, denen in der Formel 1 der Sprung nach Italien und dort der Durchbruch gelang. Nach drei Jahren mit sporadischen Einsätzen in britischen Teams wechselte er 1955 zu Maserati, doch erst mit der Verpflichtung durch Ferrari 1956 kam der ganz große Sprung nach vorn. In jenem Jahr gelangen ihm auf Anhieb zwei Siege in Belgien und Frankreich, dazu der dritte Platz in der Weltmeisterschaft. 1957 war Ferrari technisch nicht auf der Höhe, doch 1958 waren das Team und auch Collins von Anfang an wieder vorn mit dabei. Collins gewann seinen Heim-Grand-Prix in Silverstone vor dem späteren Weltmeister Mike Hawthorn, doch 14 Tage später verunglückte er auf dem Nürburgring beim Grand Prix von Deutschland tödlich.

## David Coulthard
*GBR, 27. 3. 1971, 11 Siege*

Der Schotte aus Twynholm kam 1994 zu seinem Formel-1-Debüt. Nach dem Tod von Ayrton Senna übernahm der damalige Williams-Testfahrer den Platz des Brasilianers im Team. Den ersten Grand-Prix-Sieg seiner Karriere feierte er 1995 in Portugal in einem Williams. Doch konnte er dort nie aus dem Schatten von Damon Hill treten, und auch nach seinem Wechsel zu McLaren-Mercedes 1996 schien er schnell wieder zur Nummer zwei zu werden – diesmal hinter Mika Häkkinen. Trotz einiger Siege – die für einen Titelkandidaten nötige Konstanz sprach man ihm lange ab. Nach dem Rückzug von Häkkinen 2002 hat er die Chance, zu beweisen, dass er die Position des Teamleaders ausfüllen kann.

## Christian Danner
*GER, 4. 4. 1958*

Der Münchner, der sich über Tourenwagen und die Formel 2 nach oben arbeitete, war 1985 der erste Formel-3000-Europameister der Geschichte. Doch dann ging seine Karriere nicht so geradlinig weiter. Ob bei Osella, Arrows, Zakspeed oder Rial – in der Formel 1 blieb ihm der große Erfolg versagt. Christian Danner kennt die Gründe dafür: »Um in der Formel 1 Erfolg zu haben, braucht man damals wie heute eine starke Lobby, und die hatte ich definitiv nicht. Aus verschiedenen Gründen – da spielte das Image eine Rolle, man hat mich damals für zu intelligent gehalten, um ein Formel-1-Auto zu fahren. Nebenbei ich war fast zu groß – 1,85 Meter, das ist nicht gerade hilfreich, wenn es gilt, sich ins kleine, enge Cockpit zu zwängen. Die Autos, mit denen ich gefahren bin, waren jedenfalls technisch weit davon entfernt, auch nur regelmäßig in die Punkte fahren zu können. Wann immer die Autos und die Umstände es zugelassen haben, habe ich es geschafft.« So kam Danner 1989 in Phoenix mit dem Rial auf den vierten Platz. Auch nach dem Ende seiner Formel-1-Karriere blieb er dem Rennsport bis heute verbunden: als erfolgreicher Tourenwagenpilot, als Teamchef, ab und zu auch als Fahrer in der amerikanischen CART-Serie und nun schon seit Jahren als beliebter Formel-1-Fachkommentator bei RTL.

## Elio de Angelis
*ITA, 20. 3. 1958 – 15. 5. 1986, 2 Siege*

Der elegante Italiener aus reicher römischer Familie bestritt schon mit 21 Jahren seine erste komplette Formel-1-Saison – in den 70ern noch eine Seltenheit. Aber das Geld seines Vaters sicherte ihm 1979 einen Platz bei Shadow. Dort konnte er immerhin so überzeugen, dass er 1980 einen Lotus bekam – und damit auch ein konkurrenzfähiges Auto. In die insgesamt sechs Jahre, die er für Lotus fuhr, fallen seine beiden Siege: 1982 in Österreich in einem Foto-Finish ganz knapp vor Keke Rosberg, und 1985 in Imola. In Deutschland wurde de Angelis vor allem durch seine langjährige Freundschaft mit Ute Kittelber-

**Peter Collins**

**David Coulthard**

**Christian Danner**

**Elio de Angelis**

**Patrick Depailler**

**Luigi Fagioli**

**Heinz-Harald Frentzen**

ger bekannt, einem ehemaligen Bravo-Girl des Jahres. Für 1986 wechselte er zu Brabham-BMW – ein bei Testfahrten in Le Castellet gebrochener Heckflügel kostete ihn das Leben.

## Patrick Depailler
*FRA, 9. 8. 1944 – 1. 8. 1980, 2 Siege*

Von 1974 bis 1978 fuhr der Franzose seinem ersten Sieg hinterher, schien verurteilt zum ewigen Zweiten – vor allem 1976, als er mit dem Sechsrad-Tyrrell gleich fünfmal diesen Platz belegte. Doch 1978 in Monaco stand Depailler endlich ganz oben. 1979 in Spanien durfte er dieses Gefühl noch einmal genießen, diesmal mit einem Ligier. Dann setzte ihn ein Absturz beim Drachenfliegen mit schweren Beinbrüchen für Monate außer Gefecht. Doch er kämpfte sich zurück. 1980 war er für Alfa Romeo wieder dabei. Bei Testfahrten in Hockenheim eine Woche vor dem deutschen Grand Prix verunglückte er tödlich. Warum der Alfa in der Ostkurve von der Strecke abkam, wurde nie geklärt. Die Fangzäune, die das Schlimmste hätten verhindern können, sollten erst für das Rennen montiert werden.

## Luigi Fagioli
*ITA, 9. 6. 1898 – 20. 6. 1952, 1 Sieg*

Eigentlich gehörte Luigi Fagioli noch in die Generation der Vorkriegs-Rennfahrer, doch dank seiner guten Verbindungen zu Alfa Romeo kam er auch mit über 50 Jahren noch zu einigen Einsätzen in der damals neuen Formel 1. Seine Erfahrung und Reife halfen ihm dabei, immer wieder in die Punkte zu fahren. Doch als er 1951 in Frankreich sein Auto während des Rennens an Juan-Manuel Fangio abtreten musste, beendete er aus Verärgerung sofort seine Grand-Prix-Karriere – obwohl der Argentinier das Rennen gewann und damit auch Fagioli einen Sieg bescherte. Er zählte zu diesem Zeitpunkt bereits 53 Jahren und war damit der älteste Grand-Prix-Sieger aller Zeiten. Fagioli starb 1952 bei einem Unfall mit einem Sportwagen im Rahmenprogramm des Grand Prix von Monaco.

## Pat Flaherty
*USA, 6. 1. 1926, 1 Sieg*

Noch einer aus der Reihe der amerikanischen Indy-Sieger, der durch seinen Erfolg von 1956 in der Formel-1-Statistik auftaucht.

## Heinz-Harald Frentzen
*GER, 18. 5. 1967, 3 Siege*

Heinz-Harald Frentzen ist sicher einer der talentiertesten Fahrer in der heutigen Formel 1, doch gelang es ihm selten, seine Begabung in die entsprechenden Erfolge umzusetzen. Nach drei Jahren bei Sauber schien er 1997 bei Williams endlich die Chance zu bekommen, um den Titel mitzukämpfen, doch ein unglücklicher Saisonbeginn mit vielen Ausfällen und Problemen schwächte trotz eines ersten Sieges in Imola Frentzens Position im Team, sodass er schnell zur Zielscheibe auch unberechtigter teaminterner Kritik wurde – eine Situation, mit der der sensible Mönchengladbacher nur schwer umgehen konnte. Die Saison 1998 wurde für ihn noch schwerer, doch nach seinem Wechsel zu Jordan schien er richtig aufzublühen. Die Umgebung stimmte – Frentzen konnte überzeugen, gewann in Magny-Cours und Monza zwei Rennen und zählte bis kurz vor Saisonende sogar zu den Titelkandidaten. Doch die folgenden Jahre brachten nicht den erwarteten weiteren Aufschwung. Frentzen, der nicht müde wurde, teamintern auf Probleme und Fehler hinzuweisen, machte sich damit bei Chef und Technikern keine Freunde – kurz vor dem deutschen Grand Prix 2001 trennte sich Jordan unter dubiosen Umständen von ihm – der Vorgang liegt noch bei Gericht. Einem kurzen Zwischenspiel bei Prost folgte nach der Pleite des Teams im Winter 2001/2002 der Wechsel zu Arrows.

## Peter Gethin
*GBR, 21. 2. 1940, 1 Sieg*

Den einzigen Grand-Prix-Sieg seiner Karriere feierte Peter Gethin mit dem damals knappest möglichen Vorsprung: Eine hundertstel Sekunde lag er 1971 in Monza vor Ronnie Peterson – in

Tausendsteln wurde damals noch nicht gemessen. Doch dieser Erfolg blieb das einzige Highlight in der Formel-1-Karriere des englischen Jockey-Sohnes. Er bestritt noch eine komplette, aber recht erfolglose Saison für BRM und zwei einzelne Rennen 1973 und 1974 für BRM und Lola, dann verschwand er von der Bildfläche.

## Richie Ginther
*USA, 5. 8. 1930 – 28. 9. 1989, 1 Sieg*

Der Amerikaner, der durch Sportwagenrennen in den 50er-Jahren im Motorsport bekannt wurde, kam über Ferrari und BRM zu Honda. 1963 hatte er sich bei BRM unter anderem mit drei zweiten Plätzen den Vizeweltmeistertitel gesichert, doch den einzigen Sieg seiner Karriere holte er für die Japaner – 1965 in Mexiko. 1967 beschloss er, mitten im Training zum 500-Meilen-Rennen von Indianapolis, den Rennsport aufzugeben, nachdem er sich kurz zuvor für den Großen Preis von Monaco nicht hatte qualifizieren können. Ginther starb 1989 im Urlaub in Frankreich an einem Herzinfarkt.

## José Froilan Gonzales
*ARG, 5. 10. 1922, 2 Siege*

Der Argentinier ging als der erste Ferrari-Pilot in die Geschichte ein, der einen offiziellen Formel-1-Weltmeisterschaftslauf gewann – den britischen Grand Prix in Silverstone. In der folgenden Saison wechselte der kräftige, fast bullig wirkende Gonzales zu Maserati, doch nach zwei erfolglosen Jahren kehrte er zu Ferrari zurück, wo er 1954 in England noch einmal gewinnen konnte und hinter seinem großen Landsmann Fangio in der Weltmeisterschaft Platz zwei belegte. Danach ging er nur noch ganz sporadisch an den Start, hauptsächlich bei seinem argentinischen Heim-Grand-Prix, und widmete sich ansonsten vor allem seiner Autowerkstatt. 2001 sollte ihm zum 50-jährigen Jubiläum des ersten Ferrari-Sieges beim Rennen in Silverstone eine besondere Auszeichnung überreicht werden, doch er konnte aus gesundheitlichen Gründen nicht nach England reisen.

## Dan Gurney
*USA, 13. 4. 1931, 4 Siege*

Dan Gurney ist insofern einer der erfolgreichsten Amerikaner in der Formel 1, als er nicht nur als Fahrer in die Spitze vorstieß, sondern mit dem »Eagle« auch sein eigenes Auto baute, zum Siegerwagen entwickelte und damit 1967 den Großen Preis von Belgien gewann. Zuvor hatte Gurney schon jahrelang in den Diensten renommierter Teams und Firmen von Ferrari über BRM und Porsche bis zu Brabham gestanden. Mit Porsche gewann er 1962 in Rouen den Großen Preis von Frankreich. Es war der einzige Erfolg der Stuttgarter in der Formel-1-Geschichte mit eigenem Auto. Doch Gurney war auch außerhalb der Formel 1 erfolgreich. Ein Sieg beim 24-Stunden-Rennen von Le Mans und zweite Plätze bei den 500 Meilen von Indianapolis bewiesen seine Vielseitigkeit.

## Sam Hanks
*USA, 1914, 1 Sieg*

Ein weiterer US-Amerikaner, der durch einen Sieg bei den 500 Meilen von Indianapolis in der Formel-1-Siegerliste aufscheint. Hanks gewann den US-Klassiker im Jahr 1957.

## Nick Heidfeld
*GER, 10. 5. 1977*

Formel 3, Formel 3000 – beide Serien jeweils mit dem Meistertitel abgeschlossen, dann der Sprung in die Formel 1: Die Karriere des hoch talentierten Mönchengladbachers, den Mercedes schon früh unter seine Fittiche genommen hatte, verlief zumindest am Anfang geradezu musterhaft. Sein erstes Formel-1-Jahr 2000 im Team von Alain Prost brachte da zwar eine kurze Unterbrechung, da mit dem unterlegenen Auto und in diesem Umfeld kaum etwas zu gewinnen war, aber der Wechsel zu Sauber 2001 brachte »Quick Nick« wieder auf die Erfolgsspur. So stand er in Brasilien als Dritter zum ersten Mal auf dem Podest – und er beherrschte letztlich auch seinen Teamkollegen, den überall als Wunderkind gefei-

Richie Ginther

Froilan Gonzales

Dan Gurney

Nick Heidfeld

Johnny Herbert

Hans Herrmann

Jacky Ickx

erten Kimi Räikkönen. Dass man bei McLaren-Mercedes dann trotzdem den Finnen und nicht ihn für 2002 in den Silberpfeil holte, war für Heidfeld zwar eine große Enttäuschung, brachte ihn aber nicht von seinem Weg ab. Jetzt muss er eben bei Sauber beweisen, dass er, der nicht nur schnell ist, sondern nach Ansicht seiner Ingenieure auch ausgezeichnetes technisches Verständnis und analytische Fähigkeiten mitbringt, eigentlich in ein absolutes Top-Auto gehört.

## Johnny Herbert
*GBR, 25. 6. 1964, 3 Siege*

Die Karriere des Engländers schien nach einem schweren Formel-3000-Unfall 1988 in Brands Hatch, als er sich schwerste Beinbrüche und Knöchelverletzungen zuzog, bereits beendet. Doch Herbert kämpfte sich zurück, und auch der Umstand, dass ihn Benetton Mitte 1989 wegen der Folgen seiner Verletzungen fallen ließ, warf ihn nicht aus der Bahn. Nach einigen Jahren bei Lotus erlebte er dann ausgerechnet bei Benetton 1995 mit zwei Grand-Prix-Siegen und Platz vier in der Weltmeisterschaft sein erfolgreichstes, aber ein dennoch frustrierendes Jahr. Als Teamkollege von Michael Schumacher fühlte er sich stets deutlich benachteiligt. Nach drei Jahren bei Sauber brachte ihm der Wechsel zu Stewart noch einmal einen überraschenden Sieg auf dem Nürburgring, doch nach einer weiteren eher frustrierenden Saison bei Jaguar beendete er Ende 2000 seine Formel-1-Karriere.

## Hans Herrmann
*GER, 23. 2. 1928*

Der Stuttgarter machte zu Beginn der 50er-Jahre bereits mit Porsche und Veritas auf sich aufmerksam, sodass ihn Mercedes 1954 von Anfang an ins Grand-Prix-Werksteam berief. Auch wenn er dort natürlich erst einmal im Schatten seiner etablierteren Teamkollegen stand, schien er eine große Karriere vor sich zu haben, doch ein Trainingsunfall in Monaco 1955, bei dem er sich Wirbel- und Rippenbrüche zuzog, warf ihn zurück. Nach seiner Genesung und dem Rückzug von

Mercedes verlegte sich Herrmann hauptsächlich auf Sportwagenrennen mit Porsche, bei denen er noch die gesamten 60er-Jahre hindurch sehr erfolgreich war. Vereinzelte Formel-1-Auftritte, meist mit völlig unterlegenem Material, brachten dagegen kaum Erfolg. Nach einem ganz großen Erfolg – dem Sieg bei den 24 Stunden von Le Mans 1970 zusammen mit Richard Attwood – beendete Hans Herrmann seine Karriere.

## Jacky Ickx
*BEL, 1. 1. 1945, 8 Siege*

Der Belgier galt in seiner Glanzzeit als einer der großen Gegenspieler von Jackie Stewart – nicht nur fahrerisch, sondern auch in anderen Bereichen, so etwa durch seine eher »konservative« Einstellung in Sicherheitsfragen. Den Bemühungen von Stewart und der GPDA um mehr Sicherheit auf den Rennstrecken brachte Ickx kaum Interesse entgegen. Seinen ersten Sieg feierte er 1968 in Frankreich, den letzten 1972 auf dem Nürburgring, 1969 und 1970 wurde er jeweils Vizeweltmeister. In den Folgejahren konnte er nicht mehr an diese Erfolge anknüpfen, obwohl er sich noch bis 1979 in der Formel 1 hielt. Danach glänzte er als Sportwagenpilot und übernahm auch andere Aufgaben im Rennsport, etwa als Rennleiter beim Großen Preis von Monaco.

## Innes Ireland
*GBR, 12. 6. 1930 – 22. 10. 1993, 1 Sieg*

In die heutige Formel 1 hätte Innes Ireland mit Sicherheit nicht gepasst. Der Bonvivant, der keine Party ausließ, betrieb den Rennsport keineswegs mit der heute geforderten Professionalität. Dennoch konnte er von 1959 bis 1961 mit Lotus einige gute Ergebnisse erzielen, darunter 1961 in den USA den einzigen Grand-Prix-Sieg seiner Karriere. Dennoch musste er Ende der Saison dem kommenden Superstar Jim Clark weichen. Für Ireland bedeutete dies das Ende. Die kommenden Jahre auf meist privat eingesetzten Autos brachten ihm kaum noch Erfolg, 1966 verabschiedete er sich endgültig aus der Formel 1. Der Engländer starb 1993 an Krebs.

## Eddie Irvine
*GBR, 10. 11. 1965, 4 Siege*

Der Nordire gilt als der große Playboy der heutigen Formel 1, aber auch als vollkommen respektloser Sprücheklopfer. Schon bei seinem ersten Grand Prix in Japan 1993 verabreichte ihm Ayrton Senna eine Ohrfeige, weil er den Brasilianer auf der Strecke beim Überrunden hartnäckig blockiert und sich dann auch noch einige gezielte verbale Provokationen geleistet hatte. Als er 1994 in Brasilien eine Massenkarambolage auslöste und dafür ein Rennen gesperrt wurde, erklärte er vor dem Berufungsgericht der FIA: »Ich schaue nie in den Rückspiegel.« – Ergebnis: drei Rennen Sperre. Irvines großes Jahr kam 1999 nach dem Unfall von Michael Schumacher, als er plötzlich zum Hoffnungsträger von Ferrari avancierte, vier Rennen gewann, aber sich am Ende doch Mika Häkkinen geschlagen geben musste. Der Wechsel zu Jaguar brachte ihm dann zwar sehr viel Geld, zeigte aber auch Irvines Grenzen auf. Der Nordire gehört nicht zu jenen Top-Piloten, denen es gelingt, ein Team zu Spitzenleistungen zu führen.

## Jean-Pierre Jabouille
*FRA, 1. 10. 1942, 2 Siege*

Der Name Jabouille wird immer mit der Geschichte des Renault-Turbo in der Formel 1 verbunden bleiben. Er war es, der 1977 in England beim Debüt dieses Autos im Cockpit saß, und er war auch der Erste, der mit dem Renault-Turbo einen Grand Prix gewann, und zwar 1979 in Dijon in einem Rennen, das nicht nur durch den ersten Turbo-Sieg in die Formel-1-Geschichte einging, sondern auch durch den legendären Zweikampf zwischen Gilles Villeneuve und René Arnoux um Platz zwei. 1980 feierte er noch einmal einen Sieg in Österreich, doch im gleichen Jahr zog er sich in Kanada einen Beinbruch zu, dessen Folgen ihn auch 1981 bei Ligier noch behinderten, sodass er noch während der Saison seine Karriere beendete. Später fuhr er einige Zeit Sportwagenrennen für Peugeot, ehe er bei dem französischen Hersteller ins Sportmanagement einstieg.

## Karl Kling
*GER, 16. 9. 1910*

Die Karriere von Karl Kling begann bereits vor dem Zweiten Weltkrieg mit Bergrennen, doch erst Ende der 40er-Jahre stieg er ernsthaft in den Rennsport ein. Mit Erfolgen in Formel-2- und vor allem Sportwagenrennen machte er sich bald einen Namen. 1952 gewann er für Mercedes unter anderem die Carrera Panamericana und wurde Zweiter bei der Mille Miglia. Trotz eines kurzen »Zwischenstopps« bei Alfa 1953 gehörte Kling von Anfang an zur Stammbesetzung des Stuttgarter Grand-Prix-Teams, als Mercedes 1954 in die Formel 1 zurückkehrte. Schon beim Debüt in Reims fuhr er hinter Juan-Manuel Fangio auf den zweiten Platz. Kling stand freilich stets im Schatten des Argentiniers, und als 1955 auch noch Stirling Moss zu den Silberpfeilen stieß, hatte er im Team keinen leichten Stand. Nach dem Rückzug von Mercedes Ende 1955 übernahm Kling eine Management-Position.

## Jacques Laffite
*FRA, 21. 11. 1943, 6 Siege*

Der Franzose gehörte stets zu den beliebtesten Formel-1-Piloten. In den langen Jahren seiner Karriere, die in der Formel 1 1974 im privaten ISO-Ford von Frank Williams begann, verlor er nie seine natürliche Freundlichkeit und seinen Humor. Lange Jahre schien er untrennbar mit Ligier verbunden, und für das französische Team gewann er auch 1977 im schwedischen Anderstorp seinen ersten Grand Prix. Nach einem kurzen Intermezzo bei Williams kehrte er wieder zu Ligier zurück. 1986 in Brands Hatch, als er mit 176 Grand-Prix-Starts den Rekord von Graham Hill einstellte, zog er sich bei einem Startunfall schwere Beinbrüche zu, die seine Formel-1-Karriere beendeten.

## Hermann Lang
*GER, 6. 4. 1909 – 19. 10. 1987*

Anfang der 30er-Jahre ein erfolgreicher Motorradrennfahrer, hatte Lang seine große Zeit

**Eddie Irvine**

**Jean-Pierre Jabouille**

**Karl Kling**

**Jacques Laffite**

**Hermann Lang**

**Jochen Mass**

**Bruce McLaren**

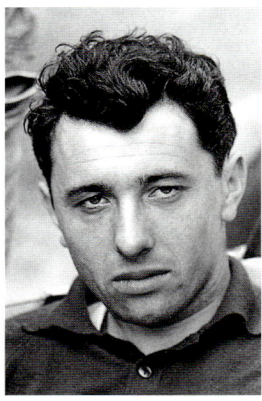

**Gerhard Mitter**

eigentlich schon in der Vorkriegs-Ära der Silberpfeile. Der ehemalige Mercedes-Mechaniker bekam 1935 erstmals die Chance, auch ab und zu selbst im Auto zu sitzen, und 1937 war er dann bereits Mitglied des Mercedes-Werksteams. Lang gewann seine ersten beiden Grand Prix in Tripoli und auf der Avus – eine Erfolgsserie, der er vor Kriegsausbruch noch sechs weitere Siege hinzufügte. Nach dem Krieg gehörte er dann zu Beginn der 50er-Jahre wieder zum Mercedes-Sportwagenteam und gewann unter anderem 1952 in Le Mans. 1953 folgte seine etwas überraschende Rückkehr in die Königsklasse, als er beim Grand Prix der Schweiz den verletzten Froilan Gonzales bei Maserati ersetzte und prompt einen fünften Platz belegte. 1954 bot ihm Mercedes einen Start beim Großen Preis von Deutschland an, doch dieses Rennen konnte er nicht beenden: Bei einer Attacke auf Karl Kling drehte sich Lang von der Strecke. Danach beendete er seine Karriere. Auch später war er immer wieder für Mercedes im Einsatz, etwa bei Demonstrationsfahrten mit alten Silberpfeilen.

## Jochen Mass

*GER, 30. 9. 1946, 1 Sieg*

Er sei zu nett, zu angepasst für die harte Formel-1-Welt – mit diesem Urteil sah sich Jochen Mass in seiner Formel-1-Karriere, die 1973 bei Surtees begann, immer wieder konfrontiert. Bei McLaren konnte er sich in den Jahren 1975 bis 1977 gegen seine Teamkollegen Emerson Fittipaldi und James Hunt nie überzeugend durchsetzen. Seinen einzigen Sieg errang er 1975 in Barcelona – in einem Rennen, das nach dem Unfall von Rolf Stommelen, bei dem mehrere Zuschauer und Streckenposten starben, abgebrochen wurde. Die Jahre bei ATS und Arrows brachten einen deutlichen Abstieg, und sein Comeback bei March 1982 nach einem Jahr Pause stand unter keinem guten Stern. Zunächst wurde er in Zolder zum Auslöser des tödlichen Unfalls von Gilles Villeneuve, als er auf seiner Auslaufrunde die Linie wechselte, um den schnelleren Kanadier durchzulassen. Dann nahm er einen spektakulären, aber recht glimpflich verlaufenen Unfall in Frankreich zum Anlass, seine Formel-1-Kar-

riere zu beenden. Mass konzentrierte sich auf Sportwagenrennen, und in den 90er-Jahren kam er zeitweise als Fernsehkommentator in die Formel 1 zurück.

## Bruce McLaren

*NZE, 30. 8. 1937 – 2. 6. 1970, 4 Siege*

Ob bei seinen ersten Auftritten in der Formel 2 oder dann ab 1959 in der Formel 1 – Bruce McLaren, der in Europa anfangs völlig unbekannte Neuseeländer, der es u.a. mithilfe von Jack Brabham in die europäische Rennsportszene geschafft hatte, beeindruckte von Anfang an. 1959 gewann er beim letzten Saisonrennen in den USA seinen ersten Grand Prix, 1960 auch den Auftakt in Argentinien. Doch dann wurde er bei Cooper immer mehr zum Assistenten Jack Brabhams, und nach dessen Abschied stand die zunehmende Unterlegenheit des Cooper einem Erfolg im Weg. Neben seiner eigenen Fahrerkarriere kümmerte sich McLaren von 1964 an intensiv um den Aufbau seines eigenen Teams. Bruce McLaren Motor Racing trat vor allem in der Sportwagenszene auf, doch nach der endgültigen Trennung von Cooper ging der Chef selbst in Monaco 1966 zum ersten Mal mit einem McLaren-Formel 1 an den Start. Zusammen mit seinem amerikanischen Partner Teddy Mayer gelang es McLaren, das Team gleichzeitig in der Formel 1 und in der amerikanischen CanAm-Serie zu etablieren. 1968 gewann er auf seinem eigenen Auto den Großen Preis von Belgien. McLaren stand im Ruf eines umsichtigen Fahrers, der unnötige Risiken mied. Dennoch verunglückte er 1970 in Goodwood beim Testen mit einem CanAm-McLaren tödlich. Sein Team besteht bis heute – zunächst unter der Führung Mayers, seit 1980 dann unter Ron Dennis – als eines der erfolgreichsten in der Formel 1.

## Gerhard Mitter

*GER, 30. 8. 1935 – 1. 8. 1969*

Dass er vom Talent her eigentlich in die Formel 1 gehört hätte, hat Gerhard Mitter immer wieder bewiesen, zum Beispiel als er beim Großen Preis von Deutschland auf dem Nürburgring 1963 mit einem alten Porsche sensationell auf den vierten Platz fuhr. Trotzdem schaffte er den Sprung nicht und holte seine großen Erfolge anderswo: im Sportwagen-Team von Porsche bei Langstreckenrennen oder am Berg. In den Jahren von 1966 bis 1968 wurde er dreimal hintereinander Berg-Europameister. In der Formel 1 war Gerhard Mitter immer wieder beim Großen Preis von Deutschland zu sehen, auch 1969, diesmal in einem Formel-2-BMW, an dessen Entwicklung er maßgeblich beteiligt war. Im Training verunglückte er tödlich. Die Ursache, so wurde gemunkelt, sei ein sich lösendes Rad gewesen.

## Juan-Pablo Montoya
*KOL, 20. 9. 1975, 1 Sieg*

Der Kolumbianer könnte zum großen Gegner Michael Schumachers werden: Schnell, angriffslustig und vor allem völlig respektlos hat er schon einige Male gezeigt, dass er es auch mit einem viermaligen Weltmeister aufnimmt. Bereits in seiner ersten Formel-1-Saison 2001 zeigte Montoya – nach einer mehrmonatigen, von Missgeschicken gekennzeichneten Eingewöhnungsphase –, dass er die großen Hoffnungen, die Frank Williams in ihn setzt, rechtfertigt. In Monza gewann er 2001 seinen ersten Grand Prix, im Training konnte er sich gerade auf schnellen Strecken öfters gegen seinen Teamkollegen Ralf Schumacher durchsetzen.

## Luigi Musso
*ITA, 28. 7. 1924 – 6. 7. 1958, 1 Sieg*

Aus der italienischen Sportwagen-Szene schaffte Luigi Musso den Sprung in die Formel 1. Eine komplette Saison bestritt der Italiener, der 1953 auf einem Maserati in Monza debütierte, allerdings erst 1955. Der Wechsel von Maserati zu Ferrari brachte ihm in Argentinien 1956 auf Anhieb den ersten und einzigen Grand-Prix-Sieg seiner Karriere. Diesen musste er sich allerdings mit dem großen Argentinier Juan-Manuel Fangio teilen – der hatte nach dem Ausfall seines eigenen Autos Mussos Wagen übernommen. 1957 belegte

der Italiener in der Wertung noch den dritten Platz, doch 1958 gelang es ihm nur noch selten, das Tempo seiner Teamkollegen Mike Hawthorn und Peter Collins mitzuhalten. Beim Großen Preis von Frankreich in Reims verunglückte er tödlich.

## Alessandro Nannini
*ITA, 7. 7. 1959, 1 Sieg*

Alessandro Nannini konnte trotz seiner Erfolge als Rennfahrer gegenüber der Öffentlichkeit nie so recht aus dem Schatten seiner Schwester, der Rocksängerin Gianna Nannini, treten. Nach ersten Jahren bei Minardi konnte er ab 1988 im Benetton sein Talent beweisen. 1989 gewann er nach der Disqualifikation von Ayrton Senna das Skandalrennen von Suzuka, und 1990 schien er sich endgültig im Spitzenfeld der Formel 1 etablieren zu können. Doch ein Hubschrauberabsturz, bei dem ihm der rechte Unterarm abgetrennt wurde, machte alles zunichte. Zwar konnte der Arm in einer zehnstündigen Operation gerettet werden, aber er erreichte nie mehr seine volle Funktionsfähigkeit. Immerhin konnte Nannini seine Karriere noch jahrelang im Tourenwagen fortsetzen, vor allem für Alfa Romeo in der DTM.

## Gunnar Nilsson
*SWE, 20. 11. 1948 – 20. 10. 1978, 1 Sieg*

Viel Zeit war Gunnar Nilsson in der Formel 1 nicht beschieden. Der Schwede debütierte in Südafrika 1976 in einem Lotus und blieb dem Team von Colin Chapman auch 1977 treu. Etwas überraschend gewann er in Belgien 1977 den einzigen Grand Prix seiner Karriere, als er sich eindrucksvoll durchs Feld kämpfte. Als seine Leistungen in der zweiten Saisonhälfte weniger konstant wurden, wunderte sich die Szene. Erst als Nilsson 1978 trotz unterschriebenen Arrows-Vertrags nicht antrat, sickerte die Wahrheit durch: Der Schwede litt an einer unheilbaren Krebserkrankung, der er im Oktober 1978 erlag – kurz nach dem tödlichen Unfall seines Landsmanns Ronnie Peterson in Monza.

Juan-Pablo Montoya

Alessandro Nannini

Carlos Pace

Olivier Panis

Riccardo Patrese

### Carlos Pace
*BRA, 6. 10. 1944 – 18. 3. 1977, 1 Sieg*

In den 60er-Jahren fuhr er zu Hause in Brasilien gegen die Fittipaldi-Brüder, in der Formel 1 traf er sie wieder. Anfangs freilich hatte er keine großen Chancen – weder 1972 im March von Frank Williams noch 1973/74 im Surtees. Erst als ihn Bernie Ecclestone Mitte der Saison 1974 ins Brabham-Team holte, wendete sich das Blatt. Prompt gewann Pace 1975 seinen Heim-Grand-Prix in Interlagos – auf einer Strecke, die heute seinen Namen trägt. Nach einer eher schwachen Saison 1976 begann das Jahr 1977 mit einem zweiten Platz zum Saisonauftakt in Argentinien wieder viel versprechend. Doch nach dem Großen Preis von Südafrika stürzte Pace in Brasilien mit einem kleinen Privatflugzeug tödlich ab.

### Olivier Panis
*FRA, 2. 9. 1966, 1 Sieg*

Als er 1993 Formel-3000-Europameister wurde, versprach Olivier Panis: »Als Nächstes lerne ich ordentlich Englisch.« Dass er diesen Vorsatz nicht energisch in die Tat umsetzte, hat seine Karriere gewiss nicht gefördert. Denn so konnte er sich nicht von Ligier bzw. Prost trennen. Sein überraschender Sieg beim Großen Preis von Monaco 1996 schien der erste große Schritt nach vorn zu sein. Auch 1997 begann viel versprechend, doch schwere Beinbrüche, die er sich bei einem Unfall in Kanada zuzog, setzten ihn über drei Monate außer Gefecht. Panis kämpfte sich zurück, doch das Prost-Team fiel in den kommenden Jahren immer weiter zurück. So nahm Panis für 2000 lieber ein Angebot als Testfahrer bei McLaren-Mercedes an. Gute Leistungen trieben seinen Marktwert in die Höhe, und seit 2001 ist er als BAR-Pilot wieder bei den Rennen der Formel 1 dabei.

### John Parsons
*USA, 1918 – 1984, 1 Sieg*

Parsons eröffnete die Liste der amerikanischen Indy-Sieger, die Eingang in die Formel-1-Statis-

tik fanden. Er gewann dort im ersten Austragungsjahr der Formel-1-Weltmeisterschaft 1950.

### Riccardo Patrese
*ITA, 17. 4. 1954, 6 Siege*

Der Italiener aus Padua ist unangefochtener Rekordhalter, was die Zahl der Grand-Prix-Starts angeht. In 17 Jahren Formel 1 von 1977 bis 1993 hat er 256 Rennen gefahren. Zu Beginn seiner Karriere hatte Riccardo Patrese einen schweren Stand. Nachdem er ein paar Mal in Startkollisionen verwickelt war, galt er bei Kollegen und Medien schnell als Bruchpilot. Als besonders bitter empfand er es, dass man ihm die Verantwortung für den tödlichen Unfall Ronnie Petersons in Monza zuschob – ein späterer Prozess sprach ihn von aller Schuld frei. Seine erfolgreichsten Jahre hatte Patrese, der 1982 in Monte Carlo seinen ersten Grand Prix gewann, Ende der 80er-, Anfang der 90er-Jahre bei Williams, als er einmal Vizeweltmeister und zweimal Dritter in der Wertung wurde. Trotzdem wurde er Ende 1992 bei Williams ausgemustert. Nach einem Jahr bei Benetton 1993 als Teamkollege von Michael Schumacher beendete er seine Karriere und zog sich ganz aus dem Rennsport zurück.

### Ronnie Peterson
*SWE, 14. 2. 1944 – 11. 9. 1978, 10 Siege*

Der Schwede war zu seiner Zeit einer der schnellsten Fahrer in der Formel 1, aber zum Titel reichte es nie. Ein Jahr nach seinem Debüt bei March 1970 konnte er mit vier zweiten Plätzen und dem Titel des Vizeweltmeisters hinter Jackie Stewart sein Talent eindrucksvoll unter Beweis stellen. Doch auf seinen ersten Grand-Prix-Sieg musste er lange warten. Erst 1973 gewann er auf Lotus den Großen Preis von Frankreich und dann gleich noch drei weitere Rennen. Dass er 1974 mit dem inzwischen veralteten Lotus 72 noch einmal drei Siege verbuchen konnte, erstaunte die Fachwelt. Doch dann hatte er mit Lotus, March und Tyrrell schwierige Jahre zu überstehen, ehe ihn Colin Chapman 1978 als Teamkollegen von Mario Andretti ins wieder

erstarkte Lotus-Team zurückholte. Mehrmals bewies er in diesem Jahr, dass er eigentlich schneller war als der Amerikaner. Doch gewinnen durfte Peterson im direkten Duell gegen die Nummer eins nie. Er hielt sich brav an die Stallorder und siegte auf diese Weise »nur« in Südafrika und Österreich. Es war sein letzter Triumph. Bei einem Startunfall in Monza zog er sich schwere Beinbrüche zu. Am nächsten Morgen erlag er in einer Mailänder Klinik einer Embolie.

## Didier Pironi
*FRA, 26. 3. 1952 – 23. 8. 1987, 3 Siege*

Einige Zeit erwartete man von ihm, er werde noch vor Alain Prost die erste Formel-1-Weltmeisterschaft nach Frankreich holen. Nach seinem Debüt bei Tyrrell 1978 wurde Didier Pironi als ganz großes Talent gehandelt. 1980 in Belgien gewann er seinen ersten Grand Prix, doch 1982 wurde sein Schicksalsjahr. Sein gegen die Stallorder errungener Sieg von Imola, der Streit mit seinem Teamkollegen Gilles Villeneuve, der indirekt vielleicht sogar zum tödlichen Unfall des Kanadiers beitrug, dann der Tod von Ricardo Paletti in Kanada, als dieser auf Pironis stehen gebliebenen Ferrari auffuhr – immer wieder stand der Franzose im Mittelpunkt von Dramen und Tragödien. Bis es ihn dann im Training in Hockenheim selbst erwischte: Im strömenden Regen fuhr er auf den Renault von Alain Prost auf, flog meterhoch durch die Luft und zog sich so schwere Beinbrüche zu, dass sogar eine Amputation drohte. Mühsam musste er über viele Monate wieder laufen lernen – an eine Fortsetzung der Formel-1-Karriere war nicht mehr zu denken. Doch der Rennsport ließ Pironi nicht los. 1987 kam er bei einem Motorbootrennen vor Monaco uns Leben, als sein Boot unglücklich auf eine Welle lief und sich überschlug.

## Jim Rathman
*USA, 16. 7. 1928, 1 Sieg*

Der Amerikaner gewann im Jahr 1960 die letzte Ausgabe des 500-Meilen-Rennens von Indianapolis, die zur Formel-1-Wertung zählte.

## Clay Regazzoni
*CH, 5. 9. 1939, 5 Siege*

Als der Tessiner 1970 mit Ferrari in die Formel 1 kam, war er schon aus seinen Formel-3- und Formel-2-Zeiten als wilder Draufgänger bekannt. Mit einem Sieg in seinem erst fünften Grand Prix, in Monza 1970, fuhr er sich endgültig in die Herzen der italienischen Ferrari-Fans. 1973 musste er das Team für ein Jahr verlassen und kam als Teamkollege von Niki Lauda zu BRM, mit dem zusammen er dann 1974 zu Ferrari zurückkehrte. In jenem Jahr verfehlte er nur knapp den Weltmeistertitel, doch später stand er deutlich im Schatten des Österreichers und wurde 1977 durch Carlos Reutemann ersetzt. Zwei Jahre lang musste sich der Bonvivant, dessen Lebensweise so gar nichts mit der Askese heutiger Formel-1-Piloten gemein hatte, in Hinterbänklerteams wie Ensign und Shadow herumschlagen, ehe er 1979 mit Williams ein großes Comeback feierte. Doch obwohl er dem Team in Silverstone den ersten Grand-Prix-Sieg der Teamgeschichte bescherte, musste er am Ende des Jahres gehen und wieder einmal Carlos Reutemann Platz machen. Mit 40 Jahren kam er erneut zu Ensign. In Long Beach wurde ihm ein gebrochenes Bremspedal zum Schicksal: Beim Aufprall auf eine Betonmauer zog er sich eine Querschnittslähmung zu. Dennoch fuhr er in einem umgebauten Auto weiterhin Rennen, zum Beispiel bei der Rallye Paris-Dakar. Außerdem arbeitet er gelegentlich als Kommentator für das italienischsprachige Schweizer Fernsehen.

## Carlos Reutemann
*ARG, 12. 4. 1942, 12 Siege*

Er galt immer als ein ganz großes Talent, doch zum Weltmeister brachte er es nie, obwohl er in seiner zehnjährigen Formel-1-Karriere zwölf Grand-Prix-Rennen gewann. Doch was Carlos Reutemann immer wieder im Wege stand, waren seine Formschwankungen. An guten Tagen beinahe unschlagbar, schien er bei anderen Gelegenheiten sein Pensum eher lustlos abzuspulen. Darin spiegelte sich der Charakter des Brabham-, Ferrari-, Lotus- und Williams-Piloten, der auch

Ronnie Peterson

Didier Pironi

Clay Regazzoni

Carlos Reutemann

Peter Revson

Pedro Rodriguez

Bernd Schneider

im Privatleben im Ruf stand, launisch und nicht gerade unkompliziert zu sein. Den »Indianer« nannte man ihn wegen seiner Physiognomie und seiner manchmal starren Mimik, aber auch wegen seiner Verschlossenheit – Reutemann galt nie als Medienstar. Umso erstaunlicher war der Weg, den er 1982 einschlug. Nach nur zwei Rennen erklärte er seinen Rückzug aus der Formel 1 und wandte sich in Argentinien der Politik zu. 1991 wurde er zum Gouverneur der Provinz Santa Fé gewählt.

### Peter Revson
*USA, 27. 2. 1939 – 22. 3. 1974, 2 Siege*

Einer der wenigen Amerikaner, die sich in der Formel 1 profilieren konnten, war Peter Revson. Bereits 1964 bestritt er seinen ersten Grand Prix für Lotus, ehe er sich zeitweilig voll auf seine Karriere in den USA konzentrierte. Doch dank seiner Erfolge wurde die Formel 1 erneut auf ihn aufmerksam, und ab 1972 gehörte der reiche Erbe aus dem Revlon-Konzern zu den Stammpiloten der Formel 1. Mit McLaren konnte er 1973 in England und Kanada die beiden einzigen Grand-Prix-Siege seiner Karriere feiern, 1974 wechselte er dann zu Shadow. Bei privaten Testfahrten vor dem Großen Preis von Südafrika verunglückte er in Kyalami tödlich.

### Pedro Rodriguez
*MEX, 18. 1. 1940 – 11. 7. 1971, 2 Siege*

Er war der ältere der beiden Rodriguez-Brüder, doch er kam erst in die Formel 1, nachdem sein jüngerer Bruder Ricardo beim Training zum Grand Prix von Mexiko tödlich verunglückt war. 1963 fuhr Pedro Rodriguez in den USA den ersten Grand Prix seiner Karriere. Doch es dauerte bis 1967, bis er sich wirklich etablieren konnte. Nach seinem Sieg in Südafrika hatte er sich in die Stammtruppe hineingefahren. Seine Sportwagenkarriere, in der er fast noch erfolgreicher war als in der Formel 1, gab er nie auf. Die Sportwagen wurden ihm schließlich zum Verhängnis. Mit einem privaten Ferrari verunglückte er 1971 in Nürnberg auf dem Norisring bei einem relativ bedeutungslosen Interserie-Rennen tödlich.

### Troy Ruttman
*USA, 11. 3. 1930 – 19. 5. 1997, 1 Sieg*

Noch einer aus der Reihe der amerikanischen IndyCar-Serie: Troy Ruttman gewann das Indy-Rennen von 1952, das damals zur Formel-1-Weltmeisterschaft zählte.

### Ludovico Scarfiotti
*ITA, 18. 10. 1933 – 8. 6. 1968, 1 Sieg*

Der Italiener entstammte einer prominenten Familie – er war ein Neffe des großen italienischen FIAT-Chefs Gianni Agnelli. Kein Wunder, dass der überaus erfolgreiche Bergrennfahrer so bei Ferrari immer wieder einmal zu Formel-1-Einsätzen kam, bei denen er ebenfalls großes Talent bewies. 1966 gewann er in Monza den Grand Prix von Italien. Danach, so glaubte man, hätte er seinen Platz bei Ferrari im Werksteam wohl sicher – doch überraschenderweise wurde ihm Chris Amon vorgezogen. So blieb es bei sporadischen Starts, einem für Eagle und 1968 einigen für Cooper. Scarfiotti starb in einem Sportwagen beim Training zum Rossfeld-Bergrennen.

### Bernd Schneider
*GER, 20. 7. 1964*

Als er 1986 als Einsteiger und schon im Folgejahr als Meister in der deutschen Formel 3 Furore machte, galt Bernd Schneider als das große neue Talent im deutschen Motorsport. Doch der Saarländer aus St. Ingbert hatte das Pech, dass er in zwei Jahren mit dem chancenlosen Zakspeed sein wahres Potenzial nicht einmal andeutungsweise zeigen konnte. Vor allem 1989, als Zakspeed in die Vorqualifikation musste und häufig schon dort scheiterte, wurde zur Katastrophe, und zwei Versuche im Footwork-Arrows 1990 brachten seine Formel-1-Karriere auch nicht mehr in Schwung. Was Schneider wirklich kann, zeige er später als unangefochtener Spitzenfahrer des Tourenwagen-Werksteams von Mercedes, als der er die DTM dominiert.

## Ralf Schumacher
*GER, 30. 6. 1975, 3 Siege*

Leicht hatte es Ralf Schumacher am Anfang seiner Karriere nicht. Einerseits half es ihm natürlich, der kleine Bruder von Michael Schumacher zu sein, andererseits sah er sich immer wieder mit dem Vorwurf konfrontiert, nur durch seinen Namen überhaupt so weit gekommen zu sein. Als sein erstes Formel-1-Jahr 1997 bei Jordan nicht besonders glücklich verlief, unkten viele schon, er würde sich in der höchsten Klasse nie durchsetzen können. Doch der Wechsel zu Williams 1999 brachte die endgültige Wende in Ralfs Karriere: Nachdem er seinen Teamkollegen Alex Zanardi, der in der amerikanischen IndyCar-Serie zum Star geworden war, sicher beherrschte, wurde er als Fahrer allgemein anerkannt. Gegen das englische »Wunderkind« Jenson Button sah er im Jahr 2000 ebenfalls meist gut aus. 2001 gewann er in Imola im BMW-Williams den ersten Grand Prix seiner Karriere, dem im gleichen Jahr noch zwei weitere Siege folgten. Im Herbst dieses Jahres heiratete er seine Freundin Cora und wurde Vater eines Sohnes, David. Mit Juan-Pablo Montoya hat Ralf Schumacher seit 2001 allerdings einen sehr starken Teamkollegen.

## Jo Siffert
*CH, 7. 7. 1937 – 24. 10. 1971, 2 Siege*

»Seppi« nannten sie ihn in der Schweiz, den sehr talentierten, aber oft ein bisschen unterschätzten Jo Siffert, der schon 1962 in der Formel 1 debütierte, aber erst 1968 in England seinen ersten Grand-Prix-Sieg feiern konnte. Neben seiner Formel-1-Karriere bestritt Siffert auch sehr erfolgreich Sportwagenrennen für Porsche. Um ihn an sich zu binden, bezahlten die Schwaben Siffert 1970 eine Formel-1-Saison bei March, und der lehnte dafür ein Angebot von Ferrari ab. Doch nach einer erfolglosen Saison wechselte er 1971 zu BRM und traf dort auf seinen Sportwa-

gen-Kollegen Pedro Rodriguez. Die beiden verband ein freundschaftliches Verhältnis – und als der Mexikaner im Sommer am Norisring tödlich verunglückte, war es Siffert, der mit einem Sieg in Österreich das BRM-Team wieder aufrichtete. Aber der Schweizer überlebte seinen Teamkollegen nicht lange. Im Oktober starb er bei einem Feuerunfall in Brands Hatch.

## Rolf Stommelen
*GER, 11. 7. 1943 – 24. 5. 1983*

Der Kölner hatte sich bereits im Sportwagen einen Namen gemacht, als er 1970 mit Brabham in die Formel 1 kam. Vier Platzierungen unter den ersten sechs im ersten Jahr waren viel versprechend, und vor allem sein Rennen in Österreich, als er vom 18. Startplatz auf Rang drei vorfuhr, machte Eindruck. Doch die beiden folgenden Jahre, zunächst mit Surtees und dann mit dem hoffnungslosen Eifelland-March, hätten seine Formel-1-Karriere beinahe zerstört. Danach kam er zunächst nur noch vereinzelt als Ersatzfahrer zum Einsatz, so bei Brabham und im Hill-Lola 1974. 1975 schien es wieder aufwärts zu gehen, als Stommelen einen Vertrag bei Hill unterschrieb. Doch beim Großen Preis von Spanien flog er, in Führung liegend, in die Zuschauer. Bei diesem Unfall starben vier Menschen, Stommelen wurde so schwer verletzt, dass er bis fast zum Ende der Saison pausieren musste. 1976 konzentrierte er sich dann neben vereinzelten Formel-1-Einsätzen schon mehr auf Sportwagenrennen, ehe er 1978 mithilfe der Sponsorgelder von Warsteiner bei Arrows einen weiteren Versuch in der Formel 1 startete, der allerdings enttäuschend verlief. Danach konzentrierte er sich ganz auf die Sportwagenwelt und orientierte sich dabei verstärkt in die USA. 1983 verunglückte Rolf Stommelen in Riverside bei einem Rennen der IMSA-Serie tödlich.

## Hans-Joachim Stuck
*GER, 1. 1. 1951*

Die Liebe zum Motorsport bekam Hans-Joachim Stuck quasi in die Wiege gelegt: Schließlich

**Ralf Schumacher**

**Jo Siffert**

**Hans-Joachim Stuck**

**Patrick Tambay**

**Maurice Trintignant**

war sein Vater, Hans Stuck, einer der erfolgreichsten deutschen Grand-Prix-Piloten in den 30er-Jahren, und selbst in der Formel 1 hatte Stuck senior zu Beginn der 50er-Jahre noch fünf Auftritte. Der Junior hatte sich bereits im Tourenwagen und in der Formel 2 einen guten Namen gemacht, ehe er 1974 mit March in die Formel 1 kam und bereits in seinem dritten Rennen in Südafrika als Fünfter die ersten beiden Weltmeisterschaftspunkte einfuhr. Doch große Erfolge waren mit dem March kaum möglich, und so erlebte er das erfolgreichste Jahr seiner Karriere 1977 bei Brabham, wo er den Platz des mit dem Flugzeug abgestürzten Carlos Pace übernehmen konnte. Aus dieser Saison resultiert auch sein einziger Podiumsplatz in der Formel 1 – Rang drei in Hockenheim. In Watkins Glen führte Stuck das Feld sogar eine Weile an, ehe er im strömenden Regen von der Strecke rutschte. Nach zwei weiteren eher enttäuschenden Jahren mit Shadow und ATS verlegte sich Stuck, immer einer der großen Spaßvögel im Fahrerfeld, vor dessen Streichen keiner gefeit war, erfolgreich auf Touren- und Sportwagenrennen, und auch heute, nach seinem 50. Geburtstag, greift er da immer wieder einmal ins Lenkrad. Nebenbei arbeitet er aber auch als Formel-1-Experte für Premiere.

## Bob Sweikert

*USA, 1926 – 1956, 1 Sieg*

Auch er gehört zu den Indy-Siegern – Sweikert gewann den Klassiker 1955.

## Patrick Tambay

*FRA, 25. 6. 1949, 2 Siege*

Gut aussehend, elegant, charmant – diese Attribute prägten das Image von Patrick Tambay in der Formel 1. McLaren holte ihn für 1978 ins Team und ließ dafür Gilles Villeneuve zu Ferrari abwandern. Der zog jedoch das bessere Los, denn McLaren war zu jener Zeit nicht konkurrenzfähig. Tambay wurde 1980 durch Alain Prost ersetzt, ging für ein Jahr in die USA und kam 1981 zuerst mit Theodore, dann mit Ligier

wieder. Als die Erfolge ausblieben, erklärte er seinen Rücktritt, doch nach dem Tod von Gilles Villeneuve 1982 bat ihn Ferrari, seinen verstorbenen Freund zu ersetzen. Für die Italiener gewann Tambay zwei Rennen, und jedes Mal war sehr viel Emotion dabei. Nach seinem Triumph 1982 in Hockenheim, unmittelbar nach Pironis Unfall, sagte er: »Ich hatte heute zwei Freunde mit bei mir im Cockpit – Gilles und Didier.« Als er 1983 in Imola – mit Villeneuves Startnummer 27 – im Ferrari den Sieg holte, waren die Tifosi nicht mehr zu halten, und der Franzose erlebte als Weltmeisterschaftsvierter sein bestes Jahr. Dennoch musste er Ferrari zum Saisonende verlassen und konnte danach bei Renault und ab 1986 bei Lola-Haas keine großen Erfolge mehr erzielen. Tambay arbeitet heute als Formel-1-Kommentator für das französische Fernsehen.

## Piero Taruffi

*ITA, 12. 1. 1906 – 12. 6. 1988, 1 Sieg*

Als die Formel-1-Weltmeisterschaft 1950 zum ersten Mal ausgetragen wurde, war der Italiener bereits in den 40ern und hatte schon eine erfolgreiche Karriere in der Vorkriegszeit hinter sich. 1950 startete er nur einmal, in Monza, für Alfa Romeo, in den beiden folgenden Jahren gehörte er zum Ferrari-Werksteam und gewann 1952 in der Schweiz im Berner Bremgarten den einzigen Formel-1-Grand-Prix seiner Karriere. In der Folgezeit widmete er sich wieder verstärkt Sportwagen- und Langstreckenrennen. 1957 gewann er für Ferrari zusammen mit Luigi Musso die letzte Mille Miglia. Danach beendete er seine aktive Karriere und baute in Italien eine Rennfahrerschule auf.

## Maurice Trintignant

*FRA, 30. 10. 1917, 2 Siege*

Die Rennsportkarriere des Franzosen, der schon vor dem Zweiten Weltkrieg einige Grand-Prix-Rennen bestritten hatte, dauerte über 26 Jahre. In der Formel 1 war er von 1950 bis 1964 unterwegs, bestritt aber nur in den seltensten Fällen eine komplette Saison. Seine beiden Siege

errang Trintignant 1954 und 1955 jeweils in Monaco. Seinen letzten Grand Prix fuhr er 1964 in Monza, und 1965 verabschiedete er sich bei den 24 Stunden von Le Mans endgültig vom Motorsport.

## Bill Vukovich
*USA, 1918 – 1955, 2 Siege*

Vukovich gehört zu den ganz großen Namen der amerikanischen Rennsportszene. Indianapolis war seine Schicksalsstrecke: Dort gewann er 1953 und 1954, und dort verunglückte er im Folgejahr tödlich.

## Lee Wallard
*USA, 1911 – 1963, 1 Sieg*

Noch ein Indy-Sieger, der dort 1951 gewann, sonst in Europa aber kaum bekannt wurde.

## Roger Ward
*USA, 10. 1. 1921, 1 Sieg*

Gleiches gilt für Roger Ward, den Sieger von 1959 – in den USA ein Star, in Europa nur eine Fußnote.

## John Watson
*GBR, 4. 5. 1946, 5 Siege*

John Watson stammt aus Nordirland und kann auf eine sehr lange, aber nicht immer erfolgreiche Formel-1-Karriere zurückblicken. Ab 1973 versuchte er sich in der obersten Motorsport-Kategorie zu etablieren. Mit Penske gelang ihm in Österreich der erste Grand-Prix-Sieg seiner Karriere – damals eine Überraschung. Nach zwei Jahren bei Brabham kam er 1979 zu McLaren, doch erst zwei Jahre später war dieses Team wieder konkurrenzfähig, sodass Watson viermal ganz oben auf dem Siegerpodest stand. Obwohl er 1982 sogar Vizeweltmeister wurde, stand er im Schatten des in die Formel 1 zurückgekehrten Niki Lauda. Watsons großes Pech war die plötz-

liche Trennung von Renault und Alain Prost Ende 1983 – McLaren-Chef Ron Dennis ließ sich diese Chance nicht entgehen, holte den Franzosen als zweiten Fahrer neben Lauda – und Watson war draußen. 1985 sprang er zwar noch einmal für Niki Lauda in Brands Hatch ein, als der sich am Handgelenk verletzt hatte, doch hatte sich Watson bereits Sportwagenrennen zugewandt. Daneben baute er in England eine Rennfahrerschule auf, und heute arbeitet er vor allem als Formel-1-Fernsehkommentator. In die Schlagzeilen kam er wegen seiner Liaison mit der Witwe Ronnie Petersons, vor allem, als Barbro Peterson sich 1983 unter nie geklärten Umständen das Leben nahm.

John Watson

## Manfred Winkelhock
*GER, 6. 10. 1952 – 11. 8. 1985*

In die Schlagzeilen geriet der Schwabe aus Waiblingen erstmals 1980, als er, noch in der Formel 2, auf dem Nürburgring einen spektakulären Salto rückwärts unverletzt überstand. Den Sprung in die Formel 1 schaffte er 1982 mit ATS, und gleich in seinem zweiten Grand Prix fuhr er in Brasilien als Fünfter zum ersten und einzigen Mal in die Punkte. Bis einschließlich 1984 blieb er bei ATS, ehe gegen Ende der Saison die schon legendären Dauerstreitigkeiten mit Teamchef Günter Schmid zur Trennung führten. Im gleichen Jahr konnte er in Portugal dann einmal bei Brabham für Teo Fabi einspringen, und 1985 wechselte er zu RAM. Daneben hatte sich Winkelhock eine recht erfolgreiche Sportwagenkarriere aufgebaut, die ihm aber schließlich zum Verhängnis wurde: In Mosport in Kanada verunglückte er mit einem Gruppe-C-Kremer-Porsche tödlich. Es war der Auftakt zu einer beängstigenden Unfallserie mit diesen Autos. Doch die Motorsportgeschichte der Familie Winkelhock war damit nicht beendet: Manfreds jüngerer Bruder Joachim, deutscher Formel-3-Meister 1988, versuchte sich 1989 allerdings vergeblich, mit dem unterlegenen AGS in der Formel 1, machte aber anschließend eine große Karriere im Tourenwagen. Und heute versucht Markus Winkelhock, Manfreds Sohn, in die Fußstapfen seines Vaters zu treten: Bis in die Formel 3 hat er es schon geschafft.

Manfred Winkelhock

- **Wer macht was in der Formel 1?**

- **Das Team – Herzstück der Formel-1**

- **Formel 1 und die Medien**

# FORMEL 1
## ORGANISATION

# Wer macht was in der Formel 1

Ohne Organisation geht gar nichts – schon gar nicht in einem so hochprofessionellen, hochkommerziellen Umfeld wie der Formel 1. Und weil dort alles so komplex und manchmal auch so kontrovers ist, laufen nicht alle Fäden in einer Hand zusammen, sondern, grob gesagt, zumindest schon mal in zweien, die aber meist recht gut zusammenspielen.

Generell teilt sich die Gesamtorganisation der Formel 1 aber in vier Bereiche auf: in sportliche und technische, organisatorische und kommerzielle Sektoren, die ihrerseits wiederum jeweils in bestimmte Gruppen zusammengefasst sind.

## Die FIA

Die Verwaltung der sportlichen und technischen Bereiche fällt in den Zuständigkeitsbereich des Automobil-Weltverbandes FIA (Fédération Internationale de l'Automobile), die heute ihren Sitz in Genf hat. Von dort aus wird alles vorgegeben, was das sportliche und technische Reglement betrifft: der Ablauf der Rennveranstaltungen also, das Wertungs- und Punktesystem, die technische Abnahme der Autos, die Überwachung der Einhaltung der Regeln, das Aussprechen von Strafen und die Bearbeitung von Protesten, aber zum Beispiel auch Sicherheitsfragen. FIA-Präsident Max Mosley betont allerdings gern, dass er es nicht allein sei, der die Regeln festlege, und dass heute schließlich fast alles über die »Formel-1-Kommission« laufen müsse. Unmittelbare Handlungsfreiheit hat die FIA nur in Fragen der Streckensicherheit, der Disziplinarmaßnahmen und der Berufung von Offiziellen …

Über alles andere müsse – zumindest bis zum Auslaufen des Concorde-Agreements (siehe Kasten) Ende 2007 – die Formel-1-Kommission entscheiden. Diese besteht aus 26 Stimmberechtigten. Die Teams haben dabei zwölf Stimmen, die Promoter der Rennen acht, die Sponsoren zwei, die Motoren- und die Reifenhersteller je eine. Über die beiden restlichen Stimmen verfügen Mosley in seiner Funktion als FIA-Präsident und Bernie Ecclestone als Halter der kommerziellen Rechte. Änderungen im sportlichen Reglement müssen mit Zweidrittelmehrheit, solche im technischen sogar einstimmig beschlossen werden. Solche Mehrheiten zu erreichen ist schwierig, und allein auf dem Weg zu Beschlüssen ergeben sich manchmal schon Differenzen. Als kürzlich die neue Ein-Motoren-Regel ab 2004 beschlossen wurde, sahen viele Motorenhersteller darin eine Änderung des technischen und nicht, wie von Mosley dargestellt, des sportlichen Regelwerks.

Ein Beschluss der Formel-1-Kommission kann theoretisch vom obersten FIA-Gremium, dem »World Council« abgelehnt und zur erneuten Beratung an die Kommission zurückverwiesen werden, was aber in den 21 Jahren, in denen das Concorde-Agreement jetzt besteht, in der Praxis noch nie vorkam. Vor Ort, an der jeweiligen Rennstrecke, sind es die Sportkommissare und der Technische Delegierte der FIA, die das Sagen haben. Dieser Technische Delegierte, gegenwärtig der Deutsche Jo Bauer, soll dafür sorgen, dass alle Autos zu jedem Zeitpunkt dem Reglement entsprechen. Stellt er Unregelmäßigkeiten fest, so meldet er sie den Sportkommissaren, die daraufhin in Aktion treten und ein Urteil aussprechen, genauso wie bei von ihnen beobachteten oder von der Rennleitung gemeldeten Regelverstößen von Fahrern oder Teams.

Jo Bauer, der Technische Delegierte der FIA

# Das Concorde-Abkommen

Immer wieder wird es zitiert, aber niemand mit Ausnahme der Beteiligten weiß ganz genau, was eigentlich im Detail drinsteht; denn sein genauer Inhalt und Wortlaut wurden bis heute nie veröffentlicht. Und wollte jemand genauer wissen, was nun eigentlich in dem berühmten Concorde-Abkommen steht, gaben sich die Verantwortlichen zugeknöpft: »Streng vertraulich!«

Dieses Agreement der Formel 1 wurde im Winter 1981 geschlossen, um den lange schwelenden Streit zwischen FIA, damals noch repräsentiert durch ihre Sportbehörde, die FISA, die inzwischen vollständig in der FIA aufgegangen ist, und der Konstrukteursvereinigung FOCA beizulegen. Für die Öffentlichkeit und die Medien macht es diese Geheimnistuerei nicht leichter, sich eine Meinung zu bilden, wenn heute die Beteiligten über die korrekte Interpretation gewisser Punkte streiten.

Entzündet hatten sich die Kämpfe, die eigentlich ein Machtpoker waren, 1980 um Reglementfragen rund um die »Schürzenautos«. Auch die Teams vertraten unterschiedliche Positionen. Ferrari, Renault und einige kleinere italienische Teams schlugen sich generell auf die Seite der FISA, die englischen bildeten geschlossen die FOCA-Fraktion unter der Führung von Bernie Ecclestone. Teilweise eskalierten die Spannungen in einer Weise, dass die gesamte Zukunft der Formel 1 auf dem Spiel zu stehen schien. Ecclestone und Co. drohten ja bereits mit einer Gegen-Weltmeisterschaft, mit der aber wieder die offiziellen Verbände und Veranstalter nichts zu tun haben wollten.

Einigung war also dringend angesagt, als sich erst einmal alle Teams am 19. Januar 1981 in Paris trafen, um einen gemeinsamen Vorschlag an die FISA auszuarbeiten. Im Februar konnte dann schließlich auf der Basis dieses Entwurfs ein Friedensschluss mit der FISA erzielt werden – festgelegt im Concorde-Agreement, benannt nach dem damaligen FIA- und FISA-Sitz, der Place de la Concorde in Paris. Darin wurde sozusagen das »Zusammenleben« der beiden Seiten geregelt, aber auch das der Teams untereinander, wurden Basisregelungen getroffen wie der Verbleib der Sporthoheit bei der FIA, großer Teile der kommerziellen Rechte bei der FOCA, aber auch generelle Reglementfragen. Außerdem wurde der Verteilungsschlüssel der Preis- und Fernsehgelder an die Teams festgelegt.

Seitdem wurde das Concorde-Abkommen ab und zu in einigen Details geändert – mit der dazu nötigen Einstimmigkeit – und immer wieder verlängert – zuletzt um zehn Jahre bis Ende 2007, jenem Datum, das nun heute ihrerseits die großen Hersteller wieder im Blick haben, wenn sie von einer eigenen Weltmeisterschaftsserie reden. Denn von diesem Zeitpunkt an gäbe es theoretisch wieder Freiraum für komplett neue Lösungen.

Die Sportkommissare wechseln von Rennen zu Rennen. Dabei ergänzen jeweils zwei internationale Vertreter einen Kommissar aus dem Veranstalterland. Dass die Kommissare nicht permanent dabei sind, war schon oft Anlass zur Kritik. Denn gerade deswegen fehle ihnen in heiklen Situationen immer wieder der Überblick und das Fachwissen. Daraus folgt die Forderung, auch hier zumindest für eine Saison mit permanenten Kräften zu arbeiten. Das wiederum hat die FIA aber bisher abgelehnt. Max Mosley befürchtet, bei einer solchen Regelung könnten zu »enge, freundschaftliche Beziehungen zwischen einzelnen Leuten oder sogar Abhängigkeiten entstehen und damit die Objektivität erst recht auf der Strecke bleiben«.

Immerhin haben die Teams das Recht, gegen alle Entscheidungen der Sportkommissare Berufung einzulegen. Über diese Berufungen wird dann vom Berufungsgericht des FIA World Council entschieden. Eine solche Berufung kann aber auch ein zweischneidiges Schwert sein. Erstens

Bernie Ecclestones Frau Slavica überragt ihren Mann um einen halben Kopf. Sie war Namengeberin für die Formel-1-Holding »SLEC«.

ist es schon mehrfach vorgekommen, dass in Berufungsverhandlungen härtere Strafen ausgesprochen wurden als von den Sportkommissaren. Und zweitens kann aus einer nicht akzeptierten Berufung eine Disqualifikation werden. Ein Beispiel: Wegen eines Vergehens im Training werden einem Fahrer alle Trainingszeiten gestrichen. Er müsste also von ganz hinten starten. Das Team legt Berufung ein, also darf er – unter Vorbehalt – von dem Startplatz aus ins Rennen gehen, der seinen Zeiten im Qualifying entspricht. Im Rennen holt er vielleicht Punkte oder gewinnt sogar. Wochen später wird die Berufung abgelehnt. Weil der besagte Fahrer aber unter irregulären Voraussetzungen gestartet ist – von weiter vorne –, muss er für dieses Rennen disqualifiziert werden. Zumindest bei Spitzenteams stellt sich dann die Frage, ob es nicht besser gewesen wäre, auf die Berufung zu verzichten, von hinten zu starten und mit etwas Glück vielleicht auch von dort aus in die Punkte zu fahren.

## FOM, FOA und SLEC

Was Organisation und Kommerz angeht, ist die Situation noch ein bisschen komplizierter. Früher war alles ganz einfach: Da war für diesen Gesamtbereich eben ausschließlich Bernie Ecclestone als Chef der Konstrukteursvereinigung FOCA zuständig.

Doch in den letzten Jahren wurde immer wieder umstrukturiert, umbenannt, auch, gerade was die kommerziellen Rechte angeht, hin und her verkauft, sodass es auch für Insider nicht mehr ganz einfach ist, die Übersicht zu bewahren. Aus der FOCA, der Formula One Constructors Association, wurde zunächst die FOA, Formula One Administration. Dieser wurde die FOM, Formula One Management, an die Seite gestellt, die heute eigentlich für die komplette administrative Abwicklung der Formel 1 zuständig ist, vom Transport bei Überseerennen über Fahrerlageraufbau und -ordnung bis hin zu Tickets und dem Paddock-Club-Kommerz. Bernie Ecclestones verantwortlicher Manager für diesen Bereich, sozusagen seine rechte Hand vor Ort, ist der Italiener Pasquale Lattanedu.

Charlie Whiting (links) und sein Stellvertreter Herbie Blash agieren für die FIA als Renndirektoren und Sicherheitschefs.

Irgendwo im Verborgenen existiert auch noch die Abkürzung »FOA«, aber was es damit auf sich hat, weiß nicht einmal Lattanedu so genau: »Ich habe schon lange nichts mehr davon gehört. Da müsste man wohl mal Bernie fragen …« Für die kommerziellen Rechte an der Formel 1 – das Wichtigste sind dabei, wie heute überall im Profisport, die Fernsehrechte – hat Ecclestone die Formel-1-Holding SLEC gegründet. Die Bezeichnung stammt von den Anfangsbuchstaben des Namens von Ecclestones Frau Slavica. Und die SLEC – oder zumindest bedeutende Anteile davon – haben ja schon mehr als einmal den Besitzer gewechselt, und dies für Schwindel erregende Beträge, die irgendwann bis über eine Milliarde Euro hochgetrieben wurden. Die SLEC wanderte über Banken und Investment-Gesellschaften zum deutschen EM-TV-Aufsteiger Thomas Haffa. Nachdem dessen aufgeblasenes Börsen-Windei 2001 endgültig platzte, ging es damit weiter zu Leo Kirch, der sich schon zuvor dafür interessiert hatte und es nach der Übernahme der Anteile Haffas auf 75 Prozent Beteiligung brachte. Die restlichen 25 Prozent liegen immer noch bei Ecclestone. Wie es nach dem Zusammenbruch des Kirch-Konzerns mit der SLEC weitergehen wird, steht noch in den Sternen. Mit Vorliebe wird über zwei Varianten spekuliert. Die erste: Ecclestone kauft das ganze Paket zurück, womöglich zum halben Preis – und hat damit wieder einmal ein Bombengeschäft gemacht. Die zweite: Die in der Formel 1 engagierten Automobilhersteller, die ja schon seit einiger Zeit darüber lamentieren, dass sowohl ihr Einfluss auf den Rennsport als auch ihr Anteil an den Einnahmen aus den Fernsehrechten viel zu gering seien, steigen ein. Erste Kontaktaufnahmen mit den Gläubigerbanken der insolventen Kirch-Gruppe hat es im Frühjahr 2002 bereits gegeben.

## Die Hauptdarsteller

### Max Mosley

Seit 1991 steht er als FIA-Präsident auch an der Spitze der Formel 1. 2001 wurde er zum zweiten Mal in dieses Amt wiedergewählt. In Fragen der Sicherheit hat er gewiss sehr viel bewirkt – aber

FIA-Chef Max Mosley ist ein echter britischer Gentleman, der seinen Posten ehrenamtlich versieht.

unumstritten ist Max Mosley in der Formel 1 dennoch nicht, und das vor allem aus politischen Gründen.

Mit seinem eigentlichen offiziellen Gegenspieler Bernie Ecclestone, einem alten Freund noch aus den 60er- und 70er-Jahren, legt er sich allerdings nur noch höchst selten und pro forma an. Bei genauerer Beobachtung könnte man häufig sogar zu dem Schluss kommen, dass sich die beiden in kritischen Fragen letztlich nur geschickt die Bälle zugespielt haben, auch wenn das dann gegenüber der Öffentlichkeit nach Differenzen ausgesehen hat. Besonders pikant ist diese Konstellation, seit Ecclestone in den 90er-Jahren einige Zeit als FIA-Vizepräsident für kommerzielle Fragen eine – vorsichtig ausgedrückt – sehr interessante Doppelrolle im Machtspiel der Formel 1 übernommen hat.

»Bernie wird immer Bernie bleiben, und er ist ein Freund. Wir haben Meinungsverschiedenheiten, einige davon waren von größerem Ausmaß, aber das liegt in der Natur der Sache. Grundsätzlich ist er für das Geld zuständig und ich für den Sport. Ab und zu gibt es da einen Interessenkonflikt.« So lautet die offizielle Sprachregelung, nachdem der Kampf um die Besitzverhältnisse an den Fernsehrechten ausgefochten ist. Am Ende einer mehrjährigen Auseinandersetzung, in die auch die EU-Kommission involviert war, zahlte Ecclestone einen mehrstelligen Millionenbetrag.

»Das große Problem mit den kommerziellen Rechten – jetzt kann man ja darüber reden – bestand darin, vor Beginn der Verhandlungen überhaupt zu klären, was wem gehört. Wenn der Fall je vor Gericht gegangen wäre, wäre es vermutlich sehr schwierig geworden. Bernie hat gewiss fest geglaubt, dass wir, die FIA, ihm etwas verkauft haben, das ihm schon gehört hat. Ich stimme dem nicht zu, aber ich glaube, er hat letztlich bezahlt, um einen Streit zu vermeiden. Aus unserer Sicht war es ein sehr guter Deal, aus seiner Sicht gibt es ihm jetzt eine gewisse Sicherheit, diese Rechte wirklich zu besitzen. Aber die EU-Kommission wäre mit einem normalen langfristigen Vertrag nicht einverstanden gewesen, 100 Jahre ist da das Nächstbeste.«

Viel lieber als mit Ecclestone legt Mosley sich heute mit den Chefs der reichen englischen Formel-1-Teams an, mit Frank Williams und vor allem mit Ron Dennis. Ferrari hingegen lässt er, der sich gern als Anwalt der »Kleinen« darstellt, eher außen vor. Wenn zum Beispiel Ferrari-Cheftechniker Ross Brawn öffentlich äußert, dass er von Mosleys großen Formel-1-Sparplänen nichts hält, kommt keine Reaktion. Stößt Ron Dennis ins gleiche Horn, muss er sich dafür mit schöner Regelmäßigkeit einen öffentlichen Anpfiff durch Mosley gefallen lassen. Spätestens seit Herbst 2000, als die beiden sich mehrfach heftig in die Haare gerieten, ist das Verhältnis äußerst gespannt. Damals klagte Dennis bitter, dass die FIA sein McLaren-Team gegenüber Ferrari deutlich benachteilige. Dass Mosley in offiziellen Interviews erklärte, er wünsche sich, dass Ferrari endlich wieder einmal Weltmeister werde, war in dieser Situation nicht gerade hilfreich.

Natürlich streitet der FIA-Chef jede Parteilichkeit kategorisch ab. Er sieht die Dinge umkehrt: »Man müsste sich einmal vorstellen, alle Teams bis auf zwei würden in Italien sitzen, der FIA-Präsident wäre ein Italiener, der entscheidende Mann im Sport wäre Italiener, der Renndirektor und der FIA-Beobachter wären Italiener. Dann würden die Briten doch eine Paranoia entwickeln, dass sich die Italiener gegen sie verschworen haben. Für mich war es sehr wichtig, dafür zu sorgen, dass die Italiener keinen Grund haben, so über uns zu denken. Ich weiß, dass wir absolut neutral sind. Wir haben auch schon Entscheidungen getroffen, die Ferrari sehr geschadet haben. Unglücklich war, dass McLaren zuletzt zweimal mit Projekten kam, von denen wir erst dachten, sie seien legal, die sich dann aber als illegal herausgestellt haben. Eines waren die mitlenkenden Bremsen und das andere war ein spezielles Differenzial. Ich habe ein ziemlich schlechtes Gewissen deswegen, aber ich behaupte ja nicht, dass wir unfehlbar seien. Ich glaube, bei 500 Anfragen haben wir zweimal falsch gelegen. Man kann nicht alles richtig machen. Wir wollen nur nicht, dass die Italiener oder Franzosen denken, dass die Briten untereinander kungeln.«

Aber der Dauerkonflikt mit Dennis ist nicht nur ein politischer, es ist auch ein sehr persönlicher Streit, sogar eine Art typisch britischer Klassenkonflikt. Denn Mosley, der Sohn des aus der Vorkriegszeit bekannten englischen Faschistenführers Sir Oswald Mosley, ist ein typisches Kind der britischen Oberschicht: auf teueren Internaten mehrsprachig erzogen, Studium in Oxford, jahrelange Praxis als Anwalt, während der er aber auch schon nebenbei, als Hobby sozusagen, Rennen fuhr und es immerhin bis in die Formel 2 brachte. Den aktiven Rennsport gab er auf, »sobald ich merkte, dass ich nicht Weltmeister werden kann. Das dämmerte mir erstmals Ende 1968 nach acht Formel-2-Rennen. Ich erinnere mich jedenfalls, dass Dennis Jenkinson, ein legendärer britischer Motorsportjournalist, mir gesagt hat, wenn ich wirklich das nötige Talent hätte, hätte es sich schon gezeigt. Deshalb habe ich aufgehört.«

In der Zeit, in der Mosley als March-Mitgründer bereits Teambesitzer war, werkelte der aus eher einfachen Verhältnissen stammende Dennis noch als Mechaniker. Und, so berichtet die Formel-1-Legende, schon zu diesen Zeiten soll Mosley dem ehrgeizigen und ambitionierten Dennis eindeutig zu verstehen gegeben haben: »Du wirst es nie wirklich zu etwas bringen, du stammst einfach aus der falschen Gesellschaftsschicht.« Die Aggressivität, mit der Mosley auf nahezu jede Aussage von Dennis reagiert, habe ihre tiefere Ursache, so vermuten Kenner der englischen Gesellschaftsstruktur, zum Teil in der Aversion, die der Gentleman aus traditionsreicher Familie dem Emporkömmling entgegenbringe. Einerseits könne er den Aufsteiger nicht als seinesgleichen anerkennen, andererseits neide er diesem den anhaltenden Erfolg. Denn während sich Mosley seit Ende der 70er-Jahre aus dem aktiven Formel-1-Umfeld zurückzog und auf eine Karriere in den verschiedensten Organisationen des Automobilsports konzentrierte, wurde Dennis in der gleichen Zeit durch die Übernahme von McLaren zum Unternehmer – im Laufe der Jahre zu einem der erfolgreichsten in England überhaupt.

Dass Dennis sicher mehr Geld verdient als Mosley, mag auch eine Rolle spielen – auch wenn dieser so tut, als sei ihm das nicht wichtig: »Seit ich FIA-Präsident bin, hat mir niemand einen Job angeboten. Aber die FIA interessiert mich, und wenn man kein Gehalt bezieht, kann man jederzeit gehen, wenn es einem nicht passt, wie die

Dinge laufen. Das gibt eine Menge Autorität. Ich weiß, Bernie Ecclestone hält mich privat für verrückt, dass ich diesen Job mache, ohne dafür bezahlt zu werden.«

Bei seiner Arbeit gehe es ihm, Mosley, auch gar nicht in erster Linie um die Formel 1: »Aber der Verkehr, das Transportwesen, das, wofür die FIA allgemein steht, ist sehr wichtig. Sobald man das Haus verlässt, wird man damit konfrontiert. Als FIA-Präsident kann man da sehr viel Einfluss nehmen. Kürzlich war ich beim Snowboardfahren, bin dann in den neuen Renault Espace gestiegen und habe mir gedacht: ›Das ist viel sicherer, als es wäre, wenn ich nicht die letzten fünf Jahre das getan hätte, was ich getan habe.‹ Und ich fand das sehr befriedigend. Die Leute vergessen, was die Statistiken im Straßenverkehr wirklich bedeuten. 115 Menschen sterben täglich auf den Straßen der EU – das ist jeden Tag ein Concorde-Absturz und das sind 115 Familien, in denen nichts mehr sein wird wie zuvor. Wenn man in eine Position kommt, in der man darauf positiven Einfluss nehmen kann, dann kann man sich doch mit 80 mal zurücklehnen … Politiker reden immer davon, vieles zu verändern, aber in Wirklichkeit verändern die meisten gar nichts. Als FIA-Präsident kann man wirkliche Veränderungen schaffen.«

## Bernie Ecclestone

»Der Pate«, »der kleine Napoleon«, »der Boss« – Bernie Ecclestone hat in der Formel 1 viele verschiedene Spitznamen. Es herrscht allerdings allgemeine Einigkeit darüber, dass der kleine Engländer, der aus seinem Geburtstag (28. Oktober 1930) so gern ein Geheimnis machte, der aber bekanntermaßen die 70 inzwischen überschritten hat, der wichtigste Mann in der gesamten Szene ist. Dass ausgerechnet das englische Formel-1-Monatsmagazin, das er selbst herausgibt, Charles Bernard Ecclestone in einer Hitliste der »Hundert Wichtigsten« hinter Michael Schumacher nur auf den zweiten Platz gesetzt hat, ist wohl eher Ausfluss einer gewissen Koketterie. Denn wie sagte Schumi so schön: »Ich wusste gar nicht, dass ich Bernie so viel Geld gezahlt habe.«

Ecclestone und Geld – das gehört zusammen wie die Henne und das Ei oder der Himmel und die Sterne. »Wenn man mit Bernie über einen großen Parkplatz geht, dann sagt er einem nachher sofort, wie viel die ganzen Autos da drauf zusammen wert sind«, staunte einst schon Jochen Rindt, mit dem Ecclestone sehr gut befreundet war. Der ehemalige Gebrauchtwagenhändler wird in der Statistik der reichsten Briten heute jedenfalls ständig auf wechselnden Positionen unter den ersten fünf geführt.

Kaum einer weiß freilich, dass sich Ecclestone in seiner Jugend selbst als Rennfahrer versucht hat. Beim ersten Formel-1-Grand-Prix der Geschichte in Silverstone war er mit dabei – im Rahmenprogramm. Schon als 14-Jähriger war er als Beifahrer des damaligen Seitenwagen-Weltmeisters Eric Oliver unterwegs: »Ich bekam fast Angst und hatte Mühe, mich festzuhalten, weil es so schnell dahinging.«

Der Versuch, auch in der Formel 1 als Fahrer Fuß zu fassen, scheiterte allerdings eher kläglich: Zweimal versuchte es Ecclestone, 1958 in Monaco und in Silverstone. Beide Male blieb er schon an der Qualifikationshürde hängen. »Daraufhin habe ich das aufgegeben« – und sich ganz auf eine Karriere als Manager und Teamchef verlegt. Doch als sein erster Schützling und persönlicher Freund Stewart Lewis-Evans 1958 in Casablanca tödlich verunglückte, hatte er für einige Zeit genug vom Rennsport. Erst mit Jochen Rindt kam er wieder in die Szene zurück, und manche glauben heute noch: Hätte Rindt, ebenfalls ein sehr cleverer Geschäftsmann, überlebt, würden er und Bernie sich heute den Formel-1-Zirkus untereinander aufteilen.

So wurde der Kleine mit seinen 1,61 Meter der Größte: Als sich Jack Brabham 1971 nach Australien zurückzog, kaufte ihm Ecclestone für damals 600000 Pfund sein Team ab – und übernahm von da an Schritt für Schritt die Kontrolle über die Formel 1. Es waren unorganisierte Zeiten, in denen viel heute Selbstverständliches noch in weiter Ferne lag. Es gab weder feste Startnummern noch feste Zeitpläne, keine verlässliche Zeitnahme. Bernie begann sich um derlei Dinge zu kümmern, und alle anderen Teamchefs waren dankbar – erst recht, als er auch noch anbot, für alle gemeinsam ordentliche Start- und Preisgel-

der auszuhandeln. Ein Prozent davon wollte er
für sich kassieren – »für die Bürokosten«.
Die Summen, die flossen, stiegen, die Prozente
für die eigene Tasche auch, auf bis zu 40 Prozent,
wie gemunkelt wird. Aber keiner der anderen
meckerte. Schließlich blieb durch Ecclestones
Engagement auch für sie viel mehr übrig als
früher, sie hatten keine Arbeit damit, es gab sau-
bere und prompte Abrechnungen. Also hatte der
große Macher freie Hand.
In der zweiten Hälfte der 70er griff er sich weitere Sahnestücke aus dem Kuchen: die Werberech-
te an den Rennstrecken, die Fernsehrechte, einzelne Rennstrecken, an denen er dann auch selbst
als Grand-Prix-Veranstalter auftrat. Bald war das
komplizierte Ecclestone'sche Firmengeflecht
kaum noch zu durchschauen, aber als dann einigen Teamchefs doch Bedenken kamen, ob so viel
Macht in einer Hand nicht doch problematisch
sei, hatte Ecclestone längst vollendete
Tatsachen geschaffen und war nicht mehr zu
stoppen.
Bei aller Geschäftstüchtigkeit und Härte kann
man Ecclestone freilich nicht vorwerfen, er sei
menschlich unfair oder undankbar. Für seine
Weggefährten aus alten Zeiten hatte und hat er
stets ein offenes Ohr. Viele seiner früheren Brab-
ham-Mechaniker hat er in wichtigen Positionen
in der Formel 1 untergebracht, so Charlie Whiting als Renndirektor und Sicherheitschef, Herbie Blash als dessen Stellvertreter, Eddie Baker
als Chef und Regisseur seinen »Lieblingskindes«
Digital-TV.
Apropos Kinder: Neben dem ganzen Stress mit
Rennen, Management und Geldverdienen hat es
Ecclestone ja auch noch zu einer richtigen Familie gebracht. Seine Frau Slavica überragt ihn um
einen guten Kopf, seine beiden Töchter Petra
und Tamara sind allmählich auch schon beide
größer als er.
Heute lautet eine der zentralen Fragen, die man
sich in der Formel-1-Szene stellt: Was soll werden, wenn Ecclestone, der seit zwei Jahren mit
mehreren Bypässen lebt, einmal – freiwillig oder
unfreiwillig – abtritt? Hinsichtlich der Zukunft
sind nicht alle so optimistisch wie Max Mosley,
der überzeugt ist, dass die Formel 1 heute auch
ohne Ecclestone problemlos weitermachen
könnte: »Jede große Firma braucht einen Unter-

Größere Gegensätze sind kaum denkbar: der Großverdiener der Szene, Bernie Ecclestone (links), im Gespräch mit dem distinguierten FIA-Chef Max Mosley. Beide vertreten sehr unterschiedliche Interessen, verstehen sich aber ausgezeichnet.

nehmer, um in Gang zu kommen, und wechselt
dann in die Management-Phase über. Bernie und
die FIA können ohne die Zustimmung der
Teams und Promoter nicht viel ausrichten, und
das ist auch gut so. Bernie versteht es vorzüglich,
die Teams zu überreden, aber letztlich tun sie
doch alles, weil es für sie gut ist. Ein guter Manager würde genauso handeln. Der Stil mag sich
ändern, aber wenn man nicht in chaotischer Weise das Reglement manipuliert, sehe ich nicht,
warum die Formel 1 nicht weiterhin sehr erfolgreich sein kann. Der Grund, dass sie in den letzten zehn Jahren so erfolgreich war, liegt darin,
dass ihre Führungsmechanismen so gut funktionieren – auch wenn ich selbst das vielleicht nicht
so sagen sollte …«
Aber auch Mosley glaubt nicht daran, dass ein
anderer der heutigen Teamchefs Ecclestones Rolle übernehmen könnte – obwohl Bernie selbst ja
einst aus diesem Kreis kam: »Bernie war ein sehr
ungewöhnlicher Teamchef. Ich erinnere mich an
das erste FOCA-Meeting, zu dem er kam. Schon
nach ein paar Minuten war mir klar, dass er weiß,
wo's langgeht. Ich glaube, keiner von den anderen könnte das tun, was Bernie tut – und keiner
wollte oder sollte es tun. Ich denke, es sollte
jemand von außen kommen, ein professioneller
Manager.«

# Das Team – Herzstück der Formel 1

## Mit 800 Tonnen um die Welt

Von Europa nach Melbourne, von Melbourne nach Malaysia, von Malaysia nach Brasilien – der Saisonauftakt der Formel 1 in den letzten beiden Jahren mit drei Überseerennen hintereinander hat nicht nur die Fahrer, Ingenieure und Mechaniker vor eine große Herausforderung gestellt, sondern vor allem auch die Logistiker. Schließlich gehört einiges dazu, den weltweit größten »Zirkus« von einem Kontinent auf den nächsten zu verlagern, »eingepackt« in insgesamt sieben Fracht-Jumbos für das komplette Material, von Flug- und Hotelbuchungen für einen festen Stamm von weit über 1000 Mitarbeitern, von Teams, Sponsoren und Zulieferern einmal ganz zu schweigen.

Für den Frachttransport ist eine zentrale Stelle zuständig – die FOM, Formula One Management, die frühere FOCA, die organisatorische Dachstruktur der Formel 1.

Der Australier Bill Gibson, der als Transportmanager für die FOM arbeitet, kennt die Probleme in der ganzen Welt, und er ist natürlich angetan, wenn es irgendwo problemlos funktioniert. Aus verschiedenen Gründen ist er von Malaysia besonders angetan: »Das Erste, was uns dort entgegenkommt, ist natürlich der Umstand, dass die Strecke so nahe am internationalen Flughafen von Kuala Lumpur liegt. Zweitens sind die Sicherheitseinrichtungen an der Strecke sehr gut, und die Teams haben in den Boxen genug Platz, um ihr ganzes Material problemlos unterzubringen.« In São Paulo hingegen, wo das gesamte Material vom Flughafen gute 50 Kilometer quer durch die gesamte 20-Millionen-Stadt bis nach Interlagos rollen muss – um dann an einer Rennstrecke einzutreffen, an der grundsätzlich bis zur letzten Minute vor Trainingsbeginn noch an allen

Ecken und Enden gearbeitet wird, ist das schon eine ganz andere Herausforderung.

Schließlich sind die Materialmengen, die bewegt werden müssen, gewaltig. Jeder der sieben Fracht-Jumbos transportiert 105 Tonnen an Ausrüstung einschließlich der kompletten Autos, der Reifen und auch des gesamten Formel-1-Benzins. Dazu kommen seit einigen Jahren – seit dem Beginn des Digitalfernsehens – noch drei weitere Boeing 747, die das gesamte Technikzentrum für Bernie Ecclestones »Lieblingsspielzeug«, plus dem kompletten Equipment, aufnehmen. Spätestens eine gute Woche vor Trainingsbeginn muss mit dem Aufbau von »Bakersville« begonnen werden. So nennen Insider ein wenig spöttisch das Fernsehzentrum. Der Name bezieht sich auf den von Ecclestone eingesetzten Hauptregisseur Eddie Baker.

Für die Teams reicht es meist, etwas später anzureisen. Sie kommen normalerweise am Montag oder Dienstag vor dem Rennen, um ihre Container in Empfang zu nehmen, die Boxen einzurichten und die Autos wieder komplett aufzubauen. Bei McLaren-Mercedes flogen dafür im Jahr 2001 38 der 106 Teammitglieder, die beim Saisonauftakt in Melbourne im Einsatz waren, direkt nach Malaysia weiter. Mit ihnen reisten

In riesigen Containern geht der Formel-1-Zirkus auf Überseereise.

Es ist jedes Mal ein Abenteuer, wenn vor und nach dem Großen Preis von Brasilien die gesamte Formel I auf Lkw verladen und durch São Paulo von und zum Flughafen gebracht wird.

Eine undurchschaubare Personalpolitik und anhaltende Erfolglosigkeit haben dafür gesorgt, dass Eddie Jordans Popularitätskurve stark abgefallen ist – was dieser Fan drastisch zum Ausdruck bringt.

insgesamt 28 Tonnen Material, darunter die drei Autos und zehn Motoren.

Was kosten allein diese Reisen? Zahlen werden in der Formel 1 bekanntlich gehütet wie Staatsgeheimnisse. Aber so viel ist bekannt: Für die jeweiligen zehn besten Teams der Vorsaison übernimmt die FOM die Transportkosten bei Überseereisen. Der unglückliche Elfte muss sie selbst bezahlen. Und da ist dann schon mal von Verlusten von an die eineinhalb Millionen Euro

die Rede. Bei einem großen Team würden wohl noch größere Summen zusammenkommen, hat man doch mehr Material und mehr Personal ... Mit geschätzten 20 bis 25 Millionen Euro für die Überseetransporte aller Teams pro Saison dürfte man wohl nicht ganz falsch liegen.

## Interne Organisation

Formel-1-Teams von heute entsprechen in der Größe mittelständischen Unternehmen: 200 Mitarbeiter gelten inzwischen als das absolute Minimum. Bei Ferrari wird inzwischen die Zahl von 700 überschritten. Man arbeitet dort nicht mehr nur mit einem, sondern mit zwei getrennten Testteams, kann also, wenn es sein muss, gleichzeitig auf der eigenen Teststrecke in Fiorano und bei einem allgemeinen Test fahren. Für den Erfolg scheint inzwischen jeder Aufwand gerechtfertigt.

An der Rennstrecke selbst tritt davon nur ein verhältnismäßig kleiner Teil in Erscheinung: 50 bis 60 bei den kleinen Teams, reichlich 100 bei den großen. Auch das sind freilich schon Zahlen, bei denen perfekte Organisation, genau geplante Arbeitsabläufe und eindeutig verteilte Zustän-

digkeiten unerlässlich sind. Dies gilt nicht weniger für die zu Hause im Werk arbeitenden Abteilungen wie Konstruktion, Produktion, Verwaltung, Sponsor-Akquise und Marketing.

»Wenn man in die Spitze vorstoßen und dauerhaft Erfolg haben will, geht das nur mit einer entsprechend großen Organisation im Rücken.« Das ist die gängige Meinung in der Formel 1. Aber die Doktrin, dass nur ständiges Wachstum größere Erfolge bringt, scheint nicht für jedes Team zu gelten – die Entwicklung bei Jordan ist das beste Beispiel dafür.

»Wir sind in den letzten Jahren offenbar einfach zu groß geworden und damit irgendwie, na ja, ich würde nicht sagen, nachlässig, aber zumindest schwerfällig«, erklärt Eddie Jordan selbst. »Als wir nach der erfolgreichen Saison 1999 noch weiter nach vorn wollten, haben mir alle gesagt, wir müssten uns dann vergrößern. Aber offenbar ist das für unser Team und für mich nicht der richtige Weg. Ich bin nun mal jemand, der gern alles selbst unmittelbar kontrolliert und beeinflusst. Wir sind eben ein bisschen anders, ein lebendigeres, lockereres Team als die anderen – und haben deshalb auf diese Erweiterung auch anders, eher negativ, reagiert.«

Jordans Konsequenz: Er setzte – nach eigenem

Bekunden nicht hauptsächlich aus finanziellen Gründen – 15 Prozent seiner Belegschaft vor die Tür: »Ich habe mich mit dem Gedanken schon seit einiger Zeit getragen, habe meine Leute auch vorgewarnt, aber es brauchte wohl noch einen richtigen Anlass, um es durchzuziehen. Und das Rennen in Imola 2002 war dann eine so große Enttäuschung, dass ich einfach etwas tun musste. Jordan war immer ein Team, das stolz war auf das, was es erreicht hat. In den letzten Monaten habe ich diesen Stolz nicht mehr gesehen.«

Ob er nach diesem Einschnitt wiederkehrt, wird sich allerdings erst noch zeigen müssen.

Ein Beispiel für die Strukturen und Positionen – und auch der zum Erfolg nötigen Geldgeber in einem Top-Team ist der Aufbau der Ferrari-Weltmeistermannschaft von 2001 (siehe Seite 161, Kasten oben und Mitte).

Ein Thema für sich ist dann auch noch die Organisation der Boxenstopps und der jeweiligen Boxencrew pro Auto im Rennen. Nicht alle Teams lassen sich dabei im Detail in die Karten schauen. BAR aber machte 2001 kein Geheimnis aus der Zusammensetzung des Boxenteams im Rennen und gab bekannt, wer und wie viele Leute in der Saison 2001 jeweils für Jacques Villeneuve arbeiteten.

Sieben Großraumjets sind erforderlich, um den gesamten Formel-1-Zirkus von einem Erdteil zum anderen zu befördern.

## Team-Organisation in der Praxis

Perfekte Logistik heißt Ärger vermeiden und optimale Arbeitsbedingungen schaffen. Damit jedes Teil, jedes Auto, jeder Mitarbeiter immer genau zur richtigen Zeit am richtigen Ort, in perfekter Verfassung und voll einsatzbereit ist, bedarf es einer ausgeklügelten Logistik. Das gilt schon für »normale« Betriebe, umso mehr für ein Grand-Prix-Team in der schnellen High-Tech-Welt der Formel 1.

Beim Schweizer Sauber-Team ist die gesamte Logistik in drei Bereiche aufgeteilt: Teile-Logistik, Einkauf und Reise- und Transport-Logistik. Im ersten Bereich geht es darum, alle einzelnen Komponenten, aus denen sich ein Auto zusammensetzt, genau zu registrieren, über Anzahl, Laufzeiten, Einsätze, Verschleiß etc. in allen Details Bescheid zu wissen. Fünf Mitarbeiter sind im Werk in Hinwil mit dieser akribischen Planung und »Buchhaltung« beschäftigt, dazu kommt je ein »Betreuer« für das Renn- und einer für das Testteam.

Im Einkauf sorgen acht Mitarbeiter dafür, dass nie etwas fehlt, weder Fertigteile, die von Zulieferern bezogen werden, noch Material für die eigene Produktion. Teammanager Beat Zehnder kümmert sich zusammen mit einem weiteren Mitarbeiter um den dritten Bereich: Reisen und Transport. Zehnder, Jahrgang 1966, hat den Motorsport von der Pike auf gelernt. Er begann 1988 als Mechaniker im Sportwagen-Team von Sauber und blieb dort – später als Chefmechaniker – bis 1991. 1992 wurde ihm bereits die Vorbereitung des Formel-1-Einstiegs in der folgenden Saison übertragen, in der er sich dann ebenfalls vornehmlich um die Logistik kümmerte.

1994 agierte er noch einmal in einer Doppelfunktion als Teammanager und Chefmechaniker, ehe er sich 1995 ganz auf Ersteres und die damit verbundenen logistischen und organisatorischen Aufgaben konzentrierte. Ob es darum geht, an der Rennstrecke den genauen Einsatzplan für alle Mitarbeiter aufzustellen, mit den FIA-Offiziellen über Unklarheiten zu diskutieren oder von zu Hause aus die Reiseplanung für das komplette Team zu organisieren – Beat Zehnder ist immer mitten im Geschehen.

»Im November, wenn die Termine für die kommende Saison feststehen, beginnt bereits die Hauptarbeit. Hotel- und Flugbuchungen für alle Rennen und Testfahrten, dazu die Anmietung der entsprechenden Teststrecken.« Vor allem die Tests sind es, die Zehnder öfters Kopfzerbrechen bereiten: »Denn da wird doch im Laufe des Jahres oft kurzfristig noch sehr viel wieder umgeworfen – und dann heißt es blitzschnell Flüge umbuchen und neue Hotelzimmer finden.« Dabei arbeitet das Team bei den Testfahrten direkt mit den Hotels zusammen, »bei den Rennen läuft da ein großer Teil über Formula One World Travel in England, die uns in dieser Hinsicht viel abnehmen«. Auch sonst bevorzugt man feste Partner: »Es ist ja nur logisch, dass wir sehr viel Swissair fliegen – und bei den Mietwagen arbeiten wir meist mit AVIS.«

Sicherheit und Zuverlässigkeit genießen oberste Prioritäten bei der Reiseplanung. »Sicherheit auch in der Hinsicht, dass die gebuchten Zimmer, Flüge oder Autos dann auch wirklich verfügbar sind.« Aber auch ausreichender Komfort für die Mitarbeiter ist wichtig: »Wir wollen schon gute, ordentliche Hotels – und möglichst nahe an der Strecke sollen sie auch sein.« Auf Sonderwünsche wird da so weit wie möglich eingegangen: »Wenn ein Mechaniker einmal zu einem Rennen seine Frau mitnehmen will und deshalb ein Doppelzimmer braucht oder wenn jemand nach Malaysia noch eine Woche Urlaub anhängen will, dann geht das normalerweise schon.«

Möglichst stressfreie Reisen, keine unnötige Hektik an den Rennstrecken, Präzision und Ordnung an der Box, das ist das Ziel einer perfekten Logistik. »Im Prinzip geht es immer darum, Ärger zu vermeiden, der nur Nerven kostet.

# Die Führungskräfte des Ferrari-Weltmeisterteams 2001

**Präsident:** Luca di Montezemolo

**Sportdirektor:** Jean Todt

**Technischer Direktor:** Ross Brawn

**Teammanager:** Stefano Domenicali

**Chefdesigner:** Rory Byrne

**Motorenchef:** Paolo Martinelli

**Renningenieur Schumacher:** Luca Baldisseri

**Renningenieur Barrichello:** Carlo Cantoni

**Motoreningenieur Schumacher:** Vincenzo Castorino

**Motoreningenieur Barrichello:** Mattia Binotto

**Manager Rennmotoren:** Pino d'Agostino

**Manager Rennen Technik:** Nigel Stepney

**Chefmechaniker Schumacher:** Frederico Bertazzo

**Chefmechaniker Barrichello:** Claudio Papaleo

**Manager Testteam:** Luigi Mazzola

**Chefmechaniker Testteam:** Francesco Uguzzoni, Ivano Barletto

**Manager Abteilung Sponsoring:** Carlo Tazzioli

**Chef der Presse- und PR-Abteilung:** Claudio Berro

**Pressesprecher:** Stefania Bocchi, Jane Parisi, Bernd Fisa

**Nigel Stepney fungiert bei Ferrari als Technikmanager im Rennen.**

# Sponsoren und Partner des Ferrari-Weltmeisterteams 2001

| Hauptsponsoren | OMR | Offizielle Lieferanten | Parametric |
|---|---|---|---|
| Marlboro | Tic Tac | BBS | Ve.Ca. |
| Shell | TIM | Fluent | Europcar |
| Fiat | Bridgestone | Momo | Cevolini |
| Fedex | General Electric | Iveco | Cima |
| | SKF | Technogym | Sachs |
| **Andere Sponsoren** | Mahle | NGK | Poggipolini |
| Magneti Marelli | Arexons | TRW Sabelt | Finnmeccanica |
| Brembo | Tommy Hilfiger | FACOM/USAG | |

# BAR-Team für die Box und Boxenstopps (Villeneuve) 2001

**Kommandostand an der Boxenmauer und Schlüsselstellen in der Box:**

**Renningenieur:** Jock Clear

**Motoreningenieur:** Tadasu Takahashi

**Rennstrategie:** Jock Clear, James Robinson

**Funk Boxenmauer – Auto:** Jock Clear

**Funk Boxenmauer – Renncrew:** Ron Meadows

**Datenanalyse:** Grant Tuff

**Chefmechaniker Team:** Alistair Gibson

**Chefmechaniker Auto Villeneuve:** Barry Gough

**Boxentafel:** Andrew Neale

**Reifen:** Trevor Bailey

**Boxenstopp und Nachtanken:**

**Wagenheber vorn:** Derek Noble

**Wagenheber hinten:** David Fraser

**Stoppsignal (Lollipop):** Alistair Gibson

**Reinigung Visier:** Gary Harman

**Rechtes Vorderrad abziehen:** David Hopkinson

**Rechtes Vorderrad aufsetzen:** John Middleton

**Schlagschrauber:** Paul Johnstone

**Linkes Vorderrad abziehen:** Richard South

**Linkes Vorderrad aufsetzen:** Mig Brown

**Schlagschrauber:** Barry Gough

**Rechtes Hinterrad abziehen:** Andrew Neale

**Rechtes Hinterrad aufsetzen:** Claudio Corradoni

**Schlagschrauber:** Darren Beachcroft

**Linkes Hinterrad abziehen:** Rob Tween

**Linkes Hinterrad aufsetzen:** Vince South

**Schlagschrauber:** Paul Bennett

**Benzin Überlauf:** Tony Walton

**Ventil Benzinschlauch:** Dave Hennesy

**Einfüllstutzen:** Mark Willis

**Tankanlage:** Peter Arkle

**Feuerlöscher:** Martin Pople

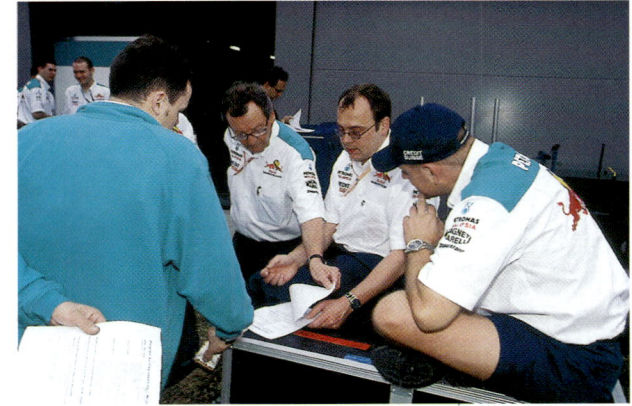

Der Technische Direktor bei Sauber, Willy Rampf, hat wesentlichen Anteil an den Erfolgen des Schweizer Teams.

Wenn das klappt, dann wirkt sich das positiv auf die Gesamtleistung des Teams aus«, weiß Zehnder, der »Flexibilität, schnelle Auffassungsgabe, die Kenntnis der Abläufe und auch gute Nerven« als die wichtigsten Voraussetzungen für seinen Job ansieht. »Und wenn dann einer mal auf einem Überseeflug seinen Pass vergisst und einen Tag später nachfliegen muss, wie schon mal geschehen, dann darf daraus auch kein Drama werden!«

Die perfekte Logistik sorgt dafür, dass andere Schlüsselfiguren im Team – vor allem das technische Personal – an der Strecke optimal und möglichst unbelastet von organisatorischen Problemen arbeiten können. Dazu gehört zum Beispiel Willy Rampf, der Technische Direktor. Rampf ist

gebürtiger Bayer, verheiratet, Vater dreier Kinder, und er sorgt dafür, dass die Sauber-Piloten mit absolut konkurrenzfähigen Autos auf Punktejagd gehen können. Der 49-Jährige, der seine Ingenieurslaufbahn bei BMW in München begonnen hat, kam 1993 als Renningenieur zu Sauber und arbeitete in dieser Position bis 1997, davon drei Jahre lang zusammen mit Heinz-Harald Frentzen. Nach einem knapp zweijährigen Intermezzo in der alten Heimat – in der Forschungsabteilung von BMW – fand er Ende 1999 den Weg zurück in die Schweiz, zunächst als Leitender Ingenieur im Test- und Rennteam, ehe er am 1. April 2000 die Position des Technischen Direktors übernahm.

Rampf unterstellt sind die beiden Renningenieure Remi Decorzent und Jacky Eeckelaert. Decorzent, ein 38-jähriger Franzose, ist der Renningenieur von Nick Heidfeld – nicht von ungefähr, denn mit dem Mönchengladbacher hat er schon in dessen Formel-3000-Zeit im West-McLaren-Juniorteam zusammengearbeitet. Das war 1998, die letzte Station seiner Formel-3000-Karriere, die ihn auch zu Apomatox, Danielson und Lola führte. 1999 kam er zu Sauber, zunächst ins Testteam, dann als Renningenieur von Pedro-Paulo Diniz und im Jahr 2000 von Mika Salo. Als Nick Heidfeld zu Sauber kam, wollte dieser sofort wieder mit Remi zusammenarbeiten, »denn wir sind schon in der Formel 3000 sehr gut miteinander ausgekommen und haben auch technisch auf einer Wellenlänge gelegen«.

Eeckelaert, ein 47-jähriger Belgier, der in Monaco lebt, ist für Felipe Massa zuständig. Er beschäftigt sich schon seit 1979 mit Motorsport. Damals begann er in einem privaten Formel-Ford-Team. Über die Formel Ford 2000 und die Formel 3 beschritt er als Ingenieur einen Aufstiegsweg, wie ihn auch sehr viele Fahrer gehen. 1990 kam er zu DAMS in die Formel 3000, 1994 dann erstmals in ein großes Werk: Bei Peugeot beschäftigte er sich mit den Super-Tourenwagen. Der Schritt in die Formel 1 erfolgte 1997 als Koordinator zwischen Peugeot und Jordan, ehe er 1998 für zwei Jahre ins Team von Alain Prost wechselte. Ende 1999 kam er zu Sauber und war in der Saison 2000 Chef des Testteams, ehe er in der Saison 2001 als Renningenieur von Kimi Räikkönen arbeitete und 2002 eben für Massa.

Die Renningenieure geben ihre Anweisungen an den Chefmechaniker weiter, der seine Crew einweist und auch überwacht. Diese verantwortungsvolle Position hat bei Sauber Urs Kuratle inne. Ob größte Boxenhektik oder nicht – er wirkt meist ruhig wie ein Fels in der Brandung. Zumindest nach außen hin macht Kuratle den Eindruck, als könne ihn so schnell nichts erschüttern. Der 33-Jährige aus Chur kann ebenfalls schon auf einige Erfahrung im Motorsport zurückblicken. Bei Sauber begann er schon 1989 als Mechaniker in der Sportwagen-Weltmeisterschaft, zunächst am T-Car, ab 1991 dann am Einsatzauto von Jochen Mass und Jean-Louis Schlesser. In der Formel 1 arbeitete er 1993 am Auto von Karl Wendlinger, und seit 1994 war er stets verantwortlicher Mechaniker für eines der beiden Einsatzautos, ehe er 1999 die Position des Chefmechanikers übernahm.

Aber es gibt in einem Formel-1-Team auch Positionen, die ein wenig zwischen den Fronten liegen, also zwischen Management und Technik. Osamu Goto, der Direktor von Sauber Petronas

Engineering, ist ein typischer Vertreter einer solchen Doppelrolle. Seine Aufgaben sind vielfältig – sein Managementtalent ebenso unbestritten wie seine technische Kompetenz. Der Japaner, der seine Karriere 1969 als Ingenieur bei Honda begann, ist heute Direktor des Joint Venture aus der Sauber Holding und Petronas, dem Hauptsponsor und Technikpartner des Teams. Die Aufgaben des Unternehmens sind vielfältig und beinhalten nicht nur die Betreuung der Formel-1-Motoren für das Sauber-Team, sondern zum Beispiel auch die Entwicklung des neuen Motors für die ebenfalls neue Grand-Prix-1-Motorrad-Rennserie.

Goto kann bei all diesen Aufgaben auf eine langjährige Erfahrung zurückblicken. Bei Honda war er unter anderem verantwortlich für die Weltmeister-Motoren im Williams 1987 und dann im McLaren von 1988 bis 1991. Nach einem Abstecher zu Ferrari 1994 kam er 1997 in die Schweiz und führt seitdem SPE – als einer der wichtigsten Männer, die bei Sauber im Hintergrund wirken.

Motorhomes – oben das des Jordan-Teams – sind die Informations- und Kommunikationszentren der Formel-1-Teams. Dort wird aber nicht nur gefeiert, sondern auch richtig gearbeitet (linke Seite).

# Formel 1 und die Medien

Die Formel 1 braucht die Medien, und die Medien brauchen die Formel 1. Abgesehen von Fußball-Highlights vermag keine andere Sportart die Einschaltquoten in vergleichbarer Weise nach oben zu treiben. In Presse, Funk und Fernsehen erwartet das Publikum hautnahe Berichterstattung. Der Markt bestimmt die Preise, und die sind hoch. Kein Wunder, dass so mancher Medientycoon ein begehrliches Auge auf den Komplex Formel 1 geworfen hat. Doch einen Happen dieser Größe vermag auch ein Medienzar nicht so einfach zu verdauen, und zwei Deutsche, die es versuchten, haben sich daran schon gründlich den Magen verdorben.

250 permanent akkreditierte Journalisten und Fotografen und weit über 100 internationale Medienvertreter, die nur zu einzelnen Rennen kommen, dazu jeweils gut 100 nationale Berichterstatter beim »eigenen« Grand Prix, außerdem 200 Radio- und Fernsehleute der »freien« Sender und von Bernie Ecclestones Lieblingskind Digital-TV, dem Bezahlfernsehen, für das allein rund 250 Leute arbeiten – die Formel 1 von heute ist vor allem eine gewaltige Medieninszenierung. Der Ansturm ist gewaltig, der Umfang der Berichterstattung auch – und die Verbreitung. Den Großen Preis von Monaco sehen alljährlich bis zu 800 Millionen Fernsehzuschauer, die Zahl der übers Jahr weltweit registrierten so genannten »Zuschauerkontakte«, ein wichtiges Indiz für die Werbewelt, lag 2001 bei über 54 Milliarden – Werte, mit denen nur noch Olympische Spiele und Fußballweltmeisterschaften konkurrieren können.
Selbst für relativ bedeutende Medien ist es in den letzten Jahren immer schwieriger geworden,

überhaupt eine Akkreditierung für einen Formel-1-Grand-Prix zu bekommen, ganz zu schweigen von den Kosten für Radio- und Fernsehrechte. Eine Agentur, die in Deutschland die wichtigsten privaten Rundfunksender beliefert, zahlt heute pro Saison schon sechsstellige Euro-Summen – ohne damit auch nur den Anspruch auf eine eigene Übertragungskabine zu erwerben. Bei Fernsehsendern sind das, je nach Größe, happige Millionenbeträge.
Die FIA, für die Printmedien zuständig, und die mit den elektronischen Medien befasste ISL, eine Unterorganisation der FOM, versuchen ganz gezielt, den Kreis der Berichterstatter möglichst überschaubar und exklusiv zu halten. Kein Wunder, dass dieser »Druck« bei vielen von denen, die es geschafft haben, zum inneren Zirkel zu gehören, zu einer eigenartigen Mischung aus Kritiklosigkeit und vorauseilendem Gehorsam geführt hat, vor allem gegenüber den »Obrigkeiten« der Szene. So werden die Regeln eben einfach akzeptiert, und die Frage nach Sinn und

Die RTL-Formel-1-Mannschaft: Heiko Wasser mit Christian Danner in der Sprecherkabine (links). In den Highlights analysiert Moderator Florian König zusammen mit Niki Lauda und Norbert Haug das vorangegangene Rennen (rechts).

Wenn der Weltmeister – hier Jacques Villeneuve – auftritt, sind alle Kameras auf ihn gerichtet. Kein Wunder, dass es manchen der jungen Fahrer schwer fällt, den Blick für die Realitäten zu bewahren.

Unsinn derselben wird höchstens leise im kleinen Kreis, aber praktisch nie öffentlich gestellt. Es ist zum Beispiel keineswegs besonders medienfreundlich, dass im gesamten Pressezentrum während eines Grand-Prix-Wochenendes auf allen Bildschirmen nur Formel 1 zu laufen hat, und das auch noch, wenn dort am Sonntagabend um neun Uhr die zehnte Wiederholung des Rennens über die 100 Bildschirme flimmert. Dabei könnte es doch durchaus sein, dass eine Gruppe von Kollegen wenigstens auf einer einzigen Mattscheibe lieber einen Blick auf die gerade laufenden Olympischen Spiele werfen würde. Und wenn, wie geschehen, in Japan während des Trainings ein Erdbeben die Strecke zum Zittern bringt und es eigentlich im allgemeinen Interesse wäre, herauszufinden, ob denn nun in der Umgebung ernsthafte Schäden aufgetreten sind,

dann müssen sich die hilfsbereiten japanischen Pressezentrumsmitarbeiter in einen kleinen Nebenraum zurückziehen und dort lokale Nachrichten anschauen, um dann den »Nicht-Japanern« zu übersetzen, was sie über die Lage erfahren konnten. Warum einfach, wenn's auch kompliziert geht! Aber man muss ja nicht befürchten, dass die wichtigen Medienvertreter abspringen – dazu ist die Formel 1 einfach ein zu gutes Geschäft.

Aber der Medienandrang und die interne Konkurrenz auf der Jagd nach immer noch heißeren Schlagzeilen hat natürlich auch hier seine negativen Seiten – wie überall in der modernen Medienwelt. »Ich dachte immer, dass in der Formel 1 die besten Fahrer, Ingenieure und Journalisten arbeiten. Über Letzteres bin ich mir allerdings nicht mehr so sicher!«, empörte sich David Coulthard 2001, als wieder einmal ein paar sensationsgierige Reporter ohne jeden konkreten Anlass versuchten, die alten und längst überwundenen Spannungen zwischen ihm und Michael Schumacher neu aufzubauen.

Die Entstehungsgeschichte dieses peinlichen Szenarios begann, wie heute so oft, im Internet. Die »Zeitung mit den vier Buchstaben«, wie Ralf Schumacher das »Paradepferd« der deutschen Boulevardpresse so gern nennt, griff begierig ein auf deutschen Internetseiten völlig aus dem Zusammenhang gerissenes, älteres englisches Coulthard-Interview auf, um den Eindruck zu erwecken, der Schotte habe es darauf abgesehen, den deutschen Publikumsliebling und Champion öffentlich zu attackieren. Daraufhin fühlte sich der größere Teil der deutschen Medienlandschaft, zum Teil auch der seriöse, bemüßigt, das Thema ebenfalls aufzugreifen.

Im Pressezentrum an einem Grand-Prix-Wochenende. Von zahlreichen Monitoren flimmert die Pressekonferenz.

Dass weder Coulthard noch Michael Schumacher Anstalten trafen, den freudig erwarteten Pressekrieg auszufechten, – interessierte außer den beiden Betroffenen kaum noch jemanden. In Wahrheit hatten die beiden Piloten eine kleine Differenz nach kurzer Aussprache beigelegt, und aus diesem Grund zeigte sich der Schotte über die ständigen Versuche, Öl in ein längst erloschenes Feuer zu gießen, besonders verärgert. »Denn irgendwas bleibt ja doch immer hängen, und es nervt einfach, dann immer wieder mit solchen Lappalien Energie verschwenden zu müssen.« David Coulthard steht mit seinem Ärger nicht allein. Denn der allgemeine Medienrummel um die Formel 1, speziell in Deutschland, aber auch in vielen anderen rennsportbegeisterten Ländern, führt in letzter Zeit immer häufiger dazu, dass an die Stelle sachlicher Information ein schwer durchschaubares Gemisch aus Spekulationen, Gerüchten, Halbwahrheiten und vollständigen Falschmeldungen tritt. Im Zusammenspiel mit neuer Medienwelt, neuen Technologien und Journalisten mit einer ganz bestimmten Geisteshaltung tauchen solche »Latrinenparolen« aus dem Nirgendwo auf und verbreiten sich mit einer Geschwindigkeit, die der Formel 1 alle Ehre macht. Und je weiter die Kreise sind, die sie ziehen, desto mehr gewinnen sie an Dramatik

und desto mehr blasen sie sich auf. Wenn dann irgendwann einer – normalerweise derjenige, dessen private oder berufliche Belange die betreffende Meldung berührt – die Blase zum Platzen bringt, wird offenbar, was sie allein enthalten hat: eine Menge heißer Luft.

Das wäre weiter nicht so schlimm, würden solche Falschmeldungen und Latrinenparolen für den Betroffenen neben Ärger und Imageverlust nicht auch konkrete Nachteile nach sich ziehen. Denn das Zusammenspiel der Teams mit ihren Fahrern und den so wichtigen Sponsoren ist ein sehr sensibler Bereich. Öffentlich kursierende Gerüchte und Parolen sind dabei alles andere als hilfreich. So reagieren zum Beispiel gerade große Konzerne außerordentlich empfindlich, wenn irgendwo völlig unrealistische Zahlen über angeblich zugesicherte Sonderprämien für ihre ohnehin schon sehr hoch bezahlten Fahrer auftauchen. Denn was sollen die eigenen Mitarbeiter denken, die sich in der Regel mit einem Bruchteil dieser Summen zufrieden geben müssen und außerdem noch in Zeiten wirtschaftlicher Depression um ihre Arbeitsplätze bangen. Haben solche Falschmeldungen erst einmal ihren Weg in die Betriebe genommen, ist der Schaden kaum mehr zu beheben. Denn wer nimmt schon Richtigstellungen und Dementis zur Kenntnis?

- Fahrer

- Die Köpfe – Bosse, Strategen,
  Konstrukteure

- Akteure im Hintergrund

- Das leibliche Wohl –
  Motorhomes und Catering

- Die Schönen der Schnellen –
  Formel-1-Ladys

- Die Fans von heute

# FORMEL 1
## MENSCHEN

# Fahrer

Die Formel 1 ist ein High-Tech-Unternehmen. Von den Autos bis hin zur Zeitnahme stellt sie die oberste Grenze des Machbaren dar. Doch gemacht wird das Machbare von Menschen, und nur wenige davon stehen so sehr im Rampenlicht wie die Fahrer.

## Formel-1-Fahrer – ihr Weg nach oben

»Ich will Formel-1-Fahrer werden« – spätestens seit den Erfolgen von Michael Schumacher und Co. ergänzt dieses Berufsbild die traditionelle Reihe der Traumberufe wie Pilot, Lokomotivführer, Fußball-Profi oder Astronaut. Aber wie wird man eigentlich Formel-1-Fahrer? Kann das jeder, oder muss man dazu geboren sein? »Das Naturtalent ist die Grundvoraussetzung«, sagen alle Experten, die sich mit Nachwuchsförderung befassen, »das Talent, ein Auto schnell und präzise bewegen zu können, ein gewisser Mut, ans Limit zu gehen, ohne das geht es nicht.« In Kart-Rennen beweisen heute schon unter zehnjährige Knirpse, ob sie in dieser Beziehung reich gesegnet sind. Aber Talent ist nicht alles auf dem Weg nach oben. Der führt über Nachwuchsformeln wie in Deutschland die ADAC Formel Junior, in der schon 15- und 16-Jährige ihre ersten Rennerfahrungen in echten Formel-Autos machen können, dann vielleicht in die Formel Renault, die Formel 3 …

Aber, wie gesagt, es braucht noch mehr als nur Talent. Ohne Geld geht gar nichts auf dem Weg nach oben, ohne harte Arbeit und Einsatzwillen ebenso wenig. Manch einer von denen, die es bis in die Formel 1 schafften, hatte das Glück, auf die finanziellen Ressourcen einer reichen Familie zurückgreifen zu können. Wenn die teuere Leidenschaft von Anfang an finanziert werden, wenn man sich schon in der Kart-Szene das Beste leisten und im Zweifelsfall dem Filius auch noch die entsprechenden Sponsorgelder bieten kann, um diesem einen Platz in der Formel 1 zu sichern, erleichtert dies den Start einer Karriere ungemein. Pedro-Paulo Diniz, der Sohn eines brasilianischen Supermarkt-Königs, wird immer wieder als Beispiel für eine gekaufte Karriere angeführt.

Wer nicht auf die finanzielle Unterstützung der Familie bauen kann, der muss darauf hoffen, so früh wie möglich durch seine Leistungen so viel Aufsehen zu erregen, dass Förderer auf ihn aufmerksam werden. Dies muss oft schon sehr früh geschehen, denn eine Kart-Saison mit gutem Material verschlingt heute leicht an die 30 000 Euro. Michael Schumacher, der ja aus einfachen Verhältnissen stammt und dessen Familie in ihrem Bestreben, die Rennsportambitionen der Söhne zu unterstützen, ganz schnell an die Grenzen ihrer Möglichkeiten stieß, ist es immer wieder gelungen, Menschen davon zu überzeugen, dass es sich lohnen würde, in ihn und sein Talent zu investieren – von Jürgen Dilk in den Anfängen bis hin zu Willi Weber …

Wenn sich dann Förderer gefunden haben, die bereit sind, entweder eigenes Geld vorzustrecken oder die nötigen Sponsoren aufzutreiben, wenn man das Glück hat, über einen ersten Manager zu verfügen, der sich professionell um die weitere Karriere eines hoffnungsvollen Talents kümmert und dabei auch noch so fair ist, auf unredliche Methoden wie unendliche Knebelverträge zu verzichten, kann der systematische Karriereaufbau beginnen.

Nun gilt es für den Fahrer, konsequent und systematisch weiter an sich zu arbeiten und seine

Der schwerste Gegner eines Formel-1-Piloten ist sein Teamkollege. Das gilt ganz besonders, wenn ein Team fahrerisch so ausgeglichen besetzt ist wie BMW-Williams mit Juan-Pablo Montoya und Ralf Schumacher (oben). Deshalb sind Teamkollegen auch nur selten wirklich gute Freunde. »Klassische Paarungen« waren die Teampartnerschaften zwischen Niki Lauda und Alain Prost (Mitte) sowie zwischen Ayrton Senna und Prost (unten). Die Letztgenannte endete schließlich in erbitterter Feindschaft.

Fähigkeiten auf und neben der Strecke zu vervollkommnen. Er muss sich allerhand technisches Grundwissen aneignen und dazu die Fähigkeit und den Willen zu analytischem Arbeiten besitzen. Er muss lernen, Daten auszuwerten und umzusetzen, muss sich einem ständigen Fitnesstraining unterziehen, um auch körperlich den Anforderungen gewachsen zu sein, und muss Sprachen lernen – gute Englischkenntnisse sind eine Grundvoraussetzung für eine internationale Karriere. Auch das Auftreten, die Rhetorik, der Umgang mit Medien wollen

geschult werden, soll der angehende Formel-1-Fahrer nicht ganz schnell auf der Strecke bleiben. Für die klassischen »Herrenfahrer« der Frühzeit, aber auch für die Playboys und Spaßvögel der 70er und 80er, die unverwechselbaren Typen à la James Hunt, Clay Regazzoni und auch Gerhard Berger – für sie alle ist in der immer professionelleren Formel-1-Welt eigentlich kein Platz mehr. Nächtelange Partys, vielleicht auch mal hier und da ein Gläschen mehr – das kann sich niemand mehr leisten. Fitness, ständig abrufbare höchste Leistungsbereitschaft und Konzentrationsfähigkeit sind gefragt.

Bringt man all das mit – das nötige Talent, das Kapital und die unbedingte Leistungsbereitschaft –, dann könnte es mit der großen Karriere eigentlich klappen. »Könnte«, sagen die Experten. Denn da gibt es noch einen Faktor, von dem man zwar in hochprofessionellen und technisierten Welten wie der Formel 1 nicht gerne spricht, der aber trotzdem nicht wegzudiskutieren ist: eine Menge Glück! Das spezielle Quäntchen Glück, im richtigen Moment am richtigen Ort zu sein ...

## Positionskämpfe – Teamkollegen und Testpiloten

Unter Formel-1-Piloten ist es geradezu eine Binsenweisheit: »Dein Hauptgegner ist immer dein Teamkollege.« Hauptgegner vor allem, wenn es darum geht, die eigene Position in der Hierarchie der Formel 1 zu festigen und sich unter den Stars zu etablieren. Denn der Vergleich mit dem Teamkollegen im gleichen Auto führt oft zu einer realistischeren Beurteilung der Fähigkeiten eines Piloten als Gesamtplatzierungen. Besonders Fahrer, die nicht in einem Top-Auto sitzen und damit keine Chance haben, sich mit der Spitze zu messen, empfehlen sich für höhere Aufgaben, wenn sie in Training und Rennen ihren jeweiligen Teamkollegen sicher im Griff haben. Dies gilt vor allem, wenn es sich bei diesem um einen bereits etablierten, erfolgreichen und hoch eingeschätzten Fahrer handelt, der als echter Maßstab gelten kann.

Kein Wunder, dass die meisten Spitzenfahrer ihren Teampartnern von Anfang an kaum eine Chance ließen. Michael Schumacher ist ein

# Nick Heidfelds erster Arbeitstag in der Formel 1

Formel-1-Fahrer haben heute an Rennwochenenden alles andere als einen Achtstundentag. Als Beispiel das Programm, das der damalige F-1-Debütant Nick Heidfeld an seinem ersten »offiziellen« Arbeitstag in der Formel 1 in Australien 2000 zu bewältigen hatte:

7.00 Uhr: Aufstehen im Hotel Sheraton in Melbourne, wo das Prost-Team wohnt.

7.30 Uhr: Frühstück – »ganz normal, Obst, Toast« –, aber doch für Heidfeld-Kenner eher ungewohnt und neu: In seinen Formel-3000-Zeiten ließ Nick die erste Mahlzeit des Tages gerne ausfallen, um ein bisschen länger schlafen zu können.

8.00 Uhr: Fahrt an die Strecke, »und diesmal bin ich auch auf der richtigen Seite in den Leihwagen eingestiegen (Linksverkehr!), und wir haben uns auch nicht verfahren wie gestern«. Am Donnerstag hatte sich Heidfeld telefonisch an die Strecke lotsen lassen, nachdem er sich nach einem falschen Abbiegemanöver »ziemlich verfranst« hatte.

8.30–11.00 Uhr: Besprechungen mit Team und Ingenieuren, letzte Vorbereitungen.

11.00–12.00 Uhr: Erste Stunde des freien Trainings: Nick beginnt um 11.02 Uhr seine offizielle Formel-1-Karriere. Aber er war ja schon drei Jahre als Testfahrer bei McLaren-Mercedes. »Dadurch war für mich der Sprung nicht so groß, ich war auch weniger nervös, als ich vorher befürchtet habe.« Das Auto macht von Anfang an Ärger, es liegt schlecht, hat Probleme mit den Bremsen, außerdem kommt Heidfeld zweimal an die Box, »weil die Cockpit-Rückwand so ungewöhnlich heiß wurde. Ich wollte sicherstellen, dass wir da kein ernstes Problem mit dem Motor haben. Aber es lag wohl nur an den hohen Außentemperaturen.« Eine Viertelstunde vor Schluss ist sein Training nach nur sieben gefahrenen Runden zu Ende – Dreher ins Kiesbett: »Ich bin beim Anbremsen mit den linken Rädern ins Gras gekommen. Mein Fehler! Aber dass das Auto so unruhig ist und quasi verspringt, hat natürlich auch nicht geholfen. Ärgerlich ist das vor allem, weil mir jetzt Runden fehlen, um die Strecke noch besser zu lernen.«

12.00–13.00 Uhr: Besprechung mit den Ingenieuren. Mögliche Verbesserungen werden ausgetüftelt.

13.00–14 Uhr: Zweite Stunde des freien Trainings: Heidfeld ist mit dem Auto etwas zufriedener. »Die Veränderungen, die wir in der Pause gemacht haben, haben schon etwas gebracht. Aber wir haben trotzdem noch sehr viel Arbeit.« Zufrieden kann er nicht sein. Schließlich ist er am Ende nur 22. und Letzter, knapp hinter seinem Teamkollegen Alesi. Die größte Enttäuschung: »Ich hatte wirklich gedacht, dass wir bei den letzten Tests einige Probleme gelöst hätten, aber das sah heute nicht mehr so aus.«

14.10–14.25 Uhr: Kurzes Mittagessen in der Box, nebenbei diktiert Nick der Prost-Pressedame Virginie seine Eindrücke.

14.30–17.00 Uhr: Technisches Briefing mit den Ingenieuren, der verzweifelte Versuch, an diesem Wochenende noch etwas zu retten. Alle Besprechungen finden – nicht zuletzt wegen Heidfeld – auf Englisch statt. Die Prost- und Peugeot-Techniker könnten wie Jean Alesi auch Französisch reden. »Jean und ich beteiligen uns an den Diskussionen ziemlich gleichmäßig, wir bringen beide unsere Ideen ein.« Der junge Heidfeld gilt intern gegenüber dem erfahrenen Alesi bereits als der deutlich bessere »Abstimmer«.

17.00–17.45 Uhr: Fahrerbriefing der FIA, für Heidfeld nichts Besonderes: »Eigentlich habe ich nichts gehört, was ich nicht schon vorher aus den Unterlagen über Regeln usw., die man sich sowieso durchliest, gewusst hätte.«

17.45–18.00 Uhr: Presserunde mit den deutschen Journalisten, Fernseh- und Radio-Interviews: »Der größte Unterschied zwischen Formel 3000 und Formel 1 ist sowieso das gewaltige Medieninteresse in der Formel 1.«

Ab 18.00 Uhr: Die Techniker warten schon – die Debatten vom Nachmittag müssen zu Ende geführt werden. »Und dann sollte ich eigentlich schon um 19.30 Uhr bei einem offiziellen Essen von Peugeot sein. Ob ich das pünktlich schaffe, weiß ich nicht. Und hoffentlich wird es dort nicht allzu spät …«

Auch wenn man in der Formel 3000 bereits Rennatmosphäre geschnuppert hat – für junge Fahrer wie Nick Heidfeld ist der Aufstieg in die Formel 1 ein Quantensprung.

Musterbeispiel dafür. Die Reihe der Teamkollegen, die in Schumis Schatten standen, deren Karriere zum Teil sogar an ihm zerbrach, ist lang. Von Andrea de Cesaris, dem Italiener, den Schumacher 1991 in Spa bereits bei seinem Debüt im Jordan und schon im Training deklassierte, redet schon lange niemand mehr. Und dass sich Nelson Piquet, Schumachers erster Teamkollege bei Benetton und immerhin dreifacher Weltmeister, Ende 1991 mehr oder minder freiwillig aus der Formel 1 zurückzog, hatte damit zu tun, dass er von Anfang an im Schatten des Jungstars stand. Interessant zu beobachten war der Sinneswandel bei Martin Brundle, dem Engländer, der 1992 bei

Manche Fahrer testen lieber für ein Spitzenteam, als im Rennen wegen schlechten Materials hinterherzufahren. Für Olivier Panis (oben) führte dieser Weg im BAR auf die Strecke zurück. Alexander Wurz (unten) testet 2001 für McLaren-Mercedes.

Während die meisten Teams ihren beiden Fahrern gleiche Chancen einräumen, herrscht bei Ferrari strikte Stallorder: Rubens Barrichello (links) muss sich den Titelambitionen der Nummer eins, Michael Schumacher (rechts), unterordnen.

Benetton Schumachers Teamkollege war. In jener Zeit und in den folgenden Jahren pries Brundle geradezu überschwänglich Schumis Supertalent und Ausnahmestellung. Seitdem Brundle aber eine entscheidende Rolle im Management des Schumacher-Konkurrenten David Coulthard spielt, sind die Töne deutlich differenzierter und manchmal auch kritischer geworden.

Aus der Szene verabschiedet hat sich auch der Italiener Riccardo Patrese, für den die Saison 1993 im Schatten Schumachers bei Benetton das Karriereende bedeutete. Einer der wenigen, die offenbar nicht unter Schumachers Überlegenheit litten, dazu der Einzige, der sich bis heute ein sehr freundschaftliches Verhältnis zu dem Champion bewahrte, ist Jos Verstappen, 1994 der dritte unter Schumachers Teamkollegen bei Benetton. Verstappen und seine Familie fahren auch mal mit den Schumachers gemeinsam in Urlaub, denn »unsere Kinder sind fast gleich alt, sie spielen gern miteinander«. Und wenn Verstappen mal wieder auf Vertragssuche ist, dann lässt Schumacher auch schon mal ein paar positive Bemerkungen über den Holländer fallen – was diesen aber auch nicht davor bewahrte, nach seinem unfreiwilligen Abgang von Arrows 2002 ohne Vertrag dazustehen.

Der Finne J.-J. Lehto, der gegen Schumacher ebenfalls keine Chance hatte – heute als Kommentator für das finnische Fernsehen in der Formel 1 tätig und teilweise auch noch als GT-Pilot in Le Mans oder den USA unterwegs –, versucht zu differenzieren: »Ich hatte damals 1994 sicher auch Pech, bin durch meinen Unfall zu Saisonbeginn viel zu wenig zum Fahren gekommen und hatte schon dadurch keine Chance. Aber es war auch schwer – weil das Team halt immer auf

Schumacher fixiert war.« Deutlicher wird da Johnny Herbert, der 1994 die letzten beiden Saisonrennen und dann die ganze Saison 1995 neben Schumacher bestritt: »Ich hatte nie gleiche Chancen«, klagte der Engländer, der Ende 2000 seine F-1-Karriere beendete, mehr als einmal. »Schumacher hat immer und überall alle Privilegien für sich beansprucht und auch bekommen.« So viele Teamkollegen Schumacher bei Benetton hatte, so wenige waren es in seinen sechs Ferrari-Jahren: Vier Jahre Eddie Irvine, der, wie einst Brundle, in der gemeinsamen Zeit wahre Lobeshymnen auf die Nummer eins des Teams sang, inzwischen aber ab und zu einen verbalen Giftpfeil abschießt. Und seit dem Jahr 2000 fährt Rubens Barrichello im Schatten Schumachers, ein Mann, der es wagt, ab und zu verbal aufzumucken, gelegentlich auch ein wenig ins Jammern gerät und hin und wieder sogar beweist, dass er gar nicht so schlecht mithalten kann. Aber im Endeffekt hat auch er im Ferrari-Schumacher-Team nicht den Hauch einer Chance.

## Die Testfahrer

Eine andere Möglichkeit für junge Piloten, sich in der Formel 1 ins Gespräch zu bringen, ist die Rolle des Testpiloten. Testfahrer braucht beim heute üblichen Umfang der Testprogramme fast jedes Team – mit den beiden Stammfahrern allein ist diese Arbeit nicht zu bewältigen. Denn nach fast jedem Grand Prix steht – meistens schon ab Dienstag wieder der nächste drei- bis viertägige Test auf dem Plan. Dabei mindestens so gute Leistungen abzuliefern wie die Stammfahrer und dann warten, auf die eigene Chance hoffen – das ist das Ziel aller Testfahrer. Zwar wünscht man niemandem etwas Schlechtes – schon gar nicht einem Rennfahrerkollegen, aber ab und zu wird der eine oder andere schon klammheimlich darauf hoffen, dass bei einem der Stammfahrer eine klitzekleine Kleinigkeit eintreten möge, die ihm die große Chance auf einen Start im Rennen eröffnet.

André Lotterer, seines Zeichens Jaguar-Testpilot, fand sich 2001 in Silverstone in einer solchen Situation wieder. Viel hätte nicht gefehlt, und der damals 19-Jährige wäre dort nicht nur in der

Formel 3 am Start gewesen. Schon zuvor war er, der wie Nick Heidfeld von Manager Werner Heinz betreut wird, schon zu einigen überraschenden Formel-1-Testeinsätzen gekommen, weil Stammfahrer Eddie Irvine immer wieder an den Folgen einer Nackenmuskelzerrung laborierte. Hätte Irvine hier passen müssen, wäre der gebürtige Duisburger, der teilweise in Südamerika und in Belgien aufwuchs, fünf Sprachen spricht und heute in Bitburg und im englischen Milton Keynes lebt, der Ersatzmann gewesen – und damit der fünfte Deutsche in der Formel 1: »Ich war auf jeden Fall bereit. Wenn man mich gebraucht hätte, wäre ich sofort eingestiegen.« Hätte er sich – nach insgesamt knapp sechs oder sieben Testtagen in der Formel 1 – denn überhaupt schon reif gefühlt für einen Renneinsatz? »Zugetraut hätte ich es mir schon«, sagte der selbstbewusste junge Mann, der bereits sehr früh im Kart, dann in der ADAC Formel Junior und der Formel 3 seine Erfahrungen gesammelt hat: »Vom Speed her, denke ich, passt es auf jeden Fall, aber eine Renndistanz habe ich halt noch nie probiert. Das wäre schon was Neues gewesen.« Lotterer konnte jedenfalls bei den Tests von Anfang an überzeugen und war oft zumindest ebenso schnell wie Stammfahrer Pedro de la

Rosa: »Das ist schon ein tolles Gefühl«, freute er sich, »vor allem, wenn man weiß, dass man zwar noch sehr viel lernen muss, aber trotzdem auf Anhieb gut zurechtkommt!«

Während junge Fahrer wie Lotterer oder der bei BMW-Williams tätige Brasilianer Antonio Pizzonia hoffen dürfen, über die Rolle des Testpiloten den Sprung zum Stammfahrer zu schaffen, versuchen auch erfahrene Piloten, die kein oder zumindest kein gutes Team mehr finden, auf diesem Weg ihr Comeback vorzubereiten. Olivier Panis hat es vorgemacht, als er sich bei Prost verabschiedete, um bei McLaren-Mercedes als Testpilot zu fahren. Dort leistete der Franzose im Jahr 2000 so gute Arbeit, dass er schon Mitte des Jahres unter mehreren Angeboten für 2001 wählen konnte. Schließlich entschied er sich für BAR.

Aber das Beispiel Panis ist nicht die Regel. Es ist nicht leicht, zurückzukommen, wenn man einmal den »Abstieg« vom Renn- zum Testpiloten hinter sich hat. Alexander Wurz, der sich nach einer frustrierenden Zeit bei Benetton ebenfalls als Testpilot bei McLaren-Mercedes verdingte, hat den Sprung zurück ins Renncockpit bis jetzt noch nicht wieder geschafft, obwohl auch seine Arbeit bei den Silbernen hoch geschätzt wird.

# Die Köpfe – Bosse, Strategen, Konstrukteure

Weniger prominent als die Fahrer sind die Köpfe der Formel 1 – Teamchefs, Designer und Strategen. Was der Fahrer im Rennen ausführt, haben sie vorgedacht – am Reißbrett, am Computer, beim Austüfteln der Strategie. Nur wenn in einem Team ein genialer Fahrer auf kongeniale Techniker trifft, ist der ganz große, anhaltende Erfolg möglich. Denn auch im Motorsport ist jede Kette nur so stark wie ihr schwächstes Glied.

## Die Bosse

Sie stehen nur an der Boxenmauer, aber keineswegs im Hintergrund. Sie sind zwar nicht die Hauptdarsteller, aber im heutigen Showgeschäft der Formel 1 stehen auch sie im Rampenlicht der Öffentlichkeit: die Teamchefs, die »Bosse«, die im Millionenspiel Formel 1 an vielen Fäden ziehen, mal mit-, öfters aber gegeneinander – je nachdem ...

Jean Todt, Ron Dennis und Co. – die meisten von ihnen prägen ihre Teams. Ihre persönliche Handschrift und ihre Charakterzüge sind in der inneren Struktur abzulesen, aber auch in der Präsentation nach außen: Stil und Perfektionismus eines Ron Dennis stehen da etwa gegen das betont chaotisch-flippige Auftreten eines Eddie Jordan ebenso wie gegen die zurückhaltende Korrektheit eines Peter Sauber. In einer Zeit, in der die Fahrer immer jünger und damit oft auch immer profilloser werden, in der Angepasstheit das hervorragende Merkmal des sportlichen Nachwuchses ist, sind die Herren Teamchefs des Öfteren wirklich noch eine willkommene Abwechslung, nämlich Charakterköpfe mit eigenem Profil.

## Jean Todt, Ferrari

*geb. 25. 2. 1946*

Der kleine Franzose ist seit 1993 bei Ferrari und hat aus einem zusammengewürfelten Haufen rennsportbegeisterter Italiener ein perfekt organisiertes Rennteam mit internationalen Spitzenkräften geformt. Als Anfang der Saison 2002 Diskussionen um das Verhältnis zwischen Schumacher und Barrichello aufkamen, schuf er klare Verhältnisse. Barrichello dürfte sich seitdem keinen Illusionen mehr hingeben, wie seine Rolle bei Ferrari gesehen wird.

Todts größte Leistung besteht wohl darin, im Zusammenwirken mit Michael Schumacher jenen Schlendrian ausgemerzt zu haben, der einst für Ferrari so typisch war – besonders nach großen Erfolgen. Unter der Regie des Franzosen wurde in jeder Situation konzentriert und präzise weitergearbeitet.

Die Stärken des Rennleiters liegen sicherlich im Perfektionieren von Abläufen und im Schaffen neuer und besserer Strukturen. Der »kleine Mann« wirkt zwar oft etwas unbeholfen und unsicher, aber in Wirklichkeit ist er Ferraris Napoleon, der die Fäden fest in der Hand hat. Das bekam ab und an sogar Ferrari-Präsident Luca di Montezemolo zu spüren. Wenn sich das Trio Todt, Schumacher und Technikchef Ross Brawn einig ist, bestimmen diese drei den Kurs des Teams und nicht unbedingt der Präsident. Denn dank seiner Erfolge ist das Triumvirat in Rot unangreifbar geworden.

Hin und wieder neigt Todt sogar ein wenig zum Philosophieren – ohne allerdings den Bezug zur Realität zu verlieren: »Ein Formel-1-Auto ist nicht einfach nur eine Sache«, meint er. »Es ist ein Stück Ingenieurskunst, das unsere Hoffnungen trägt und das Ergebnis riesiger Anstrengun-

Der Präsident und sein Rennleiter: Selbst Luca di Montezemolo (oben) gibt häufig nach, wenn das Erfolgs-Triumvirat – Jean Todt (unten), Ross Brawn und Michael Schumacher – Position bezieht.

Linke Seite: Konstrukteur und Fahrer sieht man an der Strecke nicht immer zusammen. Hier Brabham-Designer Gordon Murray vor dem Brabham-BMW von Nelson Piquet

Selfmademan Ron Dennis führt seit vielen Jahren das McLaren-Team von Erfolg zu Erfolg.

gen ist. Es ist, symbolisch gesehen, die Frucht von aller Leute Arbeit.« In den Jahren in Italien ist er in die Familie der »Ferraristi« aufgenommen worden: »Wenn ich Zeit habe, mal über etwas anderes als meine Arbeit nachzudenken – was sehr selten vorkommt –, dann wird mir klar, dass ein Ferrari ein Traumauto ist. Wenn ich in einen meiner Ferraris steige, von denen ich zum Glück einige besitze, dann verstehe ich, was das Team für eine Bedeutung hat.«

Die Ferrari-Siege unter seiner Regie dokumentiert er alle mit Fotos in seinem Büro. »Sie sind Teil meiner Umgebung. Ab und zu schaue ich mir eines davon genauer an. Wenn ich ehrlich bin, erinnere ich mich nicht mehr an alle Rennen, nur an die schwierigsten. Und selbst in Momenten größter Freude bleibt ein Teil von mir auf die kommenden Aufgaben fixiert und lässt die Spannung nie abfallen. Die technischen Probleme während der Rennen beschäftigen mich zwar, aber was meine Zeit wirklich beansprucht, ist, die Firma zu leiten. Mein Job ist es, Menschen zu führen, das Orchester zu dirigieren.« Der Erfolg in seiner bisherigen Karriere gibt ihm Recht – in Frankreich gibt es dazu sogar schon ein geflügeltes Wort: »Wenn man Eisen schwimmen lassen oder eine Kaffeekanne auf den Mond schießen will, dann sollte man das Projekt Todt übergeben.«

Jean Todt ist vor allem ein Firmenmanager. Er bezieht von Ferrari ein Gehalt und hat damit einen anderen Status als etwa ein Frank Williams oder Ron Dennis. »Aber ich möchte Ferrari so führen, als ob das Werk allen Mitarbeitern gehören würde«, gibt er zu. »Ich kann es nicht ertragen, wenn irgendwo unnötig Licht brennt, wenn Unordnung herrscht. All diese kleinen Details führen zu Top-Leistungen, und das ist das Essenzielle, wenn wir dauerhaft Erfolg haben wollen.«

Bei Ferrari habe er freilich auch gelernt zu leiden. »Ich musste mit riesigem Druck fertig werden. Es ist nicht alles über Nacht gekommen. Aber Ferrari hat mich auch gelehrt, eine enorme Toleranz für mentale Belastungen zu entwickeln. Ich habe es durchgestanden und kann die Belohnung in der Königsklasse mit der Königin aller Teams ernten. Ferrari ist regelrecht meine Religion geworden.«

## Ron Dennis, McLaren
*geb. 1. 6. 1947*

Wenn es eine Sache gibt, die McLaren-Chef Ron Dennis nicht ausstehen kann, dann ist das zu verlieren. Kein Wunder also, dass die häufigen Niederlagen in der Saison 2001 und 2002 den sonst zumindest nach außen so coolen Dennis ab und zu arg dünnhäutig haben werden lassen. Dazu kam noch der Bau des neuen großen McLaren-Zentrums Paragon, der ihn viel Zeit und Energie kostete, der ihm aber auch sehr wichtig war – da lagen die Nerven zeitweilig ungewohnt blank bei diesem Mann, der aber Optik und Erscheinungsbild nicht weniger hoch schätzt als den Erfolg.

Ein elegantes Silbergrau, das ist seine Farbe, diskret, stilvoll, unaufdringlich. Kein Wunder, dass dieser Ton in seinem Büro und im Firmendesign von McLaren eine entscheidende Rolle spielt, und dies schon vor der Partnerschaft mit Mercedes, die Dennis, der 1991 in England zum Unternehmer des Jahres gewählt wurde, weitere Silbertöne, vor allem aber Silberlinge in Form einer 40-Prozent-Beteiligung von DaimlerChrysler an McLaren einbrachte.

Ron Dennis, der heute in der Formel 1 ganz weit oben steht, ist von ganz unten gekommen. An seine Anfänge in den 60er-Jahren als Mechaniker bei Cooper lässt er sich heute nicht mehr gern erinnern, und das nicht nur, weil er 1970 Jack Brabham um einen Sieg beim Großen Preis von England in Silverstone brachte – Ron hatte vergessen, einen Kanister Sprit einzufüllen. Den Komplex, nicht aus der englischen »upper class« zu stammen, sondern sich »nur« von unten hochgearbeitet zu haben – im klassenbewussten England mag dies vielfach auch heute noch als Makel gesehen werden –, hat er offensichtlich nie ganz abgelegt. Dies zeigt sich z. B. daran, dass sich Dennis mit Vorliebe einer betont komplizierten, manchmal schon fast gekünstelten Sprache bedient – egal, ob die Zuhörer, vor allem solche, deren Muttersprache nicht das Englische ist, seinen geistigen Höhenflügen folgen können oder nicht.

Den Anspruch an sich selbst im Interesse der anderen herunterzuschrauben, scheint Dennis nicht möglich, und nicht zuletzt diese Eigenart hat ihm im Laufe der Zeit von vielen Seiten den Vorwurf der Arroganz eingetragen. Hinzu kamen manchmal schon sehr überspitzte Äußerungen wie: »Wir machen Geschichte, Sie schreiben nur darüber.«

Doch die Vermutung liegt nahe, dass der McLaren-Chef hinter diesem aufgesetzt blasierten Ton nur eine gewisse Unsicherheit verbirgt, die er trotz aller Erfolge der letzten 20 Jahre nicht ganz hat ablegen können. »Wenn man nicht immer das maximal Mögliche anstrebt, wird man auch nicht auf Dauer den großen Erfolg haben«, ist seine Maxime. Und wenn es einmal hakt, mag wohl in ihm die Angst aufsteigen, dem eigenen Anspruch an Perfektion nicht gerecht werden zu können.

## Norbert Haug, Mercedes
*geb. 24. 11. 1952*

Norbert Haug hat keine leichte Aufgabe. Gerade im deutschsprachigen Raum werden Mercedes-Erfolge quasi als Selbstverständlichkeit hingenommen. Läuft es aber einmal nicht so gut, lassen Hohn und Spott nicht lange auf sich warten. Und dann bekommt Haug neben seiner Aufgabe als Mercedes-Sportchef Probleme, nach außen zu erklären, nach innen zu vertreten und zu lösen, auch noch die oft schwierige Aufgabe, jenes Porzellan zu kitten, das Ron Dennis wieder einmal unbeabsichtigt zerschlagen hat – wobei er diesem natürlich nicht zu nahe treten darf. Dass er das im Großen und Ganzen schafft, manchmal mit vielen diplomatischen Worten ohne klare Aussage, verdient Anerkennung – vor allem, wenn man bedenkt, dass dem früheren Journalisten leere Worte eigentlich ein Gräuel sind.

## Frank Williams, Williams
*geb. 16. 4. 1942*

Zwar führt Frank Williams in der Box nicht mehr Regie, aber über sein Team hat er immer noch die absolute Kontrolle. Und auch sein Einfluss auf jeden einzelnen Mitarbeiter scheint ungebrochen. Als etwa Juan-Pablo Montoya 2001 zeitweilig mehr durch verbale Ausfälle neben als durch gute Leistungen auf der Strecke

auffiel, wusch er dem Kolumbianer einmal kräftig den Kopf, und seitdem scheint Montoya wie ausgewechselt. Er fährt wesentlich konzentrierter und nahezu fehlerfrei. Den »Rollstuhl-General« nennen sie ihn in der Formel 1, wenn er unbeweglich und mit steinerner Miene aus der Box seine Autos am Monitor beobachtet. Seit einem Autounfall 1986 ist Frank Williams querschnittsgelähmt. Er kann auch die Arme nur mühsam und nicht völlig kontrolliert bewegen. Was damals auf der Fahrt von der Rennstrecke von Le Castellet auf der kurvenreichen französischen Landstraße wirklich geschah, warum das Auto mit Williams und seinem damaligen Team-Pressesprecher und Freund Peter Windsor von der Strecke abkam und sich überschlug, wird sich wohl nie mehr klären lassen. Angeblich sei Williams selbst gefahren, aber nicht einmal das ist sicher. Unter Berufung auf Erinnerungslücken schweigen die beiden Beteiligten eisern. Allerdings konnte sich Frank Williams schon einmal zu einer ehrlichen Aussage durchringen: »Zu sehr darf ich mich nicht beklagen«, räumte er einmal ein. »So, wie ich generell immer Auto gefahren bin, mich ständig am Limit bewegt habe, ist es eigentlich kein Wunder, dass einmal etwas passiert ist.«

Doch selbst der schwere Schicksalsschlag konnte ihn nicht davon abhalten, nach über einem Jahr Klinikaufenthalten und Rehabilitation wieder in die Formel 1 zurückzukehren. Im Gegenteil: »Wenn er das Team und die Formel 1 nicht gehabt hätte, dann hätte er wahrscheinlich diesen Lebensmut überhaupt nicht mehr gefunden.« Schicksalsschläge zu überwinden, das hat Williams im Laufe seines Lebens immer wieder lernen müssen. Es hat ihn geprägt und hart gemacht – hart gegen sich selbst und manchmal auch gegen andere.

Nach dem Tod von Lotus-Chef Colin Chapman und von Ken Tyrrell ist Frank Williams der Letzte aus dem alten Formel-1-Urgestein, dessen Grand-Prix-Karriere als Teamchef noch in die 60er Jahre zurückragt. 1969 setzte er für seinen Freund Piers Courage einen Brabham ein – ein 68er-Chassis, das der dreimalige Weltmeister und Teambesitzer Jack Brabham verkauft hatte. Zuvor hatte sich Williams selbst als Fahrer versucht, war auch bis in die Formel 2 gekommen,

Der ehemalige Motorsportjournalist Norbert Haug hat seine liebe Not, die anhaltende Erfolglosigkeit des vor der Jahrtausendwende so erfolgreichen McLaren-Mercedes-Teams zu erklären.

Trotz einer schweren Behinderung führt Frank Williams sein Team seit Jahren von Erfolg zu Erfolg.

Der Schweizer Peter Sauber macht seinem Namen alle Ehre. Er gilt als der geradlinigste unter allen Teamchefs.

hatte dann aber eingesehen, »dass es da andere gab, die mehr Talent hatten als ich«. Piers Courage zum Beispiel, der 1969 dann mit dem »alten« Auto gleich zweimal aufs Podest fuhr. 1970 machten die beiden mit einem de Tomaso weiter, in dem Courage im Juni 1970 in Zandvoort tödlich verunglückte. Frank Williams war zeitweilig ein gebrochener Mann und überlegte ernsthaft, mit dem Rennsport aufzuhören. Doch er machte weiter, genauso wie 1994, als in seinem Auto Ayrton Senna starb. »Senna ist der einzige Fahrer, von dem in Franks Büro ein Foto steht«, wird berichtet. Versteckte Emotionen, die sonst nicht durch die steinerne Maske dringen.
Seit 1973 unterhält Williams offiziell ein eigenes Team – anfangs unter größten finanziellen Schwierigkeiten. Mehr als einmal musste der begeisterte Langstreckenläufer Williams die Anfang der 70er üblichen »Rennen um die Strecke« gewinnen, um mit dem Preisgeld den Sprit für die Heimfahrt des Teams zu kaufen. Das änderte sich schlagartig, als Williams 1977 erstmals arabische Sponsoren für die Formel 1 interessierte. Mit dem Geld kam auch der Erfolg: 1979 der erste Grand-Prix-Sieg durch Clay Regazzoni in Silverstone, 1980 der erste Weltmeistertitel durch Alan Jones. Seitdem hat das Team sieben Fahrer- und neun Konstrukteurstitel gewonnen, und es gab Jahre wie 1992 und 1993 oder 1996, als Williams die Formel 1 komplett dominierte.

BMW-Sportchef Mario Theissen mit Paul Rosche, dem Konstrukteur der in den 80er-Jahren des vorigen Jahrhunderts so erfolgreichen-BMW-Turbomotoren.

## Dr. Mario Theissen, BMW
*geb. 17. 8. 1952*

Die Arbeitsteilung bei BMW mit Gerhard Berger funktioniert sehr gut – nach innen und nach außen: Dr. Mario Theissen, der an der TU Aachen Maschinenbau studierte und schon 1977 bei BMW als Entwicklungsingenieur anfing, ist intern für die Technik zuständig – und nach außen eher für die differenzierteren Aussagen. Dieser Spagat gelingt ihm ausgesprochen gut – mit dem Selbstbewusstsein im Rücken, dass der momentan – 2002 – wahrscheinlich stärkste Motor unter seiner Leitung entstand, aber ohne dass er deswegen gleich zu gewissen »Höhenflügen« ansetzt. Mit seinem diplomatischen Geschick beruhigt er auch immer wieder kritische Situationen und trägt sicher sehr viel zur Harmonie zwischen BWM und Williams bei. Und vielleicht ist es ja ein gutes Omen, dass Theissen am exakt gleichen Tag Geburtstag hat wie der erste und bisher einzige BMW-Weltmeister, Nelson Piquet …

## Peter Sauber, Sauber
*geb. 13. 10. 1943*

Wenn man ihn einen typischen Schweizer nennen würde, wäre Peter Sauber darüber wohl nicht einmal so unglücklich. Schließlich vereint der Selfmademan aus Hinwil im Züricher Oberland in sich viele der klassischen Tugenden, die man seinen Landsleuten zuschreibt: fleißig, hart arbeitend, aber trotzdem nicht nur solide, sondern auch innovativ, engagiert, aber ohne Hang zum extremen Risiko, ehrgeizig, aber nicht verbissen, erfolgreich, aber nicht auffallend, sondern viel mehr ein Freund der leisen Töne.
Von den ersten Schritten in der Automobil- und Rennsportbranche zu Beginn der 70er-Jahre, als er als junger Konstrukteur mit sportlichen Varianten des VW-Käfer erstes Aufsehen erregte, bis hin zum Formel-1-Teamchef ist Peter Sauber einen langen, geradlinigen Weg gegangen. Bald nach dem Käfer kamen die ersten zweisitzigen Sportwagen, noch im Keller des elterlichen Appartements entworfen. Eine Gemeinsamkeit hatten diese »Frühwerke« schon mit allen späte-

ren: In der Typenbezeichnung C1 trugen sie bereits jenes »C«, das für den Vornamen von Peter Saubers Frau Christiane steht, »als Anerkennung für die Geduld, mit der sie meine ständige Abwesenheit von zu Hause stets ertragen hat und erträgt«.

Ab 1988 bildete Sauber die Speerspitze für die Rückkehr von Mercedes in den internationalen Motorsport. Zu den Highlights dieser Partnerschaft mit den Stuttgartern gehörten ein Doppelsieg in Le Mans 1989 sowie der Fahrer- und Konstrukteurs-WM-Titel in der Gruppe-C-Weltmeisterschaft 1989 und 1990. Ein junges Fahrerteam sorgte damals, 1990 und 1991, schon für Aufsehen – obwohl noch niemand ahnte, was aus den drei Youngstern einmal werden sollte. Ihre Namen: Michael Schumacher, Heinz-Harald Frentzen und Karl Wendlinger. 1993 stieg Sauber dann in die Formel 1 ein, nach einer kurzen Partnerschaft mit Mercedes wurde man 1995 für zwei Jahre offizielles Ford-Werksteam, seit 1997 läuft die Motoren-Partnerschaft mit Ferrari. Im Rückblick ist es für den Teamchef schon allein ein Erfolg, nach zehn Jahren immer noch in der Formel 1 zu sein: »Das hat uns doch am Anfang niemand zugetraut. Vor allem, weil Teams, die es außerhalb Englands versuchen, sowieso immer erst ein bisschen belächelt werden.« Aber Sauber hat sich durchgebissen, ohne Riesenbudget und auch ohne die linken Tricks und Finten, die man doch angeblich braucht, um in dieser Welt Erfolg zu haben. »Ich habe mich nicht geändert und bin mir selbst auch in der Formel 1 treu geblieben, was ich für wichtig halte. Natürlich hat sich in der Firma vieles verändert: Wir sind ein kleines Industrieunternehmen geworden, mit all seinen Problemen. Mitarbeiter brauchen Managerqualitäten, etwas, das in Motorsportkreisen nicht leicht zu finden ist.« Zu Saubers Grundsätzen gehört auch, keine zu großen finanziellen Risiken einzugehen: »Wir haben keine Schulden und auch nie welche gehabt.«

Von dem Standort Hinwil wollte er sich nie trennen: »Ich bin nun einmal Schweizer. Da ist es doch nahe liegend, mein Unternehmen auch in meiner Heimat aufzubauen. Und ich bin überzeugt davon, dass die Bedingungen für ein Formel-1-Team hier auf keinen Fall schlechter sind

als anderswo. Es gibt keine Gründe, die dagegen sprechen, hier zu bleiben, weil die Zusammenarbeit mit den Institutionen und Behörden optimal funktioniert und wir stets die nötige Unterstützung bekommen, ob es um Baumaßnahmen oder zum Beispiel Arbeitsgenehmigungen für ausländische Mitarbeiter geht.«

So konservativ und »typisch schweizerisch« Sauber in manchen Punkten erscheinen mag – mit seiner Fahrerwahl in den letzten Jahren hat er stets sehr viel Mut bewiesen: »Wir setzen auf Jugend, auf den frischen Wind, den junge Piloten in ein Team bringen, auf ihren Ehrgeiz, ihren Willen, sich selbst und das Auto nach vorne zu bringen.« Mit diesen Worten begründete er die Verpflichtung von Nick Heidfeld und Kimi Räikkönen 2001 – und behielt gegen alle Kritiker Recht. Und mit Felipe Massa 2002 scheint sich diese Tendenz nur zu bestätigen.

### Eddie Jordan, Jordan
*geb. 30. 3. 1948*

Als er 1991 nach langer Erfahrung in der Formel 3 und der Formel 3000 den Schritt in die Formel 1 wagte, als das Jordan-Team dann jahrelang immer wieder Aufwärtstendenz zeigte, da galt der Ire Eddie Jordan, ein typischer Selfmademan, als das Musterbeispiel eines erfolgreichen Formel-1-Neueinsteigers.

Teamchef Eddie Jordan ist nicht so wie die anderen. Der exzentrische Ire ist immer für einen Scherz oder eine Überraschung gut – leider auch für unerklärliche Personalentscheidungen.

Doch das Bild des etwas exzentrischen Eddie, der sich in seiner Jugend selbst als Rennfahrer versucht hat, ist seit der Jahrtausendwende ein wenig ins Wanken geraten. Nicht nur weil er neben der Formel 1 noch einer Menge anderer Leidenschaften wie Rockmusik, Fußball oder Pferderennen frönt, sondern vor allem, weil er bei dem Versuch, sein Team nach der Erfolgssaison 1999 noch weiter an die Spitze heranzubringen, offenbar etwas den Boden unter den Füßen verlor. Mit verloren gegangen scheint unter dem zum Teil selbst auferlegten, zum Teil durch Sponsoren und Partner von außen aufgebauten Erfolgsdruck – auch durch die Notwendigkeit, den Motorenlieferanten Honda zu halten –, auch »etwas der Kontakt zur Realität«, wie englische Jordan-Kenner formulierten.

So unterlief ihm auch mit der unmotivierten Trennung von Heinz-Harald Frentzen kurz vor dem Großen Preis von Deutschland ein unerklärlicher Fehler, über den angefangen von einigen großen deutschen Sponsoren bis hin zum gesamten Fahrerlager jedermann den Kopf schüttelte. Insider rätselten über die Strategie, die hinter einer solchen Entscheidung stehen könnte, die Jordan keinen erkennbaren Nutzen brachte, sondern ihn wahrscheinlich eine Menge Geld kosten wird. Aber alle Spekulationen führten ins Nichts. Nach einem schlechten Saisonstart 2002 folgte dann die Umstrukturierung des gesamten Teams. Einige Schlüsselfiguren mussten gehen, 15 Prozent des gesamten Personals sollten entlassen werden.

Auch mit seinen ständigen Forderungen nach Regeländerungen zur Kostensenkung machte sich Jordan keine Freunde – zumal er gleichzeitig Unsummen für persönlichen Luxus wie Privatjets usw. ausgibt. Aber Jordan ist nun mal ein Bonvivant, der das Leben und den Erfolg genießt. Deshalb würden viele seiner Gegner keine allzu hohen Wetten auf seine Seriosität abschließen. Eddie nimmt's mit Humor. »Ich habe das sogar innerhalb der Firma«, lacht er. »Manche Leute sagen: ›Eddie ist ein Freigeist, er bringt das Geld, einen Motoren-Deal, er verhandelt mit den Fahrern. Wenn wir ihn bloß dann, wenn das alles erledigt ist, in Urlaub schicken könnten.‹ Ich würde das gern akzeptieren, aber es gibt einige Sponsoren, die direkten Zugang zu mir wol-

len … Es gibt auch Leute, die wollen, dass ich mich mehr auf die tägliche Arbeit hier konzentriere. Aber ich bin kein Ingenieur – und ich habe mein Leben auch zu öffentlich gemacht. Wenn ich clever wäre, würde ich entweder niemandem erzählen, dass ich bei einem Rockkonzert mitspiele, oder es gar nicht erst tun. Aber warum soll ich mich selbst um etwas bringen, was mir so viel Spaß macht?«

## David Richards, BAR
*geb. 3. 6. 1952*

Für Bernie Ecclestone ist er der kommende Mann im Motorsport – als Chef von Prodrive, der Rallye-Weltmeisterschaft, wo er die kommerziellen Rechte vermarktet, und jetzt eben auch von BAR: David Richards. Im Winter 2001/2002 setzte Mehrheitsaktionär BAT den Teamgründer und Miteigentümer von BAR, Craig Pollock, kurzerhand auf die Straße. Man gab dem einstigen Freund und Manager Villeneuves, dem aber immer noch 35 Prozent des Teams gehörten, die Schuld an der anhaltenden Erfolglosigkeit und holte Richards, einen alten Hasen im Motorsport, der 1998 auch schon einmal ein kurzes Gastspiel in der Formel 1 gegeben hatte – bei Benetton.

Richards' Wurzeln liegen im Rallyesport – und den findet er auch heute noch faszinierender als die Formel 1: »Damit bin ich groß geworden. Aber wenn man mich in fünf Jahren noch mal fragt, dann sieht das vielleicht anders aus. Aber meine Wurzeln im Rallyesport, meine Begeisterung dafür, das werde ich nie verlieren.« Seinen Einstieg in die Formel 1 sah er vor allem als Herausforderung: »Das ist ein sehr harter Sport, so hart wie für England eine Fußballweltmeisterschaft, so hart und schwierig, wie es ist, Indien im Cricket zu schlagen. Ich muss meine Fähigkeiten halt anders einsetzen als zuletzt.« Warum hat er sich das angetan? »Die Formel 1 hat in meiner Prodrive-Bilanz noch gefehlt. Jetzt ist die komplett. Wir haben ein Spitzen-Rallyeteam, sind mit BAR in der Formel 1, setzen in der Tourenwagen-Europameisterschaft Volvos ein und fahren in Le Mans. Das muss jetzt nur noch alles funktionieren. Ich werde erst dann

David Richards ist der Nachfolger von Craig Pollock als Teamchef von BAR. Der erfahrene Rennsportexperte soll dafür sorgen, dass das Team endlich die Erwartungen seiner Geldgeber erfüllt.

glücklich sein, wenn all unsere Teams Erfolg haben.« An den Erfolgschancen seines Teams hegt er keinen Zweifel. »Ich hätte diese Herausforderung nicht angenommen, wenn ich nicht glauben würde, dass BAR ein Siegerteam werden kann.«

## Flavio Briatore, Renault
*geb. 12. 4. 1950*

Flavio Briatore ist eine der schillerndsten Figuren in der Formel 1. Ob er sich mit seiner Freundin, Top-Model Naomi Campbell, handgreifliche Auseinandersetzungen liefert oder, wie Ende 2001, mehr oder weniger im Alleingang einen Fahrertausch inszeniert – Jarno Trulli gegen Gianni Fisichella – für Schlagzeilen ist er immer gut.
Doch der Italiener, der 1989 ohne große Motorsportkenntnisse das Benetton-Team übernahm – zuvor hatte er die Niederlassung des italienischen Bekleidungsherstellers in den USA aufgebaut, ist Wirbel ja gewöhnt. In der Vergangenheit musste er sich auch schon wiederholt Gerüchten um seine angebliche Mafia-Vergangenheit erwehren. 1994 und 1995 kamen die überwälti-

genden Erfolge mit Michael Schumacher, wenn auch immer wieder überschattet von Betrugsvorwürfen und Diskussionen. Dann folgte der immer tiefere Absturz des Teams. Die lange Misserfolgsserie brachte 2001 auch Briatore ins Kreuzfeuer der Kritik. Die Gerüchteküche wollte wissen, dass Renault diesem Spielchen nicht mehr lange zusehen und ihn durch Renault-Sportchef Patrick Faure ersetzen werde. Doch mit den besseren Ergebnissen des letzten Saisondrittels entspannte sich die Situation wieder. Dennoch – Briatores Qualitäten als Teamchef sind nicht ganz unumstritten. So sind etwa die politischen Spielchen, die er mit seinen Fahrern treibt, von außen nie so ganz durchschaubar. Alexander Wurz zum Beispiel konnte in seiner Zeit bei Benetton ein Lied davon singen. Aber allein als Selbstdarsteller ist Briatore im Formel-1-Zirkus fast unersetzlich.

## Niki Lauda, Jaguar
*geb. 22. 2. 1949*

Nirgendwo wechselten in der Formel 1 die Teamchefs in so kurzer Zeit so oft wie bei Jaguar. Bobby Rahal, 2000 als Retter in der Not geholt, musste sich schon Anfang 2001 ziemlich überraschend Niki Lauda an die Seite stellen lassen. Und was viele Beobachter hatten kommen sehen, trat auch ziemlich schnell ein. Die beiden nebeneinander – das ging nicht lange gut. Zwar mit einigen schönen Worten, aber hart in der Sache wurden die Differenzen zwischen Rahal und Lauda geklärt: Ersterer ging zurück in die USA, Letzterer ist nun auch bei Jaguar Alleinherrscher. Niki Lauda kennt natürlich alle Facetten der Formel 1, die sportlichen, technischen und finanziellen. Und aus seinem Airline-Betrieb bringt er auch eine ganze Menge Managementerfahrung mit. Trotzdem – Wunder kann auch er nicht wirken – und wie erfolgreich seine geplanten »Einkaufstouren auf der Suche nach Top-Leuten« sein werden, wird die Zukunft zeigen. Der von ihm schon im Frühjahr 2001 initiierte Wechsel de la Rosa für Burti war jedenfalls nicht der große Wurf, und im Sommer scheiterte der Versuch, Adrian Newey von McLaren abzuwerben: »Man kann mit relativ wenig Zeitverlust Leute von

Wenn er ein Ausnahmetalent wie Michael Schumacher an Land gezogen hat, kann ein Teamchef wie Flavio Briatore gut lachen.

Er ist das Stehauf-
männchen der
Formel 1: Niki Lauda
gehört seit Jahrzehn-
ten zur Szene. Als
Teamchef des chro-
nisch erfolglosen
Jaguar-Teams nun-
mehr im vielleicht
schwersten Job seiner
Karriere

Tom Walkinshaw,
»Major Tom« genannt,
konnte Arrows bisher
noch nicht an die
Spitze heranführen.

anderen Teams stehlen. Das ist der erste Schritt, den man probieren muss. Wenn der nicht geht, weil man keine Leute kriegt oder weil Verträge nicht eingehalten werden oder wie auch immer, dann ist das auch eine normale Entwicklung«, meinte Lauda stoisch. »Dass die anderen Teams natürlich die Techniker, die wirklich gut sind – und da gibt es nur drei, vier in der ganzen Formel 1, so zu fixieren versuchen, dass keiner weg-kann, ist logisch. Das würde ich auch machen.« Aber auch Lauda wird vom Ford-Management in Detroit zumindest mittelfristig an seinen Erfolgen gemessen werden – und der Abschied von Wolfgang Reitzle als Jaguar-Gesamtchef macht seine Situation nicht einfacher. Mit ihm verliert er sicher wichtige Rückendeckung und einen großen Fürsprecher.

## Tom Walkinshaw, Arrows
*geb. 14. 8. 1946*

Seine kleine, eher untersetzte Gestalt, sein zer-furchtes Gesicht gehören schon seit weit über einem Vierteljahrhundert zum Bild der Fahrerla-ger und Boxenstraßen auf der ganzen Welt. Allerdings nicht in der Formel 1 – denn da bewegt sich der heutige Arrows-Chef Tom Wal-kinshaw erst seit 1993. Zuvor war der 54-jährige Schotte, der 1968 seine eigene Fahrerkarriere in

der Formel Ford begann, es bis in die Formel 2 schaffte, dann aber auf Tourenwagen umsattelte, eine dominierende Figur der internationalen Sport- und Tourenwagenszene. 1976 gründete er seine Firma TWR, Tom Walkinshaw Racing, blieb aber weiter auch als Fahrer aktiv und feier-te 1984 seinen größten Erfolg mit dem Gewinn der Tourenwagen-Europameisterschaft. 1986 zog er sich aus dem aktiven Sport zurück und konzentrierte sich ganz auf seine Management-aufgaben bei TWR. Mit Jaguar zog er in den fol-genden sechs Jahren sehr erfolgreich ein Sport-wagen-Weltmeisterschaftsprogramm durch – doch unumstritten war er selten.

»Major Tom«, so sein Spitzname, schien immer und überall den Ärger anzuziehen: »Wirklich legal waren seine Autos doch nie«, pflegten schon seine Konkurrenten in der Tourenwagen-szene zu lamentieren. »Aber er ist eben ein Schlitzohr und schafft es immer wieder, seinen Kopf aus der Schlinge zu ziehen.« Bei den Sport-wagen ging der Streit um »clevere Reglementaus-legung oder schlicht illegale Autos« sofort wei-ter. So wunderte sich eigentlich niemand, dass es in der Formel 1 von Anfang an kaum anders war. Sobald Walkinshaw 1993 bei Benetton eingestie-gen war und sich mit dem mindestens ebenso gerissenen Flavio Briatore zusammengetan hatte, ging auch dort der Wirbel los. Selten ist ein Team so in die Schlagzeilen geraten wie Benetton 1994, als Michael Schumacher seinen ersten Weltmeis-tertitel gewann – »mit einem absolut illegalen Auto mit Traktionskontrolle«, wie McLaren-Chef Ron Dennis inzwischen sogar öffentlich konstatiert – in der Szene ein viel geäußerter Ver-dacht.

1996 entschloss sich Walkinshaw, dann auch in der Formel 1 die Alleinverantwortung für ein Team zu übernehmen. Er kaufte Jackie Oliver das Arrows-Team ab, den frisch gebackenen Weltmeister Damon Hill ein und wollte auch hier in kurzer Zeit Großes schaffen. Er sprach von Siegen und Weltmeisterschaftschancen in spätestens ein bis zwei Jahren. Doch es kam anders, und das trotz hoher Investitionen, unter anderem für ein neues Werk. 1997 erlebte Wal-kinshaw zwar eine Sternstunde, als Damon Hill mit dem Arrows auf dem Hungaroring auf einen sensationellen dritten Startplatz fuhr und im

Rennen den Sieg nur wegen eines Hydraulikproblems verpasste. Doch die folgende Zeit wurde wieder zäh und bitter, Weltmeisterschaftspunkte blieben Mangelware.

Walkinshaws größter Erfolg in jüngerer Zeit war fraglos, dass es ihm gelang, für Arrows ab 2002 die Versorgung mit Ford-Cosworth-Motoren sicherzustellen. Außerdem hat er mit Heinz-Harald Frentzen nun endlich einen Fahrer verpflichtet, der für seine Fähigkeiten bekannt ist, das Potential eines Autos systematisch weiterzuentwickeln.

## Paul Stoddart, Minardi

*geb. 26. 5. 1955*

Eine leichte Aufgabe hat er sich nicht gestellt, der Australier Paul Stoddart, als er im Januar 2001 das zwar liebenswerte, aber finanziell marode Minardi-Team übernahm. Aber der frühere Formel-3000-Teamchef, der nebenbei in England auch noch sehr erfolgreich im Privat-Fluggeschäft tätig ist, hat seine Sache gar nicht schlecht gemacht, wenn man bedenkt, wie eng der finanzielle Rahmen ist, in dem er sich bewegen muss. Ein Hauptproblem war, dass Minardi nicht in der Lage zu sein schien, zwei halbwegs gleichwertige Autos auf die Beine zu stellen. Das war aber wahrscheinlich – im Gegensatz zu anderen Teams – hier eher ein finanzielles als ein taktisches Problem.

Für 2002 schaffte es Stoddart aber, das Team auf eine deutlich gesündere Basis zu stellen – durch neue Sponsoren, vor allem aber, weil die hohen Kosten für die Motoren wegfallen: Der neue Partner Asiatech liefert gratis. Auch bei der Fahrerwahl bewies Stoddart kein so schlechtes Händchen: Sein neu verpflichteter australischer Landsmann Mark Webber bringt die Leistung, der Malaysier Alex Yoong, schon in der Formel 3000 nie sehr erfolgreich, vor allem das Geld. Stoddart hat auch schon bewiesen, dass er gar nicht daran denkt, vor dem Formel-1-Establishment zu kuschen. Als Anfang 2002 aus den Überresten des in Konkurs gegangenen Prost-Teams ein neues Team mit allen alten Rechten entstehen sollte, machte sich Stoddart zum Wortführer der Opposition. Dies geschah freilich aus durchaus eigennützigen Gründen. Denn eine Rückkehr von »Prost-Phoenix« durch die Hintertür hätte Minardi garantiert den Platz unter den Top Ten der Konstrukteure und damit viel Geld gekostet – Transportkostenerstattung und Fernsehgelder. So bleibt die Frage offen.

## Ove Andersson, Toyota

*geb. 3. 1. 1938*

Von der Optik sollte sich niemand täuschen lassen. Mag der weißhaarige Toyota-Chef Ove Andersson mit seinem freundlichen Lächeln auch den Eindruck eines liebenswürdigen älteren Herren vermitteln – der 62-jährige Schwede bringt mehr Härte und Motorsporterfahrung mit, als man ihm auf den ersten Blick zutraut. In den 60er- und 70er-Jahren war er selbst ein erfolgreicher Rallyefahrer. Unter anderem gewann er die Rallye Monte Carlo oder die Safari – zeitweise übrigens mit Jean Todt als Kopiloten. Dann baute er als Motorsport-Manager das Toyota Team Europe auf, kurz TTE, mit Sitz in Köln. Es wurde zu einem der erfolgreichsten Rallyeteams der Geschichte, war aber auch im Langstreckensport sehr erfolgreich. 1998 wurden die Japaner Zweite bei den 24 Stunden von Le Mans.

Ove Andersson hat schon vor dem Einstieg in die Formel 1 klar gemacht, dass er sich durchsetzen kann, und zwar sowohl mit einigen internen Personalentscheidungen als auch mit durchaus sicherem Auftreten gegenüber seiner zukünftigen Konkurrenz – zum Beispiel, als es um die Durchsetzung gewisser Testrechte für sein Team im Vorbereitungsjahr 2001 ging.

Der Schwede hatte nie Bedenken, sich der Herausforderung Formel 1 zu stellen, obwohl er ebenso wie 80 Prozent seines Teams noch nie in der Königsklasse gearbeitet hat. Da fühlt er sich ganz der Tradition und Linie seines Arbeitgebers verpflichtet: »Es entspricht der Firmenkultur von Toyota, Herausforderungen in vollem Umfang anzunehmen und mit einem Projekt vom Startpunkt null anzufangen. Auf diese Weise kann zumindest kein Zweifel aufkommen, wer jeweils die Verantwortung für Erfolg und Misserfolg trägt.«

Paul Stoddart gelang es, die chronisch dünne **Finanzdecke** von Minardi ein wenig zu verstärken.

Der ehemalige Rallye-Star und heutige Toyota-Teamchef Ove Andersson ist mit beachtlichen Leistungen in die Formel I gestartet.

# Die großen Techniker und Strategen

Die Teamchefs prägen das Bild der Formel 1 nach außen sehr stark mit. Sie haben durch ihr Auftreten, ihre Führungsqualitäten und ihr Handeln hinter den Kulissen mittel- und langfristig gewiss großen Einfluss auf ihre Teams. An der Strecke selbst, aber auch in der technischen Vorbereitung, der Konzeption der Autos, da spielen sie eher eine untergeordnete Rolle.

Die Rennstrecke, die Box, die Boxenmauer, das ist die Spielwiese der Techniker, der Ingenieure und der Strategen. Von ihnen wird erwartet, dass sie auch unter hohem Zeit- und Erfolgsdruck effektive, schnelle und auch noch richtige Entscheidungen treffen können. Im Werk hingegen, in den CAD-Computer-gespickten Konstrukteursbüros, da sind es die Designer, in deren Händen und vor allem Köpfen der zukünftige Erfolg liegt.

Ihre Gesamtzahl ist weit größer als die der »Bosse«, ihre Rollen nicht immer so klar und eindeutig definiert, dass sich in jedem Einzelfall klären ließe, ob sie nun zu den Köpfen eines Teams gehören oder nicht. Bei einigen steht das freilich außer Zweifel.

## Ross Brawn, Ferrari
*geb. 23. 11. 1954*

Hinter Michael Schumachers überwältigenden Erfolgen stand und steht in erster Linie ein Mann: Ross Brawn, der Technische Direktor von Ferrari. Er ist nicht nur Chefkonstrukteur der letzten so überlegenen Ferrari-Modelle, wobei er in Chefdesigner Rory Byrne einen genialen Partner hat, sondern vor allem auch der große Stratege an der Boxenmauer – ein Mann, der besser und schneller als alle anderen auf spezielle Rennsituationen reagieren und im Notfall auch in allerkürzester Zeit ganz schnell neue Strategien austüfteln kann.

»Er ist einfach der große Meister in unserem Team«, schwärmte Schumi schon nach seinem Titelgewinn 2000 in Suzuka. »Einerseits ist es natürlich fast ein bisschen unfair, ihn so in den Vordergrund zu stellen. Aber im entscheidenden Moment ist er einfach derjenige, der immer die richtigen Entscheidungen trifft. Er hat uns in diesem Jahr zum Weltmeister gemacht. Auf der anderen Seite braucht er natürlich auch die Unterstützung durch all unsere anderen tollen Ingenieure und die Mechaniker, die perfekt arbeiten müssen.«

Fünf Jahre lang hat Brawn nach seinem Ingenieurs-Studium im englischen Atomforschungszentrum von Harwell gearbeitet. 1976 kam der Rennsportfan zum Motorsport. Zunächst lernte er acht Jahre bei Williams wirklich alle Facetten von Design und Produktion eines Formel-1-Autos kennen, dann führte sein Weg über Haas-Lola, Arrows und Jaguar zu Benetton, wo die Erfolgspartnerschaft mit Michael Schumacher begann. Zweimal führte ihn Brawn schon bei Benetton zum Titel, ehe sich die beiden für nur ein Jahr trennten. Dann holte der zu Ferrari gewechselte Schumacher seinen Lieblingstechniker nach Italien nach.

Denn der geniale Fahrer braucht den genialen Techniker – und umgekehrt. Für Brawn ist Michael Schumacher der ideale Partner im Auto, der seine Ideen und Strategien perfekt umsetzen kann. »Er ist nicht nur über eine Runde schnell, er kann ein hohes Tempo über lange Zeit halten. Er hat keine plötzlichen, überraschenden Einbrüche. Und das erlaubt es mir, Strategien auszuarbeiten, die andernfalls vielleicht zu riskant wären. Die Anzahl der Fehler, die er macht, ist unglaublich gering, selbst wenn er voll fahren muss. Deshalb gewinnt er manchmal auch Rennen, von denen man schon glaubte, sie würden eigentlich jemand anderem gehören. Er lässt keine Chance aus.«

Auch im technischen Bereich entspricht Schumacher genau den Vorstellungen, die Brawn vom optimalen Formel-1-Piloten hat: »Er kann das Verhalten des Autos bis ins kleinste Detail beschreiben, und dann lässt er uns analysieren, warum dies oder jenes Problem auftaucht. Anschließend beteiligt er sich an der Diskussion, die uns über viele verschiedene Vorschläge auf den Weg zu einer Lösung führt. Es wäre nämlich falsch, wenn ein Fahrer an die Box käme und sofort nach einer ganz bestimmten Einstellung verlangen würde.«

So wird Brawn wohl mindestens noch so lange in

Er ist der Techniker, der hinter den Erfolgen Michael Schumachers steht. Der geniale Konstrukteur und Stratege Ross Brawn begleitete den Champion von Benetton zu Ferrari.

Italien bleiben, wie auch Schumacher bei Ferrari fährt – die Verträge bis 2004 sind ja schon lange unterschrieben. Auch wenn es immer wieder einmal hieß, Brawn denke daran, nach England zurückzukehren, da sich seine Frau Jean in Italien nicht so wohl fühle. Ihm selbst, dem begeisterten Angler, geht in Italien höchstens eines ab: die Besuche bei den Spielen seines Clubs Manchester United – leidenschaftlicher Fußballfan ist er nämlich auch. Womit er noch etwas mit Michael Schumacher gemeinsam hat …

## Adrian Newey, McLaren

*geb. 26. 12. 1958*

Immer wieder und zuletzt im Sommer 2001 war der umworbenste Mann in der Boxengasse kein Fahrer, sondern ein Ingenieur, der das Rampenlicht gar nicht so liebt und seine Arbeit lieber ruhig im Hintergrund macht. Trotzdem ist Adrian Newey, der Chefdesigner von McLaren, einer der ganz großen Stars der Branche. Jahrelang galt er als der unumstritten beste Aerodynamiker der Formel-1-Szene und als einer der entscheidenden, vielleicht sogar als der entscheidende Mann hinter den Erfolgen der McLaren-Mercedes-Silberpfeile Ende der 90er-Jahre.

Zu Beginn seiner Karriere feierte Newey in Amerika mit March Erfolge in der Sportwagen- und IndyCar-Szene. Als March 1987 wieder in die Formel 1 zurückkehrte, wurde er zum Technischen Direktor des neuen Projekts ernannt, das schnell überraschende Erfolge vorweisen konnte, und das trotz eines nicht konkurrenzfähigen Motors.

Zu Beginn der 90er-Jahre verhalf Newey, der einen Universitätsabschluss in Aeronautik und Astronautik vorweisen kann, zusammen mit Patrick Head den Williams-Renault zu jener Überlegenheit, die ihnen vier Fahrer- und fünf Konstrukteursweltmeisterschaften eintrug. Nachdem er im Sommer 1997 zu McLaren-Mercedes gewechselt hatte, begann auch dort die Erfolgsserie mit den Fahrertiteln 1998 und 1999 für Mika Häkkinen und dem Konstrukteursweltmeistertitel 1998. »Mit einigen kleinen Änderungen hat er damals das Auto auf einen Schlag viel leichter fahrbar gemacht – und damit

auch schneller«, staunten Mika Häkkinen und David Coulthard.

Kein Wunder, dass dieses Genie von allen anderen Teams umworben wurde. Zeitweise war man auch bei Ferrari interessiert, bevor die Kombination Schumacher–Brawn im Jahr 2000 doch endlich den Titel nach Maranello holte, und zuletzt wurde Newey von Jaguar heftig umworben. Im Sommer 2001 glaubte Niki Lauda schon, Newey von Ron Dennis abgeworben zu haben, konnte er doch bereits ein unterzeichnetes Papier – Absichtserklärung, Vorvertrag oder was auch immer – vorweisen, doch der Star überlegte es sich zuletzt doch noch einmal anders.

Es wurde viel darüber gerätselt, warum Newey, der offensichtlich wirklich hatte wechseln wollen, der schon Wochen und Monate zuvor von der »Suche nach einer neuen Herausforderung« gesprochen hatte, noch einmal eine Kehrtwendung vollzog. Wollte er wirklich nur noch mehr Geld von McLaren? Wollte er die Zusicherung von Ron Dennis erzwingen, sich ab 2003 auch mit anderen Projekten außerhalb der Formel 1 beschäftigen zu können? Newey hatte ja schon öfters angedeutet, dass er sich durch das »immer strengere Reglement der Formel 1« eingeschränkt fühle und dass ihm nicht gefalle, wie sein Spezialgebiet, die Aerodynamik, gegenüber der Motorentechnologie und der Elektronik ins Hintertreffen gerät.

Tatsache ist, dass Neweys letzte Konstruktionen nicht mehr ganz so erfolgreich waren wie die zuvor. Das mag zu einer gewissen Frustration geführt haben. Was der Großmeister der Aerodynamik für die Zukunft wirklich plant, weiß wohl nur er selbst.

## Patrick Head, Williams

*geb. 5. 6. 1946*

Größer hätte der Lacherfolg kaum sein können: »Er ist ja ein sehr netter und umgänglicher Mensch«, antwortete Jacques Villeneuve mit unübersehbarem Grinsen auf die Frage, was denn nun den Kolumbianer Juan-Pablo Montoya als Partner von Patrick Head bei Williams erwarte. Denn mit diesen Attributen würde wohl kaum ein anderer im Formel-1-Zirkus den Wil-

Adrian Newey, das »Genie der Aerodynamik«. Seit der Jahrtausendwende kämpft er bei McLaren-Mercedes mit Problemen.

Besonders sensible Fahrer haben mit dem cholerischen Patrick Head mitunter ihre Schwierigkeiten.

Williams wieder Anschluss an die Spitze gefunden. Besonders der »kleine« Schumacher ist zudem ein Beispiel dafür, dass man mit Head durchaus zurechtkommen kann. Denn der hält im Zweifelsfall dagegen und fordert bisweilen auch kategorisch: »Entweder ihr macht das jetzt so, wie ich das haben will, oder ich steige nicht mehr ein!« Das ist die Sprache, die Head versteht, mit solchen Reaktionen kann er umgehen. Noch heute schwärmt der Brite deshalb von Alan Jones, der 1980 die erste Weltmeisterschaft für Williams einfuhr. Der typische »Aussie« von »down under«, passte bestens in Heads Weltbild: laut, bullig, auch mal mit einer Bierdose in der Hand ...

»Aber der einzige Fahrer, vor dem Patrick von Anfang an Respekt hatte, vor dem auch er strammstand, das war Ayrton Senna«, erinnern sich altgediente Williams-Mitarbeiter noch heute. Ironie des Schicksals, dass Senna durch einen technischen Defekt starb, der eindeutig in Heads Zuständigkeitsbereich, die Mechanik, fiel. Und noch eine dieser eigenartigen Geschichten, die die Formel 1 manchmal schreibt: Heute ist Patrick Head mit der Brasilianerin Beatrice Assumpcao verheiratet, die von 1990 bis 1994 Sennas Pressesprecherin war. Die beiden haben zwei Kinder.

liams-Chefingenieur beschrieben haben. Dessen Wutausbrüche nämlich sind genauso berühmt-berüchtigt wie die Sturheit, mit der er seine Vorstellungen durchzusetzen pflegt. Legionen von Williams-Piloten können ein Lied davon singen, und die sensibleren unter ihnen haben sicher schwer unter Heads cholerischem Temperament gelitten, etwa Damon Hill und zuletzt ganz besonders Heinz-Harald Frentzen, dessen Karriere an Heads vollständiger Verständnislosigkeit fast zerbrochen wäre.

Doch der Technische Direktor, der nicht nur Teilhaber, sondern in vieler Hinsicht auch heimlicher Teamchef ist, seit Frank Williams durch seinen Unfall körperlich schwer behindert ist, kann sich durchaus rechtfertigen. Denn schließlich war er es, der – lange zusammen mit Adrian Newey – hinter den großen Williams-Erfolgen der vergangenen Jahre und Jahrzehnte stand: Sieben Fahrer- und neun Konstrukteurstitel kann sich Patrick Head gutschreiben. Und die Partnerschaft Williams–Head funktioniert seit 1975. Und seit 1977, dem Jahr, in dem das Team unter seinem heutigen Namen gegründet wurde, ist Head Teilhaber, »der zwar nur 30 Prozent besitzt, aber mindestens 70 Prozent der Arbeit macht«, wie »Rollstuhl-General« Frank Williams gern zu scherzen pflegt, und er setzt hinzu: »Das ist eine Aufteilung, mit der ich sehr gut leben kann.«

Nach dem Wechsel Adrian Neweys zu McLaren galt es eine gewisse Durststrecke zu überwinden, und manche glaubten schon, allein könne Head eben doch kein siegfähiges Auto schaffen. Aber in der Partnerschaft mit BMW, mit den Fahrern Ralf Schumacher und Juan-Pablo Montoya hat

## Gustav Brunner, Toyota
*geb. 12. 9. 1950*

Unter den Erfolgskonstrukteuren der Formel 1 ist der Österreicher Gustav Brunner wohl derjenige, der die meisten Erfahrungen mit verschiedenen Teams gesammelt hat. Der Steirer begann seine Laufbahn 1978 bei ATS, wechselte dann zu Arrows, kehrte aber zu ATS zurück, wo er 1983 das Auto für den BMW-Turbomotor baute. Seine ständigen Querelen mit Teamchef Günter Schmid sind in der Formel 1 Legende. Nach Zwischenstopps bei Alfa und RAM holte ihn 1986 Ferrari. Dort sollte er eigentlich ein Chassis für die amerikanische CART-Serie entwickeln, doch dieses Projekt verlief nach einiger Zeit im Sande. Die nächsten Stationen waren Rial (1988), also ein erneuter Versuch mit Günter Schmid, dann Zakspeed (1989) und Leyton House-March

(1989–91). Anschließend ging Brunner erstmals für zwei Jahre als Technischer Direktor zu Minardi. Ende 1993 kehrte er zu Ferrari zurück, diesmal in der Formel 1, und blieb bis 1997, ehe er wieder zum »kleinen Bruder« Minardi zurückkehrte.

Was Brunner bei Minardi mit geringsten finanziellen Mitteln auf die Beine gestellt hat, verdient alle Anerkennung. Als ihm aber im Frühjahr 2001 Toyota-Chef Ove Andersson ein gutes Angebot machte, konnte Brunner der Verlockung nicht widerstehen, endlich wieder einmal aus dem Vollen schöpfen und zeigen zu können, was er zu leisten vermag. Innerhalb weniger Wochen hatte Brunner den laufenden Vertrag aufgekündigt und war von Faenza nach Köln gewechselt.

Die bösen Unkenrufe, man habe Brunner nur dehalb zu Toyota geholt, »weil er von Minardi her die Stromanschlüsse in der letzten Box schon kennt«, verstummten bereits nach den beiden ersten Rennen. Aber der Österreicher will mehr: Er will beweisen, dass er nicht nur aus wenig sehr viel zu machen und ein schwaches Team ans Mittelfeld heranzuführen versteht, sondern dass er sehr wohl auch in der Lage ist, die letzte Sekunde zur Spitze zu finden.

## Mario Illien, Mercedes
*geb. 2. 8. 1949*

Er ist Schweizer, arbeitet im englischen Brixton und seine Formel-1-Motoren gelten als deutsch. Schließlich baut Mario Illien sie seit 1994 für Mercedes, und das mit größtem Erfolg. Zwei Fahrer- und einen Konstrukteurstitel hat seine Arbeit eingetragen.

Illien hatte gerade seine Ausbildung zum Technischen Zeichner beendet, als er den Einstieg in den Rennsport schaffte – als Mechaniker des schwedischen Formel-1-Piloten Joakim Bonnier, der damals am Genfer See lebte. Wenig später versuchte er sich an der Konstruktion eines Vierzylinder-Formel-2-Motors auf der Basis eines Chrysler-Simca.

Zu diesem Zeitpunkt besuchte er bereits die Technische Universität in Biel, wo er 1977 zum Ingenieur graduierte. Bald erhielt er ein Angebot

der renommierten Motorenschmiede Cosworth im englischen Northampton. Dort arbeitete er die nächsten fünf Jahre, und dort lernte er auch seinen zukünftigen Partner kennen – den Engländer Paul Morgan. 1984 machten sich die beiden selbstständig und gründeten die Firma Ilmor. Die ersten großen Erfolge feierte das neue Hightech-Unternehmen in den USA: Mit Partner Roger Penske und der General-Motors-Abteilung Chevrolet entwickelten sich die Ilmor-Motoren zu ernsthaften Konkurrenten für die bis dahin dominierenden Cosworth-Triebwerke. Sie gewannen zwischen 1987 und 1993 fünf Meistertitel und sechsmal die 500 Meilen von Indianapolis.

1994 kam ein siebter Indy-Triumph dazu – diesmal mit Mercedes, Penske und einem speziell für dieses Rennen in der Rekordzeit von 26 Monaten gebauten Achtzylindermotor. Es war der spektakuläre Beginn einer äußerst erfolgreichen Partnerschaft. Im gleichen Jahr kam erstmals auch der von Illien für Mercedes konstruierte Formel-1-Zehnzylinder zum Einsatz, damals bei Sauber, ab 1995 dann bei McLaren.

Im Jahr 2001 musste Illien einen schweren Schicksalsschlag hinnehmen, als sein Partner und Freund Paul Morgan, der sich in der Firma vor allem um die kaufmännische und Management-seite kümmerte, speziell im Amerika-Geschäft, beim Absturz mit einem kleinen Privatflugzeug ums Leben kam.

Mario Illien konnte schon vor der Verpflichtung durch Mercedes mit seinen Ilmor-Motoren beachtliche Erfolge erringen.

Der Weltmeistermotor 1999 kam aus der Motorenschmiede Mario Illiens.

# Akteure im Hintergrund

## Die Mechaniker

Den undankbarsten Job in der Formel 1 haben sicherlich die Mechaniker. Ungeheuer verantwortungsvoll ist ihre Arbeit, liegt doch das Leben der Fahrer buchstäblich in ihren Händen. Der kleinste Fehler kann im schlimmsten Fall tödliche Folgen haben, auf jeden Fall aber über Erfolg und Misserfolg entscheiden. Dabei weiß jeder – gegen Fehler ist niemand gefeit, sie können überall passieren, »auch wenn man natürlich alles tut, um das zu vermeiden«, wie McLaren-Chef Ron Dennis beteuerte, nachdem seinem Team im Sommer 2001 einige vermeidbare Pannen unterliefen.

Allerdings sollte man mit dem Begriff »vermeidbar« vorsichtig sein. Viele Fehler, die in der Formel 1 passieren, haben ihre eigentliche Ursache in Stress und Überlastung, oft in simpler Übermüdung. Die Arbeitszeiten der Mechaniker an einem Rennwochenende sind oft schon brutal zu nennen, aber bis jetzt hat noch niemand eine praktikable Lösung gefunden, dieses Problem zu lösen. Oft beginnt der Arbeitstag morgens um sechs und endet nach Mitternacht mit der Rückkehr ins Hotel. Die Bilder von mehr oder weniger schlafenden Mechanikern in den Boxen während eines Rennens sind eher die Regel als die Ausnahme. Denn die Zeit zwischen den Tankstopps ist für sie fast die einzige Gelegenheit für eine Pause.

So hoch die Arbeitsbelastung der Mechaniker ist, so bescheiden – jedenfalls für Formel-1-Verhältnisse – sind ihre Gehälter. Wer auf 3000 Euro brutto im Monat kommt, gehört schon zu den Besserverdienenden. Nur bei Toyota geht es üppiger zu, denn die Neulinge aus Japan mit Sitz in Köln wedeln seit ihrem Einstieg gern mit dicken Schecks, um Fachkräfte zu bekommen.

»Die zahlen das Doppelte von dem, was wir in Franken zahlen, in D-Mark«, klagte der Schweizer Teamchef Peter Sauber im Sommer 2001, dem die Konkurrenz auf diesem Weg sechs Leute abwarb.

Harte Arbeit und eine hohe Verantwortung bei durchschnittlichem Einkommen, dazu das ständige Leben aus dem Koffer – worin liegt der Reiz? Teil des gigantischen Formel-1-Zirkus zu sein, ist sicherlich ein Teil davon, das Bewusstsein, zu den Spitzenkräften der eigenen Zunft zu gehören, ein anderer. Und natürlich gehören die Mechaniker zu denen, die oft etwas mehr wissen als andere: Als 1994 alle Welt vermutete, bei Benetton fahre man mit einer damals noch unzulässigen Traktionskontrolle, konnte der eine oder andere Kumpel eines damaligen Benetton-Top-Mechanikers – heute bei einem anderen Team in verantwortungsvoller Position, weswegen seine Anonymität gewahrt werden muss – schon erfahren: »Natürlich haben wir alles, was

Unten: Auch reizvoller weiblicher Umgang gehört hin und wieder zu den Sonnenseiten eines Mechanikerdaseins in der Formel 1.

Für Techniker und Mechaniker der Formel 1 ist der Computer als Werkzeug wichtiger geworden als der Schraubenschlüssel.

man uns vorwirft – und noch ein bisschen mehr!«

Reizvoll ist natürlich auch der Kontakt mit den Stars, den Fahrern, die in der Wertschätzung ihrer Mechaniker gewaltig steigen, wenn sie diese mit dem gebührenden Respekt behandeln, wie dies etwa Michael Schumacher und David Coulthard in vorbildlicher Weise tun: ein freundliches »Guten Morgen«, ein Handschlag für jeden – eigentlich normale Kleinigkeiten, die aber keineswegs selbstverständlich sind. Auf der anderen

Seite gab und gibt es Fahrer, die, wie anfangs Damon Hill, ihre Mechaniker mit Distanz und Arroganz behandelten und sich damit selbst Probleme schufen.

Der Spaßfaktor, in den guten alten Zeiten der Formel 1 ein weiteres Argument, das für den stressigen Job sprach, ist nicht mehr das, was er einmal war. Die gestiegene Professionalität in allen Bereichen hat vielen menschlichen Kontakten einen Riegel vorgeschoben. Selbst ein lockeres Gespräch mit Kollegen wird nicht mehr gern gesehen – es könnte ja jemand Geheimnisse verraten. Früher pflegte man sich zumindest bei den kleinen Teams gegenseitig Teile auszuborgen – heute nahezu undenkbar bei der allgemein herrschenden Geheimhaltungsmanie und Spionage-Paranoia.

Selbst das berühmt-berüchtigte Bootsrennen mit selbst gebastelten Wasserfahrzeugen auf der Olympia-Ruderregattastrecke von Montreal, einst ein beliebtes Gaudium der Mechaniker, ist schon vor Jahren den immer engeren Zeitplänen und den geringeren Freiräumen zum Opfer gefallen. Und wer heute, wie einst das berühmtberüchtigte Lotus-Duo Kenny und Clive, an der Tip-Top-Bar in Monaco geparkte Ferraris ihrer Räder entledigen und auf Backsteine stellen würde, der wäre am nächsten Tag wegen »teamschä-

Der Inder Balbir Singh kümmert sich um das leibliche Wohlergehen Michael Schumachers – und hat auch sonst noch einige Methoden parat, den Weltmeister in Topform zu halten.

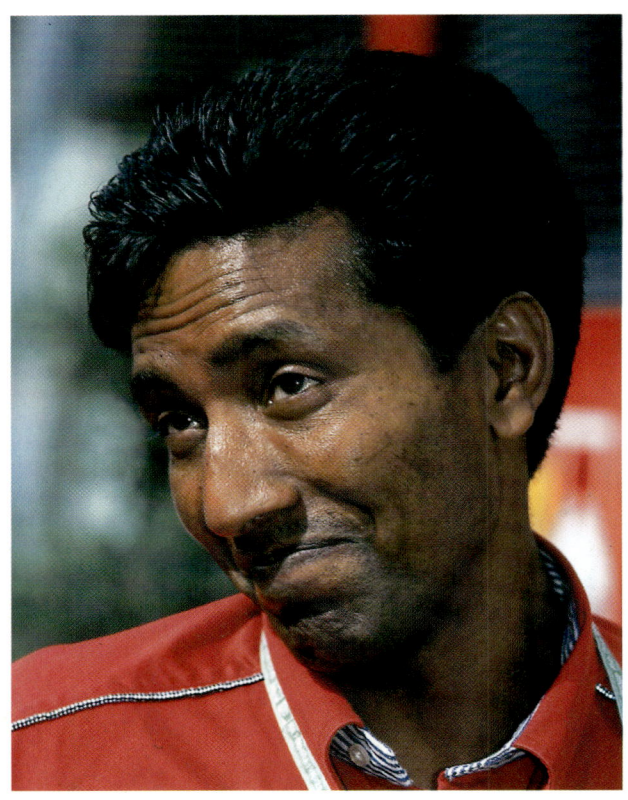

digenden Verhaltens« seinen Job los. Die Formel 1 ist schließlich ein ernsthaftes Geschäft, jeder Mitarbeiter verpflichtet, auch in seiner Freizeit die Interessen seines Arbeitgebers zu vertreten ...

## Die Physiotherapeuten

Die einen kümmern sich um das Wohlbefinden von Autos und Maschinen, die anderen um die Piloten: Physiotherapeuten und Fitnessbetreuer, entweder vom Team oder von den Fahrern selbst angestellt, sind inzwischen Standard. Diesen Trend begründete Niki Lauda schon 1976, als er sich nach seinem Rippenbruch beim berühmt gewordenen Traktorunfall zu Hause in Salzburg die Dienste des österreichischen Fitness-Gurus Willy Dungl sicherte. Dungl blieb Laudas Nothelfer in allen weiteren körperlichen Problemen und Notlagen, auch bei Laudas Comeback in den 80ern. Laudas Teamkollege Alain Prost und auch McLaren-Chef Ron Dennis erkannten sofort die Bedeutung dieses neuen Konzeptes. Denn nicht nur die Maschinen, sondern auch die Fahrer brauchen eine optimale Betreuung, um ihre volle Leistungsfähigkeit zu erreichen.

So wurden der Betreuer und Physiotherapeut zuerst bei McLaren zur festen Einrichtung, ehe im Laufe der Zeit die anderen nachzogen. Zunächst übernahm Dungls Tochter Andrea, eine Ärztin, für einige Zeit die Rolle der festen Teambetreuerin im Dennis-Team, dann folgte ihr zu Beginn der Ära Senna – Prost mit Josef Leberer derjenige Dungl-Schüler, der für eine ganze Generation von Nachfolgern auf diesem Gebiet die Maßstäbe setzte.

Durch seine ausgeklügelten Konzepte, die Trainingsprogramme, Ernährung sowie psychologische und mentale Betreuung umfassten, aber auch durch sensationelle Heilungserfolge nach Unfällen seiner Piloten wurde Leberer von einem Tag zum anderen zum Star der Branche. Mit Ayrton Senna verband ihn eine sehr enge, freundschaftliche Beziehung. Der Österreicher war eine seiner engsten Vertrauenspersonen, einer der wichtigsten Menschen in seinem Umfeld, und bei seinem Wechsel von McLaren zu Williams war es ganz selbstverständlich, dass auch der Physiotherapeut mitkam.

Leberer ist heute bei Sauber für Nick Heidfeld und Felipe Massa zuständig. Ein weiterer Vertreter der »Österreicher-Mafia«, Andreas Kos, kümmert sich als persönlicher Betreuer schon seit einigen Jahren um Heinz-Harald Frentzen.

Die »Österreich-Fraktion« unter den Physiotherapeuten: Erwin Göllner, der langjährige Physiotherapeut von Jacques Villeneuve (linke Seite unten rechts); der Freund und Fitnessbetreuer Ayrton Sennas, Josef Leberer (links unten), gilt als Star seiner Branche. Heute betreut er bei Sauber Nick Heidfeld und Felipe Massa; Leberers Lehrmeister Willy Dungl (rechts unten) sorgte einst für die Fitness Niki Laudas. Dungl starb am 1. Mai 2002.

In die Formel-1-Szene ist er über den Motorradsport gekommen: 1995 hatte Motorrad-Teamchef Dieter Stappert, der BMW-Rennleiter der Turbo-Zeit zu Beginn der 80er, bei seinem österreichischen Landsmann Leberer nach einem Betreuer für den damals in der 250-ccm-Klasse sehr erfolgreichen Ralf Waldmann gefragt, und Leberer hatte Kos empfohlen.

Ebenfalls Österreicher und auch aus der Dungl-Schule, ist der Salzburger Erwin Göllner. Er begann seine Laufbahn bei Williams zu den großen Zeiten von Damon Hill und Jacques Villeneuve und hat den Kanadier als dessen persönlicher Betreuer auch zu BAR begleitet. Göllner steckt viel Tüftelarbeit in die optimale Vorbereitung seiner Piloten. Unter anderem hat er einige Trainingsmaschinen entwickelt, um besonders beanspruchte Muskeln, vor allem die Halsmuskeln, zu stärken.

Auch Ralf Schumacher hat mit Daniel Dobringer, früher als Wasserskifahrer selbst ein recht erfolgreicher Sportler, einen Österreicher an seiner Seite. Der hat allerdings ein richtiges Sportstudium absolviert, kommt daher eher aus dem Trainer- als aus dem Physiotherapeuten-Lager und gilt deshalb unter den Kollegen ein wenig als Außenseiter.

Bei den deutschen Fahrern hat nur Michael Schumacher keinen österreichischen Physiotherapeuten, jedenfalls seit seinem Wechsel zu Ferrari. Seit 1996 betreut ihn Balbir Singh – freilich

als Nachfolger des Österreichers Harry Hawelka. Als sich Schumacher und Hawelka – unter anderem über finanzielle Fragen – nicht mehr einig wurden, empfahl ein Onkel des Kerpeners Balbir. Der gebürtige Inder, der in Neuwied am Rhein lebt, hält sich gerne still im Hintergrund: »Ich bin sein Mädchen für alles«, lächelt er mit der Ruhe eines indischen Gurus, wenn er nach Details seiner Aufgaben gefragt wird. Sicher ist, dass er sich um Schumachers ausgewogene Ernährung genauso kümmert wie um dessen Fitnesstraining und dass er ihm stets die kleinen Wehwehchen und Verspannungen wegmassiert. Balbir ist aber auch zur Stelle, wenn es etwa darum geht, für Schumachers Töchterchen Gina-Maria ein kleines Geschenk zu besorgen. Aber vor allem in Sachen psychologische Betreuung, die für Spitzensportler stets eine sehr wichtige Rolle spielt, hat Balbir seine eigenen Methoden, die, wie man sieht, sehr erfolgreich sind. Aber darüber spricht er nicht. Mehr als die sehr allgemeine Weisheit, dass Körper, Seele und Geist zusammengehören, lässt er sich nicht entlocken. Alles weitere ist absolute Privat- und Vertrauenssache.

## Die Pressesprecher

Auch persönliche Pressesprecher sind, neben den offiziellen der Teams, Motoren- und Reifenhersteller – zumindest bei den Superstars, aber mehr und mehr bei fast allen Fahrern – inzwischen üblich, um den immer größeren Medienandrang zu kanalisieren. Bei Michael Schumacher kümmerte sich bis Ende 1999 Heiner Buchinger darum, der dann von Sabine Kehm abgelöst wurde, später aber für ein Jahr wieder an der Seite von Michaels Bruder Ralf auftauchte, ehe dort der Österreicher Thomas Hofmann diese Funktion übernahm. Sabine Kehm, eine etablierte Motorsport-Journalistin, zunächst bei der »Welt« dann bei der »Süddeutschen Zeitung«, hat Sportpublizistik in Köln an der Deutschen Sporthochschule studiert und ist auch Diplom-Sportlehrerin. Sie organisiert Interview-Termine, Pressekonferenzen und ist vor allem erste Ansprechpartnerin für all die Hundertschaften von Journalisten, die an jedem Rennwochenende und dazwischen

»mal ganz schnell« eine Information oder eine Aussage zu einem bestimmten Thema brauchen. Sie liefert die begehrten »Originaltöne« vom Band, wenn Schumacher selbst keine Zeit hat, alles für jeden Einzelnen hundertmal zu wiederholen – was logischerweise fast immer der Fall ist. Schumi ist nicht da? Kein Problem! Sabine weiß ja ganz genau, was er gesagt hat. Da sie – im Gegensatz zu manch anderen Presse- und PR-Leuten, aus der Praxis, sogar aus der unter extremem Aktualitätsdruck stehenden Tageszeitungsszene, kommt, kennt sie die Bedürfnisse der Kollegen bestens und kann optimal darauf eingehen. Dass es auch bestens funktionieren kann, wenn die Pressesprecher nicht aus der Medienszene kommen, aber bereit sind, wirklich auf die Bedürfnisse, Zeitpläne etc. der einzelnen Medien und Journalisten einzugehen, zeigt das Beispiel Nick Heidfeld. Als dieser im Jahr 2000 in die Formel 1 kam, informierte sich die Assistentin seines Managers Werner Heinz, Brigitte Schmitt, erst einmal eingehend bei erfahrenen Journalistenkollegen, hörte zu, bat auch selbst um Tipps und Ratschläge und setzte sie um. Heute erledigt sie den Job – und noch ein paar andere nebenher, wenn es etwa darum geht, Heidfeld an der Rennstrecke gewissen Alltagskram vom Hals zu halten – zwar ohne offiziellen Titel, aber mindestens genauso gut wie viele gelernte Medienprofis. Dazu kommen natürlich die Heerscharen von Presse- und PR-Leuten der Teams, Motoren- oder Reifenhersteller und auch der großen Sponsoren, die die Medien gleichzeitig informiert und ihnen wohlgesinnt – und ihren Fahrern und Teammitgliedern möglichst vom Hals – halten sollen. Gerade die Sprecher der großen Konzerne mit ihren Hierarchien und ihrer hoch komplizierten Politik stehen oft vor sehr schwierigen Aufgaben. Ihre Arbeit gleicht mitunter einer Gratwanderung, es allen recht zu machen, ist fast unmöglich.

Freilich gibt es dabei graduelle Unterschiede – in der Effizienz und in der Ehrlichkeit. Denn bei einigen, so lästern nicht nur böse Zungen, wisse man nicht so recht, ob ihre Hauptaufgabe eigentlich in der Informationsverbreitung oder eher in Informationsverhinderung liege. Die offiziellen Pressemitteilungen mancher Teams nach Training und Rennen sind oft so geschönt, um kein drastischeres Wort zu gebrauchen, »dass man sich das Papier dafür eigentlich sparen könnte«.

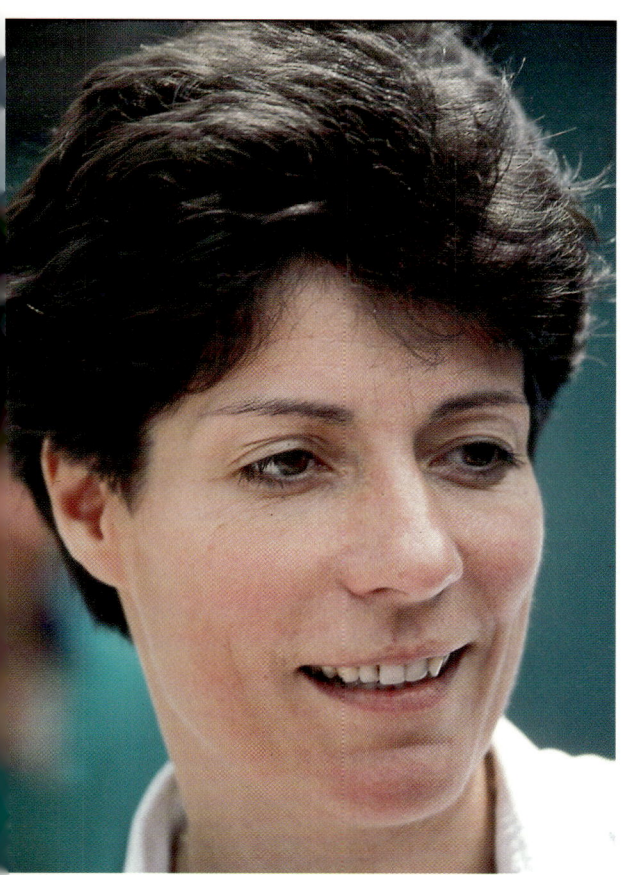

Agnes Carlier (links) ist die dienstälteste Pressesprecherin der Formel 1 und war jahrelang für Marlboro tätig. Heute arbeitet sie für Sauber. Sabine Kehm (rechts) hingegen gehört noch zu den eher neuen Gesichtern. Als Pressesprecherin Michael Schumachers zählt sie zu den wichtigen Ratgebern des Weltmeisters.

# Das leibliche Wohl – Motorhomes und Catering

Ein Blick ins Fahrerlager eines heutigen Grand Prix macht es auch optisch deutlich: Die Technik, die Transporter, die Autos – viel mehr als 50 Prozent des Gesamtvolumens nimmt das alles nicht mehr ein. Der Rest gehört der Repräsentation, der Show und Unterhaltung, den kulinarischen Genüssen, auch dem Sehen-und-gesehen-Werden. Die Zeiten, in denen Ken Tyrrells Ehefrau Nora in einer Ecke des Transporters für die Mechaniker Tee kochte und Sandwiches schmierte, sind lange vorbei, die der »normalen« Motorhomes, mit Vorzelt, ein paar Tischen und Stühlen, ein paar kalten Getränken und vielleicht mittags noch einem kleinen Salatbuffet, auch.

## Ein Wunder in Silber

Die Formel-1-Saison beginnt in Europa bereits seit Jahren in Imola. Deshalb tauchen dort auch die jeweils neuesten rollenden Heimstätten der Teams auf. 2002 war das meistbestaunte Objekt im Fahrerlager das neue Motorhome von McLaren-Mercedes: Eigentlich ist es ja gar kein Motorhome mehr, sondern ein perfekt durchgestylter Glaspalast in Containerbauweise in Grau und Silber, der den schönen Namen »Communication Centre« trägt. »Es ging uns vor allem darum, noch mehr Einheit im Team zu schaffen«, erklärte McLaren-Chef Ron Dennis. »Früher hatten wir drei getrennte Motorhomes, eines für McLaren, eines für Mercedes und eines für West. Das hat dazu geführt, dass letztlich doch jede Gruppe in gewisser Weise ihre eigenen Wege gegangen ist. Jetzt sind alle zusammen – und das kann auch der internen Kommunikation und damit letztlich dem Erfolg nur gut tun.«

Die Kritik, warum man sich mit solch aufwendigen Projekten beschäftige, obwohl die Technik auf der Strecke nicht überzeugen könne, ließ Dennis nicht gelten: »Wo ist das Problem, wenn wir versuchen, in jedem Bereich die Besten zu sein. Und von unseren Technikern hat keiner dieses Projekt, bevor es hier stand, auch nur gesehen, geschweige denn sich damit beschäftigt.«

Dabei soll das Wunderwerk aus sechs Modulen, das in 15 Stunden von zehn Arbeitskräften auf- und wieder abgebaut werden kann, nicht teurer sein als die »Normalausstattung«. Man spricht von fünf bis sechs Millionen Euro: »Das Ganze ist ein Konzept, das auf fünf Jahre ausgelegt ist. So lange werden wir es benutzen. Fünf Jahre lang mit drei Motorhomes unterwegs zu sein, die immer wieder modernisiert und erneuert werden müssen, ist auch nicht billiger. Und dafür haben wir hier ganz andere Möglichkeiten. Das Ganze ist voll klimatisiert, es gibt schallisolierte Räume für Konferenzen oder Interviews, die Möglichkeit, auch größere Gruppen von Gästen gleichzeitig zu bewirten« – selbst mit großen Menüs. Denn auch der Küchenbereich ist systematisch aufgebaut, wie in echten Spitzenrestaurants.«

Da mögen Kritiker noch so gern über die englische Küche lästern – zumindest in diesem

Linke Seite: Auch in kulinarischer Hinsicht war Mercedes Spitze. Links: Außenansicht des McLaren-Motorhomes 2002

Peter Deng und Wilfried Dieufaitre (oben) verwöhnen die BMW-Crew, »Noldi« (unten) das Sauber-Team.

det auch die höchste Anerkennung der BWM-Führung. Ob Gerhard Berger oder Dr. Mario Theissen – alle schwärmen von Joschi und Co.: »Wenn unsere Motoren genauso gut sind, können wir zufrieden sein.«

Die beiden Hoteliers, Chefs der »Roten Wand« in Lech am Arlberg, sorgen umsichtig dafür, dass sich Teammitglieder und Gäste zu jeder Zeit wohl fühlen. Küchenchef Peter Deng ist zusammen mit seinem Assistenten Wilfried Dieufaitre verantwortlich für die Köstlichkeiten auf dem Teller. Der bescheidene Österreicher erzählt's ja nicht gern – aber er gehört zur Spitzenklasse seiner Zunft und kann Praktika im Tantris in München und bei Heinz Winkler in Aschau vorweisen. »Leichte Küche mit bayerisch-österreichischen Anklängen und auch mal regionalem Touch aus dem Land, in dem wir gerade sind, gut, aber nicht zu kompliziert und überspannt«, das ist seine Maxime. Alles ist liebevoll zubereitet und wird auch optisch perfekt präsentiert. Teurer als die überquellenden Buffets anderer Caterer ist das auch nicht und die Quote dessen, was übrig bleibt und im Abfall landet, wesentlich geringer.

Legendären Ruf genießt der Apfelstrudel mit Vanillesauce, den die charmanten Gästebetreuerinnen Michaela und Tanja gern und oft servieren – auch über die Grenzen des eigenen Teams hinaus. Michael Schumacher kommt gern vorbei, nicht nur, um Bruder Ralf zu besuchen, sondern auch, um sich an dieser Köstlichkeit zu erfreuen – und in seinem Schlepptau ist auch Ferrari-Rennleiter Jean Todt immer wieder mal Kaffeegast bei der weiß-blauen Konkurrenz. »Das finden wir auch toll«, sagt Rudi Walch, »und es passt zu der freundlichen Atmosphäre, die im Fahrerlager zwischen den Motorhome-Leuten

Bereich kämpft McLaren-Mercedes jetzt wieder mit guten Aussichten um die Führungsposition im Fahrerlager mit.

## Weißblaue Tafelfreuden

Mit im Rennen um die kulinarische Pole-Position ist auch das neue Motorhome von Michelin, wo in gediegenem, holzgetäfeltem Ambiente französische Küche vom Feinsten geboten wird. Aber auch was der Schweizer Gastronom »Noldi« seit Jahren für die Sauber-Truppe auftischt, ist nicht zu verachten.

Kein Zweifel, die weiß-blaue Truppe von BMW muss um ihre Spitzenstellung bangen, die sie sich 2001 auf diesem Gebiet erobert hat. Dabei sind ihre Leistungen nach wie vor hervorragend. Räucherlachstartar an kleinem Salat, Paprikahuhn mit Topfenspätzle und Brokkoli, Wachtelbrüstchen, Zanderfilet mit Pfifferlingen, Minzeisroulade, Müslitörtchen mit Beerensalat – so konnte dort an einem ganz beliebigen Tag die Speisekarte aussehen. BMW hat nicht nur hinsichtlich der Motoren-, sondern auch in der Küchenleistung neue Maßstäbe gesetzt – so die fast einhellige Meinung der Feinschmecker in der Formel 1. Was die österreichischen Caterer Joschi und Rudi Walch da auf die Beine gestellt haben, fin-

herrscht. Da spürt man keine Konkurrenz, da hilft man sich gegenseitig, borgt sich schon mal die Milch oder den Zucker aus, wenn etwas ausgegangen ist.«

Dass es nicht reichen könnte, ist der Albtraum eines jeden Küchenchefs. Aber zum Glück kommt das selten vor, auch bei etwa 100 Essen täglich für Gäste und Team. Es ist übrigens keineswegs selbstverständlich in der Formel 1, dass auch die Mechaniker die gleichen Auswahlmöglichkeiten haben wie die Gäste. »Alles eine Frage der Organisation«, sagt Walch, »und der Erfahrung«. Im dritten Jahr ist er jetzt dabei, und er möchte es auch noch eine ganze Weile, »weil es einen Riesenspaß macht«, trotz Arbeitszeiten von oft 16 Stunden täglich. »Am schönsten ist es natürlich, wenn wir gemeinsam Siege feiern können. Denn wir identifizieren uns klarerweise inzwischen alle hundertprozentig mit dem Team und mit unseren Fahrern.«

Auch die versorgt übrigens Peter Deng und nicht die persönlichen Betreuer: »Am Anfang habe ich noch ein paar Hinweise gekriegt, worauf ich achten müsste, aber inzwischen geht das problemlos.« Und was isst Ralf Schumacher nun am liebsten? »Pasta in allen Varianten – aber er mag zum Beispiel auch Fisch.«

An der Strecke müssen die Piloten natürlich sehr genau auf gesunde, sportgerechte Ernährung achten: Müsli und Obst zum Frühstück sind Standard, tagsüber gibt es dann die für Ausdauersportler so wichtigen Kohlenhydrate. Alles soll leicht verdaulich und nicht belastend sein, natürlich wenig Fett und auch Eiweiß nur in Maßen enthalten. In der Praxis heißt das sehr viel Pasta, meist mit leichten Tomaten- oder Gemüsesaucen, auch viel Gemüse und Gemüsesuppen, vielleicht auch mal ein Stück Fisch oder Geflügel.

Die speziellen, feineren oder auch deftigeren Genüsse hebt man sich dann für andere Anlässe auf.

## Restaurant Zimmermann

Wenn es etwas zu feiern gibt – und das möglichst auch noch teamübergreifend, auf »neutralem« Boden sozusagen, dann ist das Motorhome des Österreichers Karl-Heinz Zimmermann die erste Anlaufstelle, speziell für die deutschsprachige Szene. Der Bruder des Abfahrts-Olympiasiegers von 1964, Egon Zimmermann, war mit seinem Motorhome schon immer das kulinarische »Zuhause« auch von Bernie Ecclestone und seinen Vertrauten. »Restaurant Zimmermann« ist an kein Team gebunden und vor allem nach dem Rennen ein beliebter Treffpunkt, an dem dann schon mal die Schumachers, die Mercedes-Truppe, Gerhard Berger und Niki Lauda an einem Tisch zusammensitzen und sich das eine oder andere Glas Bier oder Wein schmecken lassen. Und wenn dann plötzlich ein heftiger Knall das Fahrerlager erschreckt, dann stand mit Sicherheit Zimmermann oder der jeweilige Grand-Prix-Sieger auf dem Dach seiner Burg und hat einen der berühmt-berüchtigten Böllerschüsse abgefeuert.

Das Honda-Motorhome (oben). Im »Restaurant Zimmermann« trifft man sich auf »neutralem Boden« (unten).

## Leibgerichte

Heinz-Harald Frentzen liebt
**Risotto Milanese:**

30 g in Stücke geschnittenes Rindermark mit 1 fein gehackten Zwiebel in 30 g Butter glasig braten. 300 g Arborio-Reis dazugeben und mitbraten, bis er glasig ist. 1 Knoblauchzehe dazupressen und das Ganze mit $^1/_8$ l Weißwein ablöschen. Nach und nach 1 l Fleischbrühe angießen und das Risotto etwa 20 Minuten kochen. Kurz vor Ende der Garzeit 125 mg Safran in etwas Brühe auflösen und unter das Risotto mischen. Zuletzt 3 EL Butter und etwa 50 g geriebenen Parmesan unterziehen. Mit Salz und Pfeffer abschmecken.

# Die Schönen der Schnellen – Formel-1-Ladys

Der Motorsport ist zum allergrößten Teil ein Männersport, und die Formel 1 ganz besonders. Der letzten Dame, der es gelang, in diese Domäne einzubrechen, war kein Erfolg beschieden. Die bildhübsche Italienerin Giovanna Amati musste 1992 nach nur drei Einsätzen bei Brabham das Cockpit für Damon Hill räumen, und seitdem hat es keine ihrer Geschlechtsgenossinnen mehr versucht. Anfang 2002 freilich äußerte das deutsche Rallye-Ass Jutta Kleinschmidt Ambitionen, »gegen Schumacher fahren« zu wollen, aber wie ernst solche Absichtserklärungen gemeint sind, bleibt abzuwarten. So fällt dem schönen Geschlecht im schnellen Sport eine passive, aber gewiss nicht unwichtige Rolle zu. Denn nicht zuletzt die Schönen der Schnellen sind es, die bei den Fahrern für jene psychische Ausgeglichenheit sorgen, ohne die Höchstleistungen auf der Strecke nicht möglich sind. Es ist bestimmt kein Zufall, dass drei der erfolgreichsten Formel-1-Piloten der 90er-Jahre, Michael Schumacher, Mika Häkkinen und Damon Hill, ein sehr harmonisches Familienleben pflegen.

## Formel-1-Frauen im Rampenlicht

Spätestens seit Mitte der 60er-, Anfang der 70er-Jahre sind sie in den Fahrerlagern der Formel 1 genauso begehrte Zielobjekte der Fotografen wie die Piloten selbst: die Schönen der Schnellen – die Frauen und Freundinnen der Formel-1-Stars. Betty Hill, Nina Rindt, Helen Stewart und Maria-Helena Fittipaldi, das war die erste Generation der Fahrerfrauen, die Schlagzeilen machte.

Damals, bevor die Elektronik in alle Bereiche nicht nur des Motorsports Einzug hielt, konnte man sie oft noch mit der Stoppuhr in der Hand an der Boxenmauer stehen sehen.
Marlene Lauda, Suzy Hunt, Mimicha Reutemann, Barbro Peterson – auch die nächste Generation der Fahrerfrauen hatte Starqualitäten, allen voran natürlich Marlene Lauda, die als Marlene Knaus die Freundin von Curd Jürgens gewesen war, ehe sie den Schauspieler gegen den Formel-1-Weltmeister eingetauscht hatte.
Suzy Hunt hingegen ging den gleichen Weg in umgekehrter Richtung, und er führte sie vom Weltmeister 1976, James Hunt, zum Weltstar Richard Burton.

Formel-1-Frauen mit Starqualitäten: Maria-Helena Fittipaldi mit Mann Emerson (links oben), Cora Reutemann mit Vater Carlos (links unten) und Marlene Lauda (unten). Unter den Töchtern der Formel-1-Stars von einst ist Natascha Rindt eine der auffälligsten Erscheinungen.

Zur Jahrtausendwende ist Corinna Schumacher die unangefochtene First Lady der Formel (linke Seite).

Die Ladys der 60er- und 70er-Jahre, sie gehörten noch zu jenen, denen die Angst ein ständiger Begleiter war – in weit größerem Maße als heute. Denn zwei bis drei tödliche Unfälle im Jahr waren damals noch die Regel. Barbro Peterson verlor ihren Mann Ronnie 1978 in Monza. Jahre später fühlte sie sich wieder zu einem Rennfahrer hingezogen, zu John Watson. Wirklich glücklich wurde sie aber nicht mehr. Die Umstände ihres Todes 1983 wurden nie wirklich geklärt. Wahrscheinlich starb sie von eigener Hand.

Angelika Langner, die langjährige Lebenspartnerin des am 1. September 1985 in Spa tödlich verunglückten Stefan Bellof, brauchte nach dem Unfall einige Jahre, um ihr Leben wieder in den Griff zu bekommen. Doch ihr gelang es – gerade auch durch eine neue Partnerschaft mit einem Rennfahrer. Diesmal war es allerdings kein Formel-1-Pilot: Der neue Mann an Angelikas Seite ist der Essener Tourenwagen-Fahrer und Unternehmer Harald Grohs.

## Heimchen und Models

Und die Formel-1-Damen von heute? Wirklich unabhängige, selbstständige Partnerinnen sind bei Formel-1-Fahrern selten zu finden. Allerdings gab es auch eine bemerkenswerte Ausnah-

me: Als Jacques Villeneuve 1997 in Jerez seinen Weltmeistertitel feierte, fehlte die damalige neue »First Lady« der Formel 1. Sandrine Gros D'Aillon, Villeneuves Freundin, hatte Wichtigeres zu tun. Sandrine arbeitete nach erfolgreich abgeschlossenem Studium der Kommunikationswissenschaft in der PR-Branche, und ihr Job in Kanada hatte für sie Vorrang. Kein Wunder, denn ihr Interesse an der Formel 1 hielt sich sehr in Grenzen. Als Villeneuve ihr 1997 aus Suzuka telefonisch von seinem Missgeschick erzählen wollte – er hatte im Training zweimal die gelbe Flagge missachtet, was ihn seine Punkte kostete –, hielt sie es für genauso wichtig, ihm mitzuteilen, dass sie sich nun in einer anderen, recht exzentrischen Haarfarbe präsentiere. Und bei Bedarf sagte sie ihrem Jacques schon mal ins Gesicht, dass sie seinen Job, die ganze Formel-1-Fahrerei, eigentlich für ziemlichen Unfug hielt. Es war typisch für Villeneuve, dass ihn die ablehnende Haltung seiner Freundin gegenüber seinem Sport lange Zeit gar nicht störte: »Ich will eine selbstständige Partnerin, eine Frau mit eigener Meinung, nicht nur ein Anhängsel.«

Dennoch – auf Dauer ging diese Liaison nicht gut. Die Zerwürfnisse und Versöhnungen des Pärchens, das sich schon im Teenageralter in Monaco kennen, aber erst später lieben gelernt hatte, waren über Jahre ein Dauerthema in der Formel-1-Szene. Und als irgendwann doch endgültig Schluss war, wandte sich Jacques weniger problematischen Partnerinnen zu, wie dem Schlagersternchen Dannii Minogue, der Schwes-

ter von Australiens Pop-Ikone Kylie Minogue, und schließlich Ellen Green, einer 19-jährigen Ballerina aus New York, mit der er sich nach nur drei Monaten verlobte.

Da ist eine Corinna Schumacher schon typischer, die ihre Hauptaufgabe darin sieht, ihrem Michael ein gemütliches Heim zu schaffen, sich um Tochter Gina-Maria, Sohn Mick und die Hunde zu kümmern und für ein harmonisches Umfeld zu sorgen. Dass sie in dieser Rolle meist die gleiche Meinung vertritt wie der Hausherr, versteht sich fast von selbst. Aber Corinna, die bis 1991 mit Heinz-Harald Frentzen liiert war, ehe sie sozusagen die Box zum damals gerade in die Formel 1 aufgestiegenen Schumacher wechselte, fühlt sich in ihrer Rolle sichtlich wohl und glücklich. Sie hat auch kein Problem damit, dass sie zumindest an den Rennstrecken auch eines der Lieblingsmotive der Fotografen ist. Und nachdem ja auch Michael immer wieder betont, Corinna sei genau die richtige Frau für ihn, bilden die beiden wohl das Traumpaar der Formel 1 in der Zeit um die Jahrtausendwende.

Corinna, die derzeitige »First Lady« der Formel 1, kommt zwar nicht zu allen Rennen, aber doch zu vielen, »auch wenn Gina inzwischen schon ab und zu ein wenig protestiert und am liebsten mitmöchte«. Aber das passt nicht zur Lebenseinstellung der Familie Schumacher. »Der Auflauf, der da entstehen würde, den möchte ich mir gar nicht vorstellen«, meinte Corinna einmal. »Eigentlich schade, andere Kinder können ja schon mal schauen, wo ihr Papa arbeitet.« Michael Schumacher sieht in Corinna seine absolute Traumfrau: eine ausgeglichene, verlässliche Partnerin, die ihm sein Privatleben organisiert, die, wie er sich selbst ausdrückt, »keine Prinzessin ist, sondern aus dem gleichen Milieu stammt wie ich«. Corinnas Eltern besitzen ein kleines Fliesenleger-Geschäft in Halver im Sauerland, wo sie ganz früher auch selbst mitgearbeitet hat, »vor allem im Büro natürlich, aber das Handwerkliche beherrsche ich auch ein bisschen«.

Die Ähnlichkeit der sozialen Herkunft, die Harmonie in der Beziehung ist für Michael ebenso wichtig wie »der Respekt, den man voreinander haben muss«. Von Kontrasten, »Gegensätzen, die sich anziehen«, die ja auch gegenseitige Bereicherung bringen und neue Welten erschließen

können, hält er im Privatleben nicht allzu viel. Vielleicht kommt dieses Misstrauen auch von Erfahrungen in der eigenen Familie: »Meine Eltern sind sehr verschieden«, erklärt er, aber das sei ihnen in den 30 Jahren ihrer Partnerschaft gar nicht recht bewusst geworden, weil sie nur damit beschäftigt gewesen seien, sich eine Existenz aufzubauen, sich hochzuarbeiten. Erst nachdem die materiellen Sorgen überwunden waren und mehr Ruhe in ihr Leben eingekehrt war, hätten sie Zeit gefunden, auf sich selbst zu schauen und festzustellen, »dass sie überhaupt nicht zusammenpassten«. 1997 haben sich Rolf und Elisabeth Schumacher getrennt.

Die Suche nach Geborgenheit scheint sich jedenfalls bei den Schumacher-Brüdern auf die Familie zu konzentrieren. Auch Ralf, lange Zeit kein Freund fester Beziehungen, hat sich, seit er seine Cora kennt, immer mehr zum treuen Familienmenschen entwickelt. Im Herbst 2001 wurde geheiratet, dann kam Söhnchen David zur Welt, und Ralf entdeckte ganz neue Perspektiven und Aufgaben.

Familie pur ist auch bei dem dritten deutschen Formel-1-Star der späten 90er-Jahre angesagt.

Heinz-Harald Frentzens Frau Tanja gab ihren Beruf als Anästhesieschwester relativ bald auf, nachdem sie im Alter von 20 Jahren ihren heutigen Mann kennen gelernt hatte. »Sonst hätten wir viel zu wenig zusammen sein können.« Aber Heinz-Harald ist stolz, wenn Tanja trotzdem zeigen kann, wozu sie fähig ist. Als sie in kürzester Zeit den Bootsführerschein machte, erzählte er gerne, wie schwierig diese Prüfung sei: »Toll, wie sie das geschafft hat.«

Die zierliche, manchmal etwas scheu wirkende Tanja würde sicher weit weniger Aufhebens um ihre Person machen – auch wenn sie sich in den letzten Jahren verändert hat, wesentlich sicherer und selbstbewusster geworden ist.

Wie Frentzen selbst, so stammt auch Tanja aus einem kleinen Ortsteil von Mönchengladbach. Der Sprung in die Glamourwelt der Formel 1 war für sie riesig – und das Leben neben einem Formel-1-Piloten ist nicht immer so ein Traum, wie es nach außen hin den Anschein hat. »Klar, man kommt viel in der Welt herum, aber oft sieht man doch nur Flughäfen, Hotels, Rennstrecken. Man hat einfach keine Zeit, sich in Muße etwas anzuschauen. Manchmal tut mir das wirklich Leid. Beim Großen Preis von Australien zum Beispiel sitzt man erst endlos im Flugzeug, und hat dann doch keine Chance, wirklich etwas vom Land zu sehen. Ideal wäre es, vielleicht schon ein, zwei Wochen vor dem Rennen anzureisen oder länger zu bleiben. Aber das geht ja nicht, weil für Heinz-Harald ständig Tests auf dem Programm stehen. Das ist schon schade.«

Für Tanja Frentzen war es nicht ganz leicht, ihr eigenes Leben aufzugeben. Bevor im April 2000 Töchterchen Lea zur Welt kam, hat sie den eigenen beruflichen Wirkungsbereich vermisst. »Ich habe meinen Beruf an den Nagel gehängt. Denn es geht nur eines von beiden, die Beziehung mit Heinz-Harald oder die Arbeit im Krankenhaus. So einen Job kann man nicht halb machen, und wenn ich ihn voll machen würde, würden wir uns ja nie sehen. Aber ich vermisse es schon, einfach, weil es meine eigene Sache war, über die ich auch mal reden konnte. Und außerdem fehlt mir manchmal die Herausforderung einer eigenen Aufgabe. Ich versuche deshalb zum Beispiel, viel zu lesen, um wenigstens wissensmäßig auf dem Laufenden zu bleiben.«

Als sie Frentzen zum ersten Mal traf, wusste Tanja nicht einmal, dass er Formel-1-Fahrer ist: »Das war schon lustig! Ich hatte mich ja nie für die Formel 1 interessiert, und der Name hat mir nichts gesagt. Wir haben uns über gemeinsame Freunde kennen gelernt, sind ein paar Mal miteinander ausgegangen, aber ich hatte keine Ahnung, was er tut. Meine Mutter hat mich dann mal gefragt, wer das eigentlich sei, mit dem ich mich da immer treffe, und als ich ihr den Namen gesagt habe, hat sie mich erst mal aufgeklärt. Und dann ist mir auch einiges klar geworden, ein paar Anspielungen, die er gemacht hatte, zum Beispiel, als wir zum ersten Mal zusammen wohin gefahren sind, da hatte er so beiläufig gesagt: ›Du, ich will jetzt hier nicht angeben, wenn ich fahre, das ist nun mal so‹, da habe ich mir gedacht: ›Was ist denn das für einer?‹ Erst später konnte ich verstehen, worum es da ging.«

Die plötzliche Erkenntnis machte es ihr aber auch nicht leichter: »Es war schon ein bisschen komisch, und am Anfang war ich deswegen vielleicht noch schüchterner als zuvor. Ich war ja noch sehr jung, und ich konnte mir auch gar nicht so richtig vorstellen, was es eigentlich bedeutet, mit einem Formel-1-Star liiert zu sein. Hätte mir meine Mutter zum Beispiel gesagt, das ist irgendein Sänger, hätte ich das vielleicht noch

Tanja Frentzen (rechts) fühlte sich in der Formel-1-Szene lange nicht heimisch.

besser einordnen können. Aber dadurch, dass ich zum Rennsport keinen Bezug hatte, konnte ich das sportliche Umfeld nicht richtig mit ihm als Person in Verbindung bringen.«

Kein Wunder, dass es ihr anfangs nicht leicht fiel, sich in der Formel-1-Welt zurechtzufinden: »Am Anfang habe ich das alles gehasst, das war wirklich furchtbar. Auch für Heinz-Harald war das nicht einfach. Denn es ist ja eigentlich das Schlimmste, was man einem Fahrer antun kann, wenn man dann anfängt, herumzumeckern, und schlechte Laune zeigt. Er muss sich ja schließlich aufs Rennen konzentrieren, und wenn er dann eine Furie neben sich hat, ist das schon belastend. Aber mein Hauptproblem lag einfach darin, dass diese ganze Welt für mich völlig neu und fremd war.«

Natürlich haben die beiden über diese Schwierigkeiten miteinander gesprochen: »Ich habe ihm schon erklärt, warum das so ist, damit er verstehen konnte, dass ich auf einmal so war. Denn er hat sich natürlich auch gefragt, was los war, sich gewundert, »dass du auf einmal so ein Drachen bist, am Anfang warst du so nett«. Ich habe dann schon gesagt, dass ich normalerweise ganz friedlich bin, aber wenn man mit gerade mal 20 Jahren plötzlich aus seinem Dorf in diese Welt kommt, dann fühlt man sich halt erst mal sehr einsam und irritiert.

Inzwischen hat sich das alles eingespielt, aber obwohl Tanja seit der Geburt ihrer Tochter nicht mehr so häufig zu den Rennen kommt, »weil ich mich einfach nicht gerne von der Kleinen trenne und ein Fahrerlager sicher nicht der geeignete Platz für kleine Kinder ist« – die Nervosität bei ihr ist immer noch spürbar: »Vor allem kurz vor dem Start. Ich kann dann meistens gar nichts mehr essen, fühle mich körperlich unruhig, etwas zittrig. Aber ich versuche natürlich, das nicht zu zeigen, weil es sich ja auf Heinz-Harald übertragen würde. Deshalb gehe ich zum Beispiel nur selten mit in die Startaufstellung, damit er das nicht direkt mitbekommt.«

Einige schwere Unfälle ihres Mannes musste Tanja Frentzen bereits miterleben, aber die Schrecksekunden, die momentane Panik, das kennt auch Patricia Papen, die langjährige Freundin von Nick Heidfeld, die noch fast bei allen Rennen dabei ist. Als Nick beim ersten Training

zum Großen Preis von Japan 2001 bei Tempo 160 heftig in die Leitplanken flog und seinen Sauber schwer beschädigte, musste Patricia lange um ihren Freund zittern. Denn es dauerte eine halbe Stunde, ehe man Nick aus dem Medical Center entließ, in das man ihn direkt nach dem Crash gebracht hatte. Dann aber konnte er seine Patricia beruhigen: »Das war nur eine Vorsichtsmaßnahme. Ich hatte anfangs leichte Kopfschmerzen, die haben einige Tests gemacht, Koordination und solche Dinge, und wollten mich eben eine Weile beobachten. Aber es ist alles okay, auch die Kopfschmerzen sind weg, alles nicht so schlimm.«

Nach Unfällen, besonders aber nach Verletzungen sind die Frauen als moralische Stütze von Bedeutung. Corinna Schumacher kann ein Lied davon singen, wie »unleidlich« der nach seinem Beinbruch 1999 »zu Hause auf der Couch liegende« Michael oft gewesen sei. Und Olivier Panis meinte Ende 1997: »Als ich dieses Jahr meinen Unfall hatte, war die Unterstützung durch meine Frau unheimlich wichtig. Anne war immer da, hat mir Mut gemacht, hat mich aufgebaut, wenn ich Tiefs hatte.«

Auch Erja Häkkinen hat ihren Mika schon 1995 durch das Drama seines Trainingsunfalls und dessen Folgen begleitet, auch wenn beide heute kaum mehr darüber sprechen. Erja gehört in die Reihe der »Formel-1-Ladys«, die ihre Männer geprägt haben. Mikas Aufstieg, seine gewachsene Reife, seine Kraft, immer wieder Schwierigkeiten

Georgie Hill (rechts) trägt die Hauptlast einer sechsköpfigen Familie.

Anne Panis (rechts) und Gerhard Berger mit Frau Ana (ganz rechts)

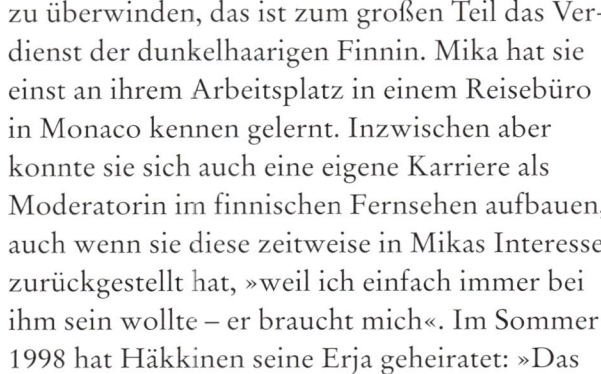

zu überwinden, das ist zum großen Teil das Verdienst der dunkelhaarigen Finnin. Mika hat sie einst an ihrem Arbeitsplatz in einem Reisebüro in Monaco kennen gelernt. Inzwischen aber konnte sie sich auch eine eigene Karriere als Moderatorin im finnischen Fernsehen aufbauen, auch wenn sie diese zeitweise in Mikas Interesse zurückgestellt hat, »weil ich einfach immer bei ihm sein wollte – er braucht mich«. Im Sommer 1998 hat Häkkinen seine Erja geheiratet: »Das

verändert schon etwas. Die Ehe ist für mich eine ernste Sache. Ich habe das immer so gesehen – wahrscheinlich weil meine Eltern schon so lange zusammen sind. Das hat mein Leben geprägt. Für mich ist eine Hochzeit eine echte Verpflichtung, und die Veränderung ist nur insofern nicht so groß, als ich mir schon längere Zeit absolut sicher war, dass ich Erja eines Tages heiraten würde.«

Fast sechs Jahre älter als ihr sportlicher Ehemann, scheint Erja in dieser Beziehung die Stärkere zu sein. Mika hat offensichtlich viel von ihr gelernt, sie hat ihm neue Perspektiven erschlossen. Und als im Dezember 2000 Söhnchen Hugo zur Welt kam, zeigte der zweimalige Weltmeister, wie wichtig ihm seine Familie ist. Zum Ende der Saison 2001 verkündete er seinen zumindest vorläufigen Rücktritt, um mehr Zeit für Frau und Kind zu haben. Dabei machte Erja nicht unbedingt ein Geheimnis daraus, dass sie nichts dagegen hätte, wenn ihr Mika den Helm endgültig an den Nagel hängen würde.

Einer der engagierten Familienväter in der Formel 1 war auch Weltmeister Damon Hill. Für seine Georgie war es freilich nicht immer einfach, das Leben einer Rennfahrerfrau mit der Betreuung von vier Kindern unter einen Hut zu bringen. Denn weil Oliver, der älteste Sohn der Familie, unter dem Down-Syndrom leidet und wegen seiner Behinderung immer besonders viel Aufmerksamkeit und Liebe brauchte, wurde Georgie oft bis an die Grenze ihrer Leistungsfähigkeit belastet, wenn Damon unterwegs war. »Ich weiß, was ich meiner Frau verdanke«, sagte Hill oft. »Sie setzt mich auch nie unter Druck, behält viele ihrer Ängste und Sorgen für sich, belastet mich nicht damit.«

# Playboys und »Boxenluder«

Die »Familienmütter« sind wichtigen Stützen erfolgreicher Fahrer. Andererseits – was wäre die glamouröse Formel-1-Szene ohne die »Wirbel-paare« und die Models? Fahrer mit Playboy-Habitus setzen markante Kontrapunkte zu den braven Familienvätern und sorgen für uner-schöpflichen Gesprächsstoff. Sonnyboy Gerhard Berger ist zwar seit 1995 mit seiner portugiesi-schen Langzeitfreundin Ana verheiratet, aber das

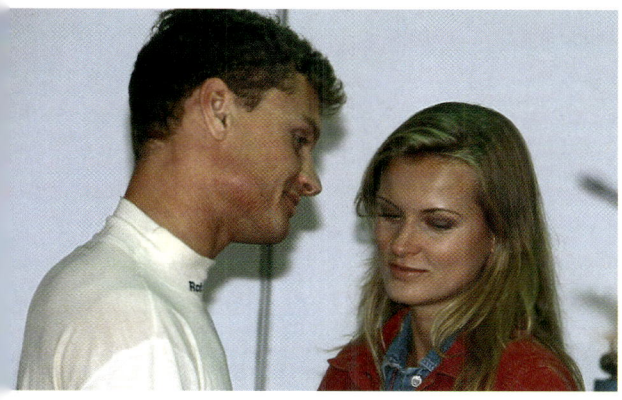

Zu den Playboys der Formel I gehört auch der Schotte David Coulthard (hier mit Freundin Andrea).

hat den Österreicher nie daran gehindert, auch weiterhin eifrig nach rechts und links zu schau-en. Das gilt für den heutigen BMW-Rennleiter nicht weniger als für den einstigen Formel-1-Star. In seinen letzten »aktiven Jahren« hat er auch schon mal in den Revieren seiner Fahrer-kollegen »gewildert«. Dass die rassige Brasiliane-rin Melanie, lange Zeit Dauerbegleiterin von Pedro-Paulo Diniz, nicht mehr an den Renn-strecken auftauchte und die Männerwelt damit ein bisschen weniger zu schauen hatte – zumin-dest bis Diniz sich mit dem brasilianischen Top-Model Cassia Avila »tröstete« –, war im Endef-fekt Bergers »Verdienst«. Denn 1995 erwischten ihn in Aida einige Mechaniker mitten im Fahrer-lager in eindeutig zweideutiger Situation mit der brasilianischen Schönen. Die Geschichte blieb natürlich nicht geheim und kam auch Diniz zu Ohren, der daraus mit südamerikanisch-männli-chem Stolz die Konsequenzen zog und der Ungetreuen den Laufpass gab.
Auch David Coulthards ehemalige Begleiterin Andrea Murray, ein kanadisches Fotomodell, fand zeitweise Bergers Interesse, und dies

## Wo sind die Groupies geblieben?

Noch vor 10 oder 15 Jahren gehörten sie ganz automatisch zum Bild eines jeden Fahrerlagers in der Formel I: hübsche Mädchen in knappen Tops und oft noch knapperen Miniröckchen auf der Jagd nach einem Abenteuer, einer besonderen Eroberung, einer Trophäe. Am liebsten wollten sie natürlich einen Fahrer, einen Grand-Prix-Sieger, vielleicht sogar einen Welt-meister. Aber zur Not tat es dann auch ein Techniker oder Mechaniker – sozusagen als »Trostpreis«, als Einstieg vor dem Schritt zu höheren Groupie-Weihen.
James Hunt, Clay Regazzoni und Jean-Pierre Jarier waren diesem »Angebot« gegenüber ebenso wenig abgeneigt wie Nelson Piquet, Alain Prost und natürlich Gerhard Berger, und sie machten auch nie ein Geheimnis da-

raus. Ein anderer Superstar, Ayrton Senna, spielte das Spielchen mit nicht geringerer Begeisterung, wenn auch mehr Diskretion.
Inzwischen hat sich auch auf diesem Gebiet die Welt der Formel 1 radikal verändert. Im Zeitalter der totalen Abschirmung und der elektronisch les-baren Ausweise sind die Fahrerlager zu Hochsicherheitstrakten geworden, die Bernie Ecclestone und Co. besser hüten als den Schatz von Fort Knox. So ist es für die Groupies entschieden schwieriger geworden, überhaupt in die Nähe ihrer Helden zu kommen. Und auch die Helden selbst haben sich verändert: Die Playboys sind rar geworden, wenn man vielleicht einmal vom unermüdlichen Eddie Irvine absieht. Die meisten Fahrer sind in festen Händen oder sogar schon treue

Familienväter, und schon die immer enger werdenden Zeitpläne mit mehr und mehr technischen Briefings, Medi-en- und Sponsorauftritten sorgen dafür, dass für große Vergnügungen außerhalb des Formel-1-Betriebes gar kein Raum mehr bleibt.
Damit die Kameraobjektive und das – männliche – Auge in den Fahrerlagern von heute dennoch etwas zu sehen bekommen, sorgen vor allem Sponso-ren für eine ständig wachsende Flut von Auftritten bezahlter Models, die den Blick der Öffentlichkeit auf ihre Marken lenken sollen. Ab und zu kommt natürlich eine jener gemiete-ten Grazien öfter ins Fahrerlager, wirft mit mehr oder weniger großem Erfolg ein Auge auf einen der Stars – und wird zum heutigen Groupietyp, zum viel beschriebenen »Boxenluder«.

zumindest so weitgehend, dass Gerhard mit befreundeten italienischen Journalisten Wetten darüber abschloss, ob es im wohl gelingen würde, auch Andrea »rumzukriegen«.

Offiziell hatte diese Geschichte freilich nichts damit zu tun, dass sich Coulthard Anfang 1997 von Andrea trennte und sein Herz für Heidi Wichlinski entdeckte. Zumindest optisch ist der Schotte damit seinem Geschmack treu geblieben. Beide Damen sind hoch gewachsen, schmal, blond, und sie erscheinen meist im kürzestmöglichen Röckchen und im tiefstmöglich ausgeschnittenen Top. Andrea freilich wollte ihrer Nachfolgerin das Feld nicht kampflos überlassen und von David zumindest finanziell für den Verlust der angenehmen Seiten des Lebens in der Formel 1 entschädigt werden: »Schließlich habe ich für ihn meine Model-Karriere vernachlässigt und wir haben längere Zeit in einem eheähnlichen Verhältnis zusammengelebt.«

Aus der angedrohten Klage wurde dann aber doch nichts, und auch Heidi war bei David bald wieder Vergangenheit. Nach einem wilden Intermezzo sah sie sich abgelöst von der Brasilianerin Simone Abdelnour, einem rassigen Model aus einer der ersten Familien São Paulos.

An das Rampenlicht und die ständige Beobachtung an der Seite eines Stars musste sich aber auch Simone erst einmal gewöhnen. So manche »Paparazzi-Begleiteffekte« erwiesen sich als peinlich – vor allem gewisse Fotos in einer deutschen Zeitung. »Meine Schwester lebt in Köln«, klagte Simone. »Die hat das gesehen und mich ganz entsetzt angerufen, was denn unsere Familie denken würde, wenn diese Sachen in Brasilien landeten.« Zumindest David ist dort schon höchstpersönlich gelandet. Der Schotte wollte Freunde und Familie seiner neuen Flamme kennen lernen. Das gegenseitige Beschnuppern soll sehr positiv ausgefallen sein, wie man hörte.

Trotzdem fragten sich die Lästermäuler der Formel-1-Szene sogleich, worauf man höhere Wetten abschließen solle: dass David am Saisonende 2002 Weltmeister ist oder dass er und Simone zu diesem Zeitpunkt noch ein Paar sind?

## Frauen im Cockpit

Frauen in der Formel 1 – da denken die meisten zunächst an »schmückendes Beiwerk«, an Fahrerfrauen und Groupies, Boxenhäschen und Boxenluder, aber weniger an die, die in dieser Szene als Technikerinnen, PR-Expertinnen oder Journalistinnen ihr Geld verdienen – und schon gar nicht an die schnellen Damen hinter dem Lenkrad. Dabei gab es schon einige Frauen, die sich aktiv im Formel-1-Cockpit versuchten. Am erfolgreichsten war in den 70er-Jahren die Italienerin Lella Lombardi, die es auf insgesamt zwölf Grand-Prix-Starts brachte und dabei sogar einmal einen halben Punkt holte. Dies gelang ihr im Abbruchrennen von Barcelona 1975, als bei einem Unfall von Rolf Stommelen mehrere Streckenposten getötet wurden und Jochen Mass einen von Trauer überschatteten Sieg holte. Nach ihrer Formel-1-Karriere fuhr sie noch einige Jahre erfolgreich Sportwagenrennen für Osella, wo sie zum Beispiel 1981 Zweite beim 1000-Kilometer-Rennen in Monza wurde.

Nicht ganz so weit wie Lella Lombardi brachten es die Italienerin Teresa de Fillipis Ende der 50er-Jahre und die ehemalige britische Skirennläuferin Divina Galica sowie die Südafrikanerin Désirée Wilson. Beiden gelang es nie, sich für einen Grand Prix zu qualifizieren. Allerdings kann Désirée Wilson für sich verbuchen, als bisher einzige Frau in der Geschichte ein Formel-1-Rennen gewonnen zu haben. 1980 siegte sie in Brands Hatch bei einem Lauf zur britischen Aurora-Serie.

Die letzte in der Reihe der Formel-1-Pilotinnen kam wieder aus Italien: Die hübsche Giovanna Amati hätte vielleicht auch als Model Karriere machen können. Ihr Vater besitzt in Italien eine große Kinokette und stattete die Tochter daher immer großzügig mit Sponsorgeldern aus. Nichtsdestoweniger schaffte sie nie die Qualifikation und kam daher zeitweise durch ihre Affä-

re mit Niki Lauda mehr in die Schlagzeilen als durch ihre Leistungen auf der Rennstrecke. Da zeigte sich nämlich spätestens in der Formel 3000, dass Giovanna wohl niemals an die Spitze fahren würde. In der Formel 1 fuhr sie dann erst recht chancenlos hinterher. Auch wenn ihr Brabham gewiss nicht konkurrenzfähig war – ihr Nachfolger Damon Hill schaffte mit dem Auto zumindest ab und zu die Qualifikation, eine Hürde, auf die Amati Sekunden fehlten.

Das Beispiel Giovanna Amati schürte natürlich wieder die Diskussionen, ob eine Frau überhaupt körperlich und mental in der Lage sein kann, in der Formel 1 mit den Männern mitzuhalten. Aber obwohl viele der Herren Grand-Prix-Piloten das kategorisch bestreiten – die Beispiele einer Michele Mouton im Rallyesport oder einer Jutta Kleinschmidt bei der Rallye Paris–Dakar lassen anderes vermuten. Die physischen Belastungen in der Formel 1 sind zwar hoch, die geforderten Fitnesswerte aber von einer sehr gut trainierten Frau sicherlich zu erreichen, vor allem, weil bei diesem Sport die Ausdauerbelastbarkeit von größerer Bedeutung ist als die kurzfristige Spitzenbelastbarkeit. Und hinsichtlich ihrer psychischen Belastbarkeit stehen Frauen den Männern ja bekanntlich nicht nach. Es gibt sogar Untersuchungen, die eher das Gegenteil vermuten lassen.

Dass bisher noch keine Frau den Durchbruch in der Formel 1 geschafft hat, ist sicher vor allem darauf zurückzuführen, dass sich traditionell viel weniger Mädchen als Jungen für den Motorsport interessieren. Heute beginnt sich dieses Bild zu wandeln, aber noch immer bilden die Mädchen unter den Nachwuchsfahrern, die schon als Kinder mit dem Kart-Sport angefangen haben, eine verschwindende Minderheit. Und da es von Tausenden nun mal nur einer in die Formel 1 schafft, ist die Wahrscheinlichkeit, dass eine Frau dabei ist, natürlich sehr gering. Eine, die nach Ansicht vieler Experten am ehesten das Talent dazu gehabt hätte, ist die Deutsche Ellen Lohr, die in der Formel 3 glänzende Ergebnisse erzielte, 1990 sogar den Formel-3-Klassiker von Monaco gewann und bei ihren ersten Testfahrten in der Formel 3000 auf Anhieb nur eine halbe Sekunde langsamer war als der etablierte Karl Wendlinger. Aber da Ellen Lohr nicht bereit war, sich dem

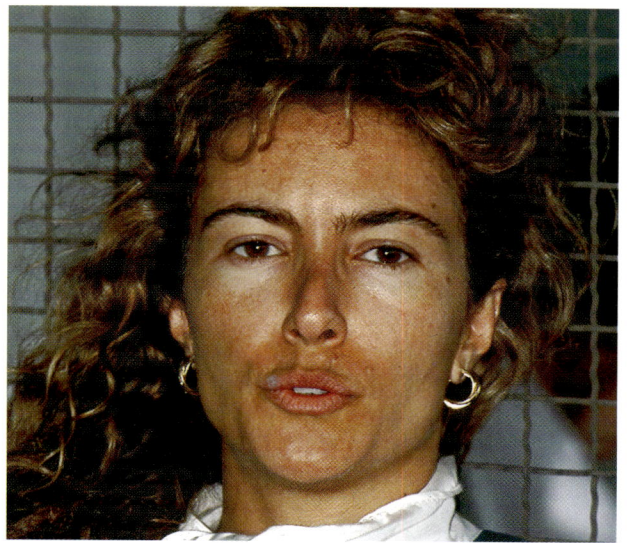

Die italienische Kino-Prinzessin Giovanna Amati (links) war die letzte Frau, die zu einem Grand Prix antrat. Leider waren weder sie noch ihr Brabham (linke Seite) konkurrenzfähig.

von Sponsoren gewünschten typisch weiblichen Klischee – hübsch, niedlich und sexy – zu unterwerfen, sondern Wert auf ihre eigenen, auch intellektuellen Werte legte, gingen ihr bald die Sponsorengelder aus, um ihre Formel-Karriere weiter zu betreiben, sodass sie sich der DTM- und später auch Truck-Rennen zuwandte. Auch als Inhaberin einer PR-Agentur und als Fernsehmoderatorin machte Ellen inzwischen eine beachtliche Karriere.

Der Medien- und PR-Bereich ist auch in der Formel 1 das Gebiet, auf dem Frauen am zahlreichsten vertreten sind. Die Mehrzahl der Teams hat seit vielen Jahren Pressesprecherinnen. Und der Prozentsatz der weiblichen Formel-1-Berichterstatterinnen ist in den letzten 20 Jahren gewaltig angestiegen – von vielleicht international drei bis vier auf heute gut 15 Prozent im Feld der über 300 Medienleute, die die Formel 1 bei jedem Rennen begleiten. Auch in der Gastronomie und an den Motorhomes sind die Frauen natürlich zahlreich vertreten.

Aber selbst an der Technikfront sind inzwischen die Damen in die einstige Männerdomäne eingebrochen. Galt bis vor wenigen Jahren die zeitweilige Sauber-Teammanagerin Carmen Ziegler als weibliches Aushängeschild auf diesem Gebiet, so sind inzwischen mehrere Ingenieurinnen vor allem in der Entwicklung, im Elektronikbereich, aber auch in der Aerodynamik tätig, unter anderem bei Ferrari, wo an Michael Schumachers Weltmeister-Auto von 2000 die Italienerin Antonia Terzi, 2002 von Williams abgeworben, viele Stunden im Windkanal gearbeitet hat.

# Die Fans von heute

Leistungssport braucht Publikum. Der Motorsport als materialaufwendigste Leistungssportart braucht sogar sehr viel Publikum – zahlendes Publikum wohlgemerkt –, um sich finanzieren zu können. Mittlerweile wird der Formel 1 die Masse ihres Publikums über elektronische Medien zugeführt, und deren Betreiber sind bereit, hohe Preise dafür zu zahlen. Doch die echte Rennatmosphäre erschließt sich nur dem Fan an der Strecke, und deshalb sind Grand-Prix-Veranstaltungen trotz hoher Eintrittspreise fast immer ausverkauft, besonders in Europa.

## Wer geht zur Formel 1?

Die Formel 1 von heute ist nicht nur die Welt der »normalen« Rennfans auf den Tribünen, die oft mit Zelten oder Wohnmobilen an die Strecken kommen, um dort ein ganzes Wochenende, quasi einen Kurzurlaub, zu verbringen. Unter ihnen sind es im Moment – natürlich dank des »Schumi-Booms« – vor allem die Deutschen, die nicht nur den Grand Prix in ihrem eigenen Land besuchen, sondern den Spuren ihres Idols in ganz Europa, manchmal sogar bis nach Übersee folgen, so wie vor zehn Jahren viele englische Fans zu den großen Zeiten von Nigel Mansell.
Die Formel 1 ist, zumindest was die Zuschauergunst angeht, zu einem Breitensport geworden – zum Glück weitgehend ohne die aus anderen Massensportarten bekannten unangenehmen Begleiterscheinungen. Denn im Schnitt fallen Formel-1-Fans viel weniger als etwa Fußballfans aus der Rolle. Sie gehören auch eher etwas gehobeneren sozialen Schichten an – kein Wunder bei den hohen Eintrittspreisen und sonstigen

Nebenkosten, die einen Grand-Prix-Besuch leicht mehrere hundert Euro kosten lassen. Im Zuge der gestiegenen Popularität der Formel 1 kam es allerdings gerade in Deutschland, so wie früher mitunter auch in England, zu vereinzelten Auswüchsen, die sich bis jetzt aber in Grenzen halten. Ob es allerdings sehr sinnvoll ist, den »Bierdosenturmbauern« vom Nürburgring oder von Hockenheim, deren »sportliches« Ziel offenbar darin besteht, an einem Rennwochenende die Kühlschränke der Umgebung leer zu trinken, alljährlich auch noch in zahlreichen Fernsehbeiträgen etc. Aufmerksamkeit und Publicity zu schenken, sei dahingestellt …

## Grand Prix – ein gesellschaftliches Ereignis

Ein Formel-1-Grand-Prix ist heute nicht nur ein sportliches, sondern auch ein gesellschaftliches Ereignis. Sehen und gesehen werden, das ganze Drumherum, das alles zählt schon fast genauso viel wie das eigentliche Geschehen auf der Rennstrecke. Kein Wunder, dass immer mehr Prominente – Sportler, Künstler oder Medienstars – das Umfeld eines Formel-1-Rennens nutzen, um gleichzeitig einmal hinter die Kulissen zu schauen und sich selbst zu präsentieren, dass aber auch Teams und Sponsoren gerne medienwirksame Gäste bei sich am Motorhome oder in der Box begrüßen.
Um die volle Aufmerksamkeit der Medien zu erreichen, sind solche Termine am Donnerstag oder Freitag eines Grand-Prix-Wochenendes am günstigsten. An diesen Tagen ist es relativ einfach, einen Fototermin zu organisieren, den die Medien dann auch in der Vorberichterstattung auf das Rennen bis zum Sonntag nutzen können.

Manche Fans scheuen keinen Aufwand, um sich zu ihrem jeweiligen Idol im Cockpit zu bekennen.

Am Donnerstag und Freitag haben die Medienvertreter noch die Zeit, über Prominente auf Besuchstour in der Boxengasse zu berichten, die mal bei den Teams vorbeischauen, mit Fahrern ein Schwätzchen halten oder einfach nur im Fahrerlager auf und ab flanieren.

Ein Fototermin am Sonntag ist weniger effektiv – denn am Montag bestimmt einzig und allein das aktuelle Renngeschehen die Berichterstattung in den Zeitungen. Das einzige Foto, das zählt, ist das der Siegerehrung. Prominente dazu aufs Podium zu bekommen, ist eine ganz andere Geschichte. Normalerweise bestimmt der Grand-Prix-Sponsor, wer die Siegerpokale überreicht. Meist ist der Star auf dem Podium ein bekannter Politiker – Bundeskanzler, Ministerpräsident oder zumindest Sportminister.

Am Samstag und Sonntag eines Grand Prix gibt sich dann die internationale Prominenz in Konkurrenz mit den Lokalmatadoren der Publikumsgunst die Ehre, Letztere oft als Gäste der jeweiligen Grand-Prix-Veranstalter. In Hockenheim in Deutschland kam zum Beispiel mehrmals Boris Becker, der ja aus der direkten Nachbarschaft, aus Leimen, stammt. Am Nürburgring hatte sogar der deutsche Bundeskanzler Gerhard Schröder schon seinen Auftritt.

»Teameigene« Ehrengäste – und damit der gewünschte Effekt – geraten in solchen Fällen durch die Präsenz der anderen Stars etwas ins Hintertreffen. Sie kommen dann höchstwahrscheinlich nur noch zu einem Kurzauftritt beim jeweiligen lokalen Fernsehsender, anstatt weltweite Beachtung zu finden wie in den Tagen vor dem Rennen.

## Events für spezielle Fans

Für eine größere Anzahl von Gästen, meist Mitarbeiter und Geschäftspartner von Sponsoren, aber auch für die Medien, veranstalten Teams und Sponsoren am Rande der Rennen auch noch gerne spezielle Events. In Hockenheim gehört zum Beispiel die »Red-Bull-Sauber-Kart-Party« am Samstagabend vor dem Rennen, der so genannte »Kleine Preis von Hockenheim« im Planet Kart in Mannheim, schon fast zur Tradition. Wer es schon immer mal den großen Stars aus der Formel 1 nachmachen, in elegantem Stil die Rennstrecke umrunden, seine Zeit Runde um Runde verbessern und sich mit der Konkurrenz messen wollte, der hatte dort Gelegenheit dazu, bis die Reifen quietschten.

Natürlich durfte dann auch das Drumherum nicht fehlen: Beim Grand-Prix-Buffet standen alle, die wollten, in der ersten Reihe – ohne Rücksicht auf das »Renngewicht« nehmen zu müssen. Schließlich konnten die Kalorien ja anschließend bei heißer Musik wieder abgetanzt werden. Für besondere musikalischen Höhepunkte sorgten oft Live-Auftritte prominenter Schlagerstars, die die Stimmung kräftig anheizten, sodass anschließend wieder Abkühlung an der Cocktail-Bar angesagt war.

Für mehr am eigentlichen Rennsportgeschehen interessierte Gäste und besonders treue Fans, oft in den jeweiligen Fanclubs organisiert, bieten die meisten Teams inzwischen die Möglichkeit, einmal bei Testfahrten hinter die Kulissen zu schauen. Nicht zuletzt dank der restriktiven Kartenpolitik ist es ja an einem Rennwochenende gar nicht mehr möglich, eine größere Anzahl von Gästen einzuladen – jedenfalls nicht ins Fahrerlager, sondern höchstens in den teueren, exklusiven Paddock Club, wo den Gästen für 2500 Euro pro Person zwar Essen und Trinken vom Feinsten, aber nicht unbedingt wirkliche Nähe zum Geschehen geboten wird.

## Beim Testen hinter die Kulissen schauen

Ganz anderes erleben dagegen die Glücklichen, die einmal einen Testbesuch ergattern können, die Formel 1. So etwa 20 Mitglieder des offiziellen Sauber-Fanclubs, die in der vorletzten Juliwoche 2000 in Silverstone ihren Traumtag verbrachten – »wirklich einen perfect day«, wie auch Marco Jelinek, bei Sauber für die Traumreise verantwortlich, bestätigen konnte. Ein- bis zweimal im Jahr gibt das Sauber-Team seinen Supportern und Fanclub-Mitgliedern die Chance, das Team bei einem Testtag aus nächster Nähe zu erleben. Damals stand für die 20 Glücklichen, die sich als Erste angemeldet hatten, eben Silverstone auf dem Programm.

Am Mittwoch Morgen ging's sehr zeitig in Zürich los, Flug nach London, dann Bustransfer an die Rennstrecke. Ankunft kurz nach zehn Uhr vormittags – und was niemand zu glauben gewagt hatte, wurde tatsächlich wahr: Selbst das so berüchtigte englische Wetter spielte mit, die Sonne strahlte vom Himmel, als die Sauber-Fans

in der Box aus nächster Nähe die Boliden bestaunen durften, und sie schien weiter und begleitete das komplette Programm: einen Pitwalk in der Boxengasse in der mittäglichen Testpause, mit der Chance, auch mal die anderen Autos und Fahrer aus der Nähe zu sehen, Mittagessen beim offiziellen Strecken-Caterer, danach ein Spaziergang rund um die Strecke, um Geschwindigkeit, Lautstärke und Dynamik der Formel-1-Autos auch einmal wirklich hautnah zu erleben. Begeistert und beeindruckt waren alle, auch die, die die Formel 1 zumindest schon einmal von der Tribüne aus erlebt hatten: »Aber das ist doch etwas ganz anderes.« Und als sich dann auch noch die Fahrer mit zum gemeinsamen Gruppenfoto stellten, war die Stimmung natürlich nicht mehr zu überbieten.

Im noblen **Paddock Club** darf, wer es sich leisten kann, bei erlesenen Speisen und Getränken in vornehmer Distanz am Renngeschehen teilnehmen.

Treue Fans und verdiente Mitarbeiter von Sponsorenfirmen dürfen hin und wieder bei Tests echte Formel-1-Atmosphäre schnuppern.

- Die Autos

- Sicherheit und Recht

# FORMEL 1
## TECHNIK

# Die Autos

In einem unterlegenen Auto kann der beste Fahrer nichts ausrichten. In den letzten Jahrzehnten hat sich die Formel 1 zu einer High-Tech-Industrie entwickelt, in der Komponenten aus sehr unterschiedlichen technischen Forschungs- und Entwicklungsbereichen perfekt zusammenspielen müssen.

## Aerodynamik ist alles

Die Bauweise heutiger Formel-1-Autos hat eigentlich mehr Ähnlichkeiten mit dem Flugzeugbau als mit dem Konzept eines normalen Straßenautos. Zwischen einem Rohrrahmen-Chassis von 1950 oder einem Monocoque aus Aluminiumplatten und den heutigen High-Tech-Konstruktionen mit ihrer enormen Steifigkeit liegen Welten. Deren Bauteile bestehen zum großen Teil aus Kohlefaser und Kevlar in Wabenbauweise und werden in speziellen Öfen, den so genannten Autoklaven, »gebacken«. Diese Materialien sind heute Standard, und die kleinen Rennställe unterscheiden sich in dieser Hinsicht kaum von den Spitzenteams. Heute heißt das Zauberwort in der Formel 1 Aerodynamik: Der Schlüssel zum Erfolg liegt vor allem in optimaler Windkanal-Arbeit. Kommen von dort keine absolut korrekten Daten, bleibt auf der Strecke der Erfolg aus. Das widerfuhr zu Saisonbeginn 2002 dem Jaguar-Team, als sich herausstellte, dass die in einem Windkanal in Kalifornien erarbeiteten Daten offensichtlich fehlerhaft waren. Aber selbst optimale Windkanalarbeit schützt in der Praxis nicht vor Fehlschlägen. So musste der stets als Aerodynamik-Genie Nummer eins gepriesene Adrian Newey im Jahr 2001 erkennen, dass sich der im Windkanal so perfek-te Frontflügel des McLaren MP4-16 in der Praxis als nicht besonders effektiv erwies.

Ziel aller dieser Bemühungen ist es, in den Kurven so viel Abtrieb wie möglich zu erreichen, ohne dabei die Flügel zu steil stellen zu müssen und dadurch auf der Geraden zu viel Top-Speed zu verlieren. Die Aerodynamiker arbeiten heute hauptsächlich mit Modellen im Maßstab 1:2, die in jedem Detail dem Original entsprechen. Dies gilt auch für Teams wie McLaren, Ferrari und Toyota, deren werkseigene Anlagen Platz genug bieten, um mit einem Auto in Originalgröße zu arbeiten. Denn für die kleinere Ausgabe lassen sich die erforderlichen Teile schneller herstellen, und da geringere Kräfte auf die einzelnen Komponenten wirken, kommt es nicht auf äußerste Qualität an.

Ohne eigenen Windkanal kommt heute keines der Top-Teams mehr aus – ein teurer Luxus, allein die Baukosten für eine gute Anlage liegen selten unter 50 Millionen Euro.

»Ein Windkanal ist ein Werkzeug, er kann ein Auto nicht konstruieren«, betont Newey, »aber ein sehr guter Windkanal, der viele Möglichkeiten bietet, stellt natürlich eine große Hilfe dar.« Was macht die Qualität eines Windkanals aus? In erster Linie die Geschwindigkeiten des rollenden Bodens und der zirkulierenden Luft. Werte von 250 km/h gelten als gut. Aber auch die Größe der sich bewegenden Fläche und die Raumgröße insgesamt spielen eine wichtige Rolle. Mindestens 15 Quadratmeter Grundfläche sind wünschenswert. Trotzdem – auch bei besten Voraussetzungen kommt es immer wieder zu Fehlern und Fehlinterpretationen gewisser Faktoren wie zum Beispiel der Verformung der Reifen unter realer Belastung oder des Verlaufs abströmender Auspuffgase und deren Einfluss auf die Wirkung des Heckflügels.

Die Nase ist das meistbenötigte Karosserieteil eines Formel-1-Wagens, da sie sehr häufig bei Unfällen beschädigt wird. Mit dem einstellbaren Frontflügel ist sie für den Grip der Vorderräder entscheidend.

Selbst ein kleines Team wie Sauber beschäftigt heute allein acht Aerodynamiker, zehn Modellbauer, sechs Modelldesigner und zwei Ingenieure, die die Laborwerte mit den Daten von der Rennstrecke abgleichen. Und der eigene Windkanal auf dem Firmengelände in Hinwil ist auch schon in Bau und soll 2003 fertig werden. Denn wenn es darauf ankommt, muss man zu jeder Zeit und rund um die Uhr arbeiten können. Schließlich sind die Möglichkeiten zu Versuchen fast unbegrenzt. Das Auto wird dabei nicht nur in Standardposition, also quasi auf der Geraden fahrend, getestet. Vielmehr werden alle möglichen Positionen mit verschiedener Bodenfreiheit, unterschiedlichen Neigungswinkeln, gerade stehenden und eingeschlagenen Rädern durchprobiert.

»Nur zehn Prozent aller Ideen werden tatsächlich verwirklicht«, verrät Ferrari-Technikchef Ross Brawn. »Der Rest landet im Papierkorb.« Je länger ein Reglement stabil ist, desto weiter nähern sich die Entwürfe der verschiedenen Designer einander an – zumindest in den meisten Bereichen. Nur Frontflügel und Nase fallen oft noch etwas unterschiedlich aus. Aber selbst in diesem Bereich gibt es die genialen, revolutionären Ideen eigentlich nicht mehr. »Alles ist

Metalle, die traditionellen Materialien im Automobilbau, sind für Formel-1-Autos nicht haltbar genug. Hoch belastete Bauteile wie Bremsen (oben) und Fahrwerksstreben (unten) bestehen deshalb aus Karbonwerkstoffen.

Detailarbeit, kontinuierliche Weiterentwicklung«, sagt Willy Rampf, der mit seinen Konstruktionen das Sauber-Team seit der Jahrtausendwende immer weiter ins vordere Mittelfeld geführt hat. Allein um zu einer Lösung für die Frontpartie zu kommen, werden bei Sauber bis zu 80 Kombinationen verschiedener Elemente getestet. »Man geht zunächst von einer bestimmten Chassishöhe an einem speziellen Punkt, dem Aufnahmepunkt der vorderen Querlenker, aus. Dazu probiert man dann vier oder fünf verschiedene Nasen und Frontflügel in allen möglichen Kombinationen. Und dann macht man bei der nächsten Chassishöhe weiter.«

Und wenn ein Team einmal mit einer neuartigen Lösung aufwartet – wie etwa McLaren 2002 mit verkleideten Anlenkpunkten der Vorderradaufhängung am McLaren MP4-17, bedeutet das noch lange nicht, dass diese auch einen realen Wettbewerbsvorteil bringt. Denn der Teufel steckt eben im Detail.

Bei aller Dominanz der Aerodynamik – auch die mechanischen Komponenten eines Formel-1-Autos müssen natürlich optimal funktionieren. Auch hier wird die Verwendung neuer High-Tech-Materialien immer mehr zum Standard. Radaufhängungsteile aus Kohlefasern, vor einigen Jahren noch eine Sensation, haben inzwischen überall Einzug gehalten. Und auch bei anderen mechanischen Komponenten, wie zum Beispiel Federn oder vor allem Stoßdämpfern, mit denen Fahrer und Ingenieure bei der Abstimmung des Autos variieren können, gibt es immer neue Entwicklungen, die wie Geheimnisse gehütet werden. Nicht umsonst befürchtete ein Hersteller wie Sachs, der vor allem Ferrari beliefert, dass durch den Konkurs und den Verkauf der Überreste des Prost-Team eigene Betriebsgeheimnisse in die Hände der Konkurrenz gelangen könnten.

## Die Motoren – Evolution statt Revolution

Im derzeit bis 2007 feststehenden Motorenreglement sind die Eckdaten vorgegeben: zulässig sind Saugmotoren mit maximal zehn Zylindern und drei Liter Hubraum. Daraus über 800 PS zu mobilisieren ist die Herausforderung an die Motorenhersteller – in der Formel 1 heute praktisch alles große Automobilwerke. Denn auch hinter dem Asiatech-Motor steckt eine einstige Peugeot-Konstruktion und heute ein Konsortium vor allem mittlerer koreanischer Automobilhersteller.

Vierventiltechnik, vier oben liegende Nockenwellen und pneumatische Ventilfedern – das ist heute der technische Standard. Experimentiert wird vor allem beim Zylinderwinkel. Dabei besteht in der aktuellen Saison 2002 die Tendenz zu 90 Grad, jedenfalls bei Mercedes, BMW und Ferrari. Neue Wege geht man hingegen bei Renault, wo man einen deutlich flacheren Motor anstrebt, um einen günstigeren Schwerpunkt zu erreichen. Der exakte Winkel ist ein streng gehütetes Geheimnis – die Experten rechnen mit 111 Grad. Auf einem weiteren Gebiet gelten die Franzosen als Vorreiter. Renault entwickelt ein Triebwerk, bei dem konventionelle Nockenwellen durch Hydraulik ersetzt werden sollen. Ob dieser revolutionäre Motor aber im Jahr 2003 zum Einsatz kommen wird, ist allerdings nicht sicher.

Über das Innenleben der Triebwerke schweigen sich natürlich alle Hersteller aus. Bekannt ist, dass vor allem im Bereich der verwendeten Materialien immer weiter entwickelt wird. Die verschiedensten Keramik-Legierungen sind Standard, mit teueren, exotischen Metallen wird experimentiert – wobei technische Glanzleistungen nicht immer belohnt werden. Dies musste man zum Beispiel bei Mercedes schmerzlich erfahren. Die Überlegenheit des Mercedes-Motors in der Saison 2000 beruhte nicht zuletzt auf der Verwendung von Beryllium – eines in der Verarbeitung hochkomplexen Werkstoffs. Dem hatte Ferrari nichts entgegenzusetzen, aber es gelang den Italienern im Herbst 2000, bei der FIA mit dem Hinweis auf angebliche Gesundheits- und Umweltgefährdungen ein Verbot dieses Werkstoffs zu erwirken. Diese Änderung des Reglements traf die Stuttgarter sehr hart – einige der Probleme im Jahr 2001 waren darauf zurückzuführen.

Formel-1-Motoren von heute sind Kunstwerke der Kombination von Hochleistungsmechanik und -elektronik. Der BMW-Motor der Saison

2002, intern als P82 bezeichnet, besteht aus etwa 1000 verschiedenen Bau- und rund 5000 Einzelteilen. Alle elementaren Teile wie Zylinderkopf, Kurbelgehäuse, Kurbel- und Nockenwelle sowie die elektronische Steuerung werden bei BMW selbst entwickelt und gefertigt. »Der Knowhow-Fluss zwischen Motorsport und Serie war bei unserem Formel-1-Projekt von Anfang an Auftrag und Bedingung«, erklärt BMW-Motorsportchef Dr. Mario Theissen. »Wir nutzen und verbessern unser hauseigenes Spezialwissen und können es so in die Serie transferieren.« So wird das Formel-1-Motorenmanagement bei BMW vom selben Team entwickelt, das auch für die Elektronik der Serienmodelle M3 und M5 verantwortlich zeichnet.

Um die Verbindung zwischen Formel 1 und Serie zu sichern und dabei auch den für die Formel 1 nötigen Qualitätsstandard zu halten, hat BMW zum Beispiel in Landshut in unmittelbarer Nachbarschaft zur Seriengießerei eine eigene Gießerei für die Formel-1-Triebwerke gebaut. Dort werden die Zylinderköpfe und Kurbelgehäuse des Zehnzylinders mit höchster Präzision gegossen. Die Qualitätskontrolle erfolgt unter anderem mittels Computertomografie. Die Prüfung eines Zylinderkopfes in der CT-Röhre dauert allein 20 Stunden.

Grand-Prix-Motoren im Wandel der Zeiten: der 3,36-Liter-Mercedes-Achtzylinder von 1934 (unten), der Porsche-Zwölfzylinder von 1991 (Mitte) und der Mercedes-Zehnzylinder(oben), der bei Ilmor gebaut wird.

Auch die Fabrik für die übrigen Formel-1-Teile wird von einem Team betrieben, das auch Serienteile bearbeitet. Und selbst beim Modellbau funktioniert die interdisziplinäre Zusammenarbeit zwischen Sport und Serie: Die Formel-1-Mannschaft profitiert dabei von den Erfahrungen im Rapid-Prototyping/Tooling-Verfahren, bei dem computergesteuerte Maschinen mittels Laserstrahlen oder dreidimensionaler Drucktechnik maßstabsgetreue Modelle aus Harz, Kunststoffpulver, Stärke oder Wachs produzieren.

Die Konzeption eines neuen Rennmotors beginnt in der Regel mindestens ein Jahr vor seinem ersten Einsatz, selbst wenn er, wie der P82, auf dem Vorgängermodell aufbaut: »Der P82 ist eine Neukonstruktion«, betont Theissen. »Er

**Wie bei Mercedes, so findet auch bei Renault ein wesentlicher Teil der Motorenentwicklung am Prüfstand statt.**

basiert zwar auf dem P80, ist aber in jedem Teil neu.« Im Januar/Februar 2001 hat in München ein kleines Team mit weniger als 20 Mitarbeitern mit der Konzeption begonnen. In den Monaten März bis Juni folgte die Konstruktion, ab August begann die Erprobung der einzelnen Komponenten. Die Teilebeschaffung für die ersten Motoren war im September abgeschlossen, am 21. September lief der P82 zum ersten Mal am Prüfstand und am 3. Oktober bei einem richtigen Test im Auto.

»Dabei haben wir auf jeden Fall schon mal gesehen, dass der Motor im Prinzip funktioniert und keine grundlegenden Probleme aufweist. Denn

es ist eine Tatsache, dass der Grundstein für einen erfolgreichen Motor bereits bei der Konzeption gelegt wird. Wenn man ein untaugliches Konzept erst im Dezember bemerkt, hat man keine Chance, dieses Problem noch bis zum Saisonstart zu lösen.«

Während der Winterzeit spielen dann, vor allem aufgrund der unlängst verschärften Testverbote, Prüfstandversuche eine immer größere Rolle. In diesem Bereich greift auch Mario Illien, der Chef der Mercedes-Motorenschmiede Ilmor, auf die Ressourcen von Daimler-Benz zurück. Einen großen Teil seiner Arbeit leistet er aber im englischen Brixworth, wo im Jahr über 100 der Mercedes-Triebwerke gebaut werden. Die Entwicklungsziele sind im Prinzip überall die gleichen: mehr Leistung, weniger Gewicht und höhere Standfestigkeit.

Für die Zuverlässigkeit ist vor allem absolute Präzision in allen Abläufen der Fertigung und Montage gefragt. Hinsichtlich der Gewichtsersparnis streben die Entwickler danach, einen möglichst günstigen, tiefen Schwerpunkt zu erreichen. Die Top-Autos liegen heute ohnehin schon unter dem geforderten Mindestgewicht von 600 Kilogramm einschließlich Fahrer und Kamera, sodass das Auto auch mit Ausgleichsgewichten abgestimmt werden kann. Es gilt also, vor allem im oberen Bereich des Motors hier und dort noch das eine oder andere Gramm einzusparen, an der Airbox und an den Zylinderköpfen. Dabei wurden im Laufe der letzten Jahre kontinuierliche Fortschritte erzielt: »Als wir angefangen haben, wog unser Zehnzylinder ohne die Auspuffanlage, aber mit Kupplung 126 Kilo. Damit war er im Rahmen seiner Wettbewerber ein Leichtgewicht«, berichtet Illien. Und heute? »Unsere Motoren für diese Saison wiegen ohne Auspuff deutlich weniger als 100 Kilo und mit Auspuff liegen sie immer noch knapp darunter.« Um diese Verbesserungen zu erreichen, ist mühsame analytische Detailarbeit nötig. So werden zum Beispiel die zahlreichen Schrauben, die aus schwerem Stahl bestehen, immer sparsamer dimensioniert, »denn die Festigkeit von Schraubverbindungen wird nicht so sehr vom Durchmesser der Bolzen bestimmt, sondern von der Belastbarkeit der Gewinde.« Dafür hat Illien sogar eine eigene Technik entwickelt, die so genannte »multikulturelle Verschraubung«. Gewinde, die in Aluminium geschnitten werden, bekommen ein Zollgewinde mit relativ großer Steigung, und Gewinde, die Muttern aus Stahl aufnehmen sollen, bekommen ein metrisches Feingewinde. Diese beiden Gewindesteigungen – jenseits aller ISO-Normen – können durchaus in den gleichen Stehbolzen geschnitten sein, und weil es solche Teile nirgendwo zu kaufen gibt, stellt Ilmor sie eben selbst her.

Die Möglichkeiten zur Leistungssteigerung beschränken sich laut Illien auf drei Einflussgrößen: »Eine Verbesserung der Zylinderfüllung, eine Erhöhung der Drehzahl und eine Verringerung der inneren Reibung. Bei den heute erreichten Größenordnungen sind allerdings nur noch kleine Steigerungen möglich.«

Aber wenn die Mercedes-Motoren auch im englischen Brixton konzipiert und gebaut werden – in der Grundlagenforschung und in der Feinabstimmung kommt vieles direkt aus Stuttgart. Mario Illien hat Zugriff auf die technischen Ressourcen des DaimlerChrysler-Konzerns. In der Untertürkheimer Motorsport-Gruppe von Mercedes-Benz widmet sich ein Team von etwa 30 Ingenieuren und Technikern der Grundlagenforschung. Sechs Motoren- und Getriebeprüfstände stehen dort zur Verfügung. Auf speziellen instationären Prüfständen können die Ingenieure ganze Rennen simulieren. Dabei wird die mechanische Zuverlässigkeit des kompletten Antriebsstranges, also Motor und Getriebe, immer weiter verbessert, die charakteristischen Belastungen bestimmter Kurse, etwa des engen, winkligen Monaco oder von Monza mit seinem hohen Vollgas-Anteil auf den langen Geraden, simuliert. Aber auch an »Fahrbarkeit« und Kraftstoffverbrauch der Motoren wird auf diesen Prüfständen gearbeitet. »Auch ein Rennmotor muss sauber und bestens kontrollierbar aufs Gaspedal reagieren. Nur dann kann der Fahrer die optimale Beschleunigung aus der Kurve nutzen«, erklärt Dr. Hans-Peter Kollmeier, der Chef der Testabteilung. »Und eine perfekt funktionierende Startautomatik ist ohne einen solchen Prüfstand nicht zu schaffen.« An dieser Stelle wird auch die Notwendigkeit Disziplin-übergreifender Arbeit besonders deutlich. Denn diese optimale Leistungsentwicklung wird ermöglicht durch die

Feinabstimmung des elektronischen Motormanagements von TAG-Elektronics, der Suche nach dem idealen Zeitpunkt für Zündung und Einspritzung zum Beispiel.

Auf einer stationären Motorenbremse kann die Leistung an definierten Punkten des Kennfeldes bei bestimmter Last und Drehzahl ermittelt und per Feinabstimmung maximiert werden. Auf Experimental-Prüfständen laufen Tests mit einzelnen Zylindern für die Entwicklung neuer Motoren, während es auf einem elektrisch angetriebenen Prüfstand für den Ventiltrieb im Zylinderkopf möglich ist, Drehzahlfestigkeit und Schwingungsverhalten der Ventile zu prüfen.

Die Ergebnisse eines solchen Aufwands, wie er überall getrieben wird, ist beeindruckend: Spekulationen über 900 PS und Drehzahlen um die 19 000 U/min weisen zwar alle Hersteller noch unisono zurück, aber die besten Motoren sind von dieser Traummarke nicht mehr weit entfernt. Eine Analyse von Fachleuten beim Saisonstart 2002 ergab für BMW und Toyota Spitzendrehzahlen von 18 300 U/min, Ferrari und Mercedes lagen bei 18 000, Renault bei 17 800. Und wer die stärksten Motoren bei gut 870 PS ansiedelt, dürfte nicht so weit entfernt von der Wahrheit sein.

Diese Werte korrespondieren mit weiteren eindrucksvollen Zahlen: 18 000 U/min bedeuten pro Sekunde 300 Motorumdrehungen, 1500 Zündungen und 9000 Drehzahlmessungen. Die Kolben legen 25 Meter zurück, es werden 450 Liter Luft angesaugt, 150 000 Motor- und Fahrzeugdaten erfasst und verarbeitet. Das Auto hätte bei 360 km/h – Geschwindigkeiten, die auf den langen Geraden von Hockenheim bereits erreicht wurden – in dieser Sekunde 100 Meter zurückgelegt, die Antriebsräder hätten sich 50-mal gedreht.

## Die Getriebe – leichter fahren mit Automatik

Präzise und schnelle Gangwechsel stellten einst große Anforderungen an Grand-Prix-Piloten – ein Punkt, an dem sich die Spreu vom Weizen trennte. Heute hat die Technik den Fahrern den größten Teil dieser Aufgabe abgenommen. Die

Dank halbautomatischer Getriebe fehlt in den heutigen Formel-1-Autos das Kupplungspedal.

halbautomatischen Getriebe verlangen weder Kuppeln noch mechanisches Einlegen der Gänge mehr, geschaltet wird über eine Wippe am Lenkrad, quasi per Knopfdruck. Meist wird rechts hoch- und links heruntergeschaltet. Seitdem die Elektronik im Frühjahr 2001 weitgehend freigegeben wurde, können praktisch alle Schaltfolgen vorab programmiert werden. Die Fahrer können aber trotzdem noch manuell über die »Wippe« eingreifen, und sie tun das auch gerade beim Herunterschalten öfters.

Doch so einfach das Schalten für die Fahrer geworden ist, für die Techniker ist das Getriebe weiterhin eines der anspruchsvollsten und komplexesten Gebilde eines Formel-1-Autos, vor allem weil es ja nicht für sich allein betrachtet werden darf, sondern als Teil des Antriebsstranges. »Und Änderungen in diesem Bereich tangieren unweigerlich die ganze Dynamik des Chassis«, erklärt Williams-Chefkonstrukteur Gavin Fisher. »Während wir die Entwicklung dieser Komponenten an einem neuen Auto begleiten, müssen wir gleichzeitig die Balance des Autos wiederherstellen.«

Lange Vorlaufzeiten, gute Planung und der ständige Blick auf das Gesamtkonzept sind da von essenzieller Bedeutung. Und wenn man kurzfristig etwas ändern muss, gibt es Probleme. McLaren machte in dieser Hinsicht im August 2000 betrübliche Erfahrungen. Für den MP4-16, das Auto für die Saison 2001, hatte man ein neuartiges Getriebe entwickelt, das mit einer Drehmomentverteilung versehen war – eine ziemlich revolutionäre Neuentwicklung, die die FIA während der Designphase auch bereits abgesegnet hatte. Doch dann überlegten es sich die Funktionäre plötzlich anders. McLaren musste die teure Neuentwicklung aufgeben und auf eine modifizierte Version des Vorgängermodells zurückgreifen, die dann so gut wie möglich an das neue Auto angepasst wurde.

Die Mehrzahl der Teams benutzt heute Siebengang-Getriebe, gefertigt aus Titan, Aluminium, Magnesium oder Karbon, einige verlasssen sich auch noch auf Sechsgang-Schaltboxen. Ein Rückwärtsgang ist vom Reglement aus Sicherheitsgründen zwingend vorgeschrieben.

Als fortschrittlichstes Getriebekonzept in der Formel 1 galt 2002 die Siebengang-Automatik des neuen Ferrari. Kürzer, schmäler und dank eines Gehäuses aus Titanguss auch leichter als bisherige Getriebekonstruktionen, ging Ferrari bei dieser Entwicklung in allen Bereichen ans Limit, vor allem an das der Bauteile. Das Ergebnis: Dieses Getriebe muss nun so häufig gewartet werden wie sonst nur die Motoren. Das heißt, dass zwischen den Trainings- und Renntagen Schaltringe ausgewechselt werden, dass die einzelnen Zahnräder auf Bruchteile von Millimetern vermessen und ggf. ausgetauscht werden.

Doch dafür bringt es einige Vorteile. In einem langwierigen Entwicklungsprozess wurde der Schaltmechanismus geändert, wobei sich Ferrari an ein Konzept anlehnt, das Williams schon seit einiger Zeit benutzt: die so genannte Ratschenschaltung. Dabei dreht die Schalttrommel von Anschlag zu Anschlag und nicht auf eine elektronisch vordefinierte Position. Dadurch verkürzen sich die Schaltzeiten von 40 auf 20 Millisekunden. Durch diese gesteigerte Geschwindigkeit können sich auch keine Schwingungen mehr im Antriebsstrang aufbauen, die bei konventionellen Getrieben erst entkoppelt werden müssen. Ein Nachteil dabei ist allerdings, dass mit diesem Mechanismus keine Gänge mehr übersprungen werden können. Manchmal ziehen es die Fahrer ja vor, in gewissen Situationen beim Herunterschalten zum Beispiel direkt vom fünften in den zweiten Gang zu wechseln und die Gänge nicht einzeln durchzuschalten. Außerdem lassen sich die Schaltzeiten nicht mehr variieren – ein Mittel, das sonst manchmal bei Nässe eingesetzt wird, um das Auto angenehmer fahrbar zu machen.

## Die Reifen – mehr als schwarz und rund

»Schwarze und runde« – das ist eine ziemlich beliebte Antwort von Formel-1-Piloten auf die neugierige Journalistenfrage, welche Reifen sie denn nun für das bevorstehende Rennen gewählt hätten. Aber ganz so simpel ist es natürlich nicht – sonst würde ja keiner die Frage stellen. »Die harte oder die weiche Mischung?« – das ist es, worum es den Neugierigen geht. Denn nach dem gegenwärtigen Reglement (siehe Kasten) darf jeder Reifenhersteller zwei verschiedene

Mischungen zu einem Grand Prix mitbringen – die Auswahl bleibt dann den Teams und Fahrern überlassen und kann über Erfolg oder Misserfolg entscheiden.

Generell gilt für die heutigen Rillenreifen, was auch schon früher die Regel war. In den 50er-Jahren glichen die Reifen in ihren Dimensionen noch weit mehr normalen Pkw-Reifen und wiesen ein quasi »normales« Profil auf. Ab Mitte der 60er-Jahre setzten sich dann die schlauchlosen Rennreifen durch, und 1971 tauchten erstmals die völlig profillosen Slicks auf, die erst 1997 per

## Die Formel 1 spart

Die Formel 1 muss sparen, die Kosten dürfen nicht mehr ins Unendliche wachsen – darüber waren sich ja eigentlich noch alle einig. Nur wie das gehen soll, darüber wurde Anfang der Saison 2002 heftig diskutiert und gestritten. Und nach den Sitzungen der Formel-1-Kommission und des FIA World Council in Paris bleiben viele Fragen offen. Dort wurde entschieden, dass sich für 2003 überhaupt nichts ändern, ab 2004 aber jeder Fahrer pro Rennwochenende nur noch einen Motor benutzen soll. Wer wechseln muss, soll in der Startaufstellung um zehn Plätze zurückversetzt werden.

Schleierhaft, warum man nicht schon ab 2003 mit dem Sparen beginnt. Man hätte damit ja nicht so weit gehen müssen, wie FIA-Präsident Max Mosley ursprünglich gefordert hatte, und die neue Motorenregelung schon ab 2003 in Kraft setzen können. Denn das wäre technisch in der kurzen Zeit gar nicht mehr machbar gewesen, darüber waren sich die Hersteller einig: »Das bedarf viel zu grundsätzlicher konzeptioneller Änderungen«, meint etwa BMW-Motorsportdirektor Dr. Mario Theissen. »Aber so krass wollte das Mosley auch gar nicht haben«, glaubt Toyota-Konstrukteur Gustav Brunner. »Er ist da nur weit vorgeprescht, damit sich überhaupt einmal irgendwas bewegt.«

Es hätte sich trotzdem auch schon für 2003 etwas bewegen können – z. B. auf der Basis eines durchaus vernünftigen Kompromisses, auf den sich die Hersteller in Malaysia geeinigt hatten: Motoren für das freie Training frei, für Qualifying und Rennen dann nur noch einen. Damit wäre schon einmal das Thema »Qualifikationsmotoren« vom Tisch gewesen – und eine deutliche Ersparnis bei den Entwicklungskosten erreicht worden. Diese aber sind in der heutigen Formel 1 meist entscheidender als die reinen Stückkosten. Mercedes-Motorsportchef Norbert Haug gehörte zu den Befürwortern dieser Regelung: »Wo man vernünftig sparen kann, sollte man das auch tun.« Doch nachdem es zunächst schien, als könnten damit auch die Teamchefs leben, kam von dieser Seite dann doch vehementer Widerstand. Vor allem Eddie Jordan und Tom Walkinshaw von Arrows ging eine solche Regelung noch nicht weit genug. Ihr Nein war freilich eher als Versuch zu deuten, die Hersteller duch konsequente Blockadepolitik dazu zu bewegen, ihnen kostenlose Werksmotoren zur Verfügung zu stellen.

Also wird 2003 gar nicht gespart, und ob die neue Regelung 2004 wirklich so große Einsparungen bringt wie erhofft, sei dahingestellt. Denn nun kommen wieder die Entwicklungskosten ins Spiel. Schließlich müssen Triebwerke, die statt für 300 künftig für 700 bis 800 Kilometer ausgelegt sind, völlig neu konzipiert werden.

»Statt 300 nun mit Qualifying 350 Kilometer zu fahren, das wäre kein Problem gewesen«, meint Mercedes-Motorenchef Mario Illien. Williams-Technikchef Patrick Head befürchtet, dass diese Regelung sogar eine Kosteneskalation bewirken wird: »Wenn man nur einen Motor verwenden darf, dann treibt das die Prüfstandversuche vorher in ungeahnte Ausmaße. Und außerdem werden die Hersteller dann mit regelrechten mobilen Motorenwerkstätten an die Rennstrecken kommen, um ihre Triebwerke vor Ort zu überholen!« Was in dieser Hinsicht erlaubt sein soll, ist unklar. Das soll »in der Zukunft diskutiert werden«.

Damit ist der nächste Streit schon programmiert.

Ohnehin ist es Augenwischerei zu glauben, dass diese ganzen Sparmaßnahmen wirklich zu einer größeren Chancengleichheit unter den Teams führen könnten.

Ron Dennis bringt es auf den Punkt: Jeder, der sich in der Formel 1 engagiere, müsse schließlich wissen, worauf er sich einlässt: »Man kann doch nicht in der naiven Hoffnung antreten, man könne mit einem Zehntel des Budgets eines Top-Teams konkurrenzfähig sein, und dann jammern, wenn das nicht so ist. Die Großen werden immer mehr haben als die Kleinen. Und das, was sie haben, werden sie natürlich auch ausgeben. Ein Weg findet sich immer: Über noch aufwendigere Simulationen und Prüfstandversuche zum Beispiel.«

Reglement wieder von den heute verwendeten »Rillenreifen« abgelöst wurden. Doch welche Reifenart auch immer zum Einsatz kommt, stets gilt: je weicher, desto schneller, desto größer aber auch die Abnutzung. Da heute für Qualifying und Rennen der gleiche Reifentyp verwendet werden muss, bietet sich manchmal Raum für taktische Spekulationen: Soll man es zum Beispiel in Kauf nehmen, mit der härteren, langsameren Mischung im Qualifying etwas weiter hinten zu landen, um dafür im Rennen eventuell einen zusätzlichen Boxenstopp einzusparen? Kein Wunder, dass die Fahrer ihre Wahl lieber für sich behalten. Schließlich könnte die Konkurrenz daraus Schlüsse auf die eigene Taktik ziehen.

Dazu kommt noch ein zweiter wesentlicher Faktor: Immer, wenn in der Formel 1– wie in der Gegenwart – mehr als ein Hersteller vertreten ist, kommt es zu einem »Reifenkrieg«, der eine rasend schnelle Entwicklung zur Folge hat. Der Konkurrenzkampf der Marken führt zu enormen Fortschritten bei den Rundenzeiten. Als Anfang 2001 die Alleinherrschaft von Bridgestone zu Ende ging und mit Michelin wieder ein ehrgeiziger Konkurrent einstieg, wurden die Rundenzeiten im Vergleich zum Jahr 2000 auf vielen Strecken um drei bis vier Sekunden schneller – obwohl die Autos durch Änderungen im Aerodynamik-Reglement eigentlich hätten langsamer werden sollen. Um sich einen Vorsprung vor den Rivalen zu sichern, experimentierten die beiden Hersteller mit immer neuen, weicheren, schnelleren, aber trotzdem noch haltbaren Mischungen und Konstruktionen. Wie und mit welchen geheimen Hilfsmitteln aus der Basis von Kautschuk, Kohleruß, Ölen und Schwefel ein besonders schneller Rennreifen ent-

steht, welche speziellen Chemikalien hinter der ein oder anderen »Wundermischung« stehen, ist natürlich ein wohl gehütetes Geheimnis. Wehe, wenn da einmal ein Reifen in die Hände der Konkurrenz fällt. Als 1998 in Spa ein Rad von Michael Schumachers Ferrari – damals noch Goodyear-bereift – nach einem Crash mit David Coulthard im Wald verschwand und nie mehr auftauchte, war die Sorge der Amerikaner groß, dass das wertvolle Stück mithilfe eines nicht ganz so ehrlichen »Finders« vielleicht den Weg nach Japan zu Bridgestone gefunden haben könnte. Und Michelin soll beim Wiedereinstieg 2001 in Australien sogar Streckenposten dazu angehalten haben, im Falle eines Reifenschadens die verstreuten Gummiteile nicht einfach liegen zu lassen oder provisorisch zu entsorgen, sondern diese komplett bei den Franzosen im Fahrerlager abzuliefern. Man wollte nicht riskieren, dass die Konkurrenz in den Besitz eines Fragments kommen würde, das eine chemische Analyse zuließe.

Das Misstrauen ist verständlich – schließlich sollen die gewaltigen Investitionen für Forschung und Entwicklung ja in Siege umgemünzt werden. Michelin gelang das beim Wiedereinstieg 2001 bereits im vierten Rennen – mit Ralf Schumacher im BMW-Williams in Imola – und dass dieser Sieg damals zu großen Teilen ein Sieg der Reifen war, wurde in der Szene allgemein anerkannt. Im Laufe der Saison zeigte sich dann wieder einmal, was im Zuge von »Reifenkriegen« oft der Fall ist, dass nämlich bestimmte Wetter- und Streckenbedingungen ein bestimmtes Fabrikat begünstigen. In diesem Fall gilt die Faustregel: Je heißer, desto stärker ist Michelin. Auch auf extrem langen Geraden schienen die Franzosen Vorteile zu haben, und die Konkurrenz spekulierte heftig über die Gründe: Der Rollwiderstand der französischen Pneus scheint geringer zu sein als jener der japanischen Konkurrenz, vermutete man: »Michelin muss da etwas ganz Besonderes herausgefunden haben«, meinte Mercedes-Motorsportchef Norbert Haug damals. Details waren bei Michelin natürlich nicht zu erfahren, aber immerhin räumte man ein: »Wir haben da schon einiges getan. Aber es liegt nicht nur an den verwendeten Materialien, an den Gummimischungen, sondern auch am Unterbau.«

Wie aber kam es, dass Michelin als Neueinsteiger nach 16 Jahren Pause auf Anhieb wieder solche Erfolge feiern konnte? »Weil wir auch im Serienbereich sehr gute Ingenieure und Entwickler haben, auf deren Kompetenz wir zurückgreifen können. Da funktioniert der Technologie-Transfer auch einmal umgekehrt: von der Serie in die Formel 1«, meinte nicht nur Michelin-Rennchef Pierre Dupasquier, einer der erfahrensten Rennreifen-Experten weltweit.

Der schnelle Erfolg und das daraus ersichtliche Potenzial veranlassten ja auch mit McLaren-Mercedes ein weiteres Top-Team, Ende der Saison 2001 zu Michelin zu wechseln – und damit Ferrari bei Bridgestone automatisch die absolute Nummer-1-Position zu überlassen. Generell habe es zwei Seiten, eine andere Marke zu fahren als der Hauptkonkurrent, kommentierte Ron Dennis den Wechsel. »Dann konzentriert der Reifenpartner zwar vielleicht seine Entwicklungsarbeit etwas mehr auf einen selbst, als wenn ein Hersteller mehrere Top-Teams beliefert, andererseits fehlen einem die direkten Vergleichsmöglichkeiten, aus denen man Rückschlüsse aufs Auto ziehen kann.«

Jetzt hat McLaren die direkte Vergleichsmöglichkeit mit Williams. Die Entscheidung für den Wechsel sei eine Option auf die Zukunft gewe-

sen. Dass es am Anfang noch Anpassungsschwierigkeiten geben könne, weil man mit den Reifen und ihrer Charakteristik noch nicht so vertraut sei, habe man mit einkalkuliert. Dabei versuchte man bei McLaren, durch Anpassungen am neuen Auto schon einige Vorarbeit zu leisten: Was sie nützten, konnte man erst bei den ersten echten Testfahrten beurteilen: »Die Reifen können einen beträchtlichen Einfluss auf die Lenkkräfte, die Aerodynamik und die gesamte Balance des Autos ausüben, und vieles davon kann man nicht simulieren«, erklärt McLaren-Technikchef Adrian Newey. »Die Eigenschaften eines Reifens hängen von sehr vielen Variablen ab: vom Zustand des Streckenbelages, von der Außentemperatur und von der Abstimmung des Fahrzeugs. Die Reifen reagieren darauf unberechenbar. Deshalb ist es sehr schwierig, dafür ein Muster zu finden.«

Letztlich geht es bei der Abstimmung des Autos darum, die Mechanik an den Reifen anzupassen. Dabei haben die Chassis-Ingenieure dafür zu sorgen, dass die Auflagefläche des Reifens auf der Strecke zu jedem Zeitpunkt so groß wie möglich ist. Theoretisch sollte der Reifen immer in seiner vollen Breite Straßenkontakt halten – was in der Praxis allerdings nicht zu erreichen ist. Mit Veränderungen an der Aufhängungsgeo-

In der heutigen Formel 1 müssen auch Trockenreifen Rillen aufweisen.

## Reifen-Regeln

Generell dürfen pro Fahrer und Grand-Prix-Wochenende maximal 40 Trockenreifen eingesetzt werden, die zwei verschiedenen Typen angehören können, also einer härteren und einer weicheren Mischung. Am ersten Trainingstag dürfen davon drei Sätze verwendet werden, aber nicht alle drei aus einem einzigen Reifentyp. Diese drei Sätze sind nur für den Freitag bestimmt und dürfen danach nicht mehr verwendet werden.

Außerdem darf ein Fahrer pro Wochenende maximal 28 Reifen für nassen Asphalt, allgemein Regenreifen genannt, verwenden. Unter diesen

Begriff fallen heute drei unterschiedliche Typen: die so genannten Intermediates für feuchte Strecken, normale Regenreifen und die intern »Monsunreifen« getauften Gummis, die auch wahre Wasserfluten bewältigen. Die maximale Reifenbreite vorn beträgt 35,5 cm, hinten 38 cm. Trockenreifen dürfen einen Durchmesser von bis zu 66 cm aufweisen, Regenreifen von bis zu 67 cm. Trockenreifen müssen vier parallele Längsrillen aufweisen. An der Lauffläche haben diese Rillen eine vorgeschriebene Breite von 1,4 cm, an ihrem Boden von 1 cm. Ein neuartiger Reifen mit asymmetrischen Rillen, den

Michelin entwickelt hatte, wurde von der FIA kurz vor Saisonbeginn 2002 verboten. Die Rillen müssen untereinander von Mitte zu Mitte einen Abstand von genau 5 cm – plus/minus 1 mm Toleranz – haben. Die Tiefe der Rillen muss bei einem neuen Reifen mindestens 2,5 mm betragen. Auch nach Training und Rennen müssen die Rillen in den abgefahrenen Reifen noch eindeutig zu erkennen sein.

Bei den Regenreifen muss die Profiltiefe mindestens 2,5 mm betragen, wobei die Profilfläche mehr als 30 Prozent der gesamten Lauffläche einnehmen muss.

metrie über Spur und Sturz, aber auch an Federn und am Reifen selbst über den Reifendruck versucht man, dem Optimum so nahe wie möglich zu kommen. Auch eine optimale Reifentemperatur ist entscheidend für die Haftung. Diese liegt normalerweise zwischen 100 und 110 °C.

Der Wechsel des McLaren-Teams zu Michelin geriet zumindest kurzfristig auch Ferrari zum Vorteil. Denn dadurch wurde die ohnehin enge Zusammenarbeit mit Bridgestone noch einmal intensiviert – es wurden in Japan und Italien sogar gemeinsame Arbeitsgruppen für die Entwicklung gebildet. Ergebnis: Strecken, auf denen Ferrari im letzten Jahr noch Probleme hatte, wurden glänzend gemeistert. Dafür klagten einige andere Bridgestone-Teams umso mehr über die mangelnde Leistung der Reifen. Auch das ist nicht unbedingt etwas Neues: Schon seit Jahrzehnten ist es fast Tradition, dass Ferrari in der Reifenentwicklung andere Richtungen bevorzugt als die Konkurrenten: Schon in den 70ern galt die Faustregel: Reifen, mit denen Ferrari schnell ist, passen nicht für die englischen Teams – und umgekehrt. Auch wenn es nie eine plausible Erklärung dafür gab – die Ferrari-Chassis scheinen gewisse Charakteristika aufzuweisen, die dafür verantwortlich sein müssen, denn 2002, da Bridgestone voll auf Ferrari setzt, taucht das alte Phänomen prompt wieder auf.

## Ohne Elektronik geht nichts mehr

1993 erreichte die »Elektronikwelle« in der Formel 1 einen ersten Höhepunkt. Der Weg zum ferngesteuerten Auto, in dem der Fahrer nur noch schmückendes Beiwerk ist, schien nicht mehr weit. Im Interesse der Attraktivität der Formel 1 – »die schließlich eine Fahrerweltmeisterschaft sein soll« – zog FIA-Präsident Max Mosley damals die Notbremse und verbannte von 1994 an alle elektronischen Hilfsmittel – von den aktiven Aufhängungen über die Traktionskontrolle bis zum elektronisch gesteuerten Gaspedal – aus den Autos. Das zweifelhafte Ergebnis war, dass die Diskussionen nie aufhörten, wer denn nun wie und womit betrüge. Denn die FIA konnte die Einhaltung ihrer eigenen Regeln nicht kontrollieren, und manchmal, so schien es zumindest in der Benetton-Affäre 1994, wollte sie es auch gar nicht.

Nach Jahren der vergeblichen Versuche, Ordnung in den mehr oder weniger düsteren Grauzonen zu schaffen, gab die FIA dem allgemeinen Druck schließlich nach: Seit dem Großen Preis von Spanien 2001 ist ein recht umfangreiches Elektronik-Paket mit Traktionskontrolle, Startautomatik, diversen automatischen Getriebe-Programmierungen und erweiterten Möglichkeiten zur elektronischen Differenzial-Steuerung wieder freigegeben.

Die wichtigste Rolle spielt die Traktionskontrolle, ein leidiges und immer wieder diskutiertes Thema in der Zeit des Verbots. Dass hier einige Teams ungestraft betrogen haben sollen, wurde immer wieder mehr oder minder offen gemutmaßt. Nun also konnten die Elektronik-Spezialisten nach Herzenslust zaubern: »Die verschiedenen Teams haben dafür verschiedene technische Wege gefunden«, erklärt BMW-Williams-Technikchef Patrick Head. Zweck der Traktionskontrolle ist es, die Motorleistung zu reduzieren, sobald das System ein Durchdrehen der Räder registriert. »Das geht über Zündunterbrechungen, Zündverzögerungen oder die Drosselklappen-Steuerung – oder durch eine Kombination dieser Methoden.«

Nicht alle Fahrer sind Freunde der elektronischen Fahrhilfen. Die meisten sehen aber, wie Ralf Schumacher, keine Alternative: »Sicher wäre es eine größere sportliche Herausforderung, ohne diese technischen Hilfen zu fahren. Aber unter den gegebenen Umständen ist es die beste Lösung. Denn die ganzen vorangegangenen Diskussionen um das Thema haben der Formel 1 nur geschadet. Es ist gut, dass jetzt endlich alle ein solches System haben können, nachdem es ja offensichtlich möglich war, schon vorher zumindest mit etwas sehr Ähnlichem zu fahren. Nur so ist die Chancengleichheit gewahrt.«

In jedem Fall hat sich herausgestellt, dass sich durch die Freigabe der elektronischen Hilfsmittel das Kräfteverhältnis in der Formel 1 praktisch nicht verändert hat: »Es wird sich im Gesamtbild nicht viel tun. Die besten Fahrer werden immer die Besten bleiben – höchstens dass die großen, reichen Teams, die diese Technologie noch besser entwickeln können, den kleinen vielleicht wieder ein bisschen mehr davonziehen werden«, hatte Michael Schumacher prophezeit. Doch nicht einmal Letzteres war im Großen zu beobachten. Mika Häkkinen sah in der neuen Technologie damals auch keine Einschränkung der fahrerischen Herausforderung: »Mir hat das Testen, das Herumspielen mit der neuen Technik sehr viel Spaß gemacht. Außerdem kann man damit das Limit weiter hinausschieben und die Autos noch länger und konstanter am Limit fahren. Und außerdem wird die Traktionskontrolle einen großen Beitrag zur Sicherheit leisten, vor allem im Regen.«

Niki Lauda sieht die ganze Diskussion, seit zehn Jahren ja ein Dauerthema in der Formel 1, pragmatisch: »Es ist heute auf jeden Fall einfacher, das Auto zu bedienen. Ein junger Mann, der da kommt, freut sich über automatische Schaltvorgänge, Traktionskontrolle, Launch-Control. Die Bedienung ist einfacher, das Fahren am Limit ist immer gleich schwer. Früher musste man sich um Bedienung, Gangwechsel, Schaltfehler kümmern. Das braucht man heute nicht mehr. Deshalb tut sich ein Junger anfangs leichter.« Das heiße aber nicht, dass das Gewinnen auch für weniger talentierte Fahrer leichter geworden sei: »Die heutigen Autos sind auch im Grenzbereich etwas einfacher geworden, weil sie weniger Grip haben. Damit ist die Andeutung des Rutschens des Autos, des Ausbrechens, progressiv, das heißt auch für einen Anfänger leichter erkennbar. Das ist dann ähnlich wie in einem Formel 3, in Autos mit schmalen Reifen. Aber das Auto auf dem allerhöchsten Level zu bewegen, in diesem absoluten Grenzbereich, ständig zwischen Unter- und Übersteuern kämpfend, das ist schwieriger geworden. Das normale Fahren ist aber keine so große Überraschung mehr, das ist wie das Fahren in allen anderen Formeln auch. Früher war mit den Slicks der Griplevel irrsinnig hoch. Ihn zu erreichen war schwierig, und wenn man drüber hinausgegangen ist, ist man rausgeflogen. Jetzt ist man da wesentlich weiter unten, auf progressivem, anzeigendem Niveau … Und in dem Moment, in dem das Auto etwas anzeigt, kommt die Traktionskontrolle und hilft, das Übersteuern wieder zu korrigieren …«

Im Übrigen sei es sinnlos, gegen diesen Trend ankämpfen zu wollen: »Das ist eine moderne Entwicklung, die auch der bei den Straßenautos entspricht. Die Formel 1 entwickelt sich weiter. Das ist eine neue Art, Auto zu fahren – auf der Piste wie auch auf der Straße. Und die Formel 1 wird zum Beispiel mit ihren automatischen Getrieben auch Entwicklungen in die Serienautos bringen, zum Beispiel Gangwechsel in Millisekunden. Das zu diskutieren ist sinnlos, das ist einfach so geworden. Aber was sich dabei auf höchstem Level abspielt, wenn wir von Grand-Prix-Siegen oder vom Weltmeistertitel reden, das ist dann schon wieder eine Frage von enormem Können, mit diesen Autos entsprechend umzugehen. Dazu muss man wieder sehr viel Talent und Erfahrung haben. Die Frage des Könnens stellt sich heute genauso: Unten anzufangen, ist leichter – aber dann so zu fahren wie ein Schumacher, das ist wieder ein anderes Kaliber.«

Dass Elektronik aber auch kein sicherer Zauberkasten, sondern eine durchaus kritische Materie ist, zeigte sich in den ersten Rennen nach der Freigabe. Vor allem die Startautomatik machte Probleme. Mehrfach blieben gleich mehrere der High-Tech-Mobile einfach am Start stehen – auch weil man mit einzelnen Parametern zu nahe ans Limit gegangen war. Wenn dann winzige Veränderungen ins Spiel kamen – etwa ein anderer Reibungskoeffizient des Asphalts auf der Start-Ziel-Geraden gegenüber der Boxenausfahrt, wo man die Starts zuvor getestet hatte, funktionierte nichts mehr.

»Das Problem ist, wie nahe man ans Limit geht«, meinte Heinz-Harald Frentzen, selbst mehrfach von Pannen betroffen. »Man muss ja anfangs mit leicht durchdrehenden Rädern wegfahren. Je früher man dann aber keinen Schlupf mehr hat, etwa schon bei 35 bis 40 km/h, desto besser ist theoretisch der Start. Allerdings muss man dabei mit den Motordrehzahlen sehr schnell sehr weit herunter, was die Gefahr in sich birgt, dass die Motoren absterben. Wenn man etwas mehr Spielraum lässt, das System also etwa so einrichtet, dass man erst bei 55 bis 60 km/h keinen Schlupf mehr hat, wird das Risiko deutlich geringer – aber man verliert vielleicht zwei Zehntel gegenüber dem Optimum.«

Inzwischen ist man bei allen Teams schlauer geworden. Nach einem Jahr haben sich die Dinge eingespielt. Nur wenn ein Team – wie Arrows – den Motor wechselt und die Elektronik einem neuen Triebwerk angepasst werden muss, dann fängt man wieder fast komplett von vorne an. Auch mit den Pannen …

## In der Box – die Telemetrie

Als BMW 1982 zum ersten Mal einen kleinen Bus, voll gestopft mit Elekronik, an die Rennstrecken brachte, war das eine Sensation. Telemetrie – das war bis dahin in der Formel 1 ein Fremdwort gewesen. Das kleine schwarze Kästchen, die Black Box, die Antenne am Auto, die die Daten an die mobilen Rechner am Streckenrand übertrugen – was die Truppe um den damaligen BMW-Motorenchef Paul Rosche da mitgebracht hatte, war etwas ganz Neues. Damals ging es nur um die Motordaten: Der Vierzylinder-Turbo sollte so lückenlos wie möglich überwacht werden.

Heute ist die Telemetrie natürlich Standard und hat sich längst auf alle Fahrzeugbereiche ausgedehnt. Am neuen BMW-Williams messen am Rennwochenende 120 Sensoren – beim Testen noch deutlich mehr – permanent nahezu alles, was es zu messen gibt: Nicht nur Motordaten wie Drehzahlen, Gaspedalstellung, Zündzeitpunkte, Öl- und Benzindruck, Temperaturen etc., sondern auch zum Beispiel Getriebe- und die wichtigen Fahrwerksdaten, Bremstemperaturen, auftretende Querbeschleunigungskräfte, Schalt- und Bremspunkte, Beschleunigungswerte usw. Zwar kann wegen der riesigen Datenmengen nicht alles direkt über Funk übertragen werden, aber die aktuell nicht so entscheidenden

Werte werden natürlich alle in der Black Box gespeichert. Beim nächsten Boxenstopp loggen sich dann die Elekroniker mit ihren Laptops in die Black Box ein und ziehen die gesammelten Daten ab – zwölf Megabyte pro Fahrt sind da keine Seltenheit.

Der Fahrer ist zum gläsernen Menschen geworden. Was er und das Auto zu jedem einzelnen Zeitpunkt auf der Strecke gemacht haben, lässt sich lückenlos nachvollziehen. Fehler verschleiern oder abstreiten zu wollen, hat überhaupt keinen Sinn mehr, das »große Buch der Ausreden«, früher beliebtes Handwerkszeug der meisten Fahrer, kann heute ruhig zu Hause bleiben. Zumindest dem eigenen Team gegenüber nützt es nichts mehr. Und auch Klagen über angeblich schlechteres Material lassen sich auf diese Weise manchmal schnell vom Tisch wischen. Schon 1989, als Alain Prost in Monza im Training zeitweise an die zwei Sekunden auf Ayrton Senna verlor und sich bitterlich beklagte, Honda habe ihm, da er das McLaren-Honda-Team verlassen werde, schlechtere Motoren gegeben, wiesen ihm die Honda-Ingenieure per Telemetrie-Aufzeichnung nach, dass die Leistungswerte auf der Geraden gleich waren. Senna hatte nur in den schnellen Kurven deutlich mehr Gas gegeben …

Trotz der sonst in der Formel 1 weit verbreiteten, manchmal schon fast hysterischen Angst vor Spionage hat man bei den Teams eigentlich keine Angst, dass die Konkurrenz die übermittelten Daten abfangen und mitlesen könnte. Schließlich sind die verwendeten Frequenzen kodiert, die Daten verschlüsselt.

Der Nutzen der Telemetrie ist viel zu groß, als dass man aufgrund eines eher vagen »Abhörrisikos« darauf verzichten würde. Denn erstens bestehen Forschung und Weiterentwicklung in der heutigen Formel 1 hauptsächlich aus Datenanalyse und entsprechender Umsetzung. Als Arrows zu Saisonbeginn 2002 nicht testen konnte, wurden neue Teile nur auf der Basis der bei den Rennen gesammelten Daten entwickelt. Heinz-Harald Frentzen verbrachte Tage im Werk in England, um mit den Ingenieuren dieses Material auszuwerten – und die neuen Teile funktionierten und brachten auf Anhieb Fortschritte, ohne vorher noch einem Praxistest unterzogen worden zu sein. Zweitens, und das

BMW war 1982 der erste Hersteller, der Telemetrie zur Überwachung der Turbomotoren einsetzte.

ist der besondere Vorteil der direkten Übertragung vom Auto auf die Kontrollmonitore der Ingenieure während Training und Rennen, können so manchmal sogar Ausfälle vermieden oder zumindest größere Schäden und damit hohe Kosten verhindert werden. Sehen die Techniker etwa, dass sich kurz vor Schluss Motorprobleme anbahnen, können sie zum Beispiel den Fahrer anweisen, mit etwas niedrigeren Drehzahlen zu fahren, um das Auto doch noch über die Ziellinie zu bringen. Bahnt sich aber ein größerer Defekt an, kann man den Fahrer manchmal noch an die Box holen, ehe ein totaler Motorschaden daraus wird und sich um die 100 000 Euro in Rauch auflösen.

Nicht immer allerdings werden sich anbahnende Probleme den Fahrern auch sofort mitgeteilt. Hoffen die Techniker, dass es das Auto auch ohne massive Gegenmaßnahmen bis ins Ziel schafft, behalten sie die Sorgen manchmal auch für sich, »um die Fahrer nicht zu beunruhigen und zu verunsichern«.

Aber die gesammelten Daten werden nicht nur in den jeweiligen Boxen ausgewertet. Bei den Top-Teams ist es eine Selbstverständlichkeit, dass die gesammelten Bits und Bytes auch direkt in die Zentrale, ins Werk, überspielt werden, bei BMW-Williams also nach München und nach England. »Wenn wir mal Probleme mit der elektronischen Motorsteuerung haben sollten, dann lässt sich das am besten von München aus aussortieren«, erklärt Dr. Mario Theissen.

Als führend im Aufbau eines eigenen weltweiten Kommunikationsnetzes gilt – mit Unterstützung von Technik-Partner Siemens – McLaren-Mercedes. Früher lief die Übermittlung über ISDN-Leitungen, doch die waren mit den anfallenden Datenmengen oft überlastet. Zum Vergleich: Die gesamte Encyclopedia Britannica passt auf eine einzige CD-ROM. »Die kriegen wir bei einer einzigen Testfahrt voll«, meint Neil Martin, bei McLaren für die Datenübermittlung zuständig. Inzwischen hat Siemens ein System aus drei Satelliten-Anlagen entwickelt: eine fürs Rennteam, eine fürs Testteam und eine, die bei Rennen außerhalb Europas auf ganz speziellen Frequenzen arbeitet. Das System sorgt dafür, das alle gewünschten Daten von jedem Punkt der Erde aus spätestens drei Sekunden später am

Ein wohl geordnetes Chaos. Beim Boxenstopp muss jeder Handgriff sitzen, denn immer häufiger werden Rennen an den Boxen entschieden.

gewünschten Ort und beim zuständigen Mitarbeiter sind. Denn schließlich kann auch der Fall eintreten, dass das Team vor Ort auf ältere Daten zurückgreifen will. Auch das ist kein Problem – in der McLaren-Zentrale ist alles gespeichert und kann auf Wunsch sofort an die Rennstrecke weitergegeben werden.

Seit Beginn der Saison 2002 ist im Telemetrie-Bereich auch der bidirektionale Datenaustausch wieder erlaubt. Dieser war in den letzten Jahren verboten, um vom Image der quasi ferngesteuerten Autos wegzukommen. Somit könen heute Daten wieder nicht nur vom Auto zur Box, sondern auch von der Box zum Auto übertragen werden. Damit lassen sich über Funk Faktoren wie Bremsbalance, Motorgemisch oder Differenzialeinstellungen regulieren, die früher der Fahrer über Knöpfe und Schalter auf Anweisung der Techniker hatte einstellen müssen. Einerseits bringt dies für die Piloten natürlich erneut eine gewisse Erleichterung, weil sie sich um Dinge, die vom eigentlichen Renngeschehen ablenken könnten, nicht mehr kümmern müssen. Andererseits wurden hier und dort schon – womöglich nicht ganz unbegründete – Befürchtungen laut, dass sich der ein oder andere Teamchef versucht sehen könnte, eine Stallorder nicht nur zu erteilen, sondern ggf. während des Rennens durch leistungsmindernde Manipulationen durchzusetzen.

Zumindest wollten sich die Väter des Reglements dagegen absichern, dass die Autos von der Box aus auch noch gelenkt werden können. Deswegen dürfen die allgemein üblichen Servolenkungen in den Autos von 2002 an nicht mehr elektronisch, sondern nur noch mechanisch funktionieren.

# Sicherheit und Recht

F ormel 1 und Risiko – das ist untrennbar
miteinander verbunden. Das Risiko auch
tödlicher Unfälle war nie wegzudiskutieren
und wird es auch in der Zukunft nicht sein,
trotz aller Anstrengungen und verbesserter
Sicherheitsvorkehrungen.

## Die großen Tragödien

Vom ersten Formel-1-Toten der Geschichte, dem
Argentinier Onofre Marimon, der 1954 am Nürburgring ums Leben kam, über das erste
»schwarze Wochenende« der Formel 1, als 1960
in Spa die beiden Briten Chris Bristow und Alan
Stacey im Rennen in zwei voneinander unabhän-
gigen Unfällen tödlich verunglückten, bis zum
bisher letzten Formel-1-Drama 1994 in Imola –
immer wieder lösten diese traurigen Ereignisse
neue Diskussionen über den Sinn und Unsinn
der Formel 1 aus – oft heftig geführt, aber letztlich immer nur vom persönlichen Standpunkt zu
beantworten – und mit der persönlichen Freiheit
des Einzelnen zu rechtfertigen, sich bewusst
auch für eine sehr gefährliche Tätigkeit zu entscheiden.
Manche Unfälle gerieten schnell in Vergessenheit, weil sie weniger bekanntere Fahrer betra-
fen, sich vielleicht auch bei Testfahrten abseits
der Fernsehkameras und der breiten Öffentlichkeit ereigneten, andere bewegten ganze Länder
über Tage und Wochen, weil sie ihren Nationen
Idole raubten, einige wenige sogar die Welt.
Der Tod von Wolfgang Graf Berghe von Trips in
Monza 1961 war der erste Formel-1-Unfall der
Neuzeit, der Deutschland erschütterte. Der Adelige vom Niederrhein hatte sich schnell viele
Sympathien erworben. Seine Siege und sein
Kampf um den Weltmeistertitel, den er in eben

jenem Rennen erobern wollte, in dem er starb,
hatten die Formel 1 in Deutschland zum Thema
gemacht. Dazu kam, dass die Kollision mit Jim
Clark in der Parabolica auch 13 Zuschauer mit in
den Tod riss, Erinnerungen an die Katastrophe,
die sich 1955 in Le Mans ereignet hatte, wurden
wach. Über die Schuldfrage wurde endlos diskutiert, geklärt wurde sie nie. Die unterschiedlichen
Positionen spiegelten oft eher die persönlichen
Einschätzungen und Sympathien der Beobachter
wider, und das manchmal zynisch klingende,
aber oft gar nicht so nicht falsche »Normaler
Rennunfall« kam der Realität wohl noch am
nächsten.
In Deutschland gab man natürlich eher Clark die
Schuld an der Katastrophe. Ironie des Schicksals,
dass dem Schotten, dem Größten seiner Epoche,
dann ausgerechnet eine deutsche Rennstrecke
zum Verhängnis wurde. Es war der 7. April
1968, und es war nicht einmal ein Grand Prix,
sondern ein eher unbedeutendes Formel-2-Ren-
nen. Jim Clark fuhr zum ersten Mal in Hockenheim, fand die Strecke »lächerlich«, sein Auto,

Nach der Kollision
mit Jim Clarks Lotus
rast der Ferrari mit
der Nummer 4 mit
Wolfgang Graf Berghe
von Trips am Steuer
die Böschung hinauf
in die Zuschauer.

einen Lotus 48, wenig konkurrenzfähig und hatte auf die ganze Sache eigentlich keine große Lust. Er schien dem Auto nicht besonders viel Vertrauen entgegenzubringen und »wirkte auch das ganze Wochenende über irgendwie besorgt und beunruhigt«, wie sich sein Rennfahrerkollege Chris Amon später erinnerte.

Clark startete auf der regennassen Piste aus der dritten Reihe, fuhr, ohne direkten Konkurrenten in der Nähe und ohne Kontakt zur Spitze, ein einsames Rennen, als er in der fünften Runde auf der damals noch ohne Schikanen durch den Wald direkt zur Ostkurve führenden, leicht gebogenen Geraden ins Schleudern kam. Der Lotus flog mit Tempo 250 in den Wald und zerschellte an den Bäumen. Leitplanken, Fangzäune, Sicherheitsmaßnahmen – all das war in jenen Zeiten noch unbekannt. Jim Clark, der für die gesamte Szene als geradezu unverwundbar galt – ähnlich wie über 25 Jahre später auch Ayrton Senna –, Jim Clark hatte keine Chance. Er erlitt einen doppelten Schädelbasisbruch und brach sich das Genick.

Die Unfallursache wurde auch hier nie wirklich geklärt. Zunächst schien ein Reifenschaden am wahrscheinlichsten, doch Jahre später verriet ein Lotus-Mechaniker – nach ein paar Bieren – dem österreichischen Journalisten Helmut Zwickl, es sei wahrscheinlicher, dass der Motor blockiert habe. Die Motorsport-Welt war geschockt. Denn die Tatsache, dass selbst ein Ausnahmefahrer wie Clark verunglücken konnte, machte den anderen Piloten erst recht ihre eigene Verwundbarkeit deutlich.

Auch der für Österreich startende Mainzer Jochen Rindt trug nach außen etwas von dieser verwegenen Jungenhaftigkeit zur Schau, die ihn zumindest in den Augen seiner Fans unver-

wundbar erscheinen ließ. Dies galt vor allem in Österreich, das mit ihm zum ersten Mal mit einem echten Weltklassesportler außerhalb der Wintersportszene renommieren konnte. Tatsächlich hatte Rindt in seiner Wahlheimat für einen aus heutiger Sicht zwar kleinen, damals aber beachtlichen Medienrummel gesorgt. Als er am 5. September 1970 in Monza im Training tödlich verunglückte – auf dem Weg zum Weltmeistertitel –, waren genügend Beobachter dabei, die die letzten Stunden und Minuten seines Leben minutiös nachzeichneten, die die sehr persönlichen und menschlichen Seiten dieses Dramas darstellten und es damit zum Thema für die breite Öffentlichkeit machten, die mitlitt und trauerte. Dabei tauchten auch einige unangenehme Fragen auf, Fragen an Lotus-Chef Colin Chapman zu der gebrochenen Bremswelle am Auto, die den Unfall ausgelöst hatte. Man hatte sie zur Gewichtsersparnis hohl konstruiert und damit ein letztlich bekanntes Sicherheitsrisiko bewusst in Kauf genommen. Fragen mussten sich aber auch die Organisatoren in Italien anhören: Warum es so endlos lange dauerte, bis Rindt endlich in die Niguarda-Klinik in Mailand eingeliefert wurde. Natürlich stand kein Hubschrauber zur Verfügung. Der Krankenwagen blieb im Stau stecken, und zu allem Überfluss hat sich der Fahrer wohl auch noch verfahren. Ob Rindt bei einer besseren und schnelleren medizinischen Betreuung vielleicht hätte gerettet werden können, blieb offen.

Die Medien waren es auch, die der Welt das Drama um Roger Williamson 1973 in Zandvoort in seinem vollen Ausmaß vor Augen führten – ein Drama, das aufgrund seiner Vermeidbarkeit der Formel 1 weltweit sehr viel Kritik einbrachte – und erstmals die Forderung nach professionellen Streckenposten laut werden ließ.

Der Brite fuhr seinen zweiten Grand Prix, als sein privater March, wahrscheinlich aufgrund eines Reifenschadens, von der Strecke abkam, in die Leitplanken prallte, zurückgeschleudert wurde, sich überschlug, auf dem Kopf liegen blieb und Feuer fing. Williamson konnte sich nicht selbst befreien, aber anfangs schien der Unfall trotz allem noch beherrschbar. Die zunächst gar nicht so dramatischen Flammen wären von einer effektiven Löschtruppe sicher schnell erstickt

Das Auto ein Wrack, der Fahrer unverletzt – seit den 80ern ist die Zahl der Rennsportopfer kontinuierlich zurückgegangen.

worden. Doch die Streckenposten, schlecht ausgebildet und schlecht ausgerüstet, wagten sich
nicht nahe genug an das Auto heran und standen
praktisch tatenlos daneben, während das Feuer
immer mehr um sich griff.

Nur David Purley, ein anderer britischer Fahrer,
der relativ knapp hinter Williamson gelegen, den
Unfall direkt mitbekommen und angehalten hatte, ergriff die Initiative. Er entriss einem der
zögernden Posten seinen Feuerlöscher und
stürzte sich immer wieder in die Flammen, um
seinen Kollegen und Freund aus dem Auto zu
befreien. Ein kurz hinter der Unfallstelle postier-
ter Feuerwehrwagen durfte nicht eingreifen –
man ließ ihn nicht parallel zur Strecke gegen die
Fahrtrichtung die wenigen Meter zurückfahren.
Minutenlang waren damals die Fernsehkameras
dabei, wie David Purley verzweifelt und am
Ende doch vergebens um das Leben seines Kollegen kämpfte.

Da sich diese Tragödie praktisch unter den Augen des TV-Publikums abspielte, gerieten auch
die anderen Fahrer unter Beschuss. Immer wieder wurde ihnen die Frage gestellt, warum denn
niemand von ihnen angehalten und versucht
habe, zu helfen. So berechtigt diese Vorwürfe
auch immer gewesen sein mochten – auch die
Rechtfertigung der Piloten war verständlich: In
einem Rennen, das nicht abgebrochen ist, das bei
nur gelben Flaggen an einer Unfallstelle weiter-
läuft, hat der Fahrer aus dem Cockpit eine solche
Szene nur Sekundenbruchteile im Blickfeld,
während er gleichzeitig sein eigenes Auto auf der
Strecke halten muss. Niki Lauda versuchte zu
erklären: »Man sieht ein brennendes Auto, einen
Haufen Leute, die darum herumstehen – und
einen Fahrer, der daneben steht und versucht zu
löschen. Niemand von uns hat realisiert, dass da
noch jemand drinsitzt. Der Eindruck war, dass
Purley versuchte, sein eigenes, brennendes Auto
zu löschen.«

Diese Erklärung geriet schnell in Vergessenheit –
im Gegensatz zu der so zynisch klingenden
Bemerkung, die der damals 24-Jährige einem
lästigen Journalisten zuwarf, der sich um keinen
Preis der Welt abwimmeln lassen wollte: »Ich
werde fürs Fahren bezahlt, nicht fürs Parken …«
Aus dem Zusammenhang gerissen wurden diese
Worte hunderttausendfach zitiert – als Beweis

für die Gefühl- und Skrupellosigkeit der Formel-
1-Szene. Und sie fielen auf ihren Urheber
zurück. Nachdem Lauda nach seinem Feuerunfall am Nürburgring von vier beherzten Kollegen – Arturo Merzario, Brett Lunger, Guy
Edwards und Harald Ertl – aus dem brennenden
Ferrari gerettet worden war, musste er sich die
nicht minder zynische Frage anhören: »Waren
die Kollegen, die Sie am Nürburgring retteten,
dann Amateure?«

Manchmal waren es auch Unfallserien oder
schicksalhafte Verbindungen, die in der Formel 1
für Dramen sorgten, die an die klassische griechi-
sche Tragödie erinnerten.

So hatte der Streit zwischen Gilles Villeneuve
und Didier Pironi in Imola 1982 über die von
dem Franzosen nicht beachtete Stallorder, die
Villeneuve um seinen Sieg brachte, für beide
Beteiligten fatale Folgen. Vielleicht war es der
Hass auf den Teamkollegen, der so lange ein
Freund gewesen war, der den Kanadier zwei
Wochen später in Zolder dazu bewog, im Training noch mehr Risiko einzugehen als sonst, um
sich in seinem letzten Qualifying-Versuch doch
noch an dem Rivalen vorbeizuschieben, und
nicht vom Gas zu gehen, als der March von
Jochen Mass auf seiner Auslaufrunde vor ihm
auftauchte. Villeneuve versuchte sich vorbeizu-
pressen und rechnete wohl nicht damit, dass der
Deutsche noch einmal die Linie wechseln würde,

Bereits in den späten
80ern waren die
Chassis der Formel-1-
Autos so widerstands-
fähig, dass der Brasili-
aner Mauricio Gugel-
min nach diesem
Horrorcrash 1989 in
Paul Ricard im March-
Judd keinen wesentli-
chen Schaden nahm.

## Opfer in offiziellen Trainings und Rennen:

✝

## Opfer bei Testfahrten und in anderen Klassen

| | | | | | | |
|---|---|---|---|---|---|---|
| Onofre Marimon | ARG | Nürburgring 1954 | | Alberto Ascari | ITA | Monza 1955/Test |
| Bill Vukovich | USA | Indianapolis 1955 | | Ricardo Rodriguez | MEX | Mexico 1962/Formel 1 (kein WM-Lauf) |
| Luigi Musso | ITA | Reims 1958 | | Jim Clark | GB | Hockenheim 1968/ Formel 2 |
| Peter Collins | GB | Nürburgring 1958 | | | | |
| Stewart Lewis-Evans | GB | Casablanca 1958 | | Ludovico Scarfiotti | ITA | Roßfeld 1968/ Bergrennen |
| Chris Bristow | GB | Spa 1960 | | | | |
| Alan Stacey | GB | Spa 1960 | | Mike Spence | GB | Indianapolis 1968 |
| Wolfgang Graf Berghe v. Trips | GER | Monza 1961 | | Bruce McLaren | NZE | Goodwood 1970/Test |
| Carol de Beaufort | NL | Nürburgring 1964 | | Ignazio Giunti | ITA | Buenos Aires 1971/ Sportwagen |
| John Taylor | GB | Nürburgring 1966 | | | | |
| Lorenzo Bandini | ITA | Monaco 1967 | | Pedro Rodriguez | MEX | Norisring 1971/ Sportwagen |
| Jo Schlesser | FRA | Rouen 1968 | | | | |
| Gerhard Mitter | GER | Nürburgring 1969 | | Silvio Moser | SWI | Monza 1971/ Sportwagen |
| Piers Courage | GB | Zandvoort 1970 | | Jo Siffert | SWI | Brands Hatch 1971/For- mel 1 (kein WM-Lauf) |
| Jochen Rindt | AUT | Monza 1970 | | | | |
| Roger Williamson | GB | Zandvoort 1973 | | Joakim Bonnier | SWE | Le Mans 1972/ Sportwagen |
| François Cevert | FRA | Watkins Glen 1973 | | | | |
| Helmut Koinigg | AUT | Watkins Glen 1974 | | Patrick Depailler | FRA | Hockenheim 1980/Test |
| Mark Donohue | USA | Zeltweg 1975 | | Rolf Stommelen | GER | Riverside 1983/ Sportwagen |
| Tom Pryce | GB | Kyalami 1977 | | | | |
| Ronnie Peterson | SWE | Monza 1978 | | Manfred Winkelhock | GER | Mosport 1985/ Gruppe C |
| Gilles Villeneuve | CAN | Zolder 1982 | | | | |
| Riccardo Paletti | ITA | Montreal 1982 | | Stefan Bellof | GER | Spa 1985/Gruppe C |
| Roland Ratzenberger | AUT | Imola 1994 | | Elio de Angelis | ITA | Le Castellet 1986/Test |
| Ayrton Senna | BRA | Imola 1994 | | Jo Gartner | AUT | Le Mans 1986/ Sportwagen |
| | | | | Didier Pironi | FRA | Motorbootrennen 1987 |

Vergebens kämpften die Ärzte 1994 in Imola um das Leben Ayrton Sennas.

um ihn vorbeizulassen. Der »Gigant«, der zuvor viele dramatisch aussehende Unfälle unverletzt überstanden hatte, den aber auch immer die Aura des besonders wagemutigen Helden umgeben hatte – er bezahlte diese unbesonnene Attacke mit dem Leben.

Und dann ist es wenige Wochen später Pironi, der einen tödlichen Unfall auslöst, als er in Kanada beim Start aus der ersten Reihe nicht wegkommt. Nachdem fast das gesamte Feld ausweichen kann, rast von ganzen hinten der unerfahrene Italiener Riccardo Paletti mit fast 200 km/h in den stehenden Ferrari. Als sein Auto in einem Feuerball aufgeht, ist Paletti schon tot. Der junge Italiener hatte erst zum zweiten Mal am Start eines Grand Prix gestanden. Zuvor hatte er mehrfach die Qualifikation nicht geschafft und immer wieder mehr oder weniger deutlich erklärt, dass er sich in der Formel 1 eigentlich überfordert fühle und lieber noch ein Jahr in der Formel 2 gefahren wäre. Doch ein überehrgeiziges Umfeld, vor allem ein wild entschlossener Vater mit dem nötigen Kleingeld in der Tasche, kauften ihn bei Osella ein, und das Team spielte mit – möglicherweise sogar wider besseres Wissen, weil man das Geld natürlich brauchte.

Der Tragödie letzter Teil fand eineinhalb Monate später in Hockenheim statt, als Didier Pironi selbst im freien Training bei strömendem Regen auf den Renault von Alain Prost auffuhr und sich so schwere Beinverletzungen zuzog, dass seine Karriere beendet war. Nun musste er sich fragen, ob im freien Training unter solchen Bedingungen ein so hohes Risiko vertretbar war.

Und schließlich als letzte der großen Tragödien Imola 1994, makabrer Höhepunkt im Zusammenspiel praktisch aller Faktoren, die Rennunfälle je in die großen Schlagzeilen gebracht haben: mehrere Crashs in Serie, die ununterbrochene Präsenz des Fernsehens, der Tod eines Weltstars, schließlich die Fragen nach dem Warum, nach Schuld und Schicksal …

Die zynische Dramaturgie der Ereignisse begann mit dem unglaublich spektakulären, aber letztlich glimpflich verlaufenen Unfall von Rubens Barrichello am Freitag. Am Samstag folgte der Tod des Österreichers Roland Ratzenberger, eines noch relativ unbekannten Neulings. Es war der erste tödliche Unfall an einem Rennwochenende in der Formel 1 seit 1982, und er brachte die weit verbreitete Illusion von der neuen, absoluten Sicherheit in der Formel 1 zum ersten Mal ins Wanken.

Und dann der Sonntag, als Ayrton Senna verunglückte, der Superstar, der Unantastbare, der über allem zu schweben schien. Er war das Idol nicht nur seines Heimatlandes Brasilien, wo dieser 1. Mai 1994 für viele einen ähnlichen Status hat wie Tage weltgeschichtlicher Ereignisse, etwa die Ermordung John F. Kennedys. Senna war ein Weltstar, die Identifikationsfigur der Formel 1 schlechthin, der Größte, dessen Tod für die Formel 1 war, »als sei die Sonne vom Himmel gefallen«, wie Gerhard Berger formuliert. Er wurde besiegt von der Technik, wohl im Zusammen-

spiel mit menschlichen Unzulänglichkeiten – und dem geradezu unfassbaren Schicksal, dass ein Aufhängungsteil seinen Helm ausgerechnet an der verwundbarsten Stelle traf, der Gummiabschluss-Litze an der Visieröffnung. Es war eine Frage von Millimetern, die die Welt der Formel 1 für immer verändert hat.

## Sicherheit heute – eine Bestandsaufnahme

Dass Michael Schumacher bei seinem Unfall in Silverstone 1999 mit einem Beinbruch davonkam, dass er einige andere fürchterlich aussehende Unfälle unverletzt überstand, dass sich Luciano Burti 2001 in Spa bei seinem spektakulären Abflug in die Reifenstapel bei Tempo 300 nur leicht verletzte, dass die Unfälle der letzten Jahre – zumindest für die Fahrer – immer glimpflich endeten, das haben die Piloten vor allem der immer größeren Sicherheit der Formel-1-Autos und -Strecken zu verdanken. Die Arbeit und das Engagement der FIA und der GPDA, der 1994 »wiederbelebten« Grand-Prix-Fahrergewerkschaft, die es in den 70ern und 80ern schon einmal gab, die aber dann allmählich sanft eingeschlafen war, zahlte und zahlt sich aus.

Die vor Jahren von der FIA eingeführten und in ihren Vorgaben von Jahr zu Jahr verschärften Crashtests, denen die Autos vor Saisonbeginn unterzogen werden müssen, haben dazu geführt, dass die Kohlefaser-Monocoques heute Aufprallgeschwindigkeit von weit über 200 Stundenkilometern absorbieren können, ohne sich so stark zu verformen, dass die Fahrer schwer verletzt werden. Eine ausgeklügelte Bauweise bei immer weiter verbesserten Materialien sorgen für so extreme Steifigkeit, dass Zyniker schon mutmaßten, in der Zukunft würden bei schweren Unfällen zwar die Autos unbeschädigt bleiben, aber die Fahrer durch die extremen Verzögerungskräfte Schaden erleiden.

Auch die insgesamt größeren Cockpits, die seitlichen Schutzvorrichtungen neben dem Kopf des Fahrers, die verhindern sollen, dass dieser von herumfliegenden Teilen getroffen wird, sind relativ neue Errungenschaften in Sachen Sicherheit, viele davon eingeführt nach dem Katastrophen-

## HANS

»HANS« ist die Abkürzung für »Head and Neck Support«, ein Stützsystem vor allem für den Hals- und- Nackenbereich, das bei Mercedes entwickelt wurde und den Helm des Fahrers fixiert. Damit sollen schwere Kopf- und Nackenverletzungen, vor allem im Halswirbelbereich, verhindert werden. Eine Nackenmanschette, eine Art riesiger Kragen aus Kohlefaser und Kevlar, der auf den Schultern des Fahrers aufliegt, am Cockpit befestigt ist, und im Nacken etwa bis auf halbe Helmhöhe hochragt, wird mit kurzen Haltebändern seitlich am Helm befestigt. Er soll die Bewegungen des Kopfes im Verhältnis zum Oberkörper bei jedem Aufprall so gering wie möglich halten und damit auch die Belastungen, die auf die Halswirbelsäule und die Schädelbasis wirken.

In Amerika kommt HANS bereits in sehr vielen Rennserien zum Einsatz, auch in der Formel 1 wurde es von Anfang an von den meisten Fahrern prinzipiell begrüßt, galt allerdings als noch nicht ausgereift genug und in vielen Fällen auch als einfach zu unbequem. Das Problem ist offensichtlich die individuelle Anpassung. Denn offensichtlich müssen dafür nicht nur Maße, sondern zum Beispiel auch einzelne Befestigungspunkte individuell verändert werden, um schmerzhafte Druckstellen oder Verkrampfungen zu verhindern. Daran wird im Moment intensiv gearbeitet. Nach weiteren Verbesserungen soll HANS im Jahr 2003 in der Formel 1 Pflicht werden.

wochenende von Imola 1994 mit den tödlichen Unfällen von Ayrton Senna und Roland Ratzenberger.

Auch in Sachen Streckensicherheit hat sich seit damals einiges getan. So war die Stelle, an der Schumacher in Silverstone 1999 verunglückte, früher deutlich schneller. Sie wurde erst 1994 beim Umbau der Rennstrecke ein wenig entschärft. Dabei hat man die Auslaufzone an dieser Stelle mit dem größeren Kiesbett gesichert – und nach dem Unfall wurde die Absicherung durch Reifenstapel nochmals verbessert.

Sowohl die Organisatoren als auch die Fahrer selbst sind seit 1994 in Sicherheitsfragen wieder sensibler geworden, und gerade in den Jahren danach wurde sehr viel diskutiert. Dabei stand meist das Problem der Auslaufzonen im Mittelpunkt der Debatten. Dass große Auslaufzonen mehr Sicherheit bieten, ist unstrittig, aber wie sieht die optimale Auslaufzone aus? Kiesbetten, lange das Maß aller Dinge, sind nicht mehr unumstritten. Denn zu tief und zu weich dürfen sie nicht sein, sonst besteht die Gefahr, dass sich ein außer Kontrolle geratenes Auto darin überschlägt und eingräbt. Sind sie aber sehr fest, bremsen sie ein geradeaus fliegendes Auto kaum ab. »Besser wären große, relativ raue Asphaltflächen, auf denen sich ein Auto stärker abbremst«, glauben einige Fahrer. Andere, etwa Ralf Schumacher, haben Bedenken: »Und was ist bei Regen? Dann nützt der Asphalt überhaupt nichts mehr, wenn der erst mal nass ist, rutscht man erst recht drüber.« Er tendiert viel mehr zu leicht ansteigenden, erhöhten Kiesbetten. Aber dadurch würden an manchen Strecken einige der tiefer gelegeneren Zuschauerränge auf den Tribünen wegfallen. Und da kommt dann die Sicherheit dem Profitdenken der Veranstalter in die Quere.

Die beiden tödlichen Unfälle in Monza 2000 und Melbourne 2001, wo Streckenposten nach Unfällen von fliegenden Rädern erschlagen wurden, rückten auch die Frage der optimalen Streckenabsicherung nach außen wieder ins Blickfeld. Dabei muss man freilich in Rechnung stellen, dass gerade im Fall Melbourne, nach der Kollision zwischen Jacques Villeneuve und Ralf Schumacher, eine Verkettung unglücklichster Umstände zur Tragödie führte: Ganz in der Nähe der ersten Aufprallstelle des BAR-Wracks wies der Sicherheitszaun direkt über der Betonmauer eine etwa 50 mal 150 Zentimeter große Öffnung auf. Diese diente den dahinter stehenden Posten dazu, ihre Flaggen zu schwenken, dazu als schneller Zugang zur Strecke in Notfällen und als Fluchtweg für ausgeschiedene Fahrer. Genau durch diese kleine Lücke flog das abgerissene Rad und traf den dahinter stehenden 51-jährigen Streckenposten aus Queensland tödlich. Kleine Teile, die wie Geschosse durch den Zaun flogen, verletzten mehrere Zuschauer.

Angesichts der Erkenntnisse über die Details des Unfalls blieb allgemeine Ratlosigkeit – auch gegenüber der Forderung nach neuen, verbesserten Sicherheitsmaßnahmen. Michael Schumacher brachte es auf den Punkt, als er meinte, man müsse alles Menschenmögliche für die Sicherheit tun, aber es sei eben unmöglich, ein gewisses schicksalhaftes Restrisiko auszuschließen.

»Man muss sich eines verdeutlichen: Wenn sich ein Rennwagen bei Tempo 300 in seine Einzelteile aufzulösen beginnt, dann ist das kein Autounfall, sondern eher wie ein Flugzeugabsturz. Die Dynamik, mit der die einzelnen Teile davongeschleudert werden, ist unglaublich. Aber es ist unsere Aufgabe, die Unfälle räumlich auf die Rennstrecke an sich zu beschränken«, erklärt Jackie Stewart, dreimaliger Weltmeister und Vorkämpfer für Sicherheit in der Formel 1 zu Beginn der 70er-Jahre. »Natürlich muss dabei die größte Sorge den Streckenposten und Zuschauern gelten. Und man muss vorausdenken. Vorbeugen ist immer besser als heilen. Sicher gibt es immer noch Möglichkeiten, Zäune stärker, höher, fester, widerstandsfähiger zu machen. Aber vielleicht muss man die Zuschauer an einigen Stellen wirklich etwas weiter von der Strecke weghalten – auch auf die Gefahr hin, dass ihnen das nicht gefällt.«

Es gibt bereits Ansatzpunkte, über die die Verantwortlichen bei der FIA nachdenken. So könnten in Zukunft elektronische Anzeigen in den Cockpits die traditionellen Flaggensignale ersetzen. Auf diese Weise könnte man die Streckenposten auf etwas weiter entfernte und vor allem besser geschützte Positionen zurückziehen.

Was den Schutz der Zuschauer angeht, wird man immer Kompromisse finden müssen: »Man kann eben keine meterhohe Betonwand um die Strecke ziehen«, argumentierte der Organisationschef von Melbourne, Ron Walker. Sicher, die Zäune können noch höher werden, aber solange man durch sie durchschauen kann, werden zumindest kleine Teile – und die können auch wie Geschosse wirken – mit Sicherheit ihren Weg durch die Maschen finden.« »Und wenn man die Zuschauer zu weit zurücknimmt, dann bekommt man Verhältnisse wie am Nürburgring, wo sich viele beschweren, man sei so weit weg, dass man die Autos nicht mehr richtig sehe«, merkte Ex-Grand-Prix-Pilot und RTL-Experte Christian Danner an.

Dass es nicht möglich ist, das Wegfliegen von

Teilen, auch von Rädern, zuverlässig zu verhindern, ist den Verantwortlichen schmerzlich klar geworden. Wo ein Sicherheitsseil reißt, reißen auch zwei. Und auch wenn die Seile 2002 noch einmal um 20 Prozent verstärkt werden mussten und die Kevlar-Nylon-Mischung an sich sehr widerstandsfähig ist – sie muss Kräften von sechs Tonnen standhalten – so kann sie doch zum Beispiel durch andere Kohlefaser-Teile zerschnitten werden.

Dass es hundertprozentige Sicherheit in der Formel 1 ebenso wenig geben kann wie in allen anderen Lebensgebieten, darüber sind sich eigentlich alle Experten einig, auch wenn dies nur wenige so deutlich aussprechen wie der Schweizer Ex-Grand-Prix-Pilot Marc Surer. Der erklärt ganz offen, dass sich die Formel 1 gegenwärtig wieder in trügerischer Sicherheit wiege: »Das ist die gleiche Illusion wie vor 1994 – vor den Unfällen von Senna und Ratzenberger. Alle glauben, es könne eigentlich nichts mehr passieren. Aber irgendwann wird es wieder passieren – man kann darauf warten. Irgendwann muss nur mal jemand ein bisschen blöd einschlagen, ein Rad an den Kopf kriegen – und dann werden alle dastehen und fragen, wie konnte das nur passieren, und fürchterlich schockiert sein. Und dann werden wir wieder anfangen, nach noch mehr Sicherheit zu rufen – dabei ist so etwas einfach bei diesem Sport drin.«

Dabei erkennt Surer auch ein Problem, das sonst nur einigen kritischen Beobachtern auffällt. Mit den immer höheren Sicherheitsstandards wächst bei vielen Fahrern die Sorglosigkeit: »Es herrscht im Moment eine gewisse Gleichgültigkeit, na ja, fliege ich halt ab – und die Leute lachen noch drüber … Aber es kann nicht immer glimpflich ausgehen. Man muss sich nur mal anschauen, mit welcher Geschwindigkeit ein Formel-1-Auto auf eine Kurve zukommt, wie kurz die Reaktionszeiten sind, wenn was schief geht, bei zum Teil 100 Metern pro Sekunde, die so ein Auto zurücklegt. Ich glaube, dass da eine neue Generation von Rennfahrern heranwächst, die nicht mehr dieses konsequente Denken hat wie wir früher, die sich nicht mehr sagt, ›Wenn ich jetzt einen Fehler mache, dann bin ich tot‹, sondern ›Wenn ich einen Fehler mache, dann stehe ich halt im Kiesbett‹. Das ist eine neue Art zu den-

**Ferrari-Cockpits zum Vergleich: Anfang der 50er, 1962, 1990 und 1998 (von oben nach unten). Immer enger schließen sich die Chassis um den Fahrer.**

ken – und deshalb bauen sie auch Unfälle am laufenden Band. Das ist eine neue Generation von Rennfahrern, die immer 100 Prozent gibt und denkt, wenn es mal 110 sind, dann ist man eben neben der Strecke, aber das macht ja eigentlich nichts. Früher wusste man, wenn du rausfliegst, das hat Folgen. Wir haben miterlebt, wie Kollegen gestorben sind, immer wieder. Und ich glaube, man muss es gesehen haben, dabei gewesen sein, um die Gefahr zu realisieren. Sonst ist das alles so weit weg!«

## Sicherheit durch Ausrüstung

Ein Formel-1-Auto ist eine rollende Benzinbombe, und Feuerunfälle zählen zu den gefürchtetsten Risiken im Rennsport. Deshalb müssen die Overalls der Fahrer in Bezug auf ihre Feuerfestigkeit bestimmten Regeln der FIA entsprechen. Diese schreiben vor, dass Overalls den Flammen eines Benzinfeuers bei 700 °C mindestens 12 Sekunden standhalten müssen. Moderne Rennoveralls sind aus dreilagigem Nomex hergestellt, haben elastische Arm- und Beinabschlüsse und einen hohen Kragen. Schuhe und Handschuhe sollten ebenfalls aus feuerfestem Material sein. Gerhard Berger hat 1989 in Imola erlebt, was passiert, wenn zum Beispiel bei Handschuhen die Ledereinsätze auf den Handinnenflächen nicht genügend unterlegt sind. Bei seinem Feuerunfall zog sich der Österreicher die schwersten Verbrennungen an den Händen zu, und zwar an den Stellen, an denen unter dem Leder keine doppelte, sondern nur eine einfache Nomex-Schicht vorhanden war.
Auch Unterwäsche, Socken und die unter dem Helm getragene Gesichtsmaske, die so genannte

Balaklava, sind aus feuerfestem Nomex-Material – oder sollten es zumindest sein. Aber leider hat es sich eingebürgert, dass bei Hitzerennen einige Fahrer unter dem Overall normale T-Shirts tragen, weil das angenehmer und weniger warm ist. Unter Sicherheitsaspekten ist dies eine bedenkliche Entwicklung, die sich aber auch daraus erklärt, dass es in den letzten Jahren kaum noch zu Feuerunfällen kam und das Risikobewusstsein geschwunden ist.
Kopfverletzungen zählen schon im Straßenverkehr zu den größten Risiken. Umso mehr gilt es im Rennsport, den Kopf des Rennfahrers wirksam vor mechanischen Einwirkungen zu schützen. Das wichtigste Kriterium für die Sicherheit von Rennhelmen ist ihre Widerstandsfähigkeit gegen alle möglichen von außen einwirkenden Kräfte – bei gleichzeitig möglichst wenig Gewicht, um den Fahrer bei den auftretenden Fliehkräften möglichst wenig zu belasten. Formel-1-Rennhelme wiegen heute etwa 1,3 Kilo. Mit nur 1160 Gramm soll der neue Helm, den die Braunschweiger Firma Schuberth für die Schumacher-Brüder und Nick Heidfeld baut, am leichtesten sein. Die Masse, aus der diese Formel-1-Helme gegossen werden, besteht aus drei verschiedenen Materialien: Kohlefaser (für Festigkeit und Steifheit), Aramid (eine feuerbeständige Kevlar-Substanz) und Polyäthylen (ein widerstandsfähiges Polymer, das die Helmhülle für Partikel undurchdringlich macht). Diese drei Materialien zu mischen ist aufwendig und teuer. Am Ende dieses Prozesses steht eine Helmschale, die einen optimalen Kompromiss aus Gewicht und Festigkeit bietet und die geforderten Sicherheitsstandards erfüllt.
Um für die Formel 1 zugelassen zu werden,

muss ein Helm einen von drei umfangreichen Tests bestehen, die die FIA vorschreibt. Den British Standard 6658-85, den SFO 31.3 oder den Snell SA2000. Der Snell-Test wird bei Temperaturen von minus 30 bis plus 50 Grad Celsius durchgeführt. Der auf einen mit Sensoren bestückten Kunstkopf gesetzte Helm fällt dabei aus verschiedenen Höhen auf einen Amboss. Er muss mindestens drei Aufschläge pro Testhöhe unbeschadet überstehen. Die Kräfte, die auf den Kunstkopf einwirken, dürfen 300 Gramm nicht überschreiten. Darüber hinaus müssen die Helme einen Penetrationstest bestehen, bei dem ein scharfer, konischer, drei Kilogramm schwerer Metallgegenstand aus einer Höhe von drei Metern auf den Helm stürzt. Er darf dabei nicht in den Helm eindringen und Kontakt zum Testkopf bekommen.

Auch der Kinnriemen wird mit einem 38-Kilo-Gewicht auf seine Dehnbarkeit getestet. Unter dieser Belastung darf er sich um maximal 30 Millimeter dehnen. Außerdem wird überprüft, ob der Helm auch bei einer extremen tangentialen Beschleunigung auf dem Kopf des Trägers bleibt. Hierfür wird ein am Helm befestigtes Fünf-Kilo-Gewicht aus einer Höhe von 60 Zentimeter nach vorn bzw. nach hinten fallen gelassen – die Wucht darf dabei den Helm nicht vom Kopf reißen. Dazu kommt ein Visiertest: Dabei werden angespitzte Projektile mit einer Geschwindigkeit von 500 km/h auf das Visier abgefeuert. Sind die Einschlagstellen mehr als 2,5 Millimeter tief, hat das Visier den Test nicht bestanden. Entscheidend ist auch der Feuertest: Helmhülle, Kinnriemen und Visier werden dafür 45 Sekunden lang einer 800 Grad heißen Propangasflamme ausgesetzt. Der Helm darf zwar Feuer fangen, aber die Flammen müssen innerhalb von zehn Sekunden von selbst erlöschen, nachdem die Hitze nicht mehr einwirkt. Man geht davon aus, dass in der Praxis ein Feuer innerhalb dieses Zeitraums gelöscht ist. Die Temperatur, die dabei im Helminneren an den Kopf des Fahrers weitergegeben wird, darf 70 Grad nicht überschreiten.

Neben den Sicherheitsanforderungen müssen heutige Formel-1-Helme aber auch noch entsprechend den Wünschen der Konstrukteure an die Aerodynamik des Autos angepasst werden.

Die Schutzausrüstung eines Formel-1-Fahrers: feuerfester Overall und Helm

Denn ein gutes Helmdesign kann die Aerodynamik des gesamten Pakets verbessern und damit helfen, Bruchteile von Sekunden zu gewinnen.

## Wer hilft im Ernstfall?

Erste Helfer nach einem Rennunfall sind normalerweise die Streckenposten. Sie müssen nicht nur mit Flaggensignalen die Unfallstelle absichern, sondern auch versuchen, Fahrzeug und Fahrer so schnell wie möglich aus der Gefahrenzone zu bringen. Bei schwereren Unfällen sind sie es auch, die Feuer löschen und den Fahrer aus dem Cockpit befreien sollten. In Imola 1989 verdankte Gerhard Berger der schnellen und professionellen italienischen Feuerlöschtruppe sein Leben. Diese war binnen 16 Sekunden an seinem brennenden Ferrari und brachte das Feuer sofort unter Kontrolle.

Andererseits gilt die Regel: Wenn einem offensichtlich verletzten Fahrer keine akute Gefahr mehr droht, z.B. durch Feuer, sollte die Bergung erst vorgenommen werden, wenn der Rennarzt an der Unfallstelle eingetroffen ist und das Vor-

Nicht sehr kleidsam, aber wichtiger Teil der Schutzausrüstung: Die Balaklava schützt bei Feuerunfällen Kopf und Gesicht vor Brandverletzungen.

Flaggensignale sind bis heute ein wichtiges Kommunikationsmittel zwischen den Fahrern und der Rennleitung. Die Signale bedeuten: Gelb: Gefahr, Überholverbot, langsam fahren, zum Anhalten bereit machen. Grün: Ende der Gefahr, freie Fahrt Blau: überholen lassen! Weiß: langsames Fahrzeug auf der Strecke.

gehen überwacht. Dadurch soll verhindert werden, dass die Folgen von Verletzungen, vor allem Wirbelverletzungen, durch unsachgemäße Aktionen verschlimmert werden. Die Querschnittslähmung, die sich Philippe Streiff 1989 beim Testen in Brasilien zuzog, wurde wahrscheinlich durch überhastete Bergungsmaßnahmen ohne die nötige fachgerechte medizinische Betreuung verursacht.

Die Tatsache, dass es praktisch unmöglich ist, extrem lange Strecken wie zum Beispiel die Nürburgring-Nordschleife oder die alte Strecke von Spa nach heutigem Standard mit Streckenposten abzusichern und zu überwachen, bedeutete das endgültige Aus für solche Kurse. Hinzu kamen freilich weitere Probleme wie fehlende Auslaufzonen etc. Als Niki Lauda 1976 am Nürburgring verunglückte und sein Auto in Flammen stand, waren es nicht Streckenposten, sondern Fahrerkollegen, die angehalten hatten und den Österreicher aus dem brennenden Ferrari zogen – allen voran der kleine Italiener Arturo Merzario. Dem einzigen Posten, der einigermaßen recht-

zeitig an der Unfallstelle war, nahmen die Fahrer den Feuerlöscher aus der Hand, um selbst die Initiative zu ergreifen. Er wagte sich nicht nahe genug an die Flammen heran, um effektiv löschen zu können.

Bis in die 70er-Jahre standen die Streckenposten den Flammen oft hilflos gegenüber, und dies angesichts der damals noch sehr häufigen Feuerunfälle – Sicherheitstanks waren noch ein Fremdwort. Sie waren oft schlecht ausgebildet und vor allem schlecht ausgerüstet. Mit teilweise kurzärmeligen Hemden und in kurzen Hosen, mit Feuerlöschern, die oft nicht einmal für Benzinbrände geeignet waren, standen sie an den Pisten.

Bei den Strecken- und Feuerlöschposten handelt es sich aber auch heute noch in den meisten Fällen um ehrenamtliche Helfer. Im Idealfall sollten sie in Vorbereitungskursen für ihre Aufgabe ausgebildet werden und sich zunächst bei kleineren Rennen für Einsätze in der Formel 1 qualifizieren. Gerade in Ländern mit geringer Rennsporttradition, in denen nur wenige Rennen gefahren werden, ist ihr Leistungsstand vielfach nach wie vor nicht befriedigend. Oft fehlen in kritischen Situationen Erfahrung und Routine. So werden seit rund 30 Jahren immer wieder Rufe laut nach einer professionellen Streckenposten-Truppe, die die Formel 1 begleitet und die jeweils nationalen Helfer einweist und anleitet. Geschehen ist in dieser Richtung freilich nie etwas. »Zu hohe Kosten«, heißt es dann oft – ein im Milliarden-Zirkus Formel 1 allerdings ziemlich trauriges Argument.

Verheerende Feuerunfälle sind heute unwahrscheinlich. Denn im Ernstfall sind binnen kürzester Zeit gut ausgerüstete Streckenposten zur Stelle.

# Safety-Car

Damit nicht nach jedem Unfall ein laufendes Rennen abgebrochen werden muss, um die beteiligten Fahrer und Fahrzeuge aus der Gefahrenzone zu bringen und die Strecke von Wrackteilen, Öl und sonstigen Verschmutzungen zu befreien, hat die Formel 1 aus dem amerikanischen Rennsport das Safety-Car übernommen. Es wird von der Rennleitung auf die Strecke geschickt, wenn nach einem Unfall der Kurs teilweise blockiert und langsames Fahren notwendig ist, aber auch in anderen Gefahrensituationen, zum Beispiel bei plötzlich einsetzendem Regen. Das mit orangefarbenen Blinklichtern auf dem Dach gekennzeichnete Safety-Car sammelt dann das gesamte Feld hinter sich ein und führt es relativ langsam – normalerweise mit etwas mehr als halbem Renntempo – um die Strecke. Ist die Gefahr beseitigt, werden diese Blinklichter ausgeschaltet. Dies ist für die Fahrer das Zeichen, dass das Rennen in der nächsten Runde wieder freigegeben wird. Das Safety-Car schert anschließend in die Boxengasse ein, und nach Überqueren der Start- und Ziellinie darf wieder Vollgas gegeben und überholt werden. Gefahren wird das Safety-Car, ein Mercedes SL mit über 475 PS aus der Veredelungsschmiede AMG, heute normalerweise von Bernd Mayländer, einem DTM-Piloten, der für Mercedes fährt. Der bewegt sein Auto – das immerhin 285 km/h Spitze fährt – dann meistens ziemlich am Limit. Aber für die Formel 1 ist das nur ein »Bummeltempo«.

# Medizinische Versorgung

Wurde trotz aller Sicherheitsmaßnahmen ein Fahrer, ein Streckenposten oder ein Zuschauer verletzt, ist es von größter Bedeutung, dass die medizinische Versorgung optimal funktioniert. Auch hier hat sich in den vergangenen Jahren in der Formel 1 viel getan. Als Beispiel sei Silver-

Rot-Gelb: Gefahr, rutschige Strecke (meistens Öl, aber auch einsetzender Regen).
Rot: Renn- oder Trainingsabbruch (darf nur auf Anweisung der Rennleitung gezeigt werden).
Schwarz (zusammen mit der Startnummer des Autos): Disqualifikation, in der nächsten Runde an die Box kommen.
Schwarz mit orangem Kreis: technischer Defekt am Auto, der eine Gefahr darstellt.

Diese Flagge liebt jeder Formel-1-Pilot am meisten – sofern er sie als Erster sieht: Die schwarz-weiß karierte Flagge signalisiert das Ende des Rennens.

Das von Bernd May-
länder gesteuerte
Safety-Car kommt auf
die Strecke, wenn das
Rennen aus Sicher-
heitsgründen langsam
gemacht werden
muss. Für die Piloten
heißt es dann hinten
anstellen.

Wann immer Autos
auf der Strecke sind –
das Medical Car mit
Rennarzt Prof. Dr. Sid
Watkins steht für
etwaige Unfälle
bereit.

stone angeführt. Die Strecke gilt derzeit im Hin-blick auf die medizinischen Einrichtungen als vorbildlich: Das medizinische Team dort besteht aus 43 Ärzten, zehn Sanitätern, 16 Kranken-schwestern, zwei Röntgenassistenten und einem Zahnarzt. Es wird von einem Anästhesisten geleitet, der seit 1973 bei Grand Prix im Einsatz ist. Das Medical Centre hat acht Betten mit Videoüberwachung, einen Wiederbelebungs-raum, einen OP-Saal, einen Röntgen- und Ultra-schallraum, einen Bereich zur Behandlung von Verbrennungen sowie ein Behandlungszimmer für kleinere Verletzungen. Selbstverständlich steht für den Transport von Verletzten ins Kran-kenhaus immer ein Hubschrauber zur Verfü-gung, und mit bestimmten Kliniken in der Umgebung sind an den Grand-Prix-Wochenen-den Notfallpläne und spezielle Bereitschaften abgesprochen. Sollten die Ärzte an der Strecke einen Transport für zu riskant halten, können sie auch im Medical Centre praktisch alle Operatio-

nen durchführen, ob bei inneren Verletzungen im Brust- und Bauchraum, Schädelverletzungen oder Knochenbrüchen.

Rund um die Strecke sind weitere Wiederbele-bungseinheiten und Ärzteteams stationiert. Fünf Notarzt-Wagen, in denen jeweils ein Chirurg und ein Anästhesist sitzen, können in kürzester Zeit jeden Punkt der Strecke erreichen. Dazu kommt natürlich das offizielle Medical Car der FIA mit dem verantwortlichen Rennarzt dieser Organisation, dem Engländer Professor Sid Wat-kins, den Ende der 70er-Jahre Bernie Ecclestone in die Formel 1 holte und der eine große Rolle bei allen Bestrebungen gespielt hat, allgemein verbindliche medizinische Standards an allen Strecken festzulegen.

## Die Crashtests

Die Zahlen sprechen eine eindeutige Sprache: Die Sicherheitsbemühungen in der Formel 1 in den letzten 25 Jahren haben sich ausgezahlt. In den Jahren 1973 bis 1977 wurden in 77 Rennen 250 Unfälle gezählt. Dabei starben fünf Fahrer, 51 wurden schwer verletzt – und dabei sind Testunfälle noch nicht einmal berücksichtigt. Von 1995 bis zu Saisonbeginn 2002 kommt die Statistik auf 560 Unfälle in 117 Grand Prix – bei Rennen, Trainings- und Testfahrten –, und nur zehnmal hat sich dabei ein Pilot mehr oder weni-ger ernsthaft verletzt.

Die größere Sicherheit der Strecken spielt dabei eine Rolle. Vor allem aber sorgen die seit 1985 vorgeschriebenen und immer wieder verschärf-ten Crashtests dafür, dass heute Autos gebaut werden, die nicht mehr, wie die früheren Alumi-nium-Chassis, wie Papier zusammengeknüllt oder zerrissen werden und die auch nicht mehr, wie die ersten Kohlefaser-Konstruktionen, zwar betonhart sind, bei großer Belastung aber wie Glas zersplittern.

Die festgelegte Größe der Cockpits, die mindes-tens 550 Millimeter hoch, 450 Millimeter breit, und 775 Millimeter lang sein müssen, die vorge-schriebene mindestens 25 Millimeter dicke Aus-polsterung im Fußraum, die beiden Überrollbü-gel, einer hinter dem Fahrer, einer vor dem Lenkrad, die Kräfte von sechs Tonnen längs, fünf

quer und neun vertikal aushalten müssen, all dies sind wichtige Errungenschaften, die die Verletzungsgefahr in den letzten Jahren drastisch reduziert haben. Hinzu kommt der seit 1995 vorgeschriebene Kopf- und Nackenschutz im Cockpit aus 75 Millimeter starkem Confor-Schaum-Material, den Formel-1-Arzt Prof. Sid Watkins für »das Beste« hält, »was wir je erfunden haben«. Aber all diese Schutzmaßnahmen sind nur wirksam im Zusammenspiel mit widerstandsfähigen Cockpits, die für den Fahrer im Ernstfall eine regelrechte Überlebenszelle bilden. Heute muss ein Formel-1-Chassis, ehe es in einem Rennen eingesetzt werden darf, drei dynamische und neun statische Prüfungen an den verschiedensten Stellen überstehen, unter anderem am Tank und an der Befestigung der Nase. Diese Tests werden normalerweise an den Produktionsstätten der Teams durchgeführt und von der FIA überwacht. Hochempfindliche Datenaufzeichnungsgeräte und spezielle High-Speed-Kameras mit bis zu 2000 Aufnahmen pro Sekunde dokumentieren die Abläufe.

Für die dynamischen Tests wird das Chassis, also der eigentliche Cockpitbereich samt Nase, Seitenteilen und Knautschzone im Heck, auf einen Schlitten gespannt. Im Cockpit sitzt ein 75 Kilo schwerer Dummy, und der Tank ist mit Wasser gefüllt, um möglichst realistische Bedingungen zu schaffen. Das Ganze wiegt zusammen 780 Kilogramm. Das entspricht einem voll getankten Auto am Start.

Die Aufprallgeschwindigkeit beträgt frontal 14 Meter pro Sekunde, das entspricht 50,4 km/h, für den Heckaufprall sind zwölf Meter pro Sekunde vorgeschrieben. Die Belastung im Brustbereich des Dummys darf dabei 60 G für drei Millisekunden nicht überschreiten. Auf den ersten 15 Zentimetern der Frontpartie, die beim Aufprall deformiert werden, darf die durchschnittliche Verzögerung maximal 5 G betragen. Die Zeit, die der menschliche Körper hohen Kräften ausge-

setzt ist, ist für die Folgen entscheidend. 80 G für drei Millisekunden kann ein Mensch überleben – jede Millisekunde länger wird kritisch.

Für die seitlichen Crashtests wurden seit Beginn 2002 die Anforderungen noch einmal verschärft: Der 780 Kilo schwere Rammbock, der seitlich auf einer 45 mal 55 Zentimeter großen Fläche auf das Chassis schlägt, hat jetzt eine Aufprallgeschwindigkeit von zehn statt bisher sieben Meter pro Sekunde. Dabei muss die Sicherheitszelle, also das eigentliche Cockpit, intakt bleiben, und

Im Augenblick der höchsten Belastung verformt sich die Nase des Chassis beim Aufprall auf das Hindernis. Der Fahrerdummy fliegt in die Gurte. Die auf ihn wirkenden Verzögerungskräfte dürfen 20 G nicht übersteigen.

der Fahrer darf maximal einer Verzögerung von 20 G ausgesetzt sein.

Die seitlichen Crashtests sind für die Konstrukteure die unangenehmsten. Um hier die Anforderungen zu erfüllen, müssen Kompromisse eingegangen werden in Bezug auf Position und Länge der Seitenkästen – Kompromisse, die das aerodynamische Gesamtkonzept des Autos beeinträchtigen können.

Allerdings wissen viele Konstrukteure, dass sie sich in diesem Punkt auch unter dem Sicherheitsaspekt auf einen Kompromiss einlassen. Denn ihre seitlichen Knautschzonen bestehen zwar den von der FIA vorgeschriebenen Test, bei dem der Aufprall genau in einem Winkel von 90 Grad erfolgt, aber sie würden bei jedem anderen Aufprallwinkel – in der Realität wesentlich wahrscheinlicher – voraussichtlich bei weitem nicht so effektiv funktionieren. »Bei einigen Autos der Saison 2001 wäre die Knautschzone im Ernstfall nach unten oder oben weggeklappt.« Davon ist jedenfalls Williams-Cheftechniker Patrick Head überzeugt.

Grundsätzlich ist es aber eine enorme Herausforderung an die Ingenieure, ein Chassis zu konstruieren, das die Crashtests besteht. Bis zu 50 Prozent des Aufwands in der Planungs- und Konstruktionsphase eines neuen Autos gilt der Erfüllung dieser Kriterien. Nicht bestandene Crashtests vor Beginn der Testphase für die neue Saison im Januar oder Februar haben schon mehr als einmal den Zeitplan eines Teams durcheinander gebracht, vor allem, wenn dadurch einschneidende konstruktive Änderungen am Auto notwendig wurden. Deshalb versucht man, schon möglichst früh in »Generalproben« alle Komponenten einzeln auf ihre Festigkeit zu testen – auch wenn das ins Geld geht. Jede zer-

störte Nase kostet 30 000 Euro, jeder Seitenkasten 20 000 Euro – aber das ist im Endeffekt immer noch billiger, als in letzter Sekunde böse Überraschungen zu erleben.

## Die Formel 1 – ein rechtsfreier Raum?

Die Diskussion ist nicht neu: Sind Unfälle in der Formel 1 – vor allem natürlich tödliche – grundsätzlich nicht auszuschließende Begleiterscheinung eines gefährlichen Sports? Ereignen sich Rennunfälle in einem geschlossenen System, in dem jeder der Beteiligten die Bedingungen kennt und akzeptiert? Stehen sie deshalb auch außerhalb des jeweiligen nationalen Rechtssystems? Haben Untersuchungskommissionen, Staatsanwälte und Richter in der Formel 1 grundsätzlich nichts verloren? Oder unterstehen die Beteiligten an der Formel 1 in Ausübung ihres Berufes trotzdem der ordentlichen Gerichtsbarkeit – zumindest dann, wenn von Versäumnissen und Fehlern als Unfallursachen ausgegangen werden muss?

Zuletzt kam diese Debatte wieder auf, als die italienische Staatsanwaltschaft nach dem schwarzen Wochenende von Imola 1994 Untersuchungen aufnahm, die schließlich zu einem Prozess über die Hintergründe des tödlichen Unfalls von Ayrton Senna führten. Der größte Teil der Formel-1-Szene schlug angesichts dieser »Einmischung« wild um sich. Teamchefs von Flavio Briatore bis Ken Tyrrell drohten, man werde eben in Zukunft nicht mehr in Italien antreten, FIA-Präsident Max Mosley verlangte vom damaligen italienischen Regierungschef Prodi sogar, er solle die Gesetze so ändern, dass solche Verfahren nicht mehr möglich seien. Auch Fahrer von Michael Schumacher bis Gerhard Berger argumentierten, Rennunfälle seien eben nicht mit normalen Maßstäben zu messen, Formel-1-Piloten seien Testpiloten, und das wisse schließlich jeder.

Es gab und gibt freilich auch Gegenpositionen. Die landläufige Argumentation gilt sicherlich bei »normalen« Rennunfällen und wohl auch bei solchen, die auf Materialdefekte aus unvorhersehbaren Gründen zurückzuführen sind. So hat die italienische Justiz das Verfahren im Fall Ratzenberger eingestellt. Denn der Bruch des Front-flügels, der zu dem tödlichen Unfall des Öster-reichers geführt hatte, war mit einer gewissen Wahrscheinlichkeit auf einen vorangegangenen Ausritt ins Kiesbett zurückzuführen.

Aber was ist, wenn einmal nicht alles so »nor-mal« zu sein scheint, wenn zum Beispiel ein Ver-dacht auf grobe Fahrlässigkeit besteht? Was der Untersuchungsbericht von Staatsanwalt Mauri-zio Passarini auf der Basis von zwei Gutachten unabhängiger Institute, der TU Bologna und eines aeronautischen Instituts, das über einige Erfahrung bei der Untersuchung von Flugzeug-abstürzen verfügt, im Fall Senna ans Licht brach-te – war das noch das Protokoll eines »norma-len« Formel-1-Unfalls?

Entscheidende Ursache für den Unfall seien nicht sachgerecht ausgeführte Modifikationen an der Lenksäule des Williams gewesen, die dann den Belastungen nicht standhielt und brach. Um die Lenkradposition in Sennas Auto zu verän-dern, habe man wohl, wie Augenzeugen gesehen haben wollen, am Donnerstag in Imola die Lenksäule ein wenig verlängert, indem man sie einfach auseinander schnitt und ein zusätzliches – offenbar nicht ganz neues – Rohr aus einem anderen, weniger widerstandsfähigen Material mit anderem Durchmesser als Zwischenstück einsetzte und an den Enden verschweißte. Pro-fessor Enrico Lorenzini von der Universität Bologna, Chef der technischen Untersuchungs-kommission und ein anerkannter Experte, erklärte schon im Dezember 1995 in einem Inter-view, die Schweißarbeiten seien schlecht ausgeführt gewesen, überhaupt habe er eine solch schlampige Arbeit noch nie gesehen.

Eine solche Aussage aus Expertenmund wirft Fragen auf: Kann der »Testpiloten-Status« von Formel-1-Fahrern ein Freibrief sein für schlam-pige Arbeit, für eine Vorgehensweise, die schon in unteren Klassen wie der Formel 3 verpönt ist? Ist es das, was die Fahrer wirklich wollen? »Es gibt zwei Teile an einem Auto, die man nur mit äußerster Vorsicht anfasst, das sind die Bremsen und die Lenkung«, sagte damals der frühere deutsche Formel-3-Fahrer Sascha Maaßen. Kann und darf sich die Formel 1 in solchen Fällen wirklich in einem rechtsfreien Raum bewegen? Warum sollten hier komplett andere Maßstäbe

gelten als in der Alltagswelt? Wenn ein Normal-bürger einen folgenschweren Autounfall hat, weil die Werkstatt eine Reparatur unsachgemäß ausgeführt oder ein Rad nicht festgezogen hat, wird es mit Sicherheit auch zu einem Verfahren kommen.

Die Angriffe gegen Italien – mit dem Unterton, so ein Prozess sei nur dort möglich, wie das Ver-fahren nach dem Unfall Jochen Rindts 1970 gegen Colin Chapman oder die Untersuchungen im Anschluss an die Peterson-Tragödie 1978 gezeigt hätten, waren jedenfalls unberechtigt. Erstens endete die Letztere zwei Jahre später mit der vollständigen Entlastung des von seinen Fah-rerkollegen schwer beschuldigten Riccardo Patrese. Zweitens lässt die Rechtslage in einigen anderen Ländern, darunter Belgien, Frankreich, Portugal, Spanien und auch Deutschland, derar-tige Verfahren ebenfalls zu. So wurde nach Niki Laudas Unfall am Nürburgring 1976 das Auto sofort von der Staatsanwaltschaft beschlagnahmt. Davon abgesehen ist zu fragen, ob dem Präsiden-ten eines internationalen Sportverbandes das Recht zugebilligt werden darf, die Regierung eines Landes unter Druck zu setzen.

Am fragwürdigsten war jedoch das immer wie-der gehörte Argument, der Prozess sei unnötig, denn »er bringt uns Senna ja nicht zurück«. Ein solcher Ansatz stellt jedes Rechtssystem infrage. Denn kein Strafprozess ändert etwas an dem Geschehenen.

## Der Senna-Prozess – Protokoll einer Farce

Mit ziemlichem Medienrummel begann am 20. Februar 1997 in Imola der Prozess über den tödlichen Unfall von Ayrton Senna. Angeklagt wegen fahrlässiger Tötung waren Williams-Teamchef Frank Williams, Chefkonstrukteur Patrick Head und Designer Adrian Newey sowie zwei Streckenverantwortliche und der damalige FIA-Sicherheitschef Roland Bruyn-seraede. Schon zum Prozessauftakt machte der zuständige Richter Antonio Costanzo deutlich, dass er nicht gewillt sei, sich auf irgendwelches Geplänkel der Verteidiger einzulassen. Aber die Verantwortlichen der Formel 1 waren entschlossen, den Prozess zu torpedieren. Sie wollten ihre Macht beweisen: Was sich während des Verfahrens in Imola abspielte, war teilweise grotesk. Staatsanwalt Maurizio Passarini, zwar sehr bemüht, aber manchmal auch ohne das nötige Detailwissen über die Formel 1, hatte bei den meisten Zeugen aus der Formel-1-Szene kaum eine Chance, vernünftige Antworten zu bekommen. Allzu offensichtlich wurde blockiert und gemauert. Bernie Ecclestone gab mit seinem Fernbleiben trotz Vorladung offenbar die Richtung vor, und alle anderen schienen brav auf dieser Linie bleiben zu wollen.

Beispiel Nummer eins: Der Auftritt der FOCA-TV-Verantwortlichen, die erklären sollten, warum die Videobilder aus der Inboard-Kamera von Sennas Auto ausgerechnet 0,9 Sekunden vor dem Aufprall abbrechen. Sie lieferten eine so unglaubwürdige Mischung aus gespielter Ahnungslosigkeit, Erinnerungslücken und Widersprüchen, dass Passarini am Ende der Verhandlung verärgert gegenüber den Medien erklärte, er sei sich sicher, dass nicht die Wahrheit gesagt worden sei, dass man Bilder zurückgehalten habe. Rechtliche Schritte gegen diese Zeugen behalte er sich vor. Daraufhin drohte die FOCA, gegen Passarini ein Disziplinarverfahren anstrengen zu wollen, weil er nicht beweisbare Vorwürfe in die Welt gesetzt habe. Am Ende passierte – natürlich – gar nichts …

Beispiel Nummer zwei war Damon Hill, 1994 Sennas Teamkollege bei Williams. Der amtierende Weltmeister wirkte bei seinem Auftritt perfekt gebrieft – mit dem Ergebnis, dass er an vielen vielleicht kritischen Stellen erstaunliche Erinnerungslücken aufwies. Hills Lieblingssatz: »Daran erinnere ich mich nicht mehr.« Das Einzige, was Hill genau wusste: In einem Meeting mit den Williams-Ingenieuren am Samstag nach Sennas Unfall sei er davon überzeugt gewesen, dass es nicht die Lenkung war. Warum? »Die vielen Daten über Aufhängung und Lenkung« – wo waren die eigentlich in der Zwischenzeit geblieben? – »und die Videobilder aus der Inboard-Kamera, die ich da gesehen habe, haben mir genügt, um ausreichend sicher zu sein, dass die zu diesem Zeitpunkt schon allgemein herrschende Theorie vom Lenkungsbruch nicht zutraf.« Damit sei er zufrieden gewesen, weitere

Erklärungsmöglichkeiten habe er zwar auch nicht unbedingt gefunden, er habe aber in dieser Richtung auch nicht insistiert, ihm habe es genügt, zu wissen, dass es nicht die Lenkung gewesen sein könne.

Ein paar Fragen blieben da schon offen: Erstens wurde die Theorie vom Lenkungsbruch erst ein paar Tage nach dem Unfall öffentlich, als in Italien »Autosprint« mit entsprechenden Fotos auf dem Titel erschien. Und wie kann sich – zweitens – ein Fahrer, der ein baugleiches Auto fährt, mit der Erklärung zufrieden geben, dass nur ein ganz bestimmter technischer Defekt auszuschließen sei, ohne weiter nach der wahren Unfallursache zu forschen? Wahrscheinlicher erscheint es da, dass Hill keine weiteren Nachforschungen anstellte, weil man eine Erklärung gefunden hatte und er wusste, dass der gleiche Defekt am eigenen Auto nicht würde auftreten können. Denn dessen Lenksäule war nie entsprechend modifiziert worden. Wer aber wagt es, das einem Weltmeister ins Gesicht zu sagen? Staatsanwalt Passarini wagte es jedenfalls nicht, und er stellte auch die entscheidende Frage nicht: Wenn Hill die Fernsehbilder aus der Inboard-Kamera dahingehend interpretierte, dass Sennas Auto plötzlich übersteuert und der Brasilianer dies auch einmal korrigiert habe – wieso kann eine solche Änderung des Fahrverhaltens dazu führen, dass ein Auto plötzlich 100 Meter ohne einen Lenkversuch geradeaus in eine Mauer fährt anstatt, wie es normal wäre, mit einem Dreher von der Straße zu fliegen? Diesen Widerspruch erklärte Damon nicht – musste er auch nicht, weil Passarini ihn nicht danach fragte.

Die Verteidigung versuchte mit allen Mitteln, darunter einer ziemlich dubiosen Simulation, zu beweisen, dass Sennas Auto instabil gewesen, der Unfall durch ein plötzliches Untersteuern ausgelöst worden sei, verwickelte sich dabei aber immer wieder in Widersprüche. Ex-Ferrari-Ingenieur Mauro Forghieri, technischer Berater des Staatsanwalts, brachte auf den Punkt, was alle dachten: »Ein Fahrer wie Senna soll über 100 Meter geradeaus auf eine Mauer zugefahren sein und zwar gebremst, aber nicht versucht haben zu lenken, wenn die Lenkung funktioniert hätte? Lächerlich!«

War Hills Auftritt mit den früheren Bossen

abgesprochen? Zu beweisen war eine solche Vermutung zwar nie, aber englische Journalistenkollegen wollten beim letzten Grand Prix vor Hills Aussage englische Williams-Anwälte oder zumindest Berater auf dem Weg ins Arrows-Motorhome beobachtet haben. Und eines war auch offensichtlich: Ruhig und sicher wirkte der Weltmeister während seiner Aussagen nicht. Vielmehr schien er extrem nervös, als ob er unter Druck stehe. War ihm selbst nicht wohl bei der Sache? Wagte er es nicht, sich gegen die Mächtigen der Formel 1 aufzulehnen? Schließlich wollte er 1998 wieder in einem Top-Auto fahren …

Unter diesen Umständen hatte Passarini kaum Chancen, den Lenkungsbruch mit der juristisch für eine Verurteilung notwendigen Sicherheit beweisen zu können. Seine stärksten Argumente waren die zur Verdeutlichung elektronisch leicht bearbeiteten Aufnahmen der Inboard-Kamera aus Sennas Cockpit. Diese zeigten Bruchteile von Sekunden vor dem Abbrechen der Aufnahmen, also etwa eine Sekunde vor dem Aufprall, eine deutliche Verschiebung von Lenksäule und Lenkrad um über zwei Zentimeter. Das sei absolut unnormal, da passiere etwas ganz Absonderliches, meinte Ex-Formel-1-Pilot Michele Alboreto dazu. Für die eher verschleiernden als erhellenden Aussagen seiner ehemaligen Kollegen, darunter auch David Coulthard – der inzwischen bei McLaren mit Adrian Newey zusammenarbeitet – hatte er nur ein Schulterzucken: »In der heutigen Formel 1 stehen die Piloten dermaßen unter Druck, dass die Moral bisweilen auf der Strecke bleibt. Alle haben Angst, dass sie im nächsten Jahr höchstens noch Minardi fahren, wenn sie den Mund aufmachen.«

Immerhin stellte er Strafanträge gegen die beiden verantwortlichen Williams-Techniker Patrick Head und Adrian Newey. Für beide forderte er jeweils ein Jahr Freiheitsstrafe auf Bewährung, »weil von Technikern ihrer Qualifikation verantwortungsbewusstes Arbeiten verlangt werden muss, auch wenn sie vielleicht unter Druck standen, weil Senna selbst Modifikationen gefordert hat«. Die Anklage gegen Frank Williams selbst wurde fallen gelassen.

Am 16. Dezember 1997 wurden die Urteile gesprochen. Sie brachten zwar die erwarteten Freisprüche für alle Angeklagten, aber im Falle

Der Tod des Formel-1-Giganten Ayrton Senna beschäftigte zwar die Gerichte, blieb letztlich aber ohne Ergebnis. Vielmehr machte der Prozessverlauf deutlich, wie staatliche Instanzen von einer mächtigen Sportlobby lahm gelegt werden können.

Patrick Head und Adrian Newey waren es Freisprüche »zweiter Klasse«. Es sei keine eindeutige persönliche Schuldzuweisung an die Technikchefs möglich gewesen. Aber die Urteilsbegründung stellte zumindest eindeutig fest, dass ein Bruch der Lenksäule die Ursache für den Unfall gewesen sein müsse.

Damit schien das erreicht, worum es doch in erster Linie ging: um eine Aufklärung der wahren Unfallursache. Damit, so durfte man annehmen, würden nun endlich die wüsten Spekulationen aufhören, die von Fahrfehler über Blackout bis zu auf der Strecke liegenden Teilen reichten. Doch in einem Berufungsverfahren, das ein übergeordnetes, bisher mit der Angelegenheit nicht befasstes Gericht 1999 plötzlich innerhalb weniger Wochen ohne weitere Anhörungen durchführte, wurde selbst diese Feststellung dann noch weiter abgeschwächt und alles offen gelassen. Vorangegangen waren einige weitere mehr oder weniger deutliche Hinweise aus Formel-1-Kreisen auf die Gefährdung von Grand-Prix-Rennen in Italien – die Formel-1-Politik hatte nach fünf Jahren ihr Ziel erreicht.

- »Ohne Moos nichts los«

- Die Fahrer und ihr Geld

# FORMEL 1
## GELD

# »Ohne Moos nichts los«

Linke Seite: Im schrillen Formel-1-Zirkus wird die Werbebotschaft auch gern mit etwas nacktem Fleisch präsentiert. Auffallen ist alles.

Frank Williams hat es vor ein paar Jahren auf den Punkt gebracht: »Jeden zweiten Sonntag von 14 bis 16 Uhr ist die Formel 1 Sport. Davor und danach ist sie Geschäft.« Inzwischen lässt sich über den ersten Teil dieser Aussage zumindest manchmal trefflich streiten, über den zweiten hingegen ganz sicher nicht. Die Formel 1 ist – spätestens im Lauf der letzten zehn Jahre – zum gigantischen Business, zum großen Global Player geworden, der jährlich Euro-Beträge in Milliardenhöhe bewegt.

## Werbespektakel für die Autoindustrie

Entscheidend zu dieser »Explosion« beigetragen hat der Einstieg der großen Automobilhersteller. Sieben der weltweit zehn größten Automobilhersteller sind im Jahr 2002 in der Formel 1 vertreten. Lediglich die Teams von Sauber, Arrows und Minardi müssen noch ohne einen großen Werkspartner im Hintergrund auskommen, wobei ja Minardi inzwischen zumindest den Vorteil genießt, die Asiatech-Motoren umsonst zu erhalten, während Sauber und Arrows ihre Ferrari- respektive Ford-Triebwerke bezahlen müssen. Auf etwa 30 Millionen Dollar schätzt man die Kosten, die den Schweizern pro Jahr für ihre Motoren entstehen.

Genaue Zahlen sind im Formel-1-Business ein schwieriges Kapitel. Ob es um Teambudgets, Sponsorbeiträge, Fahrergehälter oder um Preis-, Start- und Fernsehgelder geht – niemand lässt sich gern in die Karten schauen. Immer wieder tauchen zwar – besonders in zwei englischen Medien, »EuroBusiness« und »Formula 1 Magazine«, sehr exakte und detaillierte Zahlen und Tabellen auf, die dann von den meisten Journalisten und Publizisten als Grundlage für ihre Statistiken benutzt werden. Denn diese beiden Periodika gelten, vorsichtig ausgedrückt, als eine Art Sprachrohre Bernie Ecclestones. Und von Aussagen, die aus so großer Nähe der Quelle kommen, erhofft man sich, dass sie zumindest halbwegs zuverlässig sind. Doch auch zu diesen Zahlen hört man von den Betroffenen – vor allem wenn es um Teams und Fahrer geht, oft genug energische Dementis: »Ziemlich weit vorbeigeschossen …«

Ein grundsätzliches Problem bei all diesen Schätzungen und Pseudo-Kalkulationen ist auch die Frage, welche Leistungen in welcher Weise in die Rechnung einfließen. So erscheint in einigen Listen für die Saison 2002 das neue Toyota-Team als das finanzstärkste. Von einem Jahresetat von 400 Millionen Dollar ist da die Rede. An anderer Stelle – etwa bei besagten Engländern – tauchen die Japaner »erst« an vierter Stelle der Rangliste auf – hinter Ferrari, McLaren-Mercedes und Renault. Einer der Gründe für diese Bewertung liegt sicherlich in dem Umstand, dass bei dieser Berechnung teilweise auch mittel- und langfristige Investitionen des Formel-1-Neueinsteigers, etwa für den eigenen Windkanal, zum Jahresbudget 2002 gezählt wurden. Schließlich wurde

Nach wie vor gehört die Tabakindustrie zu den wichtigsten Sponsoren des Motorsports. Wer die Formel 1 finanziert, wenn 2006 das globale Tabakwerbeverbot in Kraft tritt, weiß niemand.

ja tatsächlich so viel Geld ausgegeben. Bei anderen Berechnungsweisen werden derartige Investitionen anteilig auf die Jahre der voraussichtlichen Nutzung verteilt, und entsprechend geringer fällt der Etat aus – eher also eine buchhaltungstechnische Frage.

Eine beliebte Gretchenfrage, vor allem bei der Aufschlüsselung der Teametats in alle Einzelheiten: Wie sind die Leistungen der Motorenhersteller zu bewerten, vor allem, wenn sie, wie Mercedes bei McLaren oder Honda bei BAR, direkt am Team beteiligt sind. Gehört z.B. die Beteiligung des Motorenherstellers an den Fahrergehältern etc. unmittelbar zum Teambudget, während die Motorenentwicklung und -lieferung unter dem Konto »Teilesponsoring und Unterstützung durch Sachleistungen« verbucht werden? So oder ähnlich wird die Aufteilung derzeit meist gehandhabt, aber ganz logisch und einheitlich geht es dabei auch nicht immer zu. So werden in den Listen von EuroBusiness bei Ferrari bestimmte vom Werk selbst gelieferte Teile nicht als »Teile-Support« ausgeklammert, ebenso

wenig die Motoren, wohl aber bei Renault, wo man sich inzwischen selbst aber auch als hundertprozentiges Werksteam versteht und betont, dass nun wirklich alles aus einer Hand komme. Beim Firmenkonglomerat Ford, Jaguar und der Ford-Tochter »Premier Automotive Group«, der wiederum Jaguar Cars angehört, wird das Ganze noch komplizierter.

Insofern sind alle Zahlen mit Vorsicht zu genießen. Einen Eindruck von den gewaltigen Summen, mit denen in der Formel 1 gerechnet wird, über die Größenordnungen und Unterschiede zwischen den armen und reichen Teams, gibt die Liste der Teambudgets 2002 (unten) aus dem Formula 1 Magazine 3/02 aber schon. Nicht weniger interessant ist der Budgetvergleich zwischen den beiden größten (Seite 253), und den beiden kleinsten Teams (Seite 254) 2002 (Quelle: EuroBusiness, 4/02).

Die immer weiter auseinander klaffende Schere zwischen Arm und Reich, zwischen den Top-Teams und den Hinterbänklern, gilt seit Jahren als Problem, das bekannt, aber kaum zu lösen ist. Dazu ist die Formel 1 viel zu sehr Exponent einer völlig unregulierten Marktwirtschaft.

So käme auch eine mögliche Umverteilung vor allem der Fernsehgelder, wie sie ja derzeit vor allem von den Herstellern gefordert wird, mit Sicherheit in erster Linie den großen Teams zugute. Gegenwärtig fließen ja mehr als 50 Prozent der TV-Einnahmen von etwa 300 Millionen Dollar und der Startgelder von etwa 120 Millionen Dollar an die Formel-1-Holding SLEC, was den Herstellern unter Führung von FIAT-Chef

## Die Budgets der Formel-1-Teams 2002 (in Millionen US$)

| Rang | Team | Eigenmittel | Teile-Support | Andere Mittel | Summe |
|------|------|-------------|---------------|---------------|-------|
| 1. | Ferrari | 224,85 | 34,55 | 43 | 302,40 |
| 2. | McLaren-Mercedes | 144,30 | 124,50 | 19 | 287,80 |
| 3. | Renault | 139,50 | 101,30 | 15 | 255,80 |
| 4. | Toyota | 163,20 | 53,20 | 22 | 238,40 |
| 5. | BAR-Honda | 98,25 | 123,15 | 14 | 235,40 |
| 6. | BMW-Williams | 110,50 | 101,50 | 18 | 230,00 |
| 7. | Jaguar Racing | 101,25 | 95,53 | 15 | 211,78 |
| 8. | Jordan-Honda | 64,00 | 112,00 | 14 | 190,00 |
| 9. | Sauber-Petronas | 55,15 | 32,20 | 17 | 104,35 |
| 10. | Minardi-Asiatech | 24,55 | 42,90 | 16 | 83,45 |
| 11. | Orange-Arrows | 31,15 | 4,4 | 14 | 49,55 |

# Ferrari-Budget 2002 (in Millionen US$)

| | Sponsor-gelder | Teile-Support | Andere |
|---|---|---|---|
| Marlboro | 66 | | 20 |
| Vodafone | 40 | 1 | |
| Ferrari SpA. | 60 | | |
| FIAT | 17 | 8 | |
| Shell | 26 | 4 | |
| Magneti Marelli | 5 | 5 | |
| Bridgestone | 2 | 4,4 | |
| AMD | 4 | | |
| Brembo | 1,5 | 0,75 | |
| Mahle | | 2 | |
| Agusta | 0,5 | 0,5 | |
| SKF | 0,25 | 1,25 | |
| Aleni Aeronautica | 0,5 | | |
| Officine Meccaniche | 0,25 | 1 | |
| Europcar | | 1 | |
| Facom | 0,3 | | |
| Fila | | 0,5 | |
| Iveco | | 0,5 | |
| Momo | | 0,3 | |
| HGK | | 0,4 | |
| Sachs | | 1,5 | |
| Technogym | 0,25 | | |
| TRW-Sabelt | | 0,25 | |
| BBS | | 0,5 | |
| Cevolini Group | | 0,5 | |
| Cima | 0,25 | 0,8 | |
| Fluent | 0,25 | | |
| PTC | 0,25 | | |
| Poggipollini | 0,25 | | |
| VE-Ca | 0,3 | 0,4 | |
| TV/Preis/Logistik | | | 23 |
| **Summen** | **224,85** | **34,55** | **43** |
| **Gesamtbudget:** | **302,4** | | |

# McLaren-Mercedes-Budget 2002 (in Millionen US$)

| | Sponsor-gelder | Teile-Support | Andere |
|---|---|---|---|
| Reemtsma (West) | 50 | | |
| Mercedes | 20 | 105 | |
| Mobil 1 | 27 | 2 | |
| Computer Associates | 20 | 0,8 | |
| Warsteiner | 3 | 0,3 | |
| TAG Heuer | 0,75 | 0,1 | |
| Siemens mobile | 10 | 0,5 | |
| Schuco | | 3 | |
| Kenwood | 1 | 0,4 | |
| Loctite | 1,5 | 0,5 | |
| Sun Microsystems | 1,8 | 1,2 | |
| BAE Systems | 0,75 | 0,25 | |
| Michelin | | 4,4 | |
| Catia | | 1 | |
| Hugo Boss | 3 | 0,1 | |
| SAP | 4 | 1 | |
| Advanced Comp. Group | | 1 | |
| Canon | | 0,5 | |
| Charmilles | | 0,5 | |
| Enekei | | 0,5 | |
| GS Battery | | 0,25 | |
| Mazak | | 0,25 | |
| Targetti | | 0,25 | |
| T-Mobil | 1,5 | 0,5 | |
| TNT | | 0,2 | |
| TV/Preis/Logistik | | | 19 |
| **Summen** | **24,55** | **124,5** | |
| **Gesamtbudget:** | **287,8** | | |

Cantarella überhaupt nicht gefällt. Diese fordern: »85 Prozent an die Teams statt bisher 47!« Aber da diese Gelder ja auch nach einem Erfolgsschlüssel verteilt werden würden, hätten die Großen davon erheblich mehr als die Kleinen. Schwer zu glauben, dass es Renault-Teamchef Flavio Briatore ernst gemeint hat, als er vor Saisonbeginn 2002 erklärte: »Wir haben genug Geld, um einen guten Job zu machen, hätten wir mehr Geld in der Kasse, wüsste ich nicht, was ich damit anfangen sollte.« Bekanntermaßen neigt der smarte Italiener zu flotten Sprüchen, und bisher galt noch immer: Für Geld und immer noch mehr Geld hat die Formel 1 eigentlich immer eine Verwendung.

## Die Sponsoren

Honda mit 210 Millionen Dollar für 2002 vor Renault mit Investitionen von 170, Toyota von 140 und DaimlerChrysler mit 125 Millionen Dollar – sie gelten derzeit, zumindest unter einer bestimmten Perspektive, als die größten »Sponsoren« der Formel 1. Aber selbst wenn man die Beiträge der Hersteller einmal getrennt wertet, zeigt sich doch fast bei allen Teams: Mehr als die Hälfte des gesamten Teambudgets kommt aus Sponsorgeldern, und am spendabelsten zeigt sich dabei immer noch die Tabakindustrie. 88 Millionen Dollar pro Jahr fließen angeblich von British American Tobacco zu BAR, 87 Mil-

## Minardi-Budget 2002
## (in Millionen US$)

| | Sponsor-gelder | Teile-Support | Andere |
|---|---|---|---|
| Magnum Corp. | 11 | | |
| Kuala-Lumpur-Stadt | 8 | | |
| Asiatech | | 35 | |
| Magneti Marelli | | 2 | |
| European Aviation | 2 | 2 | |
| Brevi | | 1 | |
| Telstrea | 2 | | |
| Admiral | 0,1 | 0,5 | |
| BSA | 1 | | |
| 3D Systems | | 0,5 | |
| Beta Tools | | 0,3 | |
| Healthyco | 0,25 | | |
| CRP Technology | | 0,3 | |
| Allegrini | 0,2 | 0,1 | |
| Cimatron | | 0,2 | |
| Michelin | | 1 | |
| TV/Preis/Logistik | | | 14 |
| Fahrerbeitrag | | | 2 |
| **Summen** | **24,55** | **42,9** | **16** |
| | | | |
| **Gesamtbudget:** | **83,45** | | |

## Arrows-Budget 2002
## (in Millionen US$)

| | Sponsor-gelder | Teile-Support | Andere |
|---|---|---|---|
| Orange | 18 | | |
| Red Bull | 12 | | |
| Chello | 1 | | |
| Lost Boys | 0,15 | | |
| Bridgestone | | 4,4 | |
| TV/Preis/Logistik | | | 14 |
| **Summen** | **31,15** | **4,4** | **14** |
| | | | |
| **Gesamtbudget:** | **49,55** | | |

lionen insgesamt von Marlboro zu Ferrari, immer noch 50 Millionen von West zu McLaren. Sicher, die Telekommunikations- und Computerbranche sind ebenfalls Großfinanziers, Vodafone etwa mit über 40 Millionen bei Ferrari, oder Compaq – ab Sommer 2002 Hewlett Packard – bei BMW-Williams – aber trotzdem: Gedanken muss sich die Formel 1 schon machen, wie es von 2006 an weitergehen soll. Denn dann wird das weltweite Verbot für Tabakwerbung in Kraft treten – und die Szene damit eine tragende Geldquelle verlieren. Noch halten sich die Bedenken darüber in Grenzen – zumindest gegenüber der Öffentlichkeit. Die Verantwortlichen bei den

Teams sind davon überzeugt, dass man Ersatz finden wird. Man hofft auf ein verstärktes Engagement der Elektronik- und Kommunikationsbranche, aber zum Beispiel auch der Pharmaindustrie. Schließlich biete die Formel 1 von heute eine Werbeplattform, die sich praktisch kein Global Player entgehen lassen könne.

Was versprechen sich die Formel-1-Sponsoren, von den größten bis zu den vielen kleinen, die sich auch mit Geld- oder Sachleistungen im »nur« sechsstelligen Bereich engagieren, eigentlich davon, dass sie gewaltige Summen einsetzen, nur damit ihr Firmenlogo auf Autos und Fahreroveralls prangt, von der Möglichkeit begleitender Werbung, etwa über Anzeigen und Spots mit Formel-1-Motiven, von der Chance, auch Mitarbeitern, Kunden und Geschäftspartnern etwa per Einladung einen direkteren Kontakt zur Formel 1 zu ermöglichen? Letztlich sind es die gleichen Motive, die auch die Hersteller, die großen Automobilwerke, ins Formel-1-Engagement treiben: die Hoffnung auf einen weltweit gesteigerten Bekanntheitsgrad, einen beträchtlichen Imagegewinn, die Assoziation der eigenen Firma mit Leistungsfähigkeit und modernsten

High-Tech-Entwicklungen. Gut gemacht, kann der Öffentlichkeitseffekt gewaltig sein, für alle Beteiligten. Bestes Beispiel ist die mehrjährige Telekom-Kampagne mit Mika Häkkinen, die allgemein sehr gut ankam und nicht nur dem Unternehmen, sondern auch dem Finnen hohe Sympathiewerte einbrachte.

Über ihre Erfahrungen, in welchem Maße ein Engagement in der Formel 1 tatsächlich den Umsatz steigert, veröffentlichen die Unternehmen natürlich keine exakten Daten – aber die Tatsache, dass so viele über so lange Zeit dabeibleiben, spricht eindeutig dafür, dass der positive Effekt messbar ist.

Dennoch ist nicht zu übersehen, dass gerade die kleineren Teams schon heute bei der Sponsorensuche Probleme haben. Die weltweite Wirtschaftsflaute trifft natürlich die Schwächeren zuerst. Denn wer keine regelmäßigen Erfolge vorweisen kann, muss sich auch von Anfang an mit weniger Geld zufrieden geben. Schließlich können solche Teams ihren Partnern auch in Bezug auf Medienpräsenz deutlich weniger bieten als die Spitzenteams. Gerade für die »Kleinen« ist deshalb jede Sekunde, die ein Auto mit seinen Werbeaufschriften auf dem Bildschirm erscheint, Gold wert.

Dass Arrows-Chef Tom Walkinshaw seinen Fahrer Enrique Bernoldi 2001 in Monaco über Funk dazu anhielt, den hinter ihm liegenden, aber weit schnelleren David Coulthard so lange wie möglich aufzuhalten, hatte weniger etwas mit dem Kampf um den fünfzehnten Platz zu tun, als vielmehr mit dem Kalkül, dass dieses ungleiche Duell natürlich zur Attraktion der Fernsehübertragung werden würde. Damit konnte der Arrows seine Werbelogos fast das halbe Rennen lang auf den Bildschirmen von 800 Millionen Fernsehzuschauern präsentieren – gut möglich, dass da eine Extra-Prämie fällig war. Und gerade ein Team wie Arrows braucht nun einmal jeden Cent.

Tom Walkinshaw gehört zusammen mit Eddie Jordan ja auch zu den Teamchefs, die in der Formel 1 am lautstärksten für das »Kosten sparen« plädieren. Sie müssen sich allerdings auch immer wieder vorwerfen lassen, dass sie an ihren Teams auch persönlich sehr viel verdient, sprich einen nicht unerheblichen Teil der Sponsorgelder in die eigene Tasche gewirtschaftet haben. Man solle sich doch nur einmal ihre Jachten, Häuser und Privatflugzeuge anschauen, höhnte die reichere Konkurrenz.

Vor allem McLaren-Boss Ron Dennis pflegt bei solchen Gelegenheiten nicht ohne Häme festzustellen: »Wenn es diesen Teams so schlecht geht, dann sollen ihre Besitzer besser erst einmal ein paar ihrer hübschen Spielzeuge verkaufen und das Geld dann ins Team investieren, anstatt ununterbrochen zu jammern.«

## Was kostet ein Formel-1-Auto?

Vielleicht ist es ganz gut so, dass man nicht einfach zu einem Hersteller gehen und sich ein komplettes Formel-1-Auto kaufen kann – rennfertig, wie es am Start eines Grand Prix steht. Denn kein Team würde ein Exemplar seines aktuellen Modells einfach hergeben. Schließlich stecken viel zu viele Betriebsgeheimnisse darin, die keinesfalls in die Hände der Konkurrenz fallen sollen. Und auf der Straße dürfte man damit ja ohnehin nicht herumfahren. Aber abgesehen vom fragwürdigen Nutzeffekt eines solchen Fahrzeugs – selbst die meisten Porsche- oder Ferrari-Fahrer könnten es sich gar nicht leisten. Denn schon der Gesamtwert der einzelnen Teile überstiege bei weitem das Budget auch wohlhabender Privathaushalte. Schließlich kommt da schnell eine Million Euro zusammen.

Doch die Preise für die einzelnen Teile sind trotzdem nur ein kleiner Teil der Gesamtkosten, denn richtig teuer wird es in der Formel 1 in ganz anderen Bereichen – vor allem Design, Forschung und Entwicklung. Aber wie gesagt, auch

Die großen Sponsoren wie Marlboro oder Mercedes sorgen dafür, dass ihre Logos unübersehbar in Szene gesetzt werden.

die reinen »Materialkosten« addieren sich zu stattlichen Beträgen – man muss nur einmal kurz nachrechnen ...

## Chassis

Deutlich über 100 000 Euro kostet ein einziges der heutigen Kohlefaser-Chassis. Dafür konnte man vor 30 Jahren noch ein komplettes, fahrbereites Formel-1-Auto bauen. Mindestens sieben bis acht Chassis verbrauchen die meisten Teams pro Saison, selbst wenn keines davon bei einem Unfall irreparabel beschädigt wird.

## Motor

Knapp 300 000 Euro pro Triebwerk sind der übliche Preis. Für den Gegenwert eines Einfamilienhauses erhält man einen »Einwegmotor«, der nicht mehr als eine Distanz von 400 Kilometern überstehen soll und danach höchstens noch zum Testen eingesetzt wird, ehe er eine komplette Revision durchläuft. Da jedes Team pro Saison für Testen, Rennen und Prüfstandversuche mindestens 150 bis 200 Triebwerke einsetzt, kommt da einiges zusammen – Elektronik und auch Entwicklungskosten, wie gesagt, noch nicht eingerechnet.

## Getriebe

Auch die Getriebe sind ein gewaltiger Kostenfaktor. 100 000 Euro pro Stück sind dafür fällig, und die Laufzeit beträgt maximal 6000 Kilometer. Bei einem Team, das für Testfahrten und Renneinsätze pro Saison sieben bis acht Autos einsetzt, sind da schnell 15 Einheiten oder mehr im Jahr nötig.
Die einzelnen Bauteile in den Getrieben müssen natürlich viel häufiger gewechselt werden. So werden die Zahnräder immer wieder auf Abweichungen im Bereich von hunderstel Millimetern nachgemessen und bei der geringsten Abnutzung ausgetauscht. Knapp 400 Euro kostet ein solches Gangrad – gut 1000 oder ein paar mehr kann ein Team pro Saison leicht verbrauchen.

## Aufhängungen

Gut 60 000 Euro schlagen pro Aufhängungssatz zu Buche, wobei die Teile für die Vorderachse günstiger sind als jene für die Hinterradaufhängung. Also sollte man lieber vorn als hinten

anschlagen, wenn man schon ein Teil an einer Leitplanke verbiegen muss. Ganz ohne solche Zwischenfälle geht es ja nie ab, und deshalb sind bei den rund 20 Sätzen, mit denen die Teams pro Jahr kalkulieren, einige »Ausrutscher« schon mit eingerechnet. Extreme »Bruchpiloten« verteuern die Sache natürlich gewaltig.

## Bremsen

Ein Satz Bremsscheiben und Bremsbeläge pro Fahrer, Trainings- und Renntag sind der übliche Verbrauch – auch im heutigen Kohlefaserzeitalter halten die Bremsen nicht länger. Dafür sind sie deutlich teurer als noch zu Zeiten der Stahl-Bremsscheiben. Über 8000 Euro pro Satz – dazu addieren sich rund 32 000 Euro pro Jahr für zehn Sätze Bremszangen.

## Flügel

Bleiben Flügel von Feindberührung oder Leitplankenkontakt verschont, sind sie eigentlich so stabil konzipiert, dass sie eine ganze Saison überstehen müssten. Theoretisch – denn in der Praxis kommen von den »billigeren« Frontflügeln (5000 bis 7000 Euro) und den deutlich teureren Heckflügeln (bis zu 25 000 Euro) ja je nach Strecke immer wieder verschiedene Versionen zum Einsatz – mindestens zwei verschiedene Spezifikationen pro Rennen haben die Teams dabei, um sich optimal auf die Gegebenheiten einstellen zu können. Jeweils 15 verschiedene Varianten für vorne und hinten pro Saison sind auf diese Weise keine Seltenheit.

## Verkleidungen

Sie sind neben Flügeln und Aufhängungen oft eines der ersten »Opfer« bei Ausflügen ins Kiesbett oder sonstigen Unfällen: die Verkleidungen für Cockpit, Motor- und Getriebebereich etc. Muss so ein Teil komplett ausgetauscht werden, bedeutet das jedes Mal bis zu 32 000 Euro zusätzliche Kosten.

## Kühler

Ein Satz Kühler für 9000 Euro – theoretisch würden diese Bauteile schon an die fünf Grand-Prix-Wochenenden durchhalten, aber die meisten Teams wechseln sie trotzdem öfter, auch wenn keine sichtbaren Schäden, etwa durch

Steinschlag, zu erkennen sind. Bei Jordan rechnet man im Durchschnitt etwa mit zwei bis drei neuen Kühlersätzen pro Rennwochenende für die Renn- und Ersatzautos.

## Felgen

Pro Satz kosten diese nur gut 4000 Euro und gehören damit zu den noch preiswerteren Bauteilen. Wie oft sie gewechselt werden müssen, hängt wesentlich von eventuellen Beschädigungen ab. Zwölf bis 15 Sätze pro Team und Saison kommen mindestens zum Einsatz.

## Reifen

Die schwarzen Gummis sind die Verschleißteile Nummer eins in der Formel 1. Im Qualifying hält ein Satz gerade mal eine schnelle Runde, im Rennen normalerweise höchstens etwa eine halbe Distanz, also gut 150 Kilometer. Dabei kostet ein Satz etwa 2500 Euro. Ein Top-Team mit einer Jahresfahrleistung von gut 40 000 Kilometern käme bei einer Durchschnitts-Laufleistung von 100 Kilometern auf einem Verbrauch von mindestens 400 Sätzen – aber es kann auch leicht das Doppelte werden, je nach dem Aufwand beim Testen. Ob die Teams für die Reifen bezahlen müssen oder sie diese von den Herstellern gestellt bekommen – heute der Normalfall –, hängt von der Vertragssituation ab.

## Tank

Die in den Formel-1-Autos eingesetzten Benzintanks gehören zu den verhältnismäßig langlebigen Bauteilen. Ein Tank pro eingesetztem Auto übers Jahr – das ist die normale Rechnung. Pro Stück kosten die aus speziellem Gummi hergestellten Sicherheitstanks zwischen 16 000 und 18 000 Euro.

## Auspuff

Die komplette Auspuffanlage eines Formel-1-Autos kostet knapp 10 000 Euro. Benötigt werden davon pro Saison etwa 40 bis 45 Sätze.

## Fahrersitz

Die Sitzschalen werden für jeden Fahrer in jedem Detail an den Körper angepasst, um optimalen Komfort zu erzielen. Das kostet viel Zeit, und diese Arbeitszeit treibt den Preis natürlich in

Bei den Reifen wie bei den Werbemodels kommt es darauf an, dass die Rundungen optimal präsentiert werden.

die Höhe. Bis zu 4000 Euro kann so ein exklusives, handgefertigtes Sitzmöbel kosten – drei bis vier im Jahr pro Fahrer werden meist als Schnitt angesetzt.

## Pedale

Auch die Pedale halten keine komplette Saison. Mit rund zwölf Sätzen im Jahr kalkuliert ein Team – jeder zu 1600 Euro.

## Lenkrad

Früher gehörten die Lenkräder zu den günstigeren Teilen eines Formel-1-Autos. Das hat sich geändert, seitdem am und im Lenkrad wichtige Teile der Elektronik, vor allem für die Schaltautomatik, sitzen. Je nach Komplexität dieser Ausstattung liegen die Preise zwischen knapp 20 000 und 30 000 Euro – und etwa zehn Stück pro Jahr kommen zum Einsatz

## Elektronik

Diese Kosten im Detail aufzuschlüsseln, ist sehr schwierig. Jordan kalkulierte in der Saison 2001, als durch die Freigabe von Traktionskontrolle, Automatikgetriebe etc. extrem hohe Kosten in diesem Bereich anfielen, mit insgesamt drei Millionen Euro pro Auto – für die Hardware, die Software und die ständige Verbesserung sämtlicher Komponenten.

# Die Fahrer und das liebe Geld

Formel-1-Fahrer verdienen viele Millionen im Jahr. Sie wohnen in Steueroasen und geben ihr Geld für Luxusartikel aus wie Jachten, Privatflugzeuge und Villen, von denen Otto Normalverbraucher nur träumen kann. So oder zumindest so ähnlich lautet das gängige Klischee. Für einige mag es zutreffen. Aber wie überall im Leben gibt es auch in der Formel 1 Gewinner und Verlierer – Leute, die einstecken, und solche, die geschröpft werden.

## Das Management

»I brauch kan Manager, i manage mi selber!« Was für den geschäftstüchtigen Jochen Rindt vor mehr als 30 Jahren noch galt, sieht heute anders aus. Praktisch kein Formel-1-Fahrer kommt heute mehr ohne Manager aus. Der sorgt dafür, dass die Gelder fließen – und kassiert dabei natürlich kräftig mit: Mindestens zehn, wenn nicht sogar bis zu 20 Prozent sind üblich. Fairerweise sei dazu gesagt: Zumindest einige der heutigen Fahrermanager haben in die Karriere ihrer Schützlinge erst einmal kräftig investiert und sind damit anfangs auch ein erhebliches finanzielles Risiko eingegangen. Der bekannteste von ihnen, der zuletzt auch das Bild der Formel-1-Manager in der Öffentlichkeit geprägt hat, ist natürlich Willi Weber, der die beiden Schumachers unter Vertrag hat. Ohne ihn, das ist auch den Kritikern klar, und von denen hat Weber viele, hätte es den Aufstieg von Michael Schumacher in dieser Form, in diesem Rekordtempo, wohl nicht gegeben. Der Schrittmacher auf diesem Erfolgsweg hieß ohne Zweifel Willi Weber. »Heute wollen sich zwar viele an der gewinnträchtigen Lotterie Schumacher betei-ligen. Aber ich bin der Einzige, der damals ein Los gekauft hat.«

»Damals«, das war die Zeit, als Weber, der sich kurze Zeit selbst als Rennfahrer versuchte, dann aber bald auf Teamchef umsattelte, den noch unbekannten Formel-Ford-Piloten Michael Schumacher in sein WTS-Formel-3-Team holte, ihn ohne Mitgift in Form von mitgebrachten Sponsorgeldern fahren ließ und ihm sogar ein monatliches Gehalt von 1000 Mark zahlte. Als Gegenleistung schloss er mit dem Nachwuchsfahrer einen Zehn-Jahres-Managervertrag mit 20-prozentiger Beteiligung an den Einnahmen. Willi Webers Verdienst liegt darin, dass er bereits 1988 die Perspektive dieses Jungen erkannte und in dessen Zukunft investierte. Andere ließen sich das Supertalent Schumacher entgehen. Bei einer Marlboro-Nachwuchssichtung zum Beispiel fiel

Der geschäfts-tüchtige Jochen Rindt war noch sein eigener Manager. Andere österreichische Formel-1-Stars, wie Niki Lauda, Gerhard Berger und Alex Wurz taten es ihm nach.

Michael Schumachers ehemaliger Teamkollege Martin Brundle wechselte nach dem Ende seiner aktiven Fahrerkarriere ins Managerlager.

Michael durch, und bei Marlboro ärgert man sich lange, ehe man Schumacher, allerdings auf dem Umweg über Ferrari und für sehr viel Geld, doch noch in die Reihe der eigenen Werbeträger einordnen konnte.

Willi Weber griff zu und wurde für Michael Schumacher schnell viel mehr als nur ein Manager und Förderer. Der junge Kerpener fand mit ihm so etwas wie einen zweiten Vater oder, wie es der Journalist Helmut Zwickl noch in den ersten Formel-1-Jahren einmal ausdrückte, »Mutter Willi. So rührend, wie er sich um den Michael kümmert, kann sich nur eine Mutter, niemals ein Vater sorgen.«

Dass ohne ihn in Sachen Schumacher überhaupt nichts mehr geht, dass er sich in der Rolle des »Königsmachers« gefällt, eigene Medienauftritte liebt, mit Fönfrisur, gepflegtem Drei-Tage-Bart, Jeans, offenem Hemd und teuren, auffälligen Uhren ein zwiespältiges Image zwischen »Szene« und Seriosität pflegt, hat ihm in der Sportwelt einen zweiten Spitznamen eingebracht, der sich fast noch hartnäckiger hält als »Mutter Willi«, nämlich »Willi Wichtig«.

Falsch ist das nicht; denn Willi ist tatsächlich wichtig: für die Schumachers, für den deutschen Motorsport. Weber kontrolliert, beschleunigt, bremst – wie er es für sinnvoll hält. Und »Schumi« verlässt sich voll auf ihn. »Den Rest macht Willi«, pflegt er oft zu sagen. Als »Männerfreundschaft mit Gewinnausschüttung« hat eine Tageszeitung die Beziehung zwischen den beiden einmal charakterisiert. Aber auch dieses Verhältnis hat sich im Laufe der Zeit natürlich verändert: »Zuerst war ich die Respektsperson, die ihm die Möglichkeit gegeben hat, Rennen zu fahren, und noch ein Taschengeld draufgelegt hat. Dann war ich mehr der Berater. Natürlich ist er mitgewachsen. Heute unterhalten wir uns auf Augenhöhe«, erklärt Weber. Heute hält es der Manager nicht mehr für nötig, seinen Schützling ununterbrochen und an jedem Rennwochenende zu begleiten.

Wie die Schumachers auf Weber, so verlässt sich Nick Heidfeld schon seit vielen Jahren auf Werner Heinz. Der Trierer ist auch in zahlreichen anderen Sportarten zu Hause. Er betreute früher unter anderem den Boxer Henri Maske und hat heute Skispringer Sven Hannawald unter seinen Fittichen. Neben der Fahrerbetreuung hat er sich vor allem auch in der Sponsorenvermittlung für Teams und in deren Betreuung einen guten Namen gemacht. Als er 1993 für einen seiner langjährigen Kunden, den Autopflegemittelhersteller Sonax, einen persönlichen Sponsorvertrag mit Ayrton Senna einfädelte, war das sein Einstieg in die Formel-1-Szene, gleich auf höchstem Niveau.

Das meiste, was Heinz einfädelt, ist von Erfolg gekrönt. Als sich allerdings Heinz-Harald Frentzen Ende der 90er auch in dessen Obhut begab, kam es bald zu Spannungen. Es war wohl einer jener Fälle, in denen »die Chemie« nicht so recht stimmte. So trennte man sich bald wieder, und Frentzen kehrte zurück unter die Fittiche Ortwin Podlechs, der ihn zuvor schon von Beginn seiner Karriere an betreut hatte. Podlech, ein gebürtiger Franke, wurde als Manager von Keke Rosberg schon vor mehr als 20 Jahren zu einem der Stars der Branche. Er hat sein Büro auf Ibiza, versucht aber in den letzten Jahren mehr und mehr, sich aus dem aktuellen Tagesgeschäft herauszuhalten, und kommt auch kaum noch zu den Rennen. So wird Frentzen inzwischen vor Ort meist von Podlechs Mitarbeiter Monte Field begleitet, während Podlech eher die »Oberaufsicht« im Hintergrund führt.

Inzwischen hat sich der einstige Schützling zum

Konkurrenten gemausert. Keke Rosberg hat sich nach dem Abschluss seiner Rennfahrerkarriere eine eigene Management-Agentur aufgebaut, und er ist damit nicht der einzige Ex-Formel-1-Fahrer in diesem Geschäft. So kümmert sich zum Beispiel Martin Brundle um die Belange von David Coulthard.

Zu Rosbergs Klienten zählte von Beginn an sein Landsmann Mika Häkkinen. Dass sich die beiden im Winter 2001 »in aller Freundschaft« trennten, wird in der Szene sehr unterschiedlich interpretiert. Ist es ein Anzeichen dafür, dass Häkkinen seine Karriere doch endgültig beenden will? Oder ist es tatsächlich nur eine Art »Abnabelungsprozess«, sichtbarer Ausdruck der Tatsache, dass »ich jetzt durchaus in der Lage bin, mich um meine Angelegenheiten selbst zu kümmern«, wie Mika meinte? Dafür spricht, dass die rein technische Abwicklung vieler Angelegenheiten, Verwaltungs- und Vertragsfragen etwa, weiter in der Verantwortung von Rosbergs Büro und in den Händen von dessen Assistenten Didier Coton bleiben sollen. Coton, der jahrelang vor Ort in Wirklichkeit Mikas »Mädchen für alles« war, bleibt auch sonst gut beschäftigt. Mit Olivier Panis haben er und Rosberg schließlich noch einen weiteren Klienten aus dem Oberhaus des Motorsports.

Ein weiterer großer Name, der eine Zeit lang etwas aus den Schlagzeilen verschwunden war, taucht nunmehr verstärkt wieder im Dunstkreis der Formel 1 auf: Julian Jakobi, einst von der großen Sportmarketing-Agentur IMG zur Betreuung von Alain Prost abgestellt, dann von Ayrton Senna als dessen persönlicher Manager abgeworben. Der Superstar und der knallharte Geschäftsmann Jakobi, im Hintergrund agierend und letztlich, auch was die große Linie anging, unter Sennas Kontrolle – das schien eine optimale Kombination zu sein.

Als Jakobi bald nach Sennas Tod versuchte, mit Jacques Villeneuve und dessen Betreuer Craig Pollock ins Geschäft zu kommen, ging das nur eine Weile gut. Warum Villeneuve, Pollock und der gesamte »Stab« des Kanadiers nach einiger Zeit lieber eigene Wege gingen, wurde nie wirklich öffentlich bekannt. Aus Villeneuves Umfeld waren mitunter vage Andeutungen wie »unterschiedliche Auffassungen über Geschäftsgebaren« zu vernehmen. Inzwischen scheint Jakobi, der ja auch zeitweise beim Aufbau des BAR-Teams mitarbeitete und auch außerhalb der Formel 1 im Marketing-Geschäft sehr erfolgreich ist, mit Juan-Pablo Montoya wieder einen Goldfisch an der Angel zu haben.

So hat nahezu jeder Formel-1-Pilot einen Mana-

Willi Weber mit seinen beiden »Goldbuben«. Zum kometenhaften Aufstieg Michael Schumachers hat er entscheidend beigetragen.

ger, der sich professionell um seine Belange kümmert. Eine Ausnahme machen die Österreicher: Nicht nur Jochen Rindt, auch Niki Lauda und Gerhard Berger gehörten zu denen, die ihren Weg an die Spitze größtenteils ohne die graue Eminenz im Hintergrund machten. Alexander Wurz allerdings wurde einige Jahre lang von dem Deutschen Peter Cramer – aus der Warsteiner-Dynastie – betreut. Inzwischen hat er sich von diesem getrennt. Privat wie in Geschäftsangelegenheiten kümmert sich nunmehr seine Ehefrau liebevoll um ihn. Julia Wurz kann das, war sie doch als Julia Holden lange Zeit die PR-Dame des Benetton-Teams, ehe Wurz sie bei seinem Abschied gleich »mitnahm«.

## Fahrergehälter

Für ihre Schützlinge optimale Verträge mit den Teams auszuhandeln, ist natürlich eine der Hauptaufgaben der Manager. Geht es anfangs – manchmal auch später – meist nur darum, überhaupt einen der begehrten Sitze im Cockpit zu ergattern, ist bei den umworbenen Top-Stars Millionen-Poker angesagt – kann's nicht noch eine mehr sein?

32 Millionen Dollar im Jahr – diese Summe streicht derzeit angeblich Michael Schumacher ein. Auch für die Formel 1 sind das Rekordsummen – klar, als unumstrittene Nummer eins ist der derzeit noch vierfache Weltmeister in der glücklichen Lage, die Preise praktisch diktieren zu können. Und mit Ferrari haben Schumacher und Weber adäquate Partner gefunden. Die Italiener waren zuletzt nie knauserig, wenn es darum

ging, ihr »Dream-Team« zusammenzukaufen und zu halten. Mit Konzernmutter FIAT im Hintergrund kann man sich das leisten.

Schon Anfang der 90er-Jahre bot Ferrari-Präsident Luca di Montezemolo, damals neu in dieser Position, in dem Versuch, das Formel-1-Team endlich wieder auf Erfolgskurs zu bringen, der damaligen Nummer eins Ayrton Senna einen Blankoscheck an: »Schreib rein, was du haben willst …« Doch der Brasilianer wollte von Ferrari gar nichts haben, zu ungeordnet schienen ihm die Verhältnisse im Team, zu weit der Weg zum Erfolg, zu langwierig die nötige Aufbauarbeit. Trotzdem bewegte sich Senna damals auch schon in Größenordnungen von 20 Millionen Dollar, und das, obwohl es zu seiner Zeit auch noch andere Top-Stars wie Mansell, Prost oder Piquet gab, die die Teamchefs gegeneinander ausspielen konnten – und trotz der insgesamt geringeren Budgets, mit denen die Teams auskommen mussten.

Denn trotz traumhafter Gagen für Schumacher, für Villeneuve (21 Millionen Dollar) oder Ralf Schumacher und Eddie Irvine (zwölf Millionen Dollar) – der Anteil der Fahrergehälter an den Gesamtbudgets ist in den letzten Jahren gesunken und liegt heute etwa noch bei sechs bis sieben Prozent. Vor 15 Jahren waren das noch 15 bis 20 Prozent.

Neben den wenigen Spitzenverdienern gab es damals und gibt es noch heute ein breites Mittelfeld, das sich mit Gehältern zwischen einer und vier Millionen Dollar »begnügen« muss – und es gibt die »Bezahler«. Das sind Fahrer, die von ihren Teams keinerlei Gehalt beziehen, sondern sich im Gegenteil mit Sponsorgeldern ihren Platz in der Formel 1 erkaufen mussten. Derzeitiges Musterbeispiel dafür ist Alex Yoong aus Malaysia. Sportlich eindeutig nicht auf Formel-1-Niveau und sichtlich überfordert, ist er dank der in seinem Land anzuzapfenden Finanzquellen für Minardi Gold wert.

Und wie bei den Teams gilt auch bei den Fahrern: Wer viel hat, dem wird gegeben. Denn auch in diesem Bereich stürzen sich die Werbepartner natürlich zuerst auf die Erfolgreichsten. Diese können mit lukrativen Sponsorverträgen ihr Einkommen noch einmal beträchtlich aufbessern, und das ohne allzu große Gegenleistung. Denn

im Allgemeinen muss ein Fahrer einem Privatsponsor nur wenige Tage pro Jahr für PR-Aktivitäten zur Verfügung stehen.

## Merchandising

Neben Gehalt und Werbeverträgen gibt es für die Fahrer noch eine dritte lukrative Einnahmequelle, das immer mehr zunehmende Merchandising. Das Angebot für die Fans an der Rennstrecke war schon immer reich: T-Shirts, Mützen, Sonnenbrillen, Modellautos oder Schlüsselanhänger – alles was Konterfei oder Namenszug des jeweiligen Idols tragen kann, ist begehrt und schon lange Standard. Neue Produkte vom Handtuch bis zum Schreibtischset bieten sich als Ergänzung an für jene Fans, die sonst schon alles haben.

Die Formel-1-Stars, allen voran natürlich Michael Schumacher, machen mit der Vermarktung ihres Namens auf allen möglichen Lizenzprodukten zusätzlich zu ihren Gehältern noch einmal Millionenumsätze und -gewinne. Schumi hat in seiner Kollektion inzwischen an die 300 Lizenzen für Produkte vergeben, die seinen Namen tragen dürfen. Und obgleich die Firma PPM, Pole-Position Marketing, die alle diese

Geschäfte abwickelte – und praktischerweise Schumachers Manager Willi Weber gehörte – trotz der stets publizierten riesigen Verkaufserfolge im Winter 2001/2002 in so große finanzielle Schwierigkeiten geriet, dass ein Konkurs drohte – das Geschäft mit den Schumi-Devotionalien läuft natürlich trotzdem weiter.

Das bestverkaufte Schumacher-Produkt war dabei jahrelang die wohl bekannte rote Mütze. An die zwei Millionen Stück, so sagen Schätzungen, sollen davon pro Jahr abgesetzt worden sein. Das hat natürlich ihren Wert als teuerste Schumacher-Werbefläche zusätzlich in die Höhe getrieben. An die sechs Millionen Mark pro Jahr soll dieser exponierte Platz Schumachers Sponsor aus der Finanzbranche wert sein.

Damit die Geschäfte liefen, wurden die Absatzmärkte geschickt ausgeweitet. Die Produkte aus der Schumacher-Kollektion werden nicht nur an den Rennstrecken angeboten. Verträge mit den Handelsketten Karstadt und Toys'R'Us sorgen dafür, dass sie in an die 100 Läden in Deutschland, der Schweiz und Holland auf den Markt kommen.

Auf insgesamt zwei Milliarden Mark jährlich wurde im Jahr 2000 das Umsatzpotenzial des Formel-1-Merchandisings in Europa geschätzt, das möglich wäre, würden alle Fahrer ihre Ver-

Dazu kommt – auch wenn es die Merchandising-Manager nicht gern hören: Die ausgefeilten Marketingkonzepte und strengen Lizenzierungsverfahren, nach denen heute produziert wird, haben dazu geführt, dass aus den oft mit viel Liebe und Fantasie entworfenen »Fanartikeln« von einst kommerzielle Merchandisingprodukte geworden sind, einheitlich im Design und eintönig in der Palette. Bei den kritischeren Fans mag diese Tendenz im Laufe der Zeit die Kauflust etwas gedämpft haben. Denn wenn sowieso alles ähnlich aussieht und noch dazu sehr teuer ist – wozu sollte man dann zugreifen?

## Der große Feind – die Steuern

Wer, wie die Stars der Branche, Millionen und Abermillionen verdient, versucht natürlich – trotzdem oder gerade deshalb – so viel wie möglich davon zu behalten. Damit der Fiskus nicht oder nur in Grenzen mitkassieren kann, sind die Großverdiener der Branche in aller Regel nicht mehr in ihren Heimatländern ansässig. Als mondäne Steueroase steht Monaco natürlich an der Spitze der Beliebtheitsskala, und dort ist auch grundsätzlich mindestens das halbe Fahrerfeld zu Hause. Aber auch andere Länder, in denen die Finanzbehörden flexibel genug sind, den schnellen Millionären günstige Konditionen anzubieten, dürfen sich dessen rühmen, den einen oder anderen Formel-1-Fahrer in ihren Grenzen zu beherbergen.

Von den deutschen Fahrern lebt derzeit nur noch Heinz-Harald Frentzen in Monte Carlo. Michael Schumacher und Nick Heidfeld haben auf der Suche nach günstigen fiskalischen Bedingungen und gleichzeitig schöner Landschaft in der Schweiz Quartier genommen. Dort genießt der Großverdiener der Formel-1-Szene die Steuerprivilegien eines Frührentners, während Bruder Ralf im sportbegeisterten Österreich mit dem dortigen Finanzminister selbst die Höhe seiner Abgaben aushandeln durfte.

Besonders der »kleine« Schumacher hat schon mehr als einmal deutlich gemacht, dass er keine Lust hat, sich dem deutschen Steuerdschungel auszusetzen: »Weil diese Dinge hier einfach viel zu kompliziert sind. Es geht mir dabei nicht nur

Der Große Preis von Monaco ist für einen Großteil der Fahrer eine Art Heimrennen. Denn viele der schnellen Großverdiener haben sich auf der Flucht vor dem heimischen Fiskus in der Steueroase niedergelassen.

marktung so konsequent betreiben wie Schumacher. Zumindest im Ansatz ist das auch mehrfach versucht worden. Denn die Riesengeschäfte, die die Stars auf diesem Weg mit ihrem Namen machen, haben inzwischen schon viele weniger prominente Fahrer dazu verleitet, sich im Merchandising zumindest einmal zu versuchen. Gerade junge, clevere Nachwuchspiloten – oder deren Management – glaubten erkannt zu haben, dass man ein solches Geschäft von Anfang an in großem Stil angehen muss. So stellte der damals gerade 20-jährige BMW-Williams-Neuling Jenson Button bereits beim britischen Grand Prix 2000 in Silverstone seine erste eigene Kollektion vor – und rechnete gleich im ersten Jahr mit sechs Millionen Mark Umsatz.

Inzwischen hat sich herausgestellt, dass sich Jenson Button damit wohl ein wenig überschätzt hat, und dies nicht nur, weil der Karriere-Höhenflug des jungen Engländers erst einmal gestoppt wurde. Denn die ganze Branche boomt gegenwärtig nicht mehr ganz so wie noch zur Jahrtausendwende. Das ist sicher zum Teil eine Folge der Sättigung des Marktes, aber auch der ständig steigenden Preise bei dem Versuch, alle Gewinnmöglichkeiten wirklich bis aufs Letzte auszureizen.

um die Steuerersparnis, auch wenn der Steuersatz in Deutschland für mich natürlich sehr hoch wäre. Es geht mir auch um Sicherheit und Steuergerechtigkeit. Ich kenne doch auch die Steuererklärungen von Freunden von mir, die normalverdienende Arbeitnehmer sind. Die blicken doch da ohne Steuerberater auch schon nicht mehr durch. Und die haben auch nicht die gleichen Möglichkeiten zum Steuern Sparen wie Unternehmer … Ich verstehe wirklich nicht, warum man das nicht alles etwas vereinfachen kann.«

Äußerungen wie diese ziehen nahezu zwangsläufig Anfeindungen nach sich. Nicht nur der »Bund der Steuerzahler«, sondern auch mancher Gering- oder Normalverdiener unter den Fans hat wenig Verständnis dafür, dass sich ein Großverdiener im Ausland seinen fiskalischen Verpflichtungen entzieht. Ralf Schumacher sieht's gelassen. »Damit muss ich leben, dass sich vielleicht einige aufregen. Aber die würden es doch in meiner Situation genauso machen. Ich muss doch meine Meinung äußern dürfen. Und manche Aussagen auf meine Kritik haben doch erst recht gezeigt, dass ich offenbar in ein Wespennest gestochen habe. Viele Verantwortliche wissen doch, dass ich im Prinzip Recht habe.«

Tatsächlich scheinen die Brüder Schumacher eine besondere Begabung zu besitzen, sich mit Äußerungen zu Geldfragen in die Nesseln zu setzen. So hat Michael einmal mit der Feststellung, er kaufe seine Marmelade in Deutschland und nehme sie in die Schweiz mit, weil sie dort so teuer sei, Spott und Hohn geerntet.

Das Problem dabei ist die offensichtliche Diskrepanz zwischen der Knauserigkeit der Millionäre einerseits und deren ungebremstem Profitstreben andererseits. Denn die Formel 1 konfrontiert ihre Fans gnadenlos mit immer weiter steigenden Preisen. Ob Merchandising-Artikel wie Mützen für 30 oder T-Shirts für 40 Euro oder Eintrittspreise, die für ein Drei-Tages-Ticket weit über 300 Euro erreichen – von Extravaganzen wie dem Paddock Club für 2500 Euro pro Wochenende ganz zu schweigen –, überall in der Formel 1 hat sich in den letzten Jahren die Preisspirale noch einmal heftig gedreht. Und wenn der Rennsportfan bei normalerweise eher stagnierendem Einkommen immer mehr bezahlen soll, während »die ganz da oben immer mehr verdienen und dann auch noch jammern«, dann fragt sich der ein oder andere »Otto Normalverdiener« eben irgendwann doch, ob das alles noch seine Richtigkeit hat.

Für nicht weniger als 2500 Euro kann man sich im **Paddock Club** ein Wochenende lang verwöhnen lassen – allerdings ohne sonderlich engen Kontakt zur Formel-1-Szene. Eines der eklatantesten Beispiele für Abzocke im Rennsport.

- Harte Rennen – große Siege

- Die härtesten Duelle

- Pleiten, Pech und Bubenstreiche

# FORMEL 1
## ACTION

# Harte Rennen – große Siege

Im Spitzensport ist es wie im richtigen Leben: Es gibt den Alltag, und es gibt Highlights, über die man noch nach Jahrzehnten spricht. Und wie im richtigen Leben, so ist auch in der Formel 1 der Alltag das Normale: Es sind jene Rennen, in denen der Favorit schon nach fünf Runden einsam seine Runden dreht, in denen genau das passiert, was die Experten vorausgesagt haben. Zum Glück aber gibt es auch immer wieder jene Höhepunkte, in denen der Zuschauer das Gefühl hat, dass etwas ganz Besonderes geschehen ist, dass ein Star geboren wurde, ein Mensch über sich selbst hinausgewachsen ist, sich in wenigen Minuten eine ganze Saison entschieden hat.

## Nürburgring 1957: Fangios größtes Rennen

Selten wurde über eine Rekordrunde in der Formel 1 so viel gesprochen und geschrieben wie über die 9:17,4 von Juan-Manuel Fangio am 4. August 1957 auf dem Nürburgring. Damit verbesserte der große Argentinier seinen eigenen Rekord aus dem Vorjahr um sage und schreibe 24,2 Sekunden – für die Fachwelt damals kaum zu begreifen. Aber es war nicht nur diese Runde allein, es war das ganze Rennen, das in die Geschichte eingegangen ist.

Aus der Pole-Position erwischte Fangio einen ziemlich schlechten Start und fiel zunächst hinter die Ferrari von Mike Hawthorn und Peter Collins zurück. In den ersten beiden Runden durften sich die beiden auch noch an der Spitze austoben, aber in der dritten machte der Meister Ernst. Mit einem neuen Rundenrekord übernahm er die Führung, die er mit immer neuen

Rekordrunden weiter ausbaute. Fangio musste einen großen Vorsprung herausfahren, denn im Gegensatz zu seinen Konkurrenten in den Ferrari konnte er nicht ohne Boxenstopp durchfahren. Denn die 258 Liter Sprit, die in den Tank des Maserati passten, reichten nicht ganz für die 22-Runden-Distanz, immerhin knapp über 500 Kilometer.

In Runde zwölf war es so weit: Mit 28 Sekunden Vorsprung bog der Argentinier zu seinem Tankstopp in die Boxengasse ein. Natürlich wartete dort noch keine komplizierte Tankanlage. Man füllte lediglich aus einem Kanister nach und wechselte auch noch die Reifen an den Antriebsrädern. 56 Sekunden dauerte der Stopp. Mit einer halben Minute Rückstand ging Fangio wieder ins Rennen. Inzwischen hatte Collins den Rundenrekord auf 9:28,9 verbessert, aber dann drehte Fangio erst richtig auf: 9:25,3 in der 18. Runde, 9:23,4 in der 19. – und dann die legendären 9:17,4 im 20. Umlauf. Elf Sekunden hatte er den Ferrari damit auf einen Schlag abgenommen, war bis auf zwei Sekunden herangekommen. Anfang der 21. Runde, bei Hatzenbach, zwängte er sich zuerst an Collins vorbei, wobei auch noch ein aufgewirbelter Stein die Fahrerbrille des Briten zerschlug. Einige Kilometer später musste sich auch Hawthorn geschlagen geben. Fangio übernahm die Spitze, und er verteidigte sie scheinbar mühelos bis ins Ziel. Der 46-Jährige hatte der nur etwas mehr als halb so alten Konkurrenz noch einmal gezeigt, wer der wahre Meister aller Klassen war.

Es war der letzte Sieg in Fangios Karriere, und auch für ihn selbst ein ganz besonderer: »Auch heute überkommt mich noch Angst, wenn ich an dieses Rennen denke«, sagte er viele Jahre später. »Ich weiß, was ich da getan habe, welche Risiken ich eingegangen bin. Ohne Zweifel war der Nür-

Noch im Alter von 46 Jahren gelang es Fangio am Nürburgring, seine jungen Konkurrenten vorzuführen.

burgring meine absolute Lieblingsstrecke. Ich habe ihn geliebt, und ich glaube, an diesem Tag habe ich ihn besiegt. An einem anderen Tag hätte vielleicht er mich besiegt – wer kann das schon sagen … Aber ich glaube, dieser Tag hat mich und mein Auto ans absolute Limit gebracht, und vielleicht auch noch ein wenig darüber hinaus. Ich bin nie zuvor so gefahren, und ich wusste, dass ich es auch in der Zukunft nie wieder tun würde.«

## Frankreich 1961: Sieg beim ersten Start

Manchmal machen Rennen auch Geschichte, obwohl sie vom Verlauf her gar nicht so bemerkenswert waren, weil das Ergebnis die ganze Fachwelt überrascht. Der Große Preis von Frankreich 1961 in Reims gehört in diese Kategorie. 1961, ein Jahr, in dem Ferrari mit dem Tipo 156, dem Haifischmaul-Ferrari, eindeutig dominierte. Wolfgang Graf Berghe von Trips und Phil Hill machten von Anfang an die Weltmeisterschaft unter sich aus, auch Richie Ginther spielte ab und zu noch mit. In Reims freilich gewann einer, der zum ersten Mal am Start eines Grand Prix stand – Giancarlo Baghetti. Die drei Ferrari-Stammpiloten hatten auch das Training dominiert, und bis etwa zur Halbzeit des Grand Prix schien bei brütender Hitze auch alles nach Plan zu laufen. Hill und von Trips zogen an der Spitze souverän ihre Runden, Ginther hatte sich im Kampf um Platz drei gegen Stirling Moss im Lotus durchgesetzt. Mehr Interesse fanden da schon die Positionskämpfe im Mittelfeld, wo sich Fahrer wie Jim Clark, Graham Hill, Innes Ireland, Joakim Bonnier, Bruce McLaren und Dan Gurney heiße Duelle lieferten – auch mit einem Italiener in einem wei-

Der Ferrari Tipo 156 war das überlegene Auto der Saison 1961.

teren Ferrari – Giancarlo Baghetti, der sich in dieser Gruppe immer weiter nach vorn kämpfte. Doch plötzlich änderte sich das Bild. Als Erster musste von Trips an die Box. Ein Stein hatte einen Kühler des Ferrari zerschlagen, kurz darauf drehte sich Hill, wurde dabei auch noch von Moss touchiert und konnte das Rennen nur auf Platz zehn wieder aufnehmen. Und dann schied Richie Ginther mit Motorschaden aus. So war es auf einmal an Neuling Baghetti, für Ferrari die Kastanien aus dem Feuer zu holen. Der Italiener, von der Scuderia eigentlich nur für Rennen in Italien verpflichtet, war nicht einmal als Werksfahrer für Ferrari gemeldet, sondern als Privatfahrer. Allerdings war er es gewesen, der bei einem nicht zur Weltmeisterschaft zählenden Rennen in Syracus als Erster das gewaltige Potenzial des neuen Ferrari 156 aufgezeigt hatte. Nun musste er sich im Kampf um den Sieg vor allem gegen zwei etablierte Porsche-Piloten bewähren – Gurney und Bonnier. Immer wieder wechselten in diesem Führungstrio in den letzten Runden die Positionen, doch die beiden Routiniers konnten den Neuling, der ein fehlerfreies Rennen fuhr, nicht abschütteln. Im Gegenteil – drei Runden vor dem Ende musste Bonnier mit einem Motorschaden die Segel streichen. In der letzten Runde sah Gurney bis 300 Meter vor dem Ziel wie der Sieger aus, doch dann zog Baghetti aus dem Windschatten heraus und hatte auf der Ziellinie die Nase vorn. Und auch wenn er danach nur noch zwanzig Grand Prix bestritt und nie mehr wirklich in die Nähe eines Sieges kam – mit diesem Triumph bei seinem ersten Start in einem Formel-1-Weltmeisterschaftslauf ging er in die Annalen der Motorsportgeschichte ein.

## Monza 1967: Die Aufholjagd des Jim Clark

Nicht immer ist der Fahrer, der bei der Siegerehrung eines Grand Prix ganz oben steht, auch der Mann des Rennens. 1967 in Monza stand Jim Clark am Ende zwar nur auf der dritten Stufe des Siegerpodestes, aber dennoch fand seine Leistung weit mehr Beachtung und Anerkennung als die des Siegers John Surtees oder des

gespielt und wie er gerade noch irgendwie um die Ecke gekommen sei – wie, das könne er sich selbst nicht so recht erklären. Allgemeine Zustimmung von allen Seiten – doch in das Gemurmel mischte sich plötzlich der trockene Kommentar von Clark: »Soll das heißen, Jackie, dass du dort normalerweise lupfst?« Selbst der sonst so schlagfertige Stewart soll damals einen Moment lang sprachlos gewesen sein.

Jack Brabham, Graham Hill und der alles überragende Jim Clark – in den 60er-Jahren waren sie die großen Stars der Formel 1.

Zweiten, Jack Brabham. Augenzeugen halten dieses Rennen heute noch für das stärkste des Schotten in seiner an Erfolgen so reichen Karriere. Zunächst hatte Clark vom Start weg die Führung übernommen, doch ein Reifenschaden in der Anfangsphase des Rennens hatte ihm über eine Runde Rückstand eingebracht. Clark gab nicht auf, kämpfte sich vom 15. Platz aus wieder heran, rundete sich zurück, überholte einen Konkurrenten nach dem anderen und übernahm acht Runden vor Schluss sogar die Führung, als sein Teamkollege Graham Hill im zweiten Lotus ausfiel.

Doch das Märchen hatte kein Happy End. Zu Beginn der allerletzten Runde begann der Motor des Lotus 49 zu stottern – der Sprit wurde allmählich knapp. So konnten Surtees und Brabham, die in einer Windschattenschlacht nur knapp hinter dem Schotten gelegen hatten, wieder vorbeigehen. Clark konnte sich gerade noch als Dritter über die Linie retten. Immerhin hatte er mit seiner schnellsten Rennrunde seine Pole-Position-Zeit egalisiert – eine außergewöhnliche Leistung, die ebenso wie die fantastische Aufholjagd insgesamt das überragende Talent eines Jim Clark und die Überlegenheit des Lotus 49 eindrucksvoll demonstrierte. Entgegen verschiedenen Gerüchten war es aber auch Clark nicht möglich, bestimmte Kurven mit Vollgas zu durchfahren, in denen die anderen vom Gas mussten, auch wenn er selbst an dieser Legende strickte. So hat Jackie Stewart in Monza einmal einer größeren Zuhörerschar ziemlich plastisch und dramatisch geschildert, wie ihm vor der Curva Grande plötzlich das Gaspedal hängen

## Nürburgring 1968: Stewarts Blindflug im Nebel

Wenn die Nürburgring-Nordschleife oder auch der alte Kurs von Spa besonders faszinierende Rennen sahen, dann spielte dabei oft das Wetter eine entscheidende Rolle. Der überlegene Sieg von Jackie Stewart in einer Regen- und Nebelschlacht 1968 ist ein glänzendes Beispiel dafür. Die Wetterbedingungen machten die 14 Runden mit ihren jeweils über 22 Kilometern und 187 Kurven mehr oder weniger zum Blindflug – Stewart schien an diesem Tag, an dem man von den Tribünen aus zeitweise kaum die Boxen erkennen konnte, wie mit Radaraugen durch die Eifel zu rasen.

Dabei stand der Schotte, der noch dazu mit angebrochenem Handgelenk angetreten war, nicht einmal auf der Pole-Position, sondern nur auf dem sechsten Startplatz. Doch vom Start weg ließ er keinen Zweifel daran, wer an diesem Tag in der grünen Hölle das Maß aller Dinge war. Als das Feld in die erste Kurve ging, war er bereits Vierter, am Adenauer Forst hing er schon am Heck des führenden Ferrari von Chris Amon. Kurz danach übernahm er die Spitze, nach der ersten Runde lag er bereits acht Sekunden vorne, nach den nächsten 22 Kilometern 25, und nach fünf Runden hatte er seinen Vorsprung auf über eine Minute ausgebaut.

Graham Hill hatte sich inzwischen an Amon vorbei auf Platz zwei geschoben, ehe sich der Neuseeländer drei Runden vor Schluss wegen eines Differenzialproblems drehte und von der Strecke flog. Der katastrophalen Sichtbedingungen wegen konnte Hill nicht erkennen, dass der Konkurrent ausgefallen war. Er forcierte weiter das Tempo, bis auch er sich drehte, wobei ihm

der Motor abstarb. Er musste aussteigen und den Lotus anschieben, konnte aber trotzdem noch seinen zweiten Rang vor Jochen Rindt sichern. Stewarts Vorsprung, der vor Hills Dreher bereits über drei Minuten betragen hatte, stieg so freilich auf vier Minuten und drei Sekunden an. Stewart konnte bereits aus seinem Matra-Ford aussteigen und sein lädiertes Handgelenk pflegen lassen, ehe einer seiner Konkurrenten in Sicht kam.

Doch trotz seiner überragenden Leistungen auf dem Nürburgring verband den dreimaligen Weltmeister immer eine Art Hassliebe mit dieser Strecke. Einerseits faszinierte ihn die Herausforderung, andererseits hatte er vor allem hinsichtlich der Sicherheit deutliche Bedenken: »Ich bin dort nie eine Runde mehr am Limit gefahren als unbedingt nötig. Wenn man es tat, gab es einem eine extreme Befriedigung, aber wer sagt, es hätte ihm Spaß gemacht, der lügt entweder oder er war nicht schnell genug.«

Im Gegensatz zu vielen Beobachtern hielt Jackie Stewart den Nürburgring 1968 nicht für das allerbeste Rennen seiner Karriere. Den Großen Preis von Italien 1973 in Monza schätzte er persönlich noch höher ein. Dort gelang es ihm, eine Runde Rückstand wieder aufzuholen und am Ende von ganz hinten aus noch Vierter zu werden.

## Monza 1971: Das knappste Ergebnis aller Zeiten

Es gibt – oder gab – Strecken, die machen bestimmte Rennabläufe und Ergebnisse besonders wahrscheinlich. Eine davon ist der Stadtkurs von Monaco, wo man davon ausgehen kann, dass die Startaufstellung eine wichtigere Rolle spielt als anderswo, weil Überholen praktisch unmöglich ist. Oder der alte Nürburgring, wo die besonderen Herausforderungen der Nordschleife sehr oft für große Abstände zwischen den Fahrern sorgten. Oder eben das Autodrom von Monza. Ehe die heutigen Schikanen eingerichtet wurden, lagen die Fahrer auf diesem Hochgeschwindigkeitskurs meist dicht beieinander, waren spannende Windschattenschlachten und knappste Ergebnisse an der Tagesordnung. Am extremsten zeigte sich dies 1971, als Peter Gethin vom elften Startplatz aus mit einer ganzen Hundertstelsekunde Vorsprung den einzigen Grand Prix seiner Karriere gewann, und die ersten fünf im Ziel am Ende nur 0,61 Sekunden trennten.

Dass im Monza jener Tage die Startposition relativ wenig bedeutete, zeigte sich schon in der ersten Runde, als sich Clay Regazzoni am Start aus der vierten Startreihe an die Spitze setzte, wobei ihm nicht weniger als 15 Autos ganz knapp auf den Fersen waren. In der vierten Runde quetschte sich dann Ronnie Peterson im March am Ferrari des Tessiners vorbei, der bis zum Ende der Runde auch noch hinter Stewart und Siffert zurückfiel.

Während sich Peterson immerhin vier Runden lang an der Spitze halten konnte, setzte sich von hinten Stewarts französischer Teamkollege François Cevert immer besser in Szene. In seinem Windschatten kamen auch der zweite Ferrari von Jacky Ickx und die beiden BRM von Ganley und Gethin immer weiter nach vorn. Chris Amon, der auf der Pole-Position gestanden hatte, war inzwischen mit Reifenproblemen und zu hohen Motortemperaturen bis auf den neunten Platz zurückgefallen. Allerdings schien unter dem ersten Dutzend noch gar nichts entschieden. Zu knapp lagen alle zusammen, und immer wieder wechselte die Führung.

Erst die fast gleichzeitigen Ausfälle der beiden Ferrari und Stewarts Tyrrell splitteten das Feld etwas auf. Vorne konnte sich eine Spitzengruppe mit Peterson, Cevert und Mike Hailwood, der vom 17. Startplatz aus nach vorn gekommen war, etwas absetzen. Acht Sekunden dahinter kämpften Ganley, Siffert und Amon, knapp vor Oliver und Gethin. Doch schnell schob sich alles wieder zusammen. Hailwood führte kurz, bei Halbzeit Siffert, dann wieder Peterson. 18 Runden vor Schluss startete Chris Amon, dessen Matra zeitweilig langsamer geworden war, sich aber offenbar wieder erholt hatte, einen Großangriff. Er zog von Platz vier aus an Peterson, Cevert und Hailwood vorbei und schien sich an der Spitze behaupten zu können. Denn auf der Geraden war der Matra eindeutig das schnellste Auto. Doch Amon war es nicht vergönnt, einen Grand Prix zu gewinnen. Sieben Runden vor Schluss schlug das schon sprichwörtliche Pech des Neuseeländers wieder zu. Als er eine Schicht seines Abreißvisiers entfernen wollte, löste sich das komplette Visier, und ohne Augenschutz hatte er keine Chance mehr, die Spitze zu behaupten. Peter Gethin hatte sich währenddessen an das Führungstrio herangearbeitet. Praktisch gemeinsam mit dem führenden Peterson, Cevert und Hailwood ging er in die letzte Runde. In der Lesmo übernahm der Franzose die Führung, Gethin lag bereits auf Platz drei – und vor der Parabolica startete er dann seinen letzten Versuch nach dem Motto »Alles oder nichts«. Schon auf dem Gras quetschte er sich an Peterson vorbei, kam viel zu schnell, mit blockierenden und rauchenden Rädern zwischen Peterson und Cevert auf die Kurve zu, die sich aus Angst vor Feindberührung ein bisschen zurückhielten. Als die Flagge fiel, hatte der Brite die Nase vorn, 0,01 Sekunden vor Peterson, 0,09 vor Cevert, 0,18 vor Hailwood und 0,61 vor Ganley. Es war das knappste Ergebnis aller Zeiten – und der bis heute schnellste Grand Prix. Gethins Durchschnittsgeschwindigkeit betrug 242,615 km/h.

## Monza 1976:
## Niki Laudas tolles Comeback

Die Öffentlichkeit konnte und wollte es nicht verstehen: Wie kann sich jemand, der gerade erst dem Tod von der Schippe gesprungen und äußerlich noch schwer gezeichnet ist, sofort wieder in ein Formel-1-Auto setzen? Auch das eigene Team, Ferrari, reagierte eher irritiert, hatte man mit Carlos Reutemann doch schon einen Ersatzmann unter Vertrag. Aber Niki Lauda, der

Niki Lauda wenige Monate vor seinem schweren Feuerunfall am Nürburgring

immer »einkalkuliert hatte, dass mir ein Unfall passieren kann, folglich hat er mich nicht überrascht«, war entschlossen: »Wenn ich mich wieder fit fühle, dann will ich auch fahren.«
So lancierte er sein Comeback in Monza, nur sechs Wochen nach dem Feuerdrama vom Nürburgring: »Ich hatte auch die objektive Bestätigung der Ärzte, dass es gehen würde. Ich suchte raschen Anschluss an mein früheres Leben – nur durch mein Aussehen würde ich mich nicht davon abhalten lassen.«
Ein vorangegangener Test in Fiorano, auf der Ferrari-Hausstrecke – mit speziell ausgepolstertem Helm, um das verbrannte Ohr zu schützen – hatte keine besonderen Empfindungen ausgelöst: »Das Auto war eine alte Gurke mit einem schlechten Motor, und die Bahn war verschmutzt. Aber ich fuhr 40 Runden und spürte nichts Erhebendes, nichts Neues, nichts Abnormes.«
Aber das waren sozusagen Fingerübungen gewesen, ohne Druck, ohne Konkurrenz.
Dann das Freitagstraining: Regen, Wasser auf der Strecke, irreguläre Bedingungen. Lauda später: »Ich hatte Angst und erfand Ausreden, um an die Box zu kommen. Aber das hatte nichts zu sagen, die Verhältnisse waren grotesk.«
Die Veranstalter des Rennens setzten noch einen drauf. Misstrauisch lehnten sie jede Verantwortung ab und schickten Lauda noch einmal vor eine italienische Ärztekommission – einen ständigen verantwortlichen Formel-1-Arzt gab es damals ja noch nicht. »Ich musste nach Mailand, einen schielenden Augenarzt, einen ermatteten Kreislaufarzt und einen angestochenen Psychiater über mich ergehen lassen. Beschluss der gelehrten Herren: Ich bin fit.«

Dann der Samstag – die Stunde der Wahrheit: »Herantasten, das sagt sich leicht. Dort, wo die Formel 1 wirklich schnell wird, ist nichts mit Tasten. Wenn ein Formel-1-Wagen rutscht, gibt's nur Beherrschen oder Nicht-Beherrschen. Als der Ferrari das erste Mal rutschte, erschrak ich. Das ist eine furchtbare Art, darauf zu reagieren, und ich dachte an einen Piloten, der einen Absturz überlebt hat, zum ersten Mal wieder im Flugzeug sitzt und sich bei einem Luftloch erschreckt am Sitz festhält. Dieses Erschrecken war untragbar. Ich sagte zu mir: Herrschaften, so kann man nicht Auto fahren. Dann wartete ich ganz bewusst auf das Wegrutschen und begann mit der Zentimeterarbeit des Driftens. Das Ausfeilen fiel mir dann nicht mehr schwer, denn das Wichtigste lag hinter mir: Ich hatte die Schwelle überwunden, bewegte mich also wieder auf meinem normalen Niveau.«

In Zahlen bedeutete das: Fünfter Startplatz – noch vor dem Weltmeisterschaftsrivalen James Hunt. Der wurde dann auch noch zusammen mit Jochen Mass und John Watson aus der Wertung genommen, weil die Benzinproben eine zu hohe Oktanzahl aufwiesen. Aber weil die Nicht-Qualifizierten, die eigentlich hätten aufrücken können, entweder schon abgereist waren oder sich ihren Startplatz abkaufen ließen, rutschten die drei Sünder mit ihren Regenzeiten vom Freitag doch noch ganz hinten ins Feld. Dem Weltmeisterschaftskandidaten Hunt hat es auch nicht viel genützt: Während seiner Aufholjagd flog er bei einem sehr optimistischen Überholmanöver gegen Tom Pryce von der Strecke und blieb stecken. Die Tifosi grölten vor Vergnügen, als der Ferrari-Hauptkonkurrent und deshalb in Italien »Staatsfeind Nummer eins« an die Boxen zurückmarschierte.

Der Ausfall Hunts war für Lauda natürlich Balsam. Am Start war der Österreicher als Zwölfter schlecht weggekommen. Er hatte keinen Gang eingelegt gehabt, da ihn der oft ziemlich chaotische Ferrari-Rennleiter Daniele Audetto nicht über eine Änderung beim Start-Procedere – damals ja auch noch nicht vereinheitlicht – informiert hatte. Aber Lauda kämpfte sich wieder nach vorne, überholte Nilsson, Pace, Andretti, Stuck und Reutemann, und nach zehn Runden war er Siebter.

Als es in der 24. Runde leicht zu regnen begann, kam das Chaos: Rennleiter Restelli wollte abbrechen, aber kaum einer der Piloten sah – oder kannte – die schwarze Flagge mit dem weißen Kreuz, die nach italienischem Reglement den Abbruch signalisiert. Also wurde letztlich doch weitergefahren. Peterson lag an der Spitze vor Regazzoni und Laffite. Lauda, der in der Zwischenzeit schon Brambilla überholt hatte, ließ auch noch die beiden Tyrrell von Scheckter und Depailler, die mit leichten Motorproblemen zu kämpfen hatten, hinter sich. Er reduzierte seinen Rückstand auf das Spitzentrio innerhalb von 15 Runden von 18 auf fünf Sekunden und war in dieser Phase schnellster Mann im Rennen – bis die Öldruckwarnlampe die Aufholjagd bremste: »Ich wollte unbedingt ankommen – deshalb habe ich dann zum Schluss doch lieber etwas Gas weggenommen.«

Der Lohn: Platz vier und drei wichtige Weltmeisterschaftspunkte. Die Ferrari-Fans in Monza waren aus dem Häuschen. Lauda, der Held des Tages, wurde mehr gefeiert als Sieger Peterson. Er selbst war »sehr froh, nur ein bisschen müde«. Die begeistertsten Komplimente kamen von der Konkurrenz: »Das größte Comeback der Sportgeschichte«, kommentierte Jackie Stewart, und auch jene Zeitungen, die Lauda vor seinem Comeback für »verrückt« erklärt hatten, feierten ihn jetzt in großen Schlagzeilen

## Portugal 1985: Der erste Sieg – Regenmeister Senna

Es regnet in Strömen am 21. April 1985 in Estoril. Und zum ersten Mal war in der Formel 1 ein junger Mann aus Brasilien auf jener Startposition, die später quasi sein Stammplatz wurde:

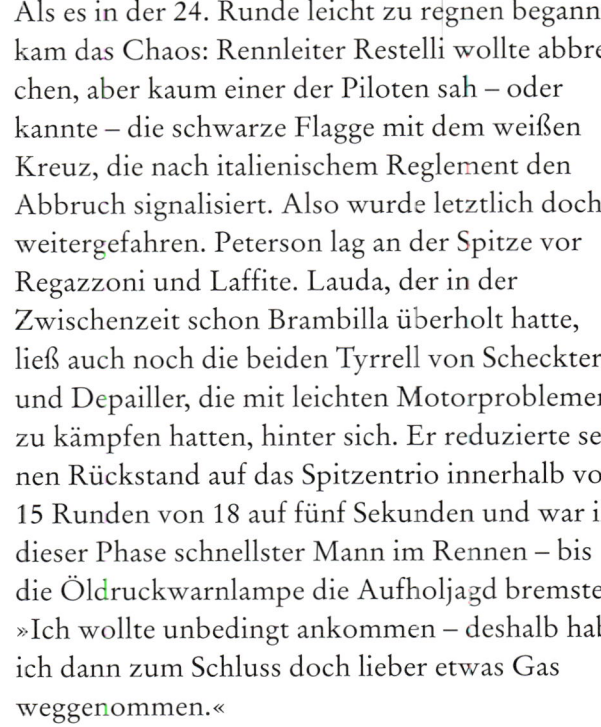

Mit dem Lotus (rechts) stand dem jungen Brasilianer Ayrton Senna (oben) erstmals ein konkurrenzfähiges Auto zur Verfügung. Im Großen Preis von Portugal 1985 deklassierte er damit die Konkurrenz.

Ayrton Senna stand auf der Pole-Position. Es war der zweite Grand Prix der Saison, und Senna, nun mit dem Lotus erstmals in einem Spitzenauto, drückte ihm in unvergleichlicher Weise seinen Stempel auf. Er, der schon im Jahr zuvor in Monaco im Toleman mit seiner Aufholjagd auf Platz zwei unter ähnlichen Bedingungen auf sich aufmerksam gemacht hatte, dominierte das Rennen von der Spitze weg im Stil eines Weltmeisters. Er schien förmlich über das Wasser auf der Strecke, die Pfützen zu schweben. Wo andere ausrutschten, neben der Strecke durchs Gras pflügten, sich drehten, bewegte er den schwarz-goldenen Lotus wie auf Schienen durch die Gischt und schien nie wirklich in Gefahr zu geraten.

Zumindest wirkte es von außen so. Er selbst räumte später ein: »Auch ich war an der Grenze. Einmal war ich auch mit allen vier Rädern im Gras, hatte das Auto nicht mehr wirklich unter Kontrolle – aber ich bin irgendwie auf die Strecke zurückgekommen. Da war auch viel Glück dabei. Es gab eine Menge Momente, in denen es sehr knapp war, in denen ich befürchtete, rauszufliegen.« Trotzdem – er wirkte mit seinen gerade 25 Jahren in seinem erst 16. Grand Prix so unglaublich souverän, dass schon hier in Estoril der erste Teil der Legende vom »Regengott Senna« geboren wurde – zusammen mit einem weiteren Namen, der ihm in den kommenden Jahren zum ständigen Begleiter wurde: »Magic« Senna. Alle Kämpfe spielten sich weit hinter ihm ab, wo sich sein Teamkollege Elio de Angelis der Angriffe von Alain Prost und Michele Alboreto erwehren musste. Etwa bei Hälfte der Distanz verlor Prost, der an de Angelis einfach nicht vorbeikam, die Nerven. Auf der Start-Ziel-Geraden geriet er in eine tiefe Pfütze und kreiselte mit dem McLaren in die Leitplanken. Auch de Angelis bekam immer mehr Probleme und fiel am Ende noch hinter Alboreto und Patrick Tambay zurück – mit über einer Runde Rückstand auf seinen alles überragenden Teamgefährten. Als Senna über die Ziellinie fuhr – eine Minute und zwei Sekunden vor Alboretos Ferrari –, riss er vor Freude über den ersten Grand-Prix-Sieg seiner Karriere beide Arme in die Luft. Einige der ebenfalls lautstark jubelnden und auf die Strecke springenden Lotus-Mechaniker fürchte-

ten schon, nun würde er vor lauter Begeisterung vielleicht doch noch von der Strecke rutschen, aber nichts dergleichen. Eine der ersten Umarmungen, als er aus dem Auto stieg, kam von seiner Mutter Neide, und da waren auch ein paar verstohlene Tränen dabei. Aber trotz der ausgelassenen Freude auf dem Siegerpodest in Estoril kam der Brasilianer wenig später zu einer sehr nüchternen, präzisen Rennanalyse. »Die Momente der Freude in unserem Sport sind sehr intensiv, aber sehr kurz. Sie müssen sehr schnell wieder von der normalen Arbeit überlagert werden, wenn man weiter Erfolg haben will«, sagte er viel später einmal. Aber die Erinnerung an diesen ersten Sieg war ihm immer wichtig. Bei der obligatorischen und immer wieder gestellten Frage nach den »schönsten Momenten« tauchte Estoril stets ganz vorne mit auf.

## Australien 1986: Das große Finale

Im letzten Saisonrennen noch drei Titelkandidaten – das allein reicht eigentlich fast schon aus, um ein Rennen zum Klassiker zu machen. Wenn die Titelentscheidung dann auch noch kurz vor Schluss auf äußerst dramatische Weise fällt wie in Adelaide 1986, dann muss ein Rennen fast automatisch in die Geschichte eingehen.
Nigel Mansell 70 Punkte, Prost 64, Piquet 63, schon unter Berücksichtigung der Streichresultate: so kamen die drei Weltmeisterschaftsrivalen

Start zum Finale 1986. Hinter den führenden Williams von Mansell hat sich Senna im Lotus vorgeschoben, gefolgt von Piquet.

nach Down Under – zweimal Williams gegen einmal McLaren also. Auf Schützenhilfe seines Teamkollegen konnte Mansell dabei freilich nicht bauen, das war in dieser Konstellation von Anfang an klar. Im Gegensatz dazu hatte Keke Rosberg – in seinem Abschiedsrennen – seinem McLaren-Teamkollegen Alain Prost kurz vor dem Start noch versprochen: »Ich helfe dir, den Titel zu gewinnen. Wenn es nötig wird, lasse ich dich vorbei.«

Eigentlich, so schien es aber konnte Mansell die Angelegenheit trotzdem relativ optimistisch angehen. Schließlich brauchten seine beiden Konkurrenten auf jeden Fall einen Sieg, und selbst dann hätte ihm ein dritter Platz noch zum Titelgewinn gereicht. Der Brite auf Pole, Piquet daneben, dahinter Senna und Prost – spannender konnte die Ausgangsposition kaum sein in einem Rennen, in dem am Ende viele Faktoren eine Rolle spielten. Einer davon war der Spritverbrauch – ein Dauerthema bei dem Reglement Mitte der Achtziger –, der wichtigere aber die Reifen. »Einmal Reifen wechseln«, hatte Goodyear seinen Teams vor dem Start empfohlen. Aber dann musste Alain Prost schon früher als geplant an die Box – mit Reifenschaden: »Ich hatte Berger beim Überrunden in der Haarnadel leicht touchiert.« Deswegen der Stopp, dachten die Goodyear-Techniker; denn ansonsten sahen die Reifen noch viel besser aus als erwartet. Deshalb signalisierte der Reifenhersteller an die Williams-Box: »Es geht auch ohne Boxenstopp, ihr könnt durchfahren.« Auch die beiden Fahrer stimmten zu: »Wir bleiben draußen.«

Zu diesem Zeitpunkt lag Rosberg souverän vor Piquet und Mansell an der Spitze. Prost war durch seinen Boxenstopp auf Platz vier zurückgefallen, und Mansell fühlte sich auf dem sicheren Weg zum Titel: »Ich habe gar nicht mehr viel riskiert, bin nur noch dahingerollt und habe das Auto geschont.«

Doch 19 Runden vor Schluss überschlugen sich die Ereignisse. An Rosbergs Auto platzte der rechte Vorderreifen, doch war die Ursache für den Ausfall an den kleinen Boxenmonitoren nicht eindeutig zu sehen. Fast gleichzeitig ging Prost an Mansell vorbei. In der Williams-Box brach Hektik aus – was tun? Die Fahrer doch hereinholen? Es gab darüber heiße Diskussionen

mit den Goodyear-Ingenieuren, wobei der nahe liegende Schluss in der allgemeinen Verwirrung völlig unterging: Mansell hatte als Dritter über eine Runde Vorsprung auf den viertplatzierten Stefan Johansson. Er hätte sich also einen Reifenwechsel ohne weiteres leisten können und wäre trotzdem auf dem dritten Platz geblieben, der ihm den Titel gesichert hätte.

Aber es war bereits zu spät: Eine Runde nach Rosbergs Ausscheiden platzte am Auto Mansells bei mehr als Tempo 300 auf der Geraden der linke Hinterreifen. Dass er das Auto noch halbwegs abfangen konnte, dass er mit weniger als 50 km/h gegen die Mauer prallte, grenzte an ein Wunder. »Ich bin froh, dass ich noch lebe«, war die erste Reaktion des Briten.

Bei Williams holte man nun natürlich sofort Piquet zum Reifenwechsel an die Box. Prost lag damit wieder in Führung – auf dem Weg zum Titel? Der Franzose war sich nicht sicher: Laut Benzinanzeige im Cockpit des McLaren befand er sich mit dem Spritverbrauch so deutlich im Minus, dass er eigentlich gar nicht hätte ins Ziel kommen dürfen. Piquet kam von hinten wieder heran, aber am Ende rettete sich Prost mit dem letzten Benzintropfen und vier Sekunden Vorsprung ins Ziel. Der Sieg brachte ihm den zweiten Weltmeistertitel seiner Karriere.

Goodyear erklärte später: »Die beiden geplatzten Reifen waren nicht abgenutzt – sie hatten eher Fabrikationsfehler. So etwas kommt normal fast nie vor.«

»Besser Prost als der andere!«, meinte Piquet gehässig – die teaminterne Rivalität war in diesem Fall besonders ausgeprägt. Frank Williams und Patrick Head mussten sich am Ende von vielen Kritikern vorwerfen lassen, den Titel nicht erst in Adelaide verspielt zu haben. Es wäre besser gewesen, wenn man sich frühzeitig für einen Titelkandidaten entschieden und eine Teamorder ausgegeben hätte.

## Brasilien 1991: Der »göttliche Sieg«

Mit den Heimsiegen ist das so eine Sache: Graham Hill gewann nie den britischen Grand Prix, Jacky Ickx nie den belgischen, Ronnie Peterson

nie den schwedischen. Niki Lauda musste insgesamt 13 Jahre warten, um endlich in Österreich zu gewinnen. Für Ayrton Senna war es 1991 der achte Anlauf zum Sieg in seinem Heim-Grand-Prix in Brasilien. Er wünschte sich so sehr, seinem Publikum, das ihn dort immer das ganze Wochenende über feierte, »endlich einmal all diese Freude, diese Gefühle, die die Leute mir entgegenbringen« zurückgeben zu können.

Die Voraussetzungen schienen 1991 optimal. Es war das zweite Rennen der Saison, und Senna kam nach einem überlegenen Sieg beim Auftaktrennen in Phoenix nach Interlagos. Interlagos ist ein südlicher Vorort seiner Heimatstadt São Paulo. Dort hatte im Kart seine Karriere begonnen, dort kannte er jeden Zentimeter, dort trägt sogar eine Streckenpassage seinen Namen.

Es war der Grand Prix, auf den er sich einerseits immer freute wie auf keinen anderen, der aber auch mehr Belastung brachte als jeder andere. Denn erstens waren die Erwartungen hoch – nicht nur die der anderen, sondern auch seine eigenen. Und zweitens war dort der Wirbel noch um einiges größer als anderswo. Die 50 Meter Fußweg vom Hubschrauber zur Box – in Interlagos konnten sie zum Problem werden, zum Kampf, um nicht von euphorischen Fans erdrückt, von unzähligen neugierigen Reportern mit Kameras und Mikrofonen geradezu erschlagen zu werden. Aber gerade in Brasilien konnte Senna immer erstaunlich gut damit umgehen – wahrscheinlich, weil er die Liebe und Verehrung hinter dem Tumult genau spürte und zu schätzen wusste.

Am Samstag stellte er den McLaren-Honda planmäßig auf die Pole-Position. Dazu bedurfte es allerdings eines gewaltigen Kraftakts in letzter Minute, um Riccardo Patrese noch zu verdrängen, der bereits andeutete, wie stark die Konkurrenz von Williams in diesem Jahr noch werden würde. 1:16,775 hatte er vorgelegt, doch als die Uhren in Sennas letzter Runde bei 1:16,392 stehen blieben, gingen ein Aufschrei und eine Welle der Begeisterung durch Interlagos, als wäre Brasilien gerade Fußball-Weltmeister geworden. Es war der erste Schritt zum Heimtriumph, aber keiner ahnte, welche Dramatik der Rennsonntag noch bringen würde. Es wurde ein Rennen, das in die Geschichte einging, voller Emotionen, voll-

ler wechselnder Situationen, voller Klasse, voller Kampf und Einsatz bis zur absoluten Grenze – ein echtes Senna-Rennen eben.

Der Anfang schien noch ganz normal. Senna gewann den Start, lag von Anfang an in Führung, konnte sich aber nicht so recht von Nigel Mansell absetzen. Schon nach dem Aufwärmtraining am Vormittag hatte er gewusst, »dass wir hier nicht unbedingt das schnellste Auto haben würden, dass es gegen die Williams sehr schwer werden würde«. Und gerade in dieser Anfangsphase musste er viel schneller fahren, als er eigentlich wollte, um vorne zu bleiben, »um wenigstens die paar Sekunden Sicherheitsabstand zu haben, die man braucht, um zum Beispiel beim Überrunden nicht in kritische Situationen zu kommen«. Sennas Reifenwechsel klappte zwar optimal, aber sicher sein konnte er sich nicht. Erst als Mansell in der 50. Runde zum zweiten Mal an die Box musste, weil er sich einen Reifen aufgeschnitten hatte, spürte er eine gewisse Erleichterung. Aber nur für ganz kurze Zeit, denn dann traten Probleme an seinem eigenen Auto auf: »Zuerst ließ sich der vierte Gang nicht mehr einlegen, ich musste immer direkt vom dritten in den fünften schalten. Dann gingen plötzlich auch andere nicht mehr und sprangen heraus. Das Getriebe spielte einfach verrückt. Es war wahnsinnig anstrengend, so zu fahren. Mit der rechten Hand musste ich immer den Schalthebel, der noch dazu ein bisschen locker war, festhalten, nur mit der linken Hand lenken, aufpassen, nicht noch einmal einen falschen Gang zu erwischen.«

Sollte er seinen Heimsieg wieder verlieren? Mansell kam wieder näher. Aber in der 60. Runde jubelten die Brasilianer: Der Engländer hatte sich am Ende der Start-Ziel-Geraden gedreht, auch er mit Getriebeproblemen. »Als ich weiterfahren wollte, waren keine Gänge mehr da.« Weil er das Auto so brachial herumgedreht habe, dass die Antriebswelle abgerissen sei, wurde nachher gelästert.

Wie auch immer, Senna hatte wieder ein wenig Luft. Immerhin betrug der Vorsprung auf Riccardo Patrese gute 40 Sekunden. Aber plötzlich wurden seine Rundenzeiten dramatisch langsamer, verlor er auf einmal sechs bis sieben Sekunden pro Runde auf den Italiener. »Sieben Runden vor Schluss brachte ich überhaupt keinen Gang

Erst im achten Anlauf konnte Ayrton Senna seinen Heim-Grand-Prix in São Paulo gewinnen. Für ihn war es einer der wichtigsten Siege in seiner Karriere.

mehr hinein.« Pure Verzweiflung stieg in ihm auf. Mit einem letzten Funken Hoffnung probierte er es noch einmal, und tatsächlich ließ sich wieder ein Gang einlegen – der sechste, der einzige, der noch funktionierte. Senna versuchte gar nicht mehr zu schalten, sondern wollte sich nur mit dem großen Gang bis zur Zielflagge retten. »Aber es ist unglaublich schwierig, so lange nur im sechsten Gang zu fahren. Wenn man von 300 auf 70 km/h herunterbremsen muss, ohne dabei herunterschalten zu können, und der Motor schiebt noch mit voller Power … Ich war so oft knapp am Rausfliegen!«

Senna versuchte sich auf die veränderte Situation einzustellen: »Man darf die langsamen Kurven auch nicht zu langsam fahren. Wenn die Drehzahl zu sehr absinkt, besteht die große Gefahr, dass der Motor abstirbt. Ich musste meinen Fahrstil komplett ändern.«

Er gelang ihm, wieder etwas schneller zu werden. Nur noch zwei bis drei Sekunden pro Runde verlor er jetzt noch auf Patrese. In der McLaren-Box war längst das große Zittern ausgebrochen. Während in den Fernsehkabinen alle Kommentatoren rätselten, wusste man dort über die Probleme Bescheid. Auch Riccardo Patrese, der immer mehr Boden gutmachte, war darüber informiert, dass Senna in Schwierigkeiten steckte. Aber was tun? Einen Großangriff riskieren? Auch sein Auto lief nicht mehr optimal. Die Getriebe-Automatik im Williams entwickelte zeitweise ihren eigenen Willen. Um den Sieg kämpfen und dabei einen Ausfall riskieren? Oder doch lieber sicherer Zweiter werden? Riccardo tendierte eher zur zweiten Lösung, vor allem, als es in den letzten zwei, drei Runden auch noch zu regnen anfing.

Aber von diesen Überlegungen wusste Senna nichts. Er kontrollierte immer nur im Rückspiegel: »Wo ist er, wie groß ist der Abstand, kann ich ihn schon sehen? Wie viele Runden noch?« Im Regen sah er ausnahmsweise keine Hilfe: »Ich kenne mich zwar gut aus hier, ich wusste genau, von wo der Regen kommt, welche Ecken zuerst nass sein würden. Aber mit einem derart angeschlagenen Auto wurde es natürlich noch schwieriger, die Kontrolle zu behalten. In den langsamen Kurven musste ich jetzt ja noch langsamer fahren.«

Er konnte kaum glauben, dass Patrese noch nicht ganz aufgeschlossen hatte. Im Cockpit redete er mit sich selbst: »Ich habe mir immer wieder vorgesagt, es ist okay, du schaffst es, es wird klappen.« Und er betete, wie er später zugab, »darum, dass ich es durchstehe, dass das Auto noch bis zur Flagge hält, dass ich diesen Sieg behalten darf. Ich glaube, Gott hat mir diesen Sieg geschenkt.«

Kaum war der McLaren über die Ziellinie gerollt, blieb er in der Auslaufrunde stehen – der Motor war endgültig abgestorben. Senna wollte sich endlich etwas entspannen, aber es gelang ihm nicht. In dem Moment, in dem die absolute Konzentration nachließ, »überfielen mich die Schmerzen wie ein Schlag. In meinen Armen, in meinen Schultern, unglaublich intensiv, unglaublich stark.« Minutenlang blieb er regungslos im Auto sitzen. »Ich wusste nicht, ob ich schreien, weinen oder lachen sollte. Ich konnte mich kaum bewegen. Aber ich wollte doch unbedingt auf's Podium zur Siegerehrung. Schließlich half mir Wilson Fittipaldi beim Aussteigen.«

Ein Auto der Rennleitung brachte ihn zurück an die Boxen. Noch bevor er mühsam, mit Tränen der Freude und des Schmerzes kämpfend, auf das Siegerpodest kletterte, war einer der ersten Gratulanten sein Vater. Eine Umarmung, nur ein kurzer Moment, aber einer voll unendlich viel Gefühl. Als er schließlich auf dem Podest stand, in der linken Hand die brasilianische Flagge, in der rechten den Siegerpokal, verließ ihn die Kraft. Er wollte den Pokal hochstemmen, aber es gelang ihm nicht. Ron Dennis musste helfen. »Ich kann im Moment überhaupt nicht denken, nichts sagen, mein Kopf ist leer. Ich bin nur unendlich glücklich.« Das waren seine ersten Worte, ehe er dieses Traum- und zugleich Albtraum-Rennen noch einmal erzählte.

## Belgien 1992: Michael Schumachers erster Triumph

Jede große Serie hat einmal einen Anfang, der dadurch in der Rückschau zum historischen Datum wird. Der 30. August 1992 im belgischen Spa war so ein Augenblick: Da gewann Michael Schumacher, genau ein Jahr nach seinem Formel-

1-Debüt, bei typischem Spa-Wetter den ersten Grand Prix seiner Karriere. Es war der Beginn einer Erfolgsserie, die ihn neun Jahre später an die Spitze der ewigen Siegerliste der Formel 1 gebracht hat.

Vieles war damals wirklich typisch Spa: Pünktlich zum Start war eine Regenfront im Anzug. Als die Autos in der Startaufstellung standen, fielen bereits die ersten Tropfen. Trotzdem fuhren alle auf Slicks los. Schumacher erwischte keinen optimalen Start, Patrese überholte ihn, auch Alesi, den er aber gleich wieder abfing. Er blieb zunächst Vierter, dann Dritter, als Mansell am Ende der dritten Runde an die Box kam, um sich Regenreifen zu holen. Es wurde nasser. Am Ende der vierten Runde wechselte auch Michael die Reifen. Das Timing stimmte! Er verlor wenig Zeit, fiel zwar kurz bis auf den neunten Platz zurück, gewann dann aber schnell wieder Rang um Rang, weil auch die anderen an die Box mussten.

Nur einer blieb mit sturer Hartnäckigkeit auf Slicks draußen: Ayrton Senna pokerte! Sollte der Regen bald wieder aufhören, hätte er sich zwei Boxenstopps gespart. Bis dahin musste er im Nassen mit den Trockenreifen zaubern. Aber die Spekulation ging nicht auf, der Regen wurde stärker, die Williams und dann auch Schumacher und Brundle holten Senna ein, gingen an ihm vorbei: »Das war gar nicht so einfach, der hat eine tolle Antischlupf-Regelung, viel Power – und er lässt Gas stehen.« In der 14. Runde musste Senna dann doch an die Box, und von da an war er in diesem Rennen für Schumacher kein Gegner mehr.

Damit schienen die Positionen erst einmal bezogen. Vorne die beiden Williams, die dem Feld langsam, aber stetig davonfuhren, dann Schumacher und Brundle. Der entscheidende Moment für den Kerpener kam in der 30. Runde, als er eigentlich einen Fehler machte: »Ich war in einem ziemlich harten Fight mit meinem Teamkollegen Martin Brundle, der hinter mir am Drängeln war. Ich hatte alle Hände voll zu tun, ihn hinter mir zu halten, gleichzeitig beschlug ständig mein Visier. Das ging prompt schief, ich verpasste eine Kurve, Martin konnte innen durchschlüpfen – und ich hatte noch dazu Riesenglück, dass ich überhaupt wieder auf die Stre-

cke zurückkam, ohne irgendwo anzuschlagen.« Doch dann sah er, während er hinter Brundle herfuhr, etwas Interessantes: »Seine Hinterreifen begannen schon Blasen zu ziehen. Da wir vorher ungefähr im gleichen Tempo unterwegs waren, konnte ich mir denken, dass meine Reifen wohl auch nicht mehr lange halten würden.« Auf der allmählich abtrocknenden Strecke – der Regen hatte inzwischen aufgehört – tat er genau das Richtige: Er kam sofort zum Reifenwechsel an die Box und holte sich Slicks. »Mit denen bin ich dann auf Anhieb schnellere Rundenzeiten gefahren als die Williams-Piloten mit ihren Regenreifen.« Darüber hinaus profitierte er auch noch von einem Missverständnis an der Williams-Box: Der dringend notwendige Reifenwechsel von Mansell und Patrese verzögerte sich noch weiter, weil beide über den Funk verstanden, sie könnten nicht hereinkommen, weil der jeweils andere gerade abgefertigt werde. Dadurch verloren die beiden so viel Zeit, dass Michael bei ihrem Stopp dann automatisch die Führung übernahm. Eine ganze Weile war er sich dessen gar nicht bewusst: »Ich konnte mein Boxensignal nicht sehen, weil es durch ein anderes verdeckt war. Erst ein paar Runden später sah ich: Platz eins!«

Schumacher fuhr souverän. Von hinten startete Nigel Mansell zwar noch einmal zur großen Aufholjagd und kam im Finish auch zeitweise bis auf drei Sekunden heran, aber sechs Runden vor Schluss musste er seine Jagd abbrechen. Schlagartig wurden seine Rundenzeiten sieben bis acht Sekunden langsamer. »Es war ein Auspuffdefekt, der mich gut 1500 Umdrehungen gekostet hat.«

Aber Michael war überzeugt, dass Mansell ihn nicht mehr hätte gefährden können. »Ich hätte noch zulegen können, hätte Nigel auch ohne seine Probleme gehalten.« Dass er kurzzeitig auf

»A Star was born!« Mit seinem ersten Grand-Prix-Sieg in Spa 1992 begann der kometenhafte Aufstieg Michael Schumachers zum erfolgreichsten Rennfahrer in der Geschichte des Motorsports.

Mansell Boden verlor, lag auch an dem Umstand, dass ihn Stefano Modena beim Überrunden lange aufhielt. »Dem sollte man zu Weihnachten ein Paar Rückspiegel schenken. An seinem Auto hat er offenbar keine ...«, schimpfte Schumacher. Als er den Italiener endlich hinter sich gelassen hatte, fuhr er in der 39. Runde prompt die schnellste Rennrunde: 1:53,791 – der Einzige, der unter 1:54 blieb. »Es war unglaublich«, freute sich Michael. »Mein Auto wurde immer schneller. Es lag besser als im Qualifying.«

Als Mansell immer weiter zurückfiel, blieb nur noch die Frage: Hält das Auto? Die Benetton-Mannschaft zitterte an ihren Monitoren, Willi Weber kamen diese letzten Minuten »wie eine Ewigkeit« vor. Nur Michael blieb im Cockpit eher ruhig, erlebte im Auto nicht die Agonie vieler klar Führenden, das Lauschen auf jedes Geräusch, das bange Warten, ob nicht doch etwas passiert. »Große Nervosität kam eigentlich nicht auf. Weder um die Technik noch vor einem fahrerischen Flüchtigkeitsfehler. Ich habe mich selbst ein bisschen gewundert. Aber langsam begann ich daran zu glauben, dass es klappen könnte.« Erst in der allerletzten Runde kamen allmählich die Emotionen: »Aber was ich gedacht und gefühlt habe, das kann ich nicht beschreiben.«

Nach 44 Runden, einer Stunde, 36 Minuten, 10 Sekunden und 721 Tausendsteln, war es so weit: Michael sah als Erster die schwarz-weiß-karierte Flagge. Die Benetton-Mannschaft lag sich in den Armen, Willi Weber kämpfte mit Freudentränen und konnte kaum sprechen. Auch Michael weinte vor Freude auf der Auslaufrunde: »Es war ein unglaubliches Gefühl, ich kann es kaum beschreiben. Es ist total verrückt. Ich weiß nicht, wann ich zum letzten Mal richtig geweint habe. In Hockenheim, als ich da auf dem Treppchen stand, da hatte ich schon einen riesigen Kloß im Hals. Aber heute, auf der Auslaufrunde, da sind mir richtig die Tränen heruntergelaufen.«

Freundin Corinna, die das Rennen die meiste Zeit im Benetton-Motorhome verfolgt hatte, stürmte begeistert zum Siegerpodest: »Ich wollte Michael doch noch vor der Siegerehrung gratulieren.« Was sagte er, als sie ihn umarmte? »Nicht viel, nur: ›Super, ich kann's noch gar nicht glau-

ben.‹« Bei der Siegerehrung flossen noch immer Freudentränen, gemischt mit unglaublichem Jubel, und die vielen deutschen Zuschauer jubelten mit.

»Ich widme diesen Sieg den deutschen Fans, die so lange auf einen deutschen Formel-1-Triumph warten mussten«, strahlte der Sieger – und nahm die Komplimente der Konkurrenz entgegen. Nigel Mansell gratulierte schon auf der offiziellen Pressekonferenz: »Eine Klasseleistung von dir, ich kann nur meinen Hut ziehen.« Und auch Ayrton Senna zollte ungeachtet einiger persönlicher Differenzen große Anerkennung: »Ich habe schon immer gesagt, dass Schumacher ein Riesentalent ist und mit zunehmender Erfahrung immer besser wird. Er wird sicher in Zukunft zum ganz großen Gegner für die jetzigen Starpiloten – wenn er immer das richtige Auto hat.«

## Donington 1993: Erste Runde ohne Vergleiche

Der Große Preis von Europa, zwei Wochen nach Brasilien, ist in jeder Hinsicht etwas Besonderes. Erstens ist es das einzige Mal, dass dieses Rennen im englischen Donington ausgetragen wird, und zweitens bringt es Ayrton Sennas vielleicht größten Triumph. Schon die Startrunde ist in die Rennsportgeschichte eingegangen. Noch ist die Strecke nass, aber kurz vor dem Start hat der Regen fast aufgehört. Trotzdem setzen alle noch auf Regenreifen. Senna erwischt nicht einmal einen optimalen Start und kommt vom vierten Startplatz aus nur als Fünfter weg. Nach einem kurzen, aber harten Duell mit Michael Schumacher ist er Vierter, dann zwängt er sich außen an Karl Wendlinger vorbei, der einen Superstart erwischt hat: Platz drei. Damon Hill ist der nächste, den er einkassiert, und auch der führende Alain Prost hat ihm nichts entgegenzusetzen. Senna kommt mit klarem Vorsprung als Erster aus der ersten Runde. Nach zwei Runden führt er mit sechs Sekunden Vorsprung.

Die Bedingungen in Donington wechselten ständig. Abtrocknende Strecke, dann wieder Regen, mal stärker, mal schwächer. Es war ein Rennen der Taktik, der Reifenwechsel – und des absoluten Fahrgefühls, des Könnens, sich auf die unterschiedlichen Verhältnisse perfekt einzustellen. Und Senna deklassierte alle – vor allem seinen Erzrivalen Alain Prost im Williams, dem in jener Saison anerkannt besten Auto. Er wechselte viermal Reifen – Alain Prost siebenmal. Ron Dennis sprach später vom großen Teamerfolg, aber oft entschied auch Senna selbst über die Boxenstopps, darüber, ob und wann er hereinkommen wollte. Auf feuchter Strecke fuhr er mit Trockenreifen zeitweise drei Sekunden schneller als Prost mit Regenpneus. Zeitweise hatte er das komplette Feld überrundet. Erst in der Schlussphase, als er schon absolut auf Nummer sicher ging, konnte sich Damon Hill, der am Ende noch vor Prost Zweiter wurde, zurückrunden. Auf dem Siegerpodest schien er geradezu auf Wolken zu schweben. Und auch danach wirkte er wie die Souveränität in Person. Als Prost anfing, all die Probleme aufzuzählen, die er mit seinem Auto gehabt hätte, grinste Senna ihn nur an: »Vielleicht sollten wir die Autos tauschen.« Niki Lauda gratulierte am Telefon: »Ich habe noch nie ein solches Rennen gesehen. Du hast das allerbeste menschlich Mögliche getan, das du unter diesen Bedingungen nur tun kannst. Dein bisher bestes Rennen!« Auch Senna selbst wusste, was er da geliefert hatte. »A statement of an art« nannte er Donington, »eine Demonstration von Kunst«. Und er sagte auch: »Dieses Rennen ließ keinen Raum für Dialoge, es war ein Monolog.«

Trotzdem blieb er bei seiner Philosophie: »Es muss immer noch eine Steigerung geben, ich will immer daran glauben, dass das nächste Rennen noch besser sein kann. Mein bestes Rennen – ich warte immer darauf, dass ich es in der Zukunft fahren werde. Ich brauche das, es ist ein Teil meiner Motivation.« Eine Steigerung von Donington fand er aber nicht mehr. Australien 1993, seinen letzten Sieg, stellte er allerdings »quasi auf die gleiche Stufe«.

## Japan 1994: Regenkönig Schumi findet seinen Meister

Der Druck lastete schwer auf Damon Hill in Japan 1994: Sollte Schumacher gewinnen und er selbst nicht mindestens Zweiter werden, hätte er

das Duell um die Weltmeisterschaft schon hier, im vorletzten Rennen, verloren. Aber selbst bei diesem Ergebnis – Schumacher Erster, er Zweiter – würde der Deutsche mit neun Punkten Vorsprung ins Finale nach Australien gehen, »und dann wäre im Prinzip wahrscheinlich sowieso alles gelaufen«.

Ein Sieg musste also dringend her – aber wie? Im Training hatte sich Schumacher bereits überlegen die Pole-Position gesichert, den Engländer um fast fünf Zehntel distanziert – in der Formel 1 eine Welt. Irgendwie schien es auch bei Williams an der nötigen Motivation zu fehlen. Heinz-Harald Frentzen im Sauber war noch ganz knapp an Hill herangekommen und hatte sich zwischen ihn und dessen Williams-Teamkollegen Nigel Mansell geschoben.

Und dann herrschte am Renntag auch noch das, was normalerweise als »Schumi-Wetter« gilt: Sintflutartiger Regen ergoss sich über die Strecke, und immer wieder fielen Nebelschwaden – oder waren es tief hängende Wolken – ein. Trotzdem hoffte Hill: »Wenn ich am Start vorne bin, ist alles drin.« Das klappte aber nicht. Schumacher zog mit seinem Benetton gleich von außen nach innen und machte Hill die Linie zu. Der fand das Manöver aus dem Cockpit weniger dramatisch als die Zuschauer auf den Fernsehbildern: »Da war schon noch ein bisschen Platz – und er war deutlich vorne.«

Dramatisch wurde es dann auf der Strecke: Immer dichter fiel der Regen, die Unfälle häuften sich. Johnny Herbert schlitterte bei Start und

Der Sieg im Großen Preis von Europa 1993 in Donington war das vielleicht größte Rennen Ayrton Sennas. Hier geht er im strömenden Regen an Alain Prost vorbei.

1994 beim Großen Preis von Japan gelang Damon Hill ein eindrucksvoller Sieg über den im Regen favorisierten Michael Schumacher.

Ziel in die Leitplanken, Ukyo Katayama knallte in die Boxenmauer, kurz darauf auch Taki Inoue. »Safety-Car«, entschied die Rennleitung. Aber es dauerte lange, bis das Führungsfahrzeug endlich auf die Strecke kam und das Feld hinter sich versammeln konnte. Zeitweise hatte Michael Schumacher für seine Kollegen quasi das Tempo vorgeben müssen. In der neunten Runde schaltete das Safety-Car die gelben Lichter aus – aber Ironie des Schicksals: Gerade als es einscherte und das Rennen wieder freigegeben wurde, wurde der Regen wieder stärker, die Bedingungen noch einmal schlechter. Kurz hintereinander flogen Morbidelli und Brundle an der gleichen Stelle ab, Brundle verletzte dabei einen Streckenposten. Endlich sahen die Verantwortlichen ein: So hat das keinen Sinn. Die Abbruchflagge kam heraus. Man wollte warten, bis sich die Bedingungen besserten. Viele Fahrer waren gegen einen Neustart, konnten sich aber, wie üblich, nicht durchsetzen. So ging es nach 24 Minuten Pause doch noch einmal los – aus Sicherheitsgründen mit einem Neustart hinter dem Safety-Car. Für das Endergebnis sollten dann die beiden Läufe addiert werden.

Über sieben Sekunden Vorsprung hatte Schumacher aus dem ersten Lauf noch auf seinem Konto, aber nun kamen die unterschiedlichen Strategien ins Spiel. Hill tankte nur einmal, in Runde 25, Schumacher aber zweimal. Zum ersten Mal kam er in der 18. Runde an die Box. Als er wieder auf die Strecke zurückkehrte, betrug sein Rückstand in der Addition 18,7 Sekunden, aber Hill konnte ihn bis zu seinem eigenen Boxenstopp auf über 30 Sekunden ausbauen, und so blieb er in Führung. Auch wenn Schumacher dann ab der 32. Runde wieder Boden gutmachen konnte und ab der 36. in Führung lag – er musste ja noch einmal an die Box, und zwar in der 40. Runde. »Da ahnte ich schon, dass Damon wahrscheinlich kein zweites Mal stoppen würde.« Zu spät kam bei Benetton die Erkenntnis, dass man diesmal im Strategie-Spiel danebengegriffen hatte. Die einzige Chance lag in einer entschlossenen Aufholjagd gegen die Uhr. Denn Schumacher kämpfte ja nicht konkret auf der Strecke gegen Hill, sondern nur in der Addition der beiden Läufe. Das wusste natürlich auch Hill: »Wenn ich auf der Strecke acht Sekunden vorne

bleibe, dann reicht es. Ich hab alles riskiert – selbst auf die Gefahr hin, rauszufliegen. Aber wenn ich nicht gewinne, hat Schumacher neun Punkte Vorsprung, und dann ist die Weltmeisterschaft auch gelaufen.«

Was die Zuschauer an der Strecke wohl eher verwirrte, faszinierte umso mehr diejenigen, die einen Zeitenmonitor vor sich hatten, aber auch die Fernsehzuschauer, die ja auch entsprechende Informationen bekamen. Es war ein Geisterduell: 14,6 Sekunden Rückstand in der Addition hatte Schumacher am Ende der 41. Runde. Zeitweise nahm er Hill mit frischen Reifen zwei Sekunden pro Runde ab. Aber der wehrte sich tapfer und rettete am Ende etwas über drei Sekunden tatsächlichen Vorsprung über die Ziellinie – knappe elf auf der Strecke. Zunächst wusste er gar nicht, ob er wirklich gewonnen hatte: Kein Jubel, keine geballte Faust, nichts. Den Williams-Boxenfunk konnte er nicht verstehen, weil alle durcheinander redeten. »Seid doch endlich mal ruhig, nur einer, bitte«, brüllte er schließlich ins Helmmikrofon. »Was ist los – hab ich gewonnen?« Er bekam die Bestätigung, und erst danach gönnte er sich die Freude: »Schumacher zu besiegen ist eine verdammt harte Sache. Schließlich hat er in dieser Saison meistens die Maßstäbe gesetzt. Unter diesen Bedingungen war das Rennen eine Lotterie, mit dem ständigen Risiko, einen Fehler zu machen. Aber endlich einmal hat die Formel 1 wieder ein aufregendes Rennen gesehen – sie hat viel zu lange darauf warten müssen.«

Michael Schumacher war die Enttäuschung anzumerken. Eine solche Leistung hatte er Hill, den er bis dahin nie richtig ernst genommen hatte, wohl nicht zugetraut. Dementsprechend fielen seine Kommentare aus: »Ich war sicher, zu gewinnen. Aber wir wurden durch einen Fehler in der Strategie geschlagen, und zwar eindeutig. Immerhin – vorher hatten wir in diesem Jahr oft die bessere Taktik. Aber ich werde Hill diesen Sieg nicht schmälern. Man kann ihm vielleicht dazu gratulieren, dass er mich hier dieses Jahr zum ersten Mal auf der Strecke geschlagen hat.« Den Titel verlor der Brite dann ja allerdings trotzdem – als Schumacher ihn in Adelaide nach seinem Ausflug in die Mauer mit von der Strecke schob.

# Spanien 1996: Schumachers erster Ferrari-Sieg

Zum ersten Mal hatte Michael Schumacher in einem Ferrari gesiegt – die 20000 Deutschen unter den 50000 Zuschauern, die im strömenden Regen in Barcelona Zeugen seines Triumphs geworden waren, durften genauso jubeln wie der Weltmeister. Und das in einem Rennen, vor dem Schumi eigentlich gar nicht damit gerechnet hatte, ganz nach vorn zu kommen. »Keinen Pfennig hätte ich hier auf einen Sieg verwettet«, gab er nachher zu, »weder im Trockenen noch im Nassen – nach meinen Erfahrungen in Brasilien und Monaco.«

Doch schon nach dem Aufwärmtraining hatte er ein besseres Gefühl: »Da ging das Auto auf einmal schon recht gut. Wir haben dann noch die eine oder andere Kleinigkeit geändert, und im Rennen war es absolut perfekt. Offenbar reagiert unser Auto sehr sensibel auf das Zusammenspiel zwischen Wetter und Strecke. In Monaco waren wir im Trockenen sehr gut, im Nassen nirgends, und hier war es genau umgekehrt.«

Die plötzliche Chance durch die geänderten Verhältnisse – Schumacher nutzte sie souverän. Er deklassierte förmlich die Konkurrenz und siegte schließlich mit 45 Sekunden Vorsprung auf Jean Alesi und Jacques Villeneuve. Dabei war er am Start ganz schlecht weggekommen: »Das war ein Desaster! Ich ließ die Kupplung kommen, und nichts passierte. Ich weiß nicht, wie viele Leute mich überholt haben, bestimmt sieben oder acht. Und im Regen da hinten zu sein, das ist wahnsinnig kritisch. Ich hatte gewaltige Angst, dass ich irgendwo reinfahre, dass sich vor mir jemand dreht – man konnte ja absolut nichts sehen. Aber dadurch, dass das Auto so gut ging, konnte ich mich dann doch ziemlich schnell an die Spitze vorarbeiten. Und unsere Boxenstopp-Strategie mit zwei Stopps« – als einziges Team übrigens – »war auch vollkommen richtig.«

Trotzdem musste Schumacher um seinen Sieg zittern: »Ab Hälfte des Rennens habe ich ausprobiert, wie unser Motor als Acht- oder Neunzylinder funktioniert. Da war wohl ein Elektronikproblem. Ich hatte schon die Befürchtung, dass das nicht bis zum Ende gutgeht, aber er hat gehalten.« Vielleicht half Schumacher ja auch

königliche Inspiration. Noch am Mittag hatte er den spanischen König Juan Carlos um die Strecke chauffiert – auf dem Podest sah er ihn wieder: »Da habe ich ihm gesagt, dass er mir offensichtlich Glück bringt und dass ich ihn jetzt wohl auch nach Montreal einladen muss …«
Realistischer ist freilich eine andere Erklärung: Schumacher profitierte zum einen von seinem Fahrtalent, das er in der spanischen Sintflut wieder einmal eindrucksvoll unter Beweis stellte und das nicht nur Rennleiter Jean Todt, sondern auch Ferrari-Chef Luca di Montezemolo, der das Rennen zu Hause in Bologna am Fernseher verfolgt hatte, in höchsten Tönen priesen. Zum anderen aber half ihm ein Fehler der Konkurrenz. Noch in der Startaufstellung hatte Damon Hill in Zusammenarbeit mit seinem Renningenieur die Flügeleinstellung am Williams ändern lassen. Er war dadurch mit viel zu wenig Anpressdruck unterwegs und konnte das Auto nicht richtig auf der Straße halten. Drei Ausflüge ins Grüne waren die Folge. Beim dritten, der an der Begrenzungsmauer der Start-Ziel-Geraden endete, war endgültig Schluss. Damon war zwar einerseits froh, endlich aus dem Auto herauszukommen, »denn das war heute nur gefährlich«, ärgerte sich andererseits aber über sich selbst: »Ein blöder Fehler, ein Tag zum Wegwerfen.«
Auch Schumacher hatte gepokert – aber anders herum, und das bewährte sich. Nach dem Rennen konnte man erfahren, dass er als Einziger auf eine komplette Regenabstimmung gesetzt hatte – ein Roulettespiel, das auch hätte schief gehen können. Denn auf den Satellitenbildern, die den meisten Teams zur Verfügung stehen, war zu erkennen, dass die Wettergrenze ziemlich genau über der Strecke verlief. Hätte sich das kräftige Regengebiet nur noch um ein paar Kilometer

Trotz schlechten Starts deklassierte Michael Schumacher im Regenrennen von Barcelona 1996 die gesamte Konkurrenz. Es war sein erster Sieg für Ferrari.

weiter verschoben, wäre es tatsächlich trocken geworden, und dann hätte man mit der Regenabstimmung keinen Blumentopf mehr gewinnen können. Die Überlegung bei Ferrari: Im Trockenen haben wir ohnehin keine Chance, also müssen wir auf den einen Joker setzen, den wir haben. Es funktionierte. Bei Williams dagegen wollte man die technischen Vorteile des Autos nicht aufs Spiel setzen: »Wir haben auf einen Kompromiss gesetzt«, so Damon Hills Renningenieur Jamie Robinson, »und das ging schief.« Auch der Motor hatte Hill einige Sorgen bereitet. Nach seinem Motorschaden in Monaco, der auf einen Defekt im Ölsystem zurückzuführen war – dem ersten bei Williams-Renault in einem Rennen seit Monza 1993 –, hatte es weitere Motorschäden gegeben, so beim Testen in Silverstone und im Training in Barcelona. »Ich befürchte, dass Renault um der höheren Leistung willen etwas Zuverlässigkeit geopfert hat«, meinte er und fügte hinzu: »Ich bin mit der Situation nicht besonders glücklich. Grundsätzlich haben wir seit Saisonbeginn ein Problem, bei dem wir nicht recht weiterkommen, und das ist frustrierend.«

In einem Punkt waren sich die beiden Rivalen Hill und Schumacher in Barcelona übrigens ausnahmsweise einig: Beide fanden, die Bedingungen vor allem in der Startphase seien so katastrophal gewesen, dass es aus Sicherheitsgründen besser gewesen wäre, das Rennen zumindest hinter einem Führungsfahrzeug fliegend zu starten. So war es ursprünglich mit den Fahrern auch diskutiert und geplant worden. »Warum es dann doch anders lief«, so Schumacher, »kann ich eigentlich nicht verstehen.«

## Nürburgring 1998: Häkkinens Antwort

Mika Häkkinen war von vielen schon fast abgeschrieben, als er 1998 zum Nürburgring kam. So überlegen hatte der Finne bereits die Weltmeisterschaft angeführt, und nun hatte Michael Schumacher wieder gleichgezogen. Häkkinen schien Nerven zu zeigen. Wie sollte er Schumacher da ausgerechnet auf heimischem Boden in der Eifel Paroli bieten können? Doch der Finne belehrte alle Zweifler eines Besseren: Mit einer starken fahrerischen und taktischen Leistung besiegte er Schumacher ausgerechnet bei dessen Heimrennen und schuf sich einen Vorsprung von vier Punkten vor dem Saisonfinale in Suzuka. Die Schumacher-Fans in der Eifel, die fest an einen Sieg ihres Helden geglaubt hatten, mussten enttäuscht von dannen ziehen.

Häkkinen selbst durfte ruhig ein bisschen stolz sein: »Es ist zweifellos so, dass sich Erfolg und Misserfolg in der Formel 1 in erster Linie im Kopf abspielen. Das Mentale ist ungeheuer wichtig. Und vielleicht ist ja jemandem aufgefallen, dass ich mir mit Michael Schumacher keine Wortgefechte liefere. Das brauche ich nicht, das ist unnötig. Was zählt, sind die Resultate auf der Strecke. Und da habe ich meine Antwort gegeben. Aber natürlich ist die mentale Seite mitentscheidend, damit man sich keinen Fehler erlaubt, immer konzentriert bleibt. Persönlich habe ich eigentlich nie an mir gezweifelt, und vielleicht haben es jetzt auch die Leute außerhalb des Teams begriffen, dass ich mit dem Druck fertig werde. Schließlich ist das Ganze am Ende nur ein Sport. Wenn man verliert, verliert man. Und wenn man gewinnt, gewinnt man. Toll, aber Verlieren ist nicht unbedingt ein Desaster. Man muss auch lernen, zu verlieren, und wenn man das gelernt hat, kann man ein großer Sieger sein.«

Am Nürburgring war Mika ein großer Sieger – und bei einem großen Teil der 140 000 Fans überwog die Freude über die tolle Vorstellung von Häkkinen und McLaren-Mercedes die Trauer über Schumachers Niederlage.

Am Start schien für Michael zunächst alles nach Plan zu laufen, als die beiden Ferrari vor den beiden McLaren wegkamen. Der überraschende Trainingsdoppelsieg der Roten vom Samstag, als die McLaren mit Set-up-Problemen kämpften, schien sich also auszuzahlen, zumal da Schumacher sofort an seinem Teamkollege Eddie Irvine vorbeigehen und unangefochten wegziehen konnte. Irvine, der mit Problemen an seinem Auto zu kämpfen hatte, hielt Mika Häkkinen ein paar Runden lang auf, ehe der Finne mit einem Manöver an ihm vorbeikam, das auch Beobachter Hans-Joachim Stuck Respekt abnötigte: »Toll gemacht, das muss man sagen!« Mika war nachher fast etwas erstaunt: »Es war stark, wie Irvine sich mit seinen Problemen gewehrt hat, dabei war er immer fair.«

Danach startete Häkkinen mit acht Sekunden Rückstand seine Aufholjagd auf Schumacher und schaffte es, ihn bei seinem Boxenstopp zu überholen: »Als ich aus der Box rauskam und dann in der Schikane im Rückspiegel das rote Auto hinter mir sah, habe ich erst mal durchgeatmet.« Es war der rennentscheidende Moment, und Schumacher hatte nicht damit gerechnet: »Bevor ich an die Box fuhr, hatte ich ja fünf Sekunden Vorsprung. Ich weiß nicht genau, wie das dann gegangen ist, um wie viel länger Mika draußen geblieben ist. Mir war zwar klar, dass es knapp werden würde, aber ich bin, ehrlich gesagt, davon ausgegangen, dass es reichen würde.« Danach versuchte Schumacher zwar dranzubleiben, »aber es gab kein Loch, und ich bin dabei auch so hart gefahren, dass ich mir meine Reifen ziemlich ruiniert habe und deshalb vor dem zweiten Stopp noch ein bisschen zurückgefallen bin. Es war effektiv nichts zu machen. Ich muss zugeben, ich hätte schon gedacht, dass ich hier gewinnen kann. Aber wir müssen ehrlich sein: Wir waren heute einfach nicht schnell genug, unser Gesamtpaket war nicht gut genug, um zu gewinnen.« Woran lag es, dass Ferrari zwischen Samstag und Sonntag so zurückgefallen war? »Es ist nicht so, dass wir zurückgefallen sind, aber McLaren hat einen großen Sprung nach vorne gemacht. Die haben ihre Probleme, die sie offensichtlich hatten, aussortiert.«

Nach einer der größten Leistungen seiner Karriere konnte Mika Häkkinen seinen Sieg im ersten Moment gar nicht richtig einschätzen. Er zeigte keine überschwängliche Freude, und im ersten Augenblick schien es ihm sogar schwer zu fallen, seine Zufriedenheit in Worte zu fassen. Das Rennen und der Triumph einen Tag vor seinem 30. Geburtstag hatte ihm offensichtlich sehr viel abverlangt: »Ich bin noch so gefangen in der Anspannung, in der Konzentration – das wird wahrscheinlich alles erst im Laufe der Zeit von mir abfallen. Es ist kein leichtes Rennen gewesen, auch wenn es von außen vielleicht manchmal gar nicht so schwierig aussah. Aber man musste jeden Moment konzentriert bleiben, durfte sich nicht die kleinste Kleinigkeit erlauben.« Natürlich war Mika glücklich, Schumachers

Erfolgsserie gerade am Nürburgring gebrochen zu haben: »Wenn er hier noch mal gewonnen hätte, wäre es für uns sehr schwierig geworden.« Nach den Misserfolgen in den Rennen zuvor war es nicht leicht für ihn gewesen, Ruhe zu bewahren: »Aber ich habe mir nicht erlaubt, aufzugeben. Man muss bis zum Ende kämpfen, das ist die einzige Lösung.«

Auch Mercedes-Sportchef Norbert Haug konnte strahlen: »Das war wohl unser schönster und stärkster Sieg. Wir haben Schumacher auf der Strecke bei gleicher Strategie geschlagen, ohne Wenn und Aber. Das war die beste Antwort für alle, die uns schon auf dem absteigenden Ast gesehen haben.« Und dann erzählte er, wie selbstbewusst Häkkinen intern das ganze Wochenende über aufgetreten war. Auch McLaren-Chef Ron Dennis waren Erleichterung und Freude deutlich anzumerken. Doch Dennis wäre nicht Dennis, wäre er nicht mit beiden Beinen auf dem Boden geblieben: »Heute können wir ausgiebig feiern«, meinte er nüchtern, »aber ab morgen werden wir uns auf Suzuka konzentrieren. Wir haben jetzt eine Top-Ausgangsposition, die müssen wir auch nutzen.« Das ist fünf Wochen später in Japan auch gelungen.

Mika Häkkinen aber konnte sich über Komplimente von allen Seiten freuen. RTL-Kommentator Christian Danner meinte: »Er hat dem stärksten Druck, den es im Moment in der Formel 1 gibt, dem von Michael Schumacher, perfekt standgehalten, nicht den kleinsten Fehler gemacht – da kann man nur sagen, super!« Auch Niki Lauda zollte »meinen höchsten Respekt, vor allem dafür, wie sich Häkkinen und McLaren-Mercedes nach dem Tief am Samstag wieder aus dem Sumpf gezogen haben.

Nach einer langen Durststrecke errang Mika Häkkinen mit einer großartigen Aufholjagd einen wichtigen Sieg für die Silberpfeile und brachte das Team der Weltmeisterschaft einen großen Schritt näher.

# Die härtesten Zweikämpfe

Die Formel 1 lebt davon: Spannende Zweikämpfe, harte Duelle, riskante Überholmanöver – sie sind es, die die Fans immer wieder begeistern, von den Sitzen reißen. Auch wenn gerade die Überholmanöver durch die technischen Umstände und teilweise auch die Streckenbedingungen in den letzten Jahren eher seltener wurden, eines fällt bei einem Blick in die nähere Vergangenheit genauso auf wie bei dem weiter zurück. Es sind immer wieder die gleichen Namen, die bei solchen Aktionen aufscheinen – die der großen Kämpfer, der Zauberer, der Künstler im Auto und nicht die der Taktiker, mögen diese unter dem Strich auch erfolgreicher sein.

## Hockenheim 1970

1970 in Hockenheim waren es Jochen Rindt und Jacky Ickx, die sich auf dem Kurs, der, damals noch ohne Schikanen, sehr viel Raum für Windschattenspiele ließ, einen faszinierenden, harten, aber fairen Zweikampf lieferten. Bis zur 30. Runde kämpfte ein Quartett erbittert um die Spitze, dann schied Clay Regazzoni im zweiten Ferrari mit Getriebeproblemen aus, fünf Runden später auch Chris Amon mit Motorschaden. Damit waren die beiden Favoriten endgültig unter sich – Jochen Rindt im Lotus und Jacky Ickx im Ferrari. Niemand konnte später je feststellen, wie oft in diesem Grand Prix die Führung wechselte – trotz Fernsehübertragung, aber damals gab es auch noch keine komplette Kameraabdeckung der Strecke. Interessanterweise hatten die beiden Kontrahenten, obwohl – vor allem wegen ihrer Differenzen in Sicherheitsfragen – nicht die besten Freunde, vor dem Start abge-

sprochen, an welchen Stellen man überholen könne und an welchen man es besser bleiben lassen solle. Und beide hielten sich daran: »Ickx hält sich an die Abmachungen und ist ein großer Gegner«, stellte Rindt fest. Umgekehrt erklärte der Belgier: »Er ist intelligent und korrekt. Im Allgemeinen sind alle Formel-1-Piloten intelligent, aber nicht alle sind so korrekt, wie Jochen es ist.«

Rindt hatte sich einen Plan zurechtgelegt, wie er am Ende als Sieger aus diesem Duell hervorgehen könnte: Aus dem Windschatten heraus und in den Kurven würde er Ickx ziemlich sicher überholen können – nur nicht aus den Kurven heraus. Denn der Ferrari beschleunigte deutlich besser. In der vorletzten Runde setzte er sich an die Spitze und hielt sie mit einer superschnellen Runde von 2:00,6, und obwohl Ickx in der letzten Runde mit 2:00,5 noch einen draufsetzte, kam er nicht mehr an Rindt vorbei. Berühmt geworden ist die Reaktion von Lotus-Chef Colin Chapman. Der sprang mitten auf die Strecke und jubelte: »It's Jochen!«

Nach Ausscheiden von Chris Amon (oben) lieferten sich Jackie Ickx und Jochen Rindt ein packendes Duell.

## Dijon 1979

Der französische Grand Prix 1979 in Dijon ist in die Formel-1-Geschichte eingegangen, weil erstmals ein Auto mit Turbomotor siegte: Jean-Pierre Jabouille gewann mit dem Renault. Was aber die Zuschauer wirklich von den Sitzen riss, war der Kampf um Platz zwei zwischen zwei der furchtlosesten und angriffslustigsten Piloten jener Tage: dem Kanadier Gilles Villeneuve und dem Franzosen René Arnoux.

Während Jabouille enteilte, nachdem er in der 46. Runde Villeneuve niedergekämpft hatte, bekam der Kanadier im Ferrari mehr und mehr Druck von Arnoux im zweiten Renault. Der holte bis zu einer Sekunde pro Runde auf, und drei Runden vor dem Ende war er auf Schlagdistanz. Was dann folgte, gehört mit Sicherheit zu den heißesten drei Runden der Grand-Prix-Geschichte: Ein Zweikampf zweier Vollblut-Rennfahrer, mit vollem Einsatz, ohne Bedenken. Ständige Positionswechsel, einige heftige Rempeleien, bei denen wie durch ein Wunder beide auf der Strecke blieben – auch wenn Arnoux' Motor einmal kurz stotterte.

Villeneuve war ohne Boxenstopp durchgefahren und deshalb mit extrem abgefahrenen Reifen unterwegs. Immer wieder brach der Ferrari aus, aber mit seiner legendären Car-Control fing der Kanadier das Auto immer wieder ein, auch aus den scheinbar unmöglichsten Winkeln und Positionen. »Immer wenn ich mich an René vorbeiquetschte, blockierten zwei oder drei Räder, flogen mir die Gummifetzen um die Ohren«, beschrieb Villeneuve später das Duell. »Aber wenn man um einen zweiten Platz kämpft, gibt nun mal keiner nach.«

Um 0,24 Sekunden blieb er am Ende vorne, aber bei der Siegerehrung jubelten beide, und keiner war dem anderen böse. Einhelliger Kommentar: »Das hat uns beiden riesig Spaß gemacht.« Weniger begeistert war freilich das damals existierende Sicherheitskomitee der Fahrergewerkschaft GPDA. Von ihren Kollegen mussten sich die beiden später scharfe Kritik anhören: »Wenn sich eure Räder verhakt hätten, wärt ihr möglicherweise in die Zuschauer geflogen, und es hätte eine Katastrophe wie 1955 in Le Mans geben können.«

## Barcelona 1991

Als sich 1991 in Barcelona, beim ersten Grand Prix auf dem »Circuit de Catalunya« Nigel Mansell und Ayrton Senna sehr nahe kamen, schien ein Crash fast unvermeidlich. Schließlich hatte es bei den Duellen der beiden energischsten Kämpfer ihrer Zeit schon mehr als einmal gekracht, und nur ungern erinnerte man sich an Spa 1987. Dort wollte sich Mansell schon in der ersten Runde an Senna vorbeiquetschen, und er tat dies an einer Stelle, an der nach Ansicht des Brasilianers »kein Mensch überholen kann«. Sennas Lotus steckte nach der Feindberührung sofort im Sand, Mansell konnte zunächst weiterfahren, musste dann aber mit gebrochenem Unterboden aufgeben. Außer sich vor Zorn stürzte er in die Lotus-Box, attackierte den dort ruhig in einer Ecke stehenden Senna wie ein Boxer, bis die nachstürmenden Williams-Chefs und die Lotus-Mechaniker ihn wegreißen konnten. Frank Williams entschuldigte sich tags darauf schriftlich bei Lotus-Chef Peter Warr für das Benehmen seines Fahrers und kündigte eine interne Disziplinarstrafe an. Daraufhin sah Warr von einer Anzeige bei der FIA ab, und obwohl Senna deutliche Kampfspuren an Gesicht und Hals davongetragen hatte, stimmte er zu: »Bloß kein Öl ins Feuer gießen, die Atmosphäre nicht noch mehr vergiften. Wer weiß, was sonst beim nächsten Mal passiert.«

Auch 1989 in Portugal hatten sich die beiden Autos scheinbar magisch angezogen. Dabei hatte der Engländer schon die schwarze Flagge gesehen – oder eben nach eigener Aussage nicht gesehen –, als er Senna, der genau aus diesem Grund nicht mit so massiver Gegenwehr rechnete, von der Strecke beförderte.

In Spanien 1991 jedoch ging es um mehr, nämlich um die Weltmeisterschaft. Nur mit einem Sieg hatte Mansell die Chance, das Titelduell gegen Senna noch offen zu halten. Aber beim Start auf nasser Strecke fuhr von der Pole-Position aus Gerhard Berger im zweiten McLaren auf und davon. Mansell wusste: »Ich muss so schnell wie möglich an Senna vorbei, sonst verliere ich hoffnungslos den Anschluss.« In der fünften Runde stellte er seinen Erzrivalen – an der kritischsten Stelle der Strecke, aber auch an einer der wenigen, an denen man in Barcelona überhaupt überholen kann: am Ende der über einen Kilometer langen Start-Ziel-Geraden, und das bei weit über 300 km/h. Millionen von Fernsehzuschauern stockte der Atem: Es ist ein Rad-an-Rad-Duell ohne Gnade, beide Autos nebeneinander, mehrmals kommen sich die Räder auf wenige Zentimeter nahe. Aber diesmal lassen sich die beiden wenigstens den minimalen Platz zum Überleben – bei dieser Geschwindigkeit wohl im wahrsten Sinne des Wortes. Im entscheidenden Augenblick steckt Senna um einen Hauch zurück und lässt Mansell ohne Kollision vorbeikommen. In der 21. Runde spielte der Engländer das gleiche Spiel noch einmal: gleiche Stelle, gleiche Aktion, diesmal gegen Gerhard Berger. Auch diesmal setzte er sich durch und gewann schließlich. Senna wurde am Ende nur Fünfter – falsche Reifenwahl, einmal gedreht. So fiel die Entscheidung im Kampf um die Weltmeisterschaft erst ein Rennen später in Suzuka.

## Monaco 1992

1992 in Monaco waren es wieder Senna und Mansell, die die Formel 1 den Atem anhalten ließen. Senna war als »König von Monaco« ins Fürstentum gekommen – vier Siege aus den letzten fünf Jahren, davon die letzten drei in Serie sprachen für sich. Aber 1992 schienen der Williams-Renault und Nigel Mansell unschlagbar. Mansell hatte die ersten fünf Saisonrennen gewonnen, und er führte auch in Monaco deutlich. Aber Senna war Zweiter und kämpfte um jede Zehntelsekunde, um den Abstand in Grenzen zu halten: »Ich wusste, dass meine einzige Chance darin bestand, so dicht wie möglich dran zu sein, falls er ein Problem bekommt. Ich musste auf diese Gelegenheit hoffen. Und ich habe

Einen Rad-an-Rad-Kampf bei über 300 km/h lieferten sich Nigel Mansell und Ayrton Senna 1991 beim Großen Preis von Spanien.

nie aufgegeben. Ich war immer am absoluten Limit – am technischen, an dem des Autos und auch an meinem menschlichen.«

Schon am Start, in der ersten Kurve, zwängte er sich an dem vor ihm gestarteten Riccardo Patrese vorbei: »Das war der erste Teil meines Plans. Wäre ich auch noch hinter ihm gewesen, hätte ich nie eine Chance gehabt.« Mit allem Einsatz konnte er den Rückstand auf Mansell bei etwa 20 Sekunden halten, aber dann verlor er in einer Runde fast zehn Sekunden: »Es war unheimlich frustrierend. Michele Alboreto hat sich gedreht, zwischen Mirabeau und Loews, in dem engen Bergabstück, und er stand mitten auf der Straße. Ich war der Nächste, der kam, konnte gerade noch stehen bleiben, mit blockierten Rädern, vielleicht einen halben Meter von seinem Auto weg. Ich habe dagesessen, habe nur gedacht, das darf einfach nicht wahr sein, jetzt habe ich alle Chancen verloren … Es war nicht einfach, danach wieder voll weiterzukämpfen, wieder mit allerletztem Einsatz zu fahren. Aber ich habe es getan.«

Und Senna wurde für seinen Kampfgeist belohnt. Mansell bekam in der 70. Runde ein Problem: »Im Tunnel wäre ich fast abgeflogen, ich vermutete einen Reifenschaden.« Er kam an die Box und wechselte alle vier Räder. Ob Reifen, Felge, Radmutter – wo das Problem wirklich lag, hat man nie genau erfahren. Als Mansell wieder

auf die Strecke kam, lag er gute fünf Sekunden hinter Senna. Was folgte, waren sieben Runden, die die Fans überall in der Welt faszinierten, sieben Runden, in denen Rennsportgeschichte geschrieben wurde.

Mit dem schnelleren Auto und vor allem mit neuen Reifen war Mansell innerhalb von zwei Runden in Schlagdistanz. Aber einen Gegner einzuholen und ihn zu überholen, das sind in Monaco zwei Paar Stiefel. Sicher hätte Mansell drei Sekunden pro Runde schneller fahren können, aber er kam an dem McLaren einfach nicht vorbei: »Manchmal habe ich drei Autos vor mir gesehen.«

Aber nicht einmal Mansell, der sonst gern jammerte, beschwerte sich nachher über unfaire Fahrweise: »Er hat das getan, was er aus seiner Sicht tun musste … Wir waren beide weit über dem Limit.« Wo auch immer Mansell hinwollte, Senna war schon da. Er hielt das Auto meistens in der Mitte der Straße und bot nicht die kleinste Lücke, in die sein Gegner vielleicht hätte hineinstechen können. Er kontrollierte Mansell, sein Auto, sich selbst – obwohl seine Reifen ziemlich am Ende waren und er immer Gefahr lief, irgendwo von der Linie wegzurutschen, vielleicht sogar anzuschlagen.

Gerhard Berger sagte später: »Niemand außer Senna hätte dieses Rennen unter diesen Umständen gewinnen können. Jeder andere hätte irgendwann einmal einen Fehler gemacht.« Senna machte keinen, und Mansell startete auch keine unüberlegte Gewaltaktion, mit der viele gerechnet hatten. Als nach der 78. Runde die Zielflagge fiel, trennten die beiden genau 0,215 Sekunden.

## Nürburgring 1995

Die Formel-1-Welt hatte sich entscheidend verändert, als 1995 auf dem Nürburgring Michael Schumacher auf Jean Alesi traf. Der neue Superstar, amtierende und kurz vor dem zweiten Titelgewinn stehende Weltmeister gegen den immer spektakulären, wilden Alesi, der mit seiner temperamentvollen Fahrweise zwar stets die Fans begeisterte, aber nie jene ganz großen Erfolge errang, die man dem »Supertalent« noch zu Beginn der 90er-Jahre vorausgesagt hatte.

Eigentlich hätte Michael Schumacher 1995 auf dem Nürburgring nicht mehr gewinnen müssen, um den Titelkampf für sich zu entscheiden. Doch um seine Fans mit einem Sieg zu erfreuen, wagte er ein riskantes Überholmanöver gegen Jean Alesi – und gewann.

In diesem Rennen spielte Alesi freilich eine Schlüsselrolle. Bei typischem Eifelwetter war er auf der am Start noch nassen Strecke auf Slicks gestartet und hatte zeitweise eine grandiose Show geboten. Als ihn etwa bei Hälfte des Rennens Damon Hill im Kampf um die Spitze attackierte, drückte er den Engländer ziemlich brutal in die Wiese, wobei der Frontflügel am Williams abriss. Für Hill bedeutete dies schon fast das Ende aller Titelchancen.

Alesi war das Rennen mit einer Ein-Stopp-Strategie angegangen, Michael Schumacher dagegen hatte sogar dreimal gestoppt – eine Strategie, der er zunächst selbst nicht so ganz getraut hatte, »aber am Ende war sie doch genau richtig«. Wenige Runden vor Schluss hing er mit seinem Benetton am Heck des Ferrari: »Ich wusste nicht recht, ob ich auf Nummer sicher gehen, auf die Weltmeisterschaft fahren und Zweiter bleiben, oder ob ich lieber angreifen und versuchen sollte, zu gewinnen.« Angesichts der zahlreichen begeisterten Fans bei seinem Heimrennen entschied er sich für Letzteres: »Ich habe an die vielen Fans gedacht, die mich das Wochenende so fantastisch unterstützt haben, und wollte ihnen auf jeden Fall diesen Sieg schenken. Deshalb habe ich es probiert – und es ist gut gegangen.« Was Schumacher da drei Runden vor Schluss in der Schikane versucht und erfolgreich abgeschlossen hatte, war ein sehr überraschendes und cleveres Manöver gewesen. Anders als eigentlich üblich und wohl auch von Alesi erwartet, hatte er den Franzosen nicht innen attackiert, sondern unerwartet von außen. »Als ich gemerkt habe, was er vorhat, war es zu spät«, musste Alesi zugeben, »vor allem, weil ich dabei auch noch auf's Gras geraten bin.« Der Weg zum Sieg für Schumacher war frei, ein Rennen später in Aida dann auch zum zweiten Weltmeistertitel.

## Estoril 1996

Ein Weltmeisterschaftsduell unter Teamkollegen – das war es, was sich Jacques Villeneuve und Damon Hill 1996 lieferten. Auch im portugiesischen Estoril, wo der Brite dem Titel bereits ganz nahe war. Dass es dann doch noch nicht klappte, lag zumindest teilweise an einem sensa-

tionellen Überholmanöver in der Anfangsphase des Rennens, an dem Hill selbst gar nicht beteiligt war.

Bis 20 Runden vor Schluss war er in Estoril der neue Weltmeister, dann wurde die Entscheidung doch bis Japan vertagt. Beim letzten Boxenstopp verlor er die Führung an seinen Teamkollegen Jacques Villeneuve und kam nur als Zweiter ins Ziel. Anschließend gab er sich freilich nicht allzu enttäuscht: »Natürlich hätte ich den Titel gerne schon hier geholt, aber ich glaube, ich habe heute alles getan, was ich konnte. Und bei meinen neun Punkten Vorsprung muss Jacques jetzt in Suzuka unbedingt gewinnen, während mir ein Punkt schon reicht.«

Hill hatte den besten Start erwischt. Dass Jean Alesi vergeblich versucht hatte, sich mit einem Gewaltmanöver an ihm vorbeizuquetschen, hatte er dabei angeblich gar nicht gemerkt: »Glaubt mir, bei so einem Start hat man so viel zu tun, ich habe nur nach vorne geschaut.« Und zunächst hatte er auch davon profitiert, dass Titelrivale Villeneuve erst einmal hinter Alesi und Michael Schumacher zurückfiel. »Zu dieser Zeit war ich sehr zuversichtlich, auch wenn ich natürlich wusste, dass Jacques würde schneller fahren können, sobald er an den anderen vorbei ist.« Aber einen Alesi und vor allem einen Michael Schumacher zu überholen, das kann selbst mit einem schnelleren Auto schon eine sehr zeitrau-

Der Williams-Renault war das überlegene Auto der Saison 1996. So kam es wiederholt vor, dass sich die Williams-Piloten Damon Hill und Jacques Villeneuve gegenseitig die Punkte wegnahmen. Am Ende hatte aber Hill die Nase vorn.

bende Angelegenheit sein. Für Jacques Villeneuve stellte der Ferrari in diesem Fall allerdings kein unüberwindliches Hindernis dar. In seinem allerersten Formel-1-Jahr wollte der Kanadier dem zweimaligen Weltmeister genau mit solchen Aktionen von Anfang an zeigen: »Ich habe keine Angst vor dir!«

Dementsprechend quetschte er sich dann auch mit einem wilden – und von vielen Experten für unmöglich gehaltenen – Manöver außen in der Zielkurve an Michael Schumacher vorbei, wobei er einen überrundeten Minardi als Hilfe benutzte. »Es war knapp, aber ich musste es riskieren. Wenn Damon gewonnen hätte, hätte ich den Titel endgültig verloren gehabt. Also musste ich sehen, dass er auf keinen Fall zu weit wegfahren kann.« Schumacher klang danach ein bisschen erschrocken: »Ich habe nur gehofft, dass mein Auto einigermaßen Grip behält, dass ich nicht wegrutsche und wir uns nicht mit den Rädern berühren, sonst hätte das ein großer Crash werden können.«

Villeneuve hatte die Aktion intern sogar angekündigt: »Ich hatte vorher meinem Team gesagt, dass ich so ein Manöver an dieser Stelle für möglich halte. Sie haben gemeint, wenn ich das versuchte, würden sie kommen, um mich aus den Leitplanken zu kratzen. Aber es hat funktioniert.«

Und es zahlte sich am Ende auch aus. Der Kanadier kam immer näher an Hill heran, auch wenn der sich zu wehren versuchte: »Vor dem letzten Boxenstopp, als Jacques an mir dran war, bin ich noch einmal etwas härter gefahren als vorher. Da bin ich doch eher auf Nummer sicher gegangen. Ich habe mir dann auch wieder zweieinhalb Sekunden Vorsprung herausgearbeitet, dachte, das müsste reichen, um beim letzten Stopp vorne zu bleiben.« Doch dann fehlte doch eine halbe Sekunde. Als Hill wieder aus der Box kam, war Villeneuve vorbei, »warum, weiß ich eigentlich selbst immer noch nicht so genau, vielleicht, weil ich beim Reinfahren in die Box durch einen McLaren ein bisschen Zeit verlor.«

Damit war die Sache gelaufen. Jacques Villeneuve, der quasi mit dem Rücken zur Wand seine bis dahin vielleicht beste Leistung in der Formel 1 geboten hatte, konnte sich über den Sieg freuen, über die verschobene Weltmeisterschafts-

entscheidung – und vielleicht klammheimlich am allermeisten darüber, dass er Michael Schumacher so grandios ausgetrickst hatte.

## Spa 2000

Nur noch ein weiteres Mal in seiner Karriere musste sich Schumacher so spektakulär überholen lassen. Das war im Jahr 2000 in Spa, am Ende der langen Geraden hinter der berühmt-berüchtigten Kurve von Radillon. Sein Traum vom fünften Sieg in Spa und der erneuten Weltmeisterschaftsführung dauerte bis vier Runden vor Schluss, dann wurde er von Mika Häkkinen auf den Boden der Realität zurückgeholt. Mit einem Überholmanöver, das selbst Schumacher später als »sensationell, für mich überraschend und absolute Klasse« bezeichnete, presste sich der Finne an dem Kerpener vorbei und gewann damit noch einen Grand Prix, den er schon fast verloren zu haben schien.

»Ich war in der ganzen Passage zuvor schon schneller als Michael, hatte mich im Windschatten angesaugt, als vor uns ein Überrundeter auftauchte«, erzählte ein sichtlich vergnügter Häkkinen. Es war der Brasilianer Ricardo Zonta, und Michael Schumacher hatte sich sogar zunächst über dessen Erscheinen gefreut. »Ich war ja auf dieser Geraden im Top-Speed immer deutlich langsamer als Mika und dachte, ein bisschen Windschatten könnte mir nur helfen.« Aus diesem Windschatten heraus entschied sich Michael, links an Zonta vorbeizuziehen. Im Bruchteil einer Sekunde wählte Häkkinen den anderen Weg: »Ich wusste, dass es keinen Sinn hätte, hinter Michael herzufahren, denn er würde mir vor der nächsten Kurve nie den Raum zum Überholen geben. Also blieb ich noch einen Moment länger dahinter, nutzte dadurch noch ein bisschen mehr Windschatten, stach dann rechts innen durch – und war damit an beiden vorbei.« Schumacher musste neidlos anerkennen: »Mit so etwas hatte ich wirklich nicht gerechnet, aber es war stark … Davon abgesehen war Mika in dieser Endphase so viel schneller – ich glaube, wenn er mich da nicht erwischt hätte, wäre es halt ein oder zwei Runden später passiert.«

Dass Häkkinen überhaupt in die Situation kam,

eine derartige Attacke reiten zu müssen, hatte mit einem Ausrutscher in der verflixten 13. Runde zu tun. Bis dahin hatte der Finne das auf nasser Strecke hinter dem Safety-Car gestartete Rennen sicher kontrolliert: »Dann bin ich wohl auf den weißen Randstreifen gekommen, und die sind hier in Spa bei Nässe unglaublich glatt. Das Heck ist ausgebrochen, ich war völlig überrascht, konnte nichts mehr machen. Zum Glück blieb bei dem Ausrutscher der Motor nicht stehen, so dass ich weiterfahren konnte.« Doch Michael Schumacher, der im Nassen vom vierten Startplatz auf Rang zwei vorgefahren war, war erst einmal vorbei und fuhr in den folgenden Runden seinem Titelrivalen um elf Sekunden davon. Als Schumacher dann sehr früh zum zweiten Stopp an die Box kam – er hatte den zweiten Turn offensichtlich mit sehr wenig Benzin an Bord gefahren, startete Häkkinen eine sensationelle Aufholjagd. Acht Runden vor Schluss war er dran, ein erster Überholversuch bei Tempo 320 scheiterte, ehe es dann mit Zontas Hilfe doch klappte.

Später löste das gelungene Manöver weniger Diskussionen aus als das zuvor gescheiterte. Denn nach Ansicht vieler Beobachter hatte Schumacher da mehr als einmal die Linie gewechselt und die Tür brutal zugemacht. Häkkinen hatte sich direkt nach der Zieldurchfahrt noch im Parc Fermé ja auch bei Michael gestenreich beschwert, machte dann aber öffentlich einen Rückzieher: »Das war auch ein bisschen emotional. Nach so einem Rennen ist man so aufgeputscht, da sagt man schon mal was, ohne vorher zu denken. Ich dachte auch zuerst, wir hätten uns berührt, aber jetzt bin ich mir nicht mehr sicher. Mit mehr Abstand und Ruhe muss ich sagen: Lasst uns erst einmal das Video anschauen.« Offensichtlich wollte Häkkinen die Angelegenheit nicht dramatisieren – öffentliche Auseinandersetzungen waren ja nie seine Sache, und als Sieger konnte er es sich leisten, großmütig zu sein.

Schumacher war sich keiner Schuld bewusst: »Ich würde sagen, dass ich nur einmal rübergezogen bin, und das darf man ja auch, um seine Linie zu verteidigen. Ich glaube nicht, dass ich etwas anderes gemacht habe, als meine Konkurrenten auch machen würden.« Privat hörte man

später, dass Häkkinen nach dem Videostudium nicht so ganz von der Korrektheit der Aktion überzeugt gewesen sein soll.

Aus dem Windschatten Zontas zieht Häkkinen vorbei.

# Pleiten, Pech und Bubenstreiche

Auch die moderne, hoch professionelle Formel 1 verläuft nicht immer problemlos, glatt und fehlerfrei. Piloten, Mechaniker, Techniker – gegen Fehler ist keiner gefeit, Pleiten, Pech und Pannen sind Teil der Wirklichkeit – wie im normalen Leben. Selten geworden sind dagegen die Dummheiten und übermütigen Streiche, mit denen die Formel-1-Stars einst für Erheiterung sorgten. Die Szene ist professioneller geworden, ihre Akteure nicht mehr so locker wie noch vor zehn und zwanzig Jahren. Umso lieber erinnert man sich an den Witz und Einfallsreichtum früherer Fahrergenerationen.

Manchmal sind auch die Bosse nicht gegen Pannen gefeit: Luca di Montezemolo, heute Ferrari-Präsident, war in seiner Zeit als Ferrari-Rennleiter 1974 und 1975 dafür bekannt, dass er sich gern von der Hektik eines Grand Prix anstecken ließ und dann nicht mehr so genau auf jeden Schritt achtete. Als er 1975 in Zandvoort mitten im Reifenwechsel-Chaos rückwärts von der Boxenmauer heruntersprang, lief er genau dem gerade mit neuen Slicks aus der Lotus-Box herauspreschenden Ronnie Peterson vors Auto: »Mit dem linken Vorderrad konnte ich ihm noch ausweichen, mit dem linken Hinterrad dann nicht mehr«, sagte der Schwede später – und fügte zur eigenen Entschuldigung hinzu: »Aber er schaut ja wirklich nie …«
Das hat wohl auch Montezemolo so gesehen. Denn als sich Peterson zwei Stunden später verlegen bei ihm entschuldigen wollte, kam ihm Montezemolo zuvor. Im Liegestuhl, das gebrochene linke Bein in Gips, den rechten Arm bandagiert, sagte er sofort: »Nein, ich sage sorry –

entschuldige, Ronnie.« Zuvor hatte er sich schon aus der Ambulanz losgerissen. »Ich muss zurück an die Box!«
Formel-1-Rennfahrer kennen sich zwar auf den Rennstrecken bestens aus – im Alltagsverkehr haben sie mitunter Orientierungsprobleme. Manfred Winkelhock lieferte 1983 ein Paradebeispiel für diese These: Auf dem Weg vom Hotel zur Strecke hatte er sich böse verfahren, auch ohne großen Stau eine dreiviertel Stunde gebraucht, und dementsprechend übellaunig kam er an. Im gleichen Hotel wohnende Journalisten lachten sich kaputt: »Sollen wir beim nächsten Mal vor dir herfahren? Wir haben nur zehn Minuten gebraucht!«
Unter einem schlechten Stern schien der Große Preis von Österreich 1987 zu stehen, und das nicht nur wegen der heftigen Startkollisionen, die am Ende zwei Abbrüche und drei Starts nötig machten. Auch drum herum passierte so allerhand. Bei einer Grillparty am Zakspeed-Motorhome zog sich ein unvorsichtiger Fan Verbrennungen zu, aber am schlimmsten traf es Nigel Mansell. Hatte dieser schon das ganze Wochenende über Zahnschmerzen geklagt und sich am Freitag sogar einen Zahn ziehen lassen, so stand er zu allem Überfluss auch noch mit Kopfschmerzen und einer großen Beule am Kopf auf dem Siegerpodest, und das kam so: Auf dem Weg vom Parc Fermé zur Siegerehrung war er im offenen Geländewagen plötzlich aufgestanden, um einem seiner Mechaniker seinen Helm zu geben – und dabei mit dem Kopf voll gegen einen Eisenträger geknallt. Der Engländer war einen Moment benommen liegen geblieben, hatte sich aber zum Glück keine schweren Verletzungen zugezogen. Später freilich dramatisierte er den Vorfall in typischer Mansell-Manier: »Das Ding hätte mich köpfen können!«

Aber Mansell war immer gut für spektakuläre Missgeschicke – auf und neben der Strecke. Ob er sich, wie 1991 in Barcelona, beim Fußballspielen gegen eine englische Journalisten-Mannschaft den Fuß verstauchte – oder in Kanada 1991 einen sicheren Sieg verschenkte.

Mit nicht weniger als 55 Sekunden Vorsprung ging er damals in die letzte Runde – ein Grand Prix, den er eigentlich gar nicht mehr verlieren konnte. Aber er brachte dieses Kunststück tatsächlich fertig, weil er sich zu sicher fühlte. Nur noch mit einer Hand am Lenkrad, winkte er bereits voller Begeisterung ins Publikum und dachte überhaupt nicht mehr ans Fahren. Kaum einen Kilometer vor dem Ziel, beim Anbremsen der Haarnadelkurve, nahm das Verhängnis seinen Lauf. Mansell versäumte es, rechtzeitig herunterzuschalten, die Drehzahl fiel zu stark ab, und der Motor blieb stehen. Denn dieser Renault-Motor hatte auch einen unteren Drehzahlbegrenzer, der unter einem gewissen Limit automatisch abriegelte, und die Renault-Ingenieure hatten ihre Piloten immer wieder auf diese Eigenart hingewiesen. Aber Mansell konnte nichts mehr tun: »Ich wurde halb wahnsinnig – plötzlich war der Leerlauf eingelegt, und der Motor starb ab!« Lange spekulierte er über »eine Kombination aus Elektrik- und Getriebeschaden« – die Wahrheit wollte er nicht wahrhaben. Doch nicht nur Mansell traf 1991 das Unheil – auch sein Rivale im Titelkampf, Ayrton Senna, blieb davon nicht verschont. Zweimal hintereinander ging dem Brasilianer in der letzten Runde der Sprit aus: erst in Silverstone, wo ihn Sieger Mansell wie einen Autostopper auf seinem Williams mit zurück an die Box brachte, und in Hockenheim. Sechs Punkte gingen ihm dadurch

verloren, denn in England wurde dadurch aus einem zweiten ein vierter, in Deutschland aus einem vierten nur ein siebter Platz. Zweimal der gleiche Fehler – unglaublich im Perfektionistenteam McLaren-Honda. Lange rätselten die Techniker, was dahinter stecken könnte. Auf eine Komponente kam man relativ schnell: In jener Zeit wurde noch mit verschiedenen Benzinmischungen und Additiven experimentiert, und dadurch änderte sich die Dichte des Sprits, sodass die Messungen und Computer-Verbrauchsberechnungen nicht ganz stimmten. Erst viel später gaben die Honda-Techniker ein weiteres Problem zu, das man erst mit Verzögerung entdeckte: ein winziges Leck im Benzinsystem, durch das minimale Benzinmengen verdunsteten. Natürlich war es auch Sennas eigene extreme Kompromisslosigkeit, die zu dem Desaster beitrug, seine Vorliebe fürs Gewichtsparen, auch am Benzin. Wenn er nach Rennende noch fünf Liter im Tank hatte, murrte er: »Das hätte man auch knapper und genauer kalkulieren können.« Ohne diesen ständigen Druck hätten die Techniker vielleicht grundsätzlich großzügiger kalkuliert, und die Ausfälle wären vermieden worden. Aber auf solche Logik ließ er sich nie gern ein: »Ich will nicht die kleinste Kleinigkeit verschenken – nicht in meiner Fahrweise und auch nirgendwo anders.« Ab und zu bezahlte auch er den Preis dafür.

Andere Teams machten freilich noch offensichtlichere Fehler und brachten damit ihre Fahrer schon vor dem Start um alle Chancen. So schickte Williams zum Beispiel 1997 in Monaco Jacques Villeneuve und Heinz-Harald Frentzen auf Trockenreifen und mit einer Trockenabstimmung in die Regenschlacht. »Aber wir hatten Wettersatelliten-Informationen, die besagten, dass es nur leicht regnen und nach spätestens einer halben Stunde ganz aufhören würde«, verteidigte sich Teamchef Frank Williams. »Vielleicht sollte Williams statt auf Satellitenbilder mal lieber zum Himmel schauen oder sich erkundigen, wie es fünf Kilometer weiter aussieht«, lästerten böse Zungen.

Mochte man sich bei Ferrari noch gefreut haben, als sich beim Großen Preis von Österreich 1999 die beiden Silberpfeil-Piloten gegenseitig von der Strecke bugsierten, so verging den Italienern das

Das Verhältnis zwischen Mansell und Senna war 1991 nicht nur von Streit und Prügeleien gekennzeichnet. In Silverstone nahm der Brite den Brasilianer wie einen Anhalter mit zur Box, nachdem diesem das Benzin ausgegangen war.

Lachen, als sie ein paar Monate später beim Großen Preis von Europa auf dem Nürburgring in Sachen peinliches Unvermögen noch eins draufsetzten. Einmal stand Titelkandidat Eddie Irvine 28 Sekunden an der Box, weil ein Reifen fehlte. Erste Erklärung von Ferrari-Sprecher Claudio Berro: »Die Mechaniker haben vorher bei Salos Stopp Probleme gehabt, als dort ein Reifen nicht draufging, haben einen anderen geholt – und der fehlte dann bei Eddies Satz.« Dann merkte man wohl, dass das nicht viel Sinn gab, hatte doch der Finne Regen-, der Ire aber Trockenreifen bekommen. Nun also Version zwei – von Eddie: Da Salo unangemeldet kurz zuvor an die Box gekommen sei, habe man seine schon zurechtgelegten Reifen ganz schnell aus dem Weg räumen müssen, und dabei sei einer »verloren gegangen«. Außerdem, so kartete Rennleiter Jean Todt noch nach, habe Irvine in letzter Sekunde umdisponiert und damit für noch mehr Durcheinander gesorgt. Nebenbei: Irvines zweiter Stopp war völlig unsinnig. Als es zum zweiten Mal anfing zu regnen, ließ man ihn erst mit Slicks weiterfahren, Regenreifen bekam er erst, als fünf Runden später schon fast wieder die Sonne herauskam – mit dem Ergebnis, dass er ein paar Runden später noch einmal an die Box musste. Wetterkapriolen gehören zu Spa, aber 2001 kamen noch der schwere Unfall von Luciano Burti und einige stehen gebliebene Autos dazu, sodass dreimal gestartet werden musste. Im allgemeinen Chaos stand Ralf Schumachers Williams-BMW noch aufgebockt in der Startaufstellung für den dritten Start. Was war passiert? Die Williams-Mechaniker hatten am Auto Montoyas einen Defekt am Heckflügel festgestellt , ihn gewechselt – und wollten das dann auf die Schnelle auch noch an Schumachers Auto tun. Mit einem normalen Wagenheber geht das nicht, weil der ja unten am Heckflügel angesetzt wird. Also muss das Auto dazu auf Metallböcke gestellt werden, was natürlich etwas länger dauerte – und auf einmal wurde die Zeit knapp. Flügel wechseln, Auto anlassen, mit dem angeschlossenen Laptop das Programm der Startautomatik aktivieren … Die FIA-Regel sagt eindeutig: 15 Sekunden vor dem Start in die Aufwärmrunde darf niemand mehr am Auto arbeiten, sonst gibt es eine Zehn-Sekunden-Stop-

and-go-Strafe. Also ergriff die Williams-Truppe beim entsprechenden Signal die Flucht – und Ralfs Auto blieb noch halb aufgebockt in der Startaufstellung stehen. So war der Schaden weit größer als bei einer Zehn-Sekunden-Strafe, denn nun musste Schumacher natürlich von ganz hinten ins Rennen gehen. Bruder Michael, der spätere souveräne Sieger, zeigte Mitleid: »Als ich das gesehen habe, dass er nicht wegkommt, habe ich natürlich schon eine gewisse Enttäuschung für ihn gespürt.«

## Streiche und sonstiger Unfug

Es ist noch gar nicht so lange her, da war die Formel 1 noch Sache einer geschworenen Gemeinschaft, hatte die Atmosphäre zumindest mitunter noch etwas Privates, konnten die Fahrer noch einen Schritt tun, ohne von Journalisten belagert zu werden. Dies galt ganz besonders für die berühmte Kyalami-Ranch in Südafrika, das Bungalow-Hotel direkt an der Rennstrecke, in dem die Piloten zumindest bis weit in die 70er Jahre hinein den Grand Prix alljährlich mit mindestens einer Woche Urlaub unter südlicher Sonne kombinierten. Nicht allein die harten Tennismatches auf der Ranch sind schon Legende, auch der Einfallsreichtum besonders der Fahrergeneration um Hans-Joachim Stuck – oft im Mittelpunkt der wildesten und albernsten Aktionen. Und wenn man nur Ronnie Peterson, der sich in seinem Bungalow gerade einer recht privaten Beschäftigung hingab, per Gartenschlauch durchs unvorsichtigerweise nur angelehnte Fenster eine feuchte Überraschung bereitete. Im Interconti oder auch im Sheraton, den beiden

Besonders das Benetton-Team war jahrelang dafür bekannt, dass dort gern und üppig gefeiert, aber auch mancher Schabernack getrieben wurde.

mehr oder weniger offiziellen Grand-Prix-Hotels in Rio de Janeiro, musste man auch in den Achtzigern noch größte Vorsicht walten lassen, wollte man mit etwas mehr als nur Badehose oder Bikini bekleidet in der Nähe des Swimming-Pools vorbeigehen. Bei Anwesenheit eines oder mehrerer Fahrer, möglichst noch mit Unterstützung einiger Mechaniker, war ein unfreiwilliges Bad nahezu unvermeidlich.

Der größte Spaßvogel in der jüngeren Formel-1-Geschichte war Gerhard Berger, der dabei in seinen McLaren-Jahren in Ayrton Senna immer wieder ein »williges« Opfer fand. Der konnte manchmal wirklich nur noch mit dem Kopf schütteln, wenn er darüber nachdachte, was Berger ihm im Laufe von drei gemeinsamen Jahren in diesem Team so alles angetan hat: »Der Gerhard kann da gradenlos sein, da musst du mit allem rechnen …«

Da konnte es zum Beispiel geschehen, dass Sennas edler, immer penibel geordneter Aktenkoffer in Monza plötzlich aus dem Helikopter flog, »und als ich mich dann doch mal vorsichtig beschwert habe, hat der Gerhard nur gemeint: ›Hättest du einen so billigen wie ich, bräuchtest du dich nicht aufregen.‹« Übrigens hat Senna sein wertvolles Stück damals zurückbekommen, wenn auch leicht beschädigt.

Als die beiden einmal zusammen in Mailand in einem Ferrari unterwegs waren, wobei Senna am Steuer saß, zog ihm Gerhard im dicksten Verkehr mitten auf einer Kreuzung den Zündschlüssel ab und warf ihn aus dem Fenster. Ein herbeieilender Polizist, der den so offensichtlich unfähigen Ferrari-Fahrer, der da sein Auto abgewürgt hatte, zusammenstauchen wollte, wurde puterrot, als er Senna erkannte. Am Ende krochen alle drei gemeinsam auf der Straße herum, um den Schlüssel zu suchen.

Die in Hotelzimmern versteckten stinkenden Käse, toten Fische etc. sind schon Legende. In Australien durfte es auch schon einmal eine Ladung von 26 Fröschen sein. Sennas Anklage auf solche Taten hin bestand in den meisten Fällen nur aus einem Wort: »Berger!« Seine eigenen »Racheakte« waren im Verhältnis meist eher harmlos: So fand der Österreicher sein Hotelzimmer auf den Kopf gestellt, und es konnte auch geschehen, dass sich sein Rennoverall zur ungünstigsten Zeit auf den Asphalt vor dem McLaren-Transporter verirrte. Gerhard, schon in Rennunterwäsche, suchte verzweifelt nach seiner Arbeitskleidung, während Senna ganz hinten in der Ecke voll Genugtuung in sich hineinlachte – eine Szene aus Ungarn 1991.

Ayrton wusste sehr wohl, dass er bei seinen Streichen vorsichtig sein musste: Wagte er es wirklich einmal, Gerhard etwas anzutun, bekam er es meist doppelt und dreifach zurück: »Die Sache mit dem Chaos im Hotelzimmer passierte 1991 in Australien, vor Adelaide, und was macht er? In Adelaide reißt er aus meinem Pass ein paar Seiten heraus und verziert ihn dafür mit einschlägigen Playboy-Fotos. Ich hab's nicht gemerkt. Erst als ich über Argentinien nach Brasilien zurückflog, gab's dort sehr erstaunte Gesichter und für mich eine halbe Stunde Wartezeit.«

Oft wurde auch Fitnessbetreuer Josef Leberer in die neckischen Spielchen eingeschlossen. »In Monza beim Testen haben mir die zwei einmal an meinem Privatauto alle Räder abgeschraubt und das Auto auf vier Holzklötze gestellt. Ich konnte dann sehen, wie ich zurechtkam.« Aber Josef wusste sich zu wehren. »Am nächsten Tag habe ich dann gelacht. Da hatte ich nämlich den Leihwagen, den die beiden zusammen hatten, schön mit Japanöl präpariert. Ein paar Tropfen hier, ein paar da – alles schön gleichmäßig verteilt. Es war heiß, das Auto stand den ganzen

Tag in der Sonne, dementsprechend optimal war die Wirkung. Als Ayrton und Gerhard eingestiegen sind, haben sie erstmal ganz schön nach Luft geschnappt.« Dann wollten die zwei besonders schlau sein: »Schnellstens die Klimaanlage an, um frische Luft zu kriegen.« Doch da hatten sie die Rechnung ohne Josef gemacht: »Denn in der Klimaanlage steckte erst recht noch mal eine Ladung von dem Zeug.«

Das von Berger und Leberer Gelernte probierte Senna dann auch schon mal an anderen aus. Einmal musste auch Ron Dennis daran glauben: »Wir waren in Mexiko essen, mein Bruder war auch dabei, und ich weiß, dass der ganz scharfe Speisen mag. Er hatte das Chili am Tisch schon probiert, und ich hatte ihn schnell auf Portugiesisch, sodass die anderen es nicht mitbekamen, gefragt, wie scharf das sei. ›Sehr scharf‹, meinte er – und wenn er das schon findet … Also bot ich Ron eine Wette an: 5000 Dollar, wenn er die ganze Schüssel leer isst. Er nahm sich einen Löffel, fing an – und bekam einen knallroten Kopf. Aber er hat die Schüssel leer gemacht.«

Nicht nur Ron Dennis, auch Ferrari-Rennleiter Jean Todt wurde schon Opfer des Übermuts seiner Piloten. Das geschah allerdings nicht zu erfolgreichen Michael-Schumacher-Zeiten, sondern zuvor, als Berger und Alesi für die Roten fuhren. Einmal musste sich Todt sogar damit abfinden, dass Berger – mit Alesi auf dem Beifahrersitz – das Privatauto seines Chefs, das er sich kurz ausgeliehen hatte, auf dem nur wenige hundert Meter langen Weg vom Ferrari-Werk zur eigenen Teststrecke verschrottete. Er schaffte es, sich auf dem kurzen Stück zu überschlagen. Der Schrotthaufen landete unter einer Plane zunächst in der Box. Als Todt an der Teststrecke erschien und nach seinem Auto fragte, bekam er von Berger nur ein lässiges »Dort drüben, es hat nur einen kleinen Kratzer« zu hören – der dafür ein umso heftigeres Donnerwetter.

Natürlich würde es Michael Schumacher nie einfallen, seinem Freund und Rennleiter Jean Todt dergleichen anzutun – der Typ für alberne Streiche und Dummheiten dieser Art ist er ohnehin nicht. Für eine kleine Wettfahrt auch außerhalb der Strecke ist er schon eher zu haben. 1997 in Budapest lieferte er sich einmal so ein Rennen mit seinem damaligen Weltmeisterschaftsrivalen

Jacques Villeneuve. Mit dem Mietwagen ging es vom Hotel in der Stadt über die Autobahn bis an die Rennstrecke. Wer am Ende gewann, blieb freilich ihr Geheimnis. Dass das Ganze überhaupt herauskam, lag daran, dass die beiden bei ihrer Jagd auf der Autobahn auch einige Journalisten überholt hatten, die sich wenigstens etwas mehr an die Geschwindigkeitsbegrenzung gehalten hatten. Villeneuve setzte mit solchen Vergnügungen allerdings nur die Tradition seines Vaters fort: Gilles Villeneuve hatte sich mit Didier Pironi, seinem Teamkollegen bei Ferrari, regelmäßig solche Privatrennen geliefert, und das auch über längere Strecken, etwa vom Wohnort der beiden, Monaco, bis zur Ferrari-Teststrecke Fiorano in der Nähe von Modena. Von hohen Strafen hat man nie etwas gehört – als Ferrari-Piloten genossen die beiden bei den italienischen Carabinieri natürlich Narrenfreiheit.

Die beiden brasilianischen Erzrivalen Nelson Piquet und Ayrton Senna trugen ihre Rennen ab und zu sogar in der Luft aus – mit ihren privaten Lear-Jets, etwa 1987 auf dem Weg von Estoril nach Jerez. Senna kam zwar in Lissabon als Erster zum Start, aber Piquet stachelte seinen Piloten an: »100 Dollar Prämie, wenn du es schaffst, dass wir vor Senna landen.« Der Pilot holte heraus, was das Flugzeug hergab, setzte fast im Sturzflug zur Landung an – und traf tatsächlich fünf Minuten vor Sennas Maschine ein.

Viele Jahre lang hielten die Mechaniker jeweils beim Großen Preis von Kanada auf dem Olympia-Regatta-See von Montreal ein Ruderrennen mit selbstgebauten und meist sehr kuriosen Wasserfahrzeugen ab.

# Die Zukunft – wohin steuert die Formel 1?

In der ersten Saisonhälfte 2002 überschlugen sich die Vorschläge und Anregungen zu Reformen in der Formel 1 – im gleichen Maße, in dem bei einigen Verantwortlichen die Besorgnis stieg: Wie kann die Formel 1 in Zukunft den Folgen der weltweiten Rezession entgehen? Wie lassen sich die rasant steigenden Kosten in den Griff bekommen, die vor allem die kleineren Teams immer stärker in ihrer Existenz bedrohen? Das neue Ein-Motoren-Reglement, das von 2004 an gelten soll, war die erste Konsequenz, aber gerade FIA-Präsident Max Mosley ist das noch lange nicht genug. Er fordert eine neue Markenweltmeisterschaft für Motorenhersteller, um diese zu motivieren, mehr als ein Team mit ihren Triebwerken auszurüsten, eine Einschränkung der Testmöglichkeiten mit Wahl für jedes Team: entweder testen wie bisher in der Woche, dafür aber Fahrverbot am Freitag des Grand Prix, oder keine Tests unter der Woche, dafür ein erweitertes Programm am Freitag vor dem Rennen. Mit einem Brief an alle Teamchefs versuchte er kurz vor dem Großen Preis von Monaco noch einmal, mit neuen Vorschlägen die Kostendämpfung in der Formel 1 voranzutreiben.

»Der Ton war diesmal erstaunlich konstruktiv, einige der Vorschläge sind durchaus diskutabel«, stellte McLaren-Chef Ron Dennis fest, warnte aber gleichzeitig: »Man muss aufpassen! Es könnte ein sehr gefährlicher Weg sein, alle bestehenden Regeln vollständig umzukrempeln, die komplette Chemie der Formel 1 zu verändern, nur um einigen Leuten zu helfen, die ihre Teams nicht vernünftig führen.« Dennis denkt da schlicht marktwirtschaftlich: »Wer in wirtschaftlich kritischen Zeiten nicht ordentlich wirtschaftet, der geht nun mal Pleite.«

Auch Bernie Ecclestone leistete seinen Beitrag zur allgemeinen Diskussion: Wenn die weniger wohlhabenden Teams wegbrächen, sollten eben die finanzstarken Top-Teams mindestens drei Autos einsetzen, um die Größe der Starterfelder zu garantieren. Aber es zeigte sich sofort, dass sich diese Vorstellung kaum wird durchsetzen lassen. Denn Ferrari-Chef Luca di Montezemolo reagierte darauf äußerst unwirsch: »Völliger Blödsinn!«

Mosley hatte ja immer wieder fallen lassen, mindestens ein oder zwei Teams stünden kurz vor dem Aus. Auch ohne dass er dabei Namen nannte, war klar, dass damit nur Arrows und Minardi gemeint sein konnten. Gerade hatten die Italiener wieder über 20 Mitarbeiter entlassen müssen – vor allem ein Ergebnis dessen, dass die nach der Prost-Pleite bei Minardi fest eingeplanten knapp zwölf Millionen Dollar Fernsehgelder wegen der leidigen Phoenix-Affäre immer noch eingefroren sind.

Natürlich machen sich bei den Fahrern vor allem diejenigen ihre Gedanken, die selbst betroffen sind: »Wie bei uns die Situation wirklich ist, kann ich nur schwer beurteilen, ich bin nicht der Teamchef«, weicht Arrows-Pilot Heinz-Harald Frentzen aus. »Aber notfalls müssten halt vielleicht auch bei uns einige Leute gehen. Außerdem sagt mir Tom Walkinshaw immer wieder, dass er auch bereit wäre, eigenes Geld zu investieren.«

Immerhin – als es am Mittwoch vor dem Rennen in Monaco hart auf hart zu gehen schien, als die Drohung von Cosworth in der Luft lag, vor einer weiteren Zahlung die Motoren für das Rennen nicht freizugeben, unterschrieb der Chef persönlich ein paar Schecks. »Aber natürlich ist es für die Kleinen nicht einfach. Die Motorenhersteller dazu zu bringen, mehr Teams auszurüsten, halte ich für keinen so schlechten Ansatz«, meint Frentzen.

Allerdings würden diese dann wohl endgültig zu den einzigen großen Geldgebern und damit zu den Herrschern der Formel 1. Die grundsätzliche Frage lautet, ob man das zulassen will. Ist nicht das Risiko zu groß, dass die Konzerne sehr schnell wieder die Lust verlieren könnten, falls das sportliche Engagement nicht die erwarteten Ergebnisse im Alltagsgeschäft nach sich zieht? Die Hersteller selbst betonen zudem immer wieder, dass sie selbst am liebsten 2007 eine eigene, neue Formel 1 ins Leben rufen würden, eine, in der sie das Sagen hätten und auch die Gewinne abschöpfen könnten.

Parallel dazu haben sich jetzt fünf englische Teams, McLaren, Williams, Jordan, Arrows und BAR, zu einer Firma namens Grand Prix Teams Ltd. (GPT) zusammengeschlossen, an deren Spitze der ehemalige FIA-Vizepräsident und Ex-Jaguar-Direktor Neil Johnson steht. Dieser Zusammenschluss zielt darauf ab, den Negativtrend umzukehren – und wohl auch, die kommerziellen Rechte nach der Kirch-Pleite zurückzukaufen und dann selbst mehr als bisher zu profitieren. Wenn es sein muss, will man dabei offensichtlich auf Kollisionskurs zu Bernie Ecclestone gehen – vielleicht auch aus dem Eindruck heraus, dass der inzwischen 72-Jährige die Fäden in einigen Bereichen nicht mehr so straff wie nötig in den Händen hält. Nach dem Verkauf an Kirch hatte Ecclestone bei Problemen schon hin und wieder damit kokettiert, dass er nicht mehr zuständig sei.

Kaum im Amt, kamen von Johnson bereits deutliche Worte: »Bei uns herrscht die Besorgnis, dass die Formel 1 nicht mehr gut gemanagt wird und die Dinge außer Kontrolle geraten. Selbst auf der Piste wird es langweilig. Es ist an der Zeit, dass sich daran etwas ändert!« Aber was? Konkrete Vorschläge sind von der GPT bis jetzt noch nicht gekommen – außer, dass man den Motorenherstellern erst einmal die Idee von einer eigenen Weltmeisterschaft ausreden will. Lösungen, die allen gerecht werden und neben den rein wirtschaftlichen auch sportliche und technische Belange berücksichtigen, sind ohne Zweifel schwer zu finden. Dass manches, das auf

den ersten Blick ganz logisch und sinnvoll klingt, aus einem anderen Blickwinkel weit weniger attraktiv aussieht, zeigen Mosleys Ideen zu den Test- und Trainingsplänen. Fragt man dazu nämlich einmal einige der Fans, die öfters an die Strecken kommen, dann halten die davon überhaupt nichts: »Weil das doch dann im Endeffekt dazu führen würde, dass am Freitag nur noch die Hinterbänkler herumfahren. Denn die Großen testen garantiert lieber wie bisher mehrere Tage unter der Woche.« Das gleiche Argument gilt natürlich auch für's Fernsehen. Dann fiele der Freitag als Übertragungstag – und damit als zusätzliche Werbeplattform – wohl endgültig weg, und das ist sicher auch nicht besonders motivierend für potenzielle Sponsoren. Vereinzelt kommen bei allen diesen Überlegungen schon ketzerische Gedanken auf – zumindest bei denen, die in der Formel 1 gern immer noch hauptsächlich den Sport sehen möchten: Vielleicht bekäme es der ganzen Szene ja gar nicht so schlecht, wenn sie sich ein wenig gesundschrumpfen müsste, wenn sich die Gigantomanie wieder auf »Normalmaß« reduzieren würde. Denn auch wenn die heutigen Großverdiener an allen Fronten es nicht gerne hören: Packende, dramatische Rennen – die Quintessenz der Formel 1, gab es auch schon, als noch wesentlich weniger Geld im Spiel war – vielleicht sogar häufiger als im Augenblick …

# .TEAM MICHELIN.
## FÜR HÖCHSTLEISTUNG. FÜR DIE PILOTEN. FÜR SIE. ▪

*Leidenschaftlich der Innovation verschrieben, stellt sich das Michelin Team der Herausforderung, immer die besten Reifen zu entwickeln. Wissenschaftler, Ingenieure und Techniker vereinigen ihre gesamte Erfahrung, um Rennen zu gewinnen und auch Sie von den Erfolgen profitieren zu lassen. Das ist so, das war so und wird auch so bleiben.*
*www.michelinf1.com*

*Höchstleistung ist unser Anspruch. Jederzeit.*

## Bildnachweis

Alle Fotos: PS-Sport mit Ausnahme von

Archiv Födisch: 20r.

Archiv Herbig: 10, 13/4, 15u.

Archiv PS-Sport: 17, 18, 19, 20l, 21, 23, 24, 25l., 26, 27, 28, 29, 30, 31, 32oM., 34o., 80u, 81, 99M., 100, 106, 109, 110, 111, 112, 113, 224, 130/3, 131M., 133o., 134M., 135M., 136M., 138/3,4, 144u., 231, 269

Archiv Verfasser: 12r.

ARO-Rottensteiner: 16, 73u., 74lo., 76, 77u., 78uM., 79u., 80o., 82u., 132M., 132 u., 140/1, 141/1, 3, 142/1,

DaimlerChrysler: 11, 12, 13, 14l., 15o. 22, 24, 99o.,u., 105, 137/3, 138/1, 219o.,u.

Ford: 8/9, 34u., 35o., ul., 39o., 43M., 44r., 48u., 118u, 287o.

Goodyear: 33, 38, 40, 41, 42, 43u., 44l., 45o., u., 49o., 50 o.M.

Honda: 31M, u., 32u., 75o., 135o.

Hruby: 35ur., 104, 115o., 116, 117o., 136u., 142/2, 143u., 287M.

Marlboro: 43o.

McLaren: 118l., o., 243, 244

Michelin: 3(kleine Bilder), 87–95 (Streckenskizzen)

Molter, G. 270

PAN-Images: 117u., 172M.

Renault: 82o., 137/2, 220

Rubio RV Racing Press: 293

Schirmer Pressebild-Agentur: 25r.

Schöttel: 36, 37, 39u., 45M., 46M., 73u, 115u., 120u., 201Mo., 259, 271, 272, 271, 287u.

Die statistischen Angaben in den Tabellen sind dem Marlboro Grand Prix Guide entnommen und entsprechen dem Stand zu Saisonbeginn 2002.

Besuchen Sie uns im Internet unter
http://www.herbig.net

© 2002 by F. A. Herbig Verlagsbuchhandlung GmbH, München
Alle Rechte vorbehalten
Umschlag: Wolfgang Heinzel
Produktion und Satz: VerlagsService Dr. Helmut Neuberger
& Karl Schaumann GmbH, Heimstetten
Druck: Graph. Kunstanstalt Jos. C. Huber, Dießen
Binden: Bramscher Buchbinder Betriebe GmbH & Co., KG
Printed in Germany
ISBN 3-7766-2271-7